Flammarion

André Van Lysebeth

TANTRA

le culte de la Féminité

l'autre regard sur la vie et l'amour

Flammarion

Deuxième édition : 1996

ISBN 2.08.201351.0

Imprimé en Autriche

Dépôt légal : septembre 1988

A ma mère…

… et à toutes celles, innombrables,
qui l'ont précédée,
qui ont perpétué la Vie
depuis les origines
et veillé sur elle avec amour.

Non linéaire...

. . tel est ce livre, qu'on aborde à sa guise,
par le milieu, par la fin, voire même par... le début !
Il peut donc être lu comme il a été écrit,
c'est-à-dire selon l'inspiration du moment :
chaque chapitre se suffit à lui-même.
D'où quelques redites, pas toujours préméditées,
que je n'ai cependant pas voulu expurger.
Bien sûr, la table des matières
y met de l'ordre et une logique. Bien sûr aussi,
un glossaire secourable aide à ne pas buter
sur l'un ou l'autre terme technique ou sanskrit.
D'autre part, n'en déplaise à Blaise
qui estimait que le « moi est haïssable »,
en tant qu'individu, voire individualiste,
je m'adresse à chaque lecteur en personne,
d'où l'emploi délibéré du « je » et du « moi »,
au lieu de l'impersonnel « nous » de modestie.
Enfin, dans la rue, en voyant un passant et son chien,
je me demande parfois qui promène l'autre !
Et, maintenant que ce livre existe, je m'interroge :
est-ce moi qui l'ai fait, ou est-ce lui
qui m'a formé en stimulant ma recherche, ma réflexion,
mais surtout ma pratique pendant ces années de maturation ?
Et pourquoi pas les deux ?

Ecriture et prononciation

Pour translittérer les mots sanskrits, j'ai renoncé au système international, conçu en 1894, qui n'est valable qu'en prononçant à l'anglaise.

Dans ce livre, les voyelles *a, i, o* des mots sanskrits se prononcent comme en français, sauf *u* qui se prononce comme en italien. Exemples : Ayurvéda et Kundalinî (orthographe usuelle) se prononcent Aïourveda, Koundalinî. Toutefois, étant donné qu'en France *guru* s'écrit de plus en plus souvent *gourou*, au titre d'exception c'est cette orthographe qui a été adoptée...

Sur les voyelles longues, *â, î, û,* l'accent circonflexe remplace le macron (barre horizontale).

On prononce toutes les lettres : les diphtongues *ai, au* se prononcent respectivement *aï, aou*. A propos du *s* du pluriel, inutile en sanskrit, l'usage est de l'ajouter *(âsanas,* par exemple), sans le prononcer.

Pour les consonnes, c'est comme en français, sauf que le *j* devient *dj* et le *ch* qui donne *tch* (exemple : chakra = *tchakra) ; sh* devient *ch,* comme *chat.* toujours pour respecter l'orthographe usuelle, on conserve *Shiva,* mais on prononce *chiva.*

La complexité phonétique du sanskrit rend illusoire une équivalence exacte en français. Toutefois, en prononçant comme ci-dessus, l'approximation est au moins aussi bonne qu'avec le système international.

Table des Matières

1 - De l'Inde à l'Europe

3 - L'autre regard sur l'amour

4 - Des mythes et des symboles

5 - Le rituel tantrique

6 - La maîtrise sexuelle

1
De l'Inde à l'Europe

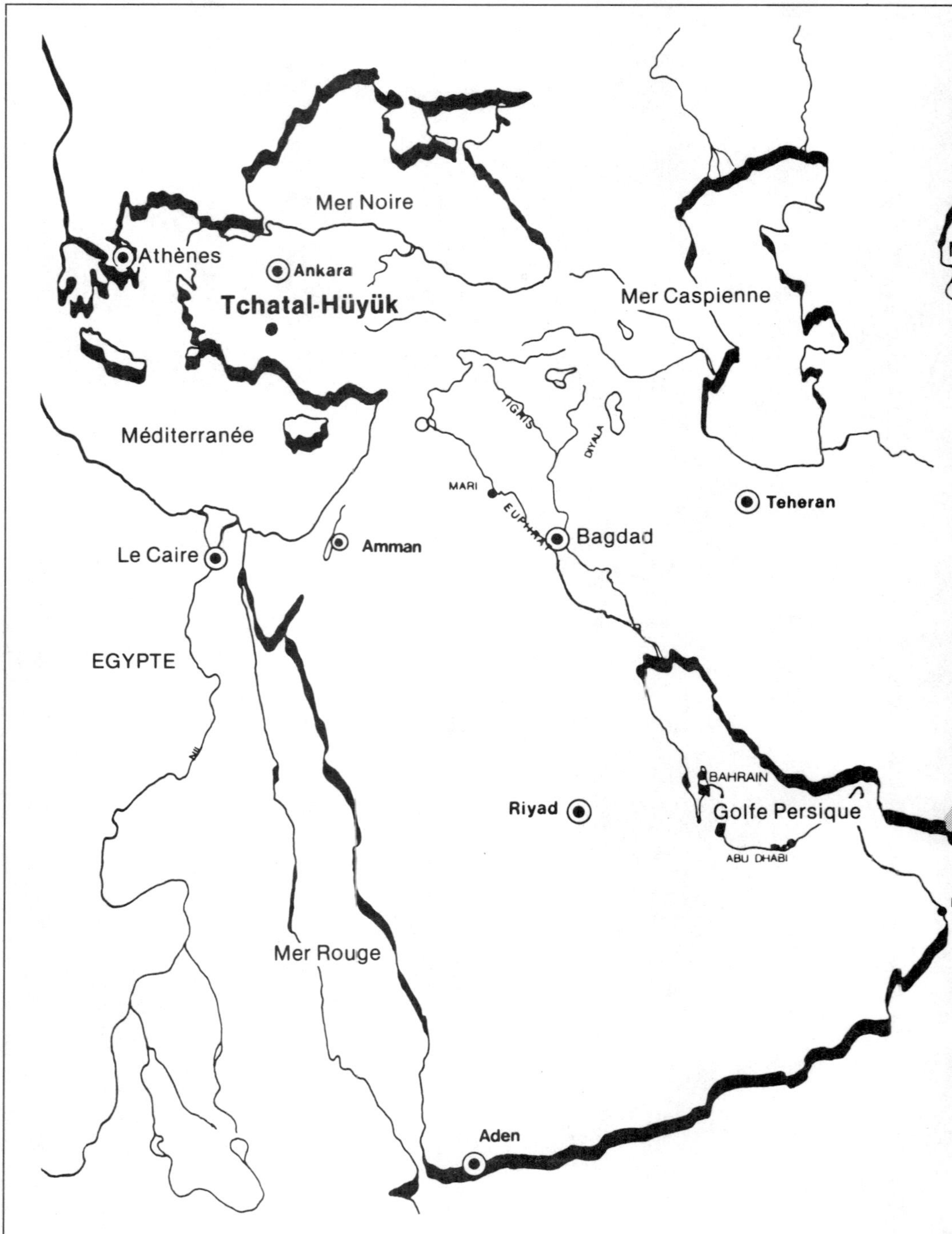
Mer Noire
Athènes
Ankara
Tchatal-Hüyük
Mer Caspienne
Méditerranée
TIGRIS
DIYALA
MARI
EUPHRATE
Teheran
Bagdad
Le Caire
Amman
EGYPTE
NIL
BAHRAIN
Riyad
Golfe Persique
ABU DHABI
Mer Rouge
Aden

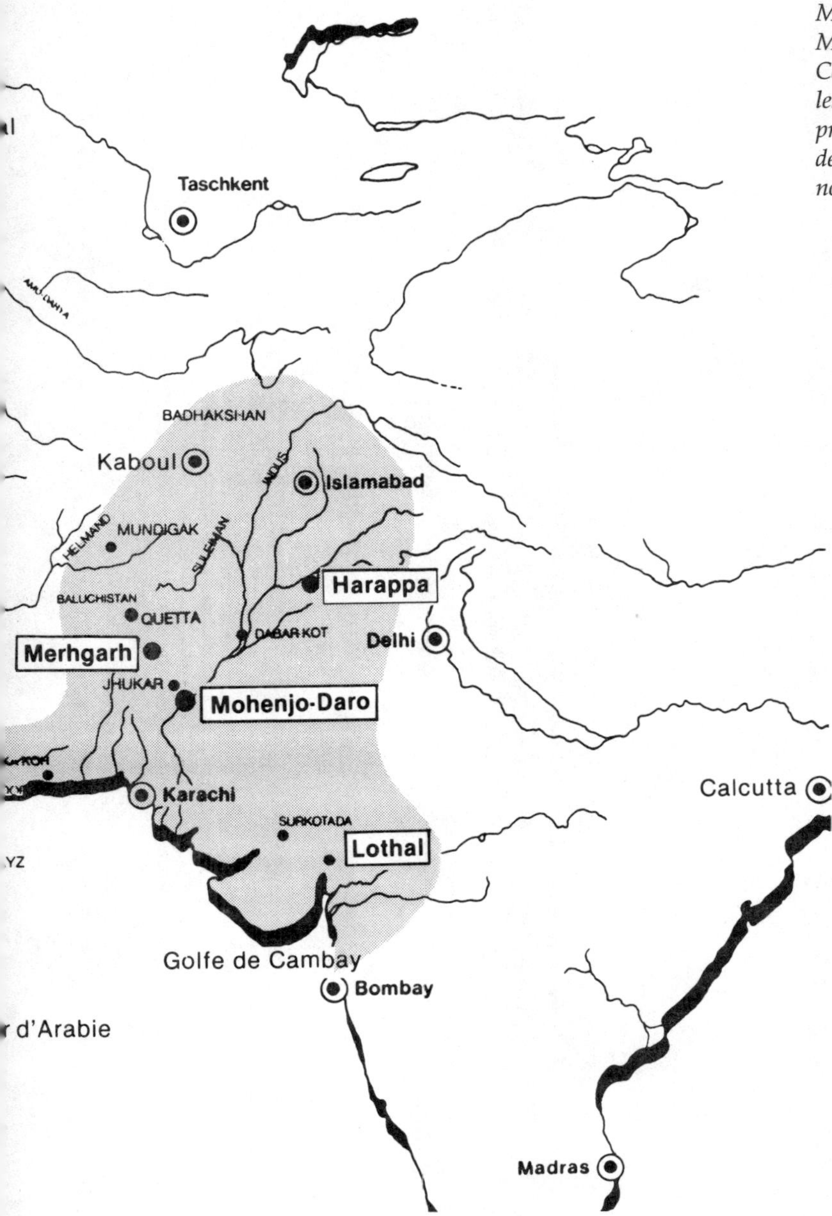

La civilisation de l'Indus dans son contexte géographique, s'étendant de la Méditerranée à l'Asie Mineure et à l'Inde. Cette zone a vu naître les grandes civilisations pré-aryennes qui furent détruites par les nomades barbares.

Voyage imaginaire

Je vous invite à un voyage imaginaire dans l'Inde de l'an 2000... avant notre ère, à bord d'un de ces chars à bœufs qui cahotent sur la route d'Harappa, la première des grandes cités de l'empire de l'Indus à émerger de l'oubli sous la pelle prudente des archéologues du XXe siècle.

Le confort est relatif car la suspension est absente. Etonnant assemblage d'ailleurs que ce char, construit sans une seule pièce de métal, dont les roues — en bois, massives et sans rayons —, sont fixées à l'axe par des lanières en cuir ! L'attelage est lourd, lent, mais on a le temps ! C'est le véhicule passe-partout et, dans les ruines d'Harappa, les archéologues en exhumeront des centaines de reproductions, sous la forme de jouets en terre cuite. Les chars à bœufs de l'Inde moderne en sont la copie conforme, jusqu'à l'écartement des roues qui est resté pareil comme le prouvent les traces découvertes à Harappa et à Mohenjo-Daro !

Nous voilà donc cahotés dans notre char sur la route qui longe l'Indus. Le pas pesant des bœufs soulève un nuage de poussière fine qui n'agrémente pas le voyage. Heureusement qu'un toit en jonc tressé nous protège du soleil qui tape dur. La route n'est pas déserte, au contraire ! Nous croisons des convois de chars brinquebalant à la queue-leu-leu, surchargés de bottes de blé : on rentre la moisson. Dans les champs environnants, l'autre variété de blé cultivée par les Harappéens, plus haute et plus tardive, ondule sous le vent et achève de mûrir. La plaine alluvionnaire, très fertile, borde les deux rives du fleuve sur près de cent cinquante kilomètres et produit des récoltes record.

Maintenant, la route escalade une colline d'où nous dominons le paysage.

Après une halte pour laisser nos bœufs se reposer à l'ombre d'un figuier, on repart. La route sinueuse nous ramène dans la plaine. A l'entrée d'un village, sur l'aire de battage en terre battue, des buffles tournent en rond, guidés par un garçonnet. Ils piétinent le blé mûr qui est recueilli par des femmes, vêtues d'un léger pagne en coton. Dravidiennes, elles sont petites, ont la peau brun foncé et les cheveux lisses. Tout près, dans l'étangréservoir, un paysan tout nu, dans l'eau jusqu'à la taille, panse un de ses buffles tandis que d'autres se prélassent dans l'eau bourbeuse : seuls le museau et les cornes émergent. Ces scènes familières, les touristes du XXe siècle les verront encore !

Et voici des éléphants, placides, puissants, toujours impressionnants. Dans leur grosse tête brillent de petits yeux malicieux tandis que, bercé par les lents mouvements de sa bête, leur cornac somnole à demi. Mignon : un éléphanteau suit maman éléphant en lui tenant la queue avec sa trompe !

Forçats de la route, des bourricots aux grandes oreilles mobiles peinent, résignés, sous d'énormes charges. Ils sont plus sympas que les chameaux à l'œil mi-clos et la lippe pendante qui, du haut de leur long cou, vous regardent d'un air absent, méprisant. A quoi rêvent-ils donc en dodelinant leur charge ?

Ici, c'est la station-service pour chars à bœufs : l'atelier du charron, personnage important. Il répare un timon brisé. Du bois, destiné à construire des chars, dont certains sont en cours d'assemblage, sèche sous un auvent.

Nous approchons de Mohenjo-Daro. La route s'élargit et longe toujours le fleuve, domestiqué par des digues. Il est paisible maintenant, mais dans le passé ses crues destructrices ont laissé des traces que les archéologues retrouveront. Les ingénieurs de l'empire indusien ont construit des barrages sur les affluents de l'Indus pour contribuer à en maîtriser les sautes d'humeur, retenir l'eau de la mousson et en irriguer les champs. Si les premiers barrages, trop faibles, ont cédé lors de crues exceptionnelles, l'actuel tient bon, mais il est à la fois une bénédiction et une menace. En effet, les guerriers aryens déchaîneront la puissance dévastatrice des eaux en les lâchant dans la vallée...

N'anticipons pas. C'est encore la paix. Une paix séculaire grâce au pouvoir central fort, mais non despotique, qui assure l'unité et organise l'empire. Un dernier virage, puis c'est la vision attendue : Mohenjo Daro se profile à l'horizon. Ville impressionnante : quarante mille habitants, quatre mille ans avant l'ère atomique !

D'ici, à quelques kilomètres de la ville, on voit bien son acropole, bâtie sur un monticule, qui se découpe au-dessus de l'horizon et qui a des allures de place forte. C'est pourquoi le Rigveda situe les forteresses ennemies au-dessus de la terre, mythologiquement dans le ciel.

Nous entrons dans les faubourgs de la cité. Les habitations se resserrent. On traverse le quartier des artisans. Les tours et les fours de potiers se succèdent, relégués hors du centre de la ville because la pollution. Déjà !

La rue principale, large de dix mètres, n'est pas pavée. Les chars à bœufs, les piétons, les animaux soulèvent une poussière impalpable qui flotte partout : voilà pourquoi, toutes les maisons, sauf les boutiques, tournent le dos à la rue.

Promenons-nous à pied dans cette rue latérale, beaucoup plus étroite. Chaque cité de l'Indus dispose d'un système d'égouts perfectionné, alors qu'Oxford attendra jusqu'en 1888 avant d'avoir le sien ! Un ouvrier purge une grande cuve en terre cuite, sans fond, enfouie dans le sol, où se décantent les matières denses qu'il charge dans deux jarres, accrochées aux flancs de son mulet. Les eaux usées s'écoulent librement car la pente, bien calculée, évite les retours. Pas de stagnation, pas d'odeurs : hygiène parfaite et nous sommes dans la préhistoire ! De collecteur en collecteur, les conduits s'élargissent pour rejoindre le collecteur principal, large de 1,20 m, ce qui est considérable.

Cette maison-standard de Mohenjo-Daro, comme des autres cités de l'empire, est coupée de la rue par un mur qui en préserve l'intimité. Le couloir d'entrée mène soit à une courette, soit au patio sur lequel s'articulent les pièces de la maison. Il y fait agréablement frais. On y trouve aussi le puits. Chaque maison a une salle d'eaux où chacun fait ses ablutions plusieurs fois par jour : dans l'Occident moderne tant d'habitations n'ont pas encore de salle de bains !

Dans une niche, un buste en terre cuite que les sculpteurs grecs de l'époque classique ne renieraient pas. Dans un coin, posé sur un coussin, un instrument de musique à cordes : l'ancêtre du sitar moderne ? Les Harappéens vivent bien et aiment les arts : la danse (nombreuses statuettes de danseuses), la musique, le théâtre, la sculpture. Le décor bicolore qu'on retrouve sur les poteries dans tout l'empire est d'un goût très sûr. Ce peuple industrieux, organisé, qui a découvert la standardisation, mérite d'être appelé moderne. L'ordre et la paix règnent. Son armée, qui se battra farouchement contre les envahisseurs aryens, protège l'empire des incursions de tribus non intégrées vivant dans les montagnes, descendants des vrais aborigènes, mais il n'y a pas de longues guerres meurtrières. Certaines de ces tribus feront alliance avec les nomades aryens et contribueront à leur victoire. Moyennant quoi, ils seront baptisés « singes » et leur roi, Hannuman, devenu le roi des singes, sera divinisé !

Les inégalités sociales existent, à en juger par la différence des habitations, mais elles ne sont pas disproportionnées. Le racisme y est inconnu : dans les tombes, on retrouvera, côte à côte, des squelettes de races différentes, prouvant qu'il y avait des mariages mixtes.

La prospérité de l'empire est assurée aussi par un commerce actif avec les grandes civilisations de l'époque, surtout par mer. Toutes les maisons ont un étage avec balcon, et leur toit plat sert de terrasse où, le soir venu, il fait bon prendre le frais. Les Harappéens sont mieux logés que la majorité des Indiens du XXe siècle…

Baladons-nous dans la ville haute, aperçue de loin en arrivant à Mohenjo-Daro. Chemin faisant, on passe devant une énorme bâtisse (80 mètres de long) aux murs de deux mètres d'épaisseur, sans doute le palais d'un dignitaire de l'empire. L'acropole qui domine la ville de douze mètres est bâtie sur une terrasse aux dimensions impressionnantes : 370 mètres (c'est plus que la hauteur de la tour Eiffel !) sur 180, soutenue par d'épais murs en briques cuites, surmontée de tours rectangu-

La photo ci-dessus montre un puits de Mohenjo-Daro
tel qu'il a été exhumé en 1923 et
ci-dessous dans son état actuel.
Il faut sauver Mohenjo-Daro d'une seconde mort,

Les photos et dessins de ce chapitre et du suivant
viennent du très beau catalogue de l'exposition
« Sauvez Mohenjo-Daro ».

laires de dix mètres sur sept.

A proximité de l'acropole et au même niveau, voici un énorme silo à blé, subdivisé en vingt-sept blocs, où sont entreposées des milliers de tonnes de céréales à l'abri des inondations. Sur la terrasse, pavée de briques cuites, il y a le grand bassin.

Selon certains, ce bassin-piscine serait tout simplement une réserve d'eau. Dans ce cas, pourquoi l'avoir entouré de constructions en briques, du genre cabines, injustifiées dans le cas d'un simple réservoir ?

Avec un peu d'imagination, on devine que ces cabines peuvent servir d'abri contre le soleil ou le vent, pour s'y déshabiller, ou encore pour y faire des massages ou autres pratiques balnéothérapiques. En effet, le rituel du bain occupait une grande place dans la vie des Indusiens : la salle de bains individuelle, présente dans chaque maison, en témoigne. Alors, serait-il surprenant qu'ils aiment se retrouver en société autour du grand bain, bien situé sur l'acropole qui domine la ville ? C'est plutôt le contraire qui serait étonnant !

Mais cela n'empêcherait pas, en cas de sécheresse prolongée, que l'eau du grand bain ne serve d'ultime réserve.

Lothal, port international

Quittons Mohenjo-Daro et allons faire du tourisme-éclair à Lothal, le grand port fluvio-maritime qui traite une grande partie du commerce international, essentiel à la prospérité de l'empire.

En cours de route, au lieu des habituels champs de blé, nous voyons, pour la première fois, des rizières où des hommes et des femmes repiquent le riz, qui se cultive ici depuis la protohistoire et dont les traces du réseau d'irrigation témoigneront jusqu'au XXe siècle. Puis, toujours en char à bœufs, nous traversons une région très boisée, où dominent l'acacia, le tamarinier et surtout le teck, dont le bois dur, dense et imputrescible, est très apprécié, notamment pour la construction navale, car Lothal a ses chantiers.

En approchant de la côte, nous longeons des marais encombrés de hautes herbes tendres dont se régalent les rhinocéros, alors que les troupeaux d'éléphants sauvages se tiennent dans les collines. Enfin, nous voilà en vue du port, un des plus grands de l'époque, c'est-à-dire en 2 500 avant J.-C. D'ici, nous voyons déjà les hauts murs en briques cuites au four qui encerclent la ville, non pas pour la défendre contre une improbable attaque ennemie, car la région est pacifique, mais pour la protéger des crues de la rivière et des grandes marées. Car la rivière et la mer feront à la fois sa fortune et sa perte . . .

Mais, avant de visiter la ville, évoquons son passé. La région a été habitée depuis la plus lointaine préhistoire. A l'arrivée des Indusiens, Lothal est déjà un village prospère, favorablement situé sur la rive gauche du fleuve, sur un tertre bas, protégé par une digue en terre et près du bras de mer qui s'avance loin à l'intérieur du pays. Ses habitants autochtones, dont les affinités raciales sont indéterminées, étaient déjà culturellement très avan-

Ci-dessus:
Tablette de l'Ile de Pâques non-déchiffrée

Sceaux de l'Indus avec des pictogrammes charactéristiques

L'écriture de l'Indus demeure un mystère. Ce qui est certain c'est a) qu'elle existait longtemps avant l'invasion aryenne et b) qu'elle n'a aucun rapport avec le brahmi, dont découlera plus tard le devanagari des textes sanskrits. Les études les plus sérieuses la rattachent au dravidien.

NR.		*Sémit. ancien 16e au 13e S. av. J.-C.*	*Pictogrammes harappéens normaux*	*Pictogrammes harappéens tardifs*
1	b			
2	g			
3	d			
4	h			
5	w			
6	ḥ			
7	th			
8	k			
9	n			
10	s			
11	ʿ (ay)			
12	p			
13	r			
14	sh			
15	t			
16	ś			
17	h			
18	m			
19	a			
20	ṛ			
21	ś			

cés. Ils maîtrisaient la métallurgie du cuivre et leurs potiers tournaient des jarres et des bols en céramique mince, de qualité supérieure, au décor micacé caractéristique, dont les motifs décoratifs inspireront plus tard le style du reste de l'empire.

Ses habitants vivaient de la pêche, de l'élevage et de l'agriculture et, en plus, ils avaient une spécialité, à savoir la confection de bracelets à partir de coquillages et — surtout — la fabrication de perles en pierres semi-précieuses, ce qui y attirera les Harappéens.

Alors, les navires marchands de l'empire qui, en route vers le Sud, faisaient escale à Lothal y ont installé une petite colonie. Les nouveaux arrivants apportèrent avec eux de nouvelles formes en poterie, dont les poêles à manche, des outils plus perfectionnés et des ornements que les locaux adoptèrent avec enthousiasme. Ainsi, sans violence, sans guerre de conquête, sans asservissement des populations résidentes, les Indusiens se sont peu à peu mêlés à eux et, en unissant leurs forces et leur génie réciproques, Lothal se développera vite. Bientôt, ses ingénieurs, ses artistes et artisans accéderont au plus haut niveau de l'époque. En très peu de temps aussi, ils assimileront les techniques du commerce international.

Dès avant l'arrivée des Indusiens, nous l'avons vu plus haut, la spécialité locale était la confection d'objets d'ornement. Devant la demande des Harappéens, ils fabriqueront des perles de toutes les tailles, de toutes les formes, de toutes les couleurs, en stéatite, en faïence, en pierres semi-précieuses, en cuivre et même en or. Mais, dans la mesure où Lothal développait son industrie et devenait un centre d'échanges commerciaux de plus en plus actif, le nombre des navires de commerce mouillant le long des berges de la rivière, aménagées en quais, augmentait en proportion.

Premier drame : en 2 350 avant J.-C. une crue catastrophique de la rivière balaya tout l'établissement et coula tous les bateaux amarrés au quai. Toutefois, en matière d'inondations, les Harappéens avaient de l'expérience et savaient comment s'en défendre. Le courage et l'habileté technique des habitants feront de ce malheur une bénédiction : ils bâtirent une toute nouvelle ville avec un vaste bassin artificiel, capable d'accueillir et de traiter simultanément 30 bateaux de 20 tonnes. Pour l'époque, c'était gigantesque, unique.

Maintenant, promenons-nous incognito, habillés à la mode de Lothal, dans les rues et les avenues, très propres et aussi larges qu'à Mohenjo-Daro avec le même réseau d'égouts enterrés. Les hommes portent une simple tunique en coton, tandis que les femmes ne détonneraient pas sur une de nos plages actuelles : leur minijupe s'arrête à mi-cuisse et elles ont les seins nus ! Coquettes, elles portent toutes des bijoux : colliers, pendentifs, bracelets aux poignets et aux chevilles, bagues, boucles d'oreilles, épingles dans les cheveux, une large ceinture incrustée de pierres et que sais-je encore. Leur coiffure est soignée (elles ont des miroirs en cuivre comme à

Mohenjo-Daro), elles utilisent du rouge à lèvres et, sur leur peau brune, les colliers en ivoire ou en or font un de ces effets : une réclame vivante pour les lapidaires de la ville... Plus tard, les archéologues retrouveront, dans une cache, un trésor sous la forme de bijoux en or à faire pâlir d'envie plus d'une riche Occidentale de l'ère atomique.

Dans les rues aussi, nous croisons des marchands étrangers, car Lothal fait du commerce avec la Mésopotamie, la Syrie, Chypre, Sumer et l'Egypte, pour ne citer que les principaux. Ils viennent choisir des marchandises dans les vastes entrepôts en briques.

Le temps nous manque pour tout voir, mais remarquons l'urbanisme méticuleux de la ville, divisée en quartiers. Dominant la ville, il y a l'acropole, puis la ville basse, avec ses commerces et son bazar animé, ses maisons d'habitation au moins aussi belles et aussi vastes qu'à Harappa et Mohenjo-Daro. Il n'y a pas de ségrégation sociale, pas de castes rigides : les habitations pauvres avoisinent celles de riches marchands. Puis, il y a le quartier industriel, avec un véritable atelier pour la fabrication de perles où travaillent des dizaines de lapidaires, établis autour d'une vaste cour. Ils y fabriquent aussi des poids cubiques selon le standard de l'Empire, ainsi que des poids sphériques, conformes au système babylonien. Les industries polluantes sont reléguées en dehors de la ville et orientées de telle façon que les vents dominants ne rabattent pas les fumées des fours à briques vers la ville.

A propos d'industrie, retenons que les « Lothaliens » ont inventé la scie circulaire en bronze, les forets hélicoïdaux, pareils à ceux qui équipent les foreuses modernes, les meules à céréales rotatives qui demandent beaucoup moins d'effort pour moudre le grain, en plus, ils utilisaient déjà la technique du moulage à la cire perdue, etc. Pour l'époque, c'étaient des techniques de pointe.

Maintenant, allons flâner sur les quais du grand bassin qui mérite qu'on s'y attarde car, pour la première fois dans l'histoire de l'humanité, les ingénieurs et les entrepreneurs de Lothal ont créé un bassin aussi vaste et résolu des problèmes d'hydraulique aussi complexes. Creuser un bassin artificiel de 230 x 36 m sur une profondeur de plus de 3 m n'est pas une mince affaire et implique de fouiller et de déplacer des dizaines de milliers de tonnes de terre. Puis, il a fallu dresser les murs de briques cuites de près de 2 m à leur base et de 5 m de hauteur, rigoureusement verticaux pour permettre aux navires de jeter l'ancre tout contre les quais.

Mais, les problèmes techniques les plus graves sont venus de l'action combinée des crues de la rivière et du jeu des marées. Pour la première fois aussi, un bassin artificiel a été doté d'un système d'écluses perfectionné. A marée haute, le niveau de l'eau monte à 3 m et, par une porte d'écluse de 10 m de large, les navires de haute mer y entrent sans difficulté. Quand la mer baisse, on ferme l'écluse et ils restent à flot. Un canal de trop-plein empêche l'eau de monter trop haut dans le bassin.

Toutefois, le problème crucial pour tous les ports du monde, c'est l'ensablement. Or, à l'époque moderne, pour lutter contre ce phénomène, on dispose de moyens techniques dont Lothal était évidemment dépourvu, c'est-à-dire des dragues puissantes. Les ingénieurs ont donc du tenir compte des courants respectifs des eaux douces et salines, de la conjonction des crues et des marées très hautes pour empêcher l'ensablement et ils y ont réussi.

Et c'est ainsi que nous pouvons observer l'incessant va-et-vient des dockers qui embarquent des sacs de coton portant la marque d'un des célèbres sceaux de la vallée de l'Indus. A propos, quand les archéologues ont découvert ces sceaux, ils ont d'abord supposé que c'étaient des amulettes alors qu'en fait ces sceaux sont tout simplement des... sceaux, destinés à sceller des sacs, des amphores, etc. pour les protéger, mais aussi comme marque de fabrique et sans doute aussi comme preuve du paiement des droits de douane : déjà !

Si les sceaux en perdent une certaine auréole de mystère, par contre, ils en retrouvent une autre. Par exemple, les navigateurs intrépides qu'étaient les Dravidiens, ont-ils vraiment colonisé la mystérieuse et lointaine île de Pâques ? Il est, en tous cas, troublant de constater, outre la similitude de style, l'identité parfaite de 50 signes de l'île de Pâques avec ceux de l'Indus. Le hasard ? Dur à avaler ! N'est-ce pas trop facile ? Une même relation existe entre les caractères sémitiques archaïques et les signes harappéens, mais la Méditerranée et le Proche-Orient, ce n'est tout de même pas l'île de Pâques...

La religion à Lothal et dans l'Empire

L'absence remarquable — et remarquée ! — de grands édifices religieux et de palais somptueux comme en Egypte, par exemple, fait supposer que la société harapéenne n'était pas gouvernée par un roi-dieu comme le pharaon, ni par un grand-prêtre, mais plutôt par un pouvoir séculaire centralisé, capable d'insuffler une discipline civique sur une étendue aussi considérable dans le temps et l'espace. Faut-il, pour autant, en conclure qu'ils étaient areligieux ? Sûrement pas et c'est dans cette civilisation, née du génie autochtone et des immigrés alpino-méditerranéens, qu'il faut trouver l'origine du culte tantrique. En effet, il existe un consensus pour admettre que le culte de la déesse-mère, du lingam, des serpents, de Shiva est préaryen. Cela implique qu'il provient de ceux qui habitaient l'Inde à leur arrivée, donc de la civilisation dravidienne de l'Indus.

Le culte était diffus dans toute la cité et non pas centralisé dans de grands édifices religieux. La majorité des maisons avaient leur autel réservé notamment à un rituel du feu, sûrement fort différent du sacrifice védique. On trouve ainsi dans ces maisons (comme à Tchatal-Hüyük d'ailleurs) de petits autels, sous la forme d'une plateforme basse en briques crues où l'on retrouve des cendres. Ce n'était manifestement pas des fours, puisqu'il y manque une ouverture pour y glisser le combustible, et ils n'étaient pas susceptibles de recevoir des récipients de cuisine de dimensions connues. Alors, quel pourrait en être l'usage, sinon pour un culte dont nous ignorerons à tout jamais le rituel. D'autre part, les rites funéraires élaborés, attestés par le mode d'ensevelissement, témoignent de leur vie spirituelle. Ils pratiquaient aussi les sacrifices sanglants d'animaux .

S.R. Rao, auteur de l'excellent *Lothal and the Indus Civilization,* dont j'ai extrait bien des renseignements contenus dans cette partie consacrée à Lothal, écrit : « En conclusion, on peut affirmer que les Harappéens observaient des pratiques religieuses fort divergentes, allant de concepts philosophiques et éthiques très élevés, à des concepts frisant un animisme grossier». En effet, est-il absurde de penser que des gens aussi intelligents sur le plan technique aient également pu développer une philosophie sophistiquée ?

Le même S.R. Rao ajoute : « De nombreuses figurines, provenant de l'empire indusien, évoquent des postures de yoga. Apparemment, ils pratiquaient le yoga et avaient développé la science de la discipline mentale et physique à un degré très élevé. Même leurs dieux sont représentés en attitude méditative. Une des plus grandes contributions de la civilisation de l'Indus serait celle de la science du yoga. » Et je précise : du tantra, dont le yoga est une branche.

Mais les civilisations vont et viennent. Pendant des siècles, grâce à ses digues imposantes, Lothal a vécu à l'abri des grandes inondations et, au fil des siècles, la vigilance s'est relâchée. Puis, un déluge d'une ampleur incroyable s'est abattu sur la région, déluge qui a tout ravagé sur son passage, laissant à sa décrue la ville et son port ensevelis sous des mètres de débris alluvionnaires.

Pour Lothal, ce fut létal. Les rares habitants qui n'ont pas fui, n'ont plus eu le courage de leurs ancêtres qui, chaque fois, avaient rebâti leur ville. Les autres ont émigré vers des régions moins menacées. Mais, les causes qui ont entraîné la disparition de la civilisation de l'Indus en général, ont également agi à Lothal, et j'en parle au chapitre suivant.

Une Atlantide oubliée

Tout, dans l'extraordinaire civilisation de l'Indus, est mystère : son origine, sa langue, son écriture et jusqu'à sa fin. Certes, comme tout ce qui vit, une culture naît, évolue, atteint son apogée, puis décline et meurt. Toutefois, n'est-il pas ahurissant qu'un empire de plus d'un million de kilomètres carrés, soit la France, la Grande Bretagne et l'Allemagne réunies, avec des centaines de villes, dont certaines peuplées de dizaines de milliers d'habitants, ait pu s'évanouir sous terre au point d'en perdre la trace et le souvenir pendant plus de trois millénaires ?

Devant cette énigme, les archéologues sont perplexes et aucune explication ne trouve de consensus. Faut-il accuser la guerre de conquête aryenne ? Cette explication ne peut être que partielle car ni Mohenjo-Daro, ni Harappa, ni aucune autre ville ne semble avoir été prise d'assaut, incendiée, pillée et ses habitants massacrés. Les quelques squelettes trouvés entassés peuvent provenir d'un crime de pillards. Les combats ont sans doute eu lieu en rase campagne, terrain de manœuvre idéal pour les chars légers et rapides des envahisseurs aryens, bien équipés pour la guerre de mouvement.

Sans doute les Aryens ont-ils accéléré un déclin en cours, désorganisé le pouvoir et refoulé une grande partie des habitants dravidiens vers le sud, avant d'asséner le coup de grâce et d'asservir les survivants restés sur place.

Parmi les hypothèses avancées, il y a celle d'un changement progressif du climat, devenant trop sec, trop chaud, donc moins favorable à la culture, ce qui n'est pas faux. D'autres, au contraire, parlent d'inondations catastrophiques : en effet, les fouilles montrent que des villes comme Mohenjo-Daro ont été constamment rehaussées au fil des siècles, à cause des crues de l'Indus et des dépôts de sédiments. On suppose aussi que, les ingénieurs indusiens n'ayant pas totalement maîtrisé le fleuve, un ou des barrages auraient cédé : pensons au Rigvéda et au combat mythique entre le « démon » Vrittra, *celui qui retient les eaux* et le « dieu » aryen Indra, *celui qui lâche les eaux*. En détruisant ce barrage (j'en parle ailleurs), en brûlant les récoltes, les envahisseurs ont sans doute amplifié de façon décisive une désertification déjà bien avancée à leur arrivée, et fait fuir les habitants.

Des géologues pensent que des mouvements tectoniques auraient dévié l'Indus, voire même en auraient barré le cours, noyant toute la plaine : le continent indien bouge, c'est vrai, et l'Himalaya se trouvait, aux époques géologiques, au fond de l'Océan !

Et si nous émettions une autre hypothèse : la civilisation de l'Indus n'aurait-elle pas succombé à son propre succès ? La bio-archéologie nous apprend que, voici 8.000 ans, quand les premières ébauches d'une civilisation autochtone sont apparues, la région était couverte d'épaisses forêts, très giboyeuses. Or, de nos jours, elle est désertique. Pourquoi ? Comment ? Caprice de la nature ou le fait de l'homme ? Pour ma part, la désertification a suivi la déforestation.

Dans ce déboisement, deux facteurs ont joué. D'abord, le développement urbain. Certes, les villes prospéraient grâce au commerce, notamment avec tout le Proche et le Moyen-Orient, mais c'est l'agriculture locale qui devait les nourrir et répondre, en plus, à l'expansion démographique de l'empire. D'où un besoin croissant de terres vierges, nécessairement conquises sur la forêt.

Le second facteur est plus proprement urbain. Ce qui frappe, dans tous les sites indusiens exhumés, c'est la profusion des ouvrages en maçonnerie : des briques, encore des briques, toujours des briques. Des briques de format standard, ce qui était unique à l'époque, et d'une qualité telle qu'elles sont intactes après plus de trente-cinq siècles ! Pensons aux 160 km de ballast de la voie ferrée Multan-Lahore, faite de millions de briques de Mohenjo-Daro, dont le nom signifie « la colline des morts ». Plus la poterie : on a extrait des dizaines de milliers de cruches, d'amphores, de plats, etc. en terre cuite, le plastique de l'époque...

Ces milliards de briques, il a bien fallu les cuire au bois, donc saigner à blanc les forêts. D'ailleurs, au déclin de l'empire, les briques ne sont plus qu'à demi cuites, indice éloquent d'une grave pénurie de bois, qui servait aussi à bien d'autres usages, comme la cuisine par exemple.

Or, déforestation et désertification vont de pair : voir les exemples actuels. Les montagnes d'Ethiopie, encore boisées voici cent ans, sont chauves maintenant et le désert suit. Voici trente ans, les pentes de l'Himalaya étaient couvertes de forêts mais, au train où va leur coupe sauvage, elles seront bientôt dénudées...

A la désertification et à la pénurie de nourriture qui en résulte, ajoutez la guerre et le résultat sera l'exode vers le sud, l'affaiblissement du pouvoir central, la désagrégation de l'empire. Dans la phase décadente, des semi-taudis apparaissent au beau milieu de ce qui, au temps de sa splendeur, étaient les belles et larges avenues de Mohenjo-Daro.

Le cadavre dans le placard

Ne faisons pas de racisme à l'envers : n'imputons pas aux seuls Aryens l'entière culpabilité dans la mort de l'empire Harappéen. Par contre, son éradication, son engloutissement sous le sol indien et son oubli total pendant trente-cinq siècles sont, sans discussion, le résultat d'une volonté délibérée. Sans l'occupation anglaise, sans l'invention du chemin de fer, donc sans le hasard, le cadavre serait toujours dans le placard et la version officielle selon laquelle les Aryens védiques auraient conquis, puis « civilisé » un pays peuplé de sauvages incultes tiendrait toujours.

Pour imposer d'abord, pour justifier ensuite, leur statut de *Herrenvolk*, il fallait que les envahisseurs, après avoir asservi les vaincus, effacent toute trace de l'éblouissante civilisation de leurs ancêtres, pour pouvoir les rabaisser au statut d'esclaves privés de tous droits, sauf celui de servir humblement leurs maîtres.

Ainsi, pendant des siècles ce fut le « trou noir », le désert culturel en Inde, avant que le brahmanisme vainqueur, en utilisant la main-d'œuvre abondante et gratuite des soudras, ne leur fasse bâtir les palais des maharadjahs .

Un tel anéantissement systématique, programmé et réussi d'une civilisation et d'un empire aussi vaste est, sans doute, unique dans l'histoire. On cherche en vain l'Atlantide sous les eaux : l'empire indusien n'est-il pas au moins *une* Atlantide submergée sous un épais linceul de terre et de jungle ?

A ceux qui estimeraient que j'exagère en taxant les Indo-Aryens de *Herrenvolk*, je cite un « connaisseur » en la matière, Adolf Hitler. Les Aryens, hitlériens avant la date, ont appliqué à la lettre ses conseils cyniques : « Si l'on répartissait l'humanité en trois classes : les fondateurs, les conservateurs et les destructeurs de cultures, pour la première catégorie, seul l'Aryen entrerait en ligne de compte. *(Mein Kampf*, p.318)

» Tout ce que nos yeux voient aujourd'hui comme culture humaine, accomplissements de l'art, de la science et de la technique, sont presque exclusivement dus à la créativité de l'Aryen. Ce constat fait conclure que lui seul est le fondateur d'une humanité supérieure et, du même coup, qu'il est le prototype *(Urtyp)* de ce que nous appelons l'"homme"». (p.321)

» Ainsi, pour l'épanouissement d'une culture supérieure, la présence d'hommes inférieurs constitue un préalable, car eux seuls peuvent compenser l'absence de moyens techniques, sans lesquels un développement supérieur est impensable.

» C'est seulement après avoir réduit les races inférieures à l'esclavage *(Versklavung)* que le même sort a touché l'animal. Car c'est d'abord le vaincu qu'on attelle à la charrue et plus tard seulement le cheval...

» En imposant ainsi aux vaincus un labeur dur mais utile, l'Aryen leur a épargné la vie et même amélioré leur sort, comparé à leur soi-disant "liberté". Tant qu'il maintient impitoyablement *(rücksichtslos)* son rang de Seigneur, il reste le maître, le gardien de la culture et l'artisan du progrès. (p.323-324)

» Toujours et partout s'est répété le processus suivant : des tribus Aryennes — le plus souvent en nombre ridiculement réduit — soumettent des peuples étrangers. Puis, stimulés par les conditions de vie particulières aux nouveaux territoires conquis (fertilité, climat, etc.) et grâce à l'abondante main-d'œuvre fournie par les hommes inférieurs, ils ont pu développer leur talent organisateur et leur génie créatif latents. » (p.319).

Pour « justifier » ce qui précède, donc pour pouvoir se prétendre « civilisateurs » il **faut** effacer toute trace et jusqu'au souvenir de la civilisation existant avant l'invasion.

« Les mélanges sanguins conduisent à l'abaissement du niveau racial et sont la cause unique du déclin de toutes les cultures. Les hommes ne disparaissent pas à cause de guerres perdues, mais bien par l'affaiblissement de leur capacité de résistance, laquelle ne vient que d'un sang pur. » (p.324)

La seconde agonie d'une Atlantide

Les archéologues, les historiens et le public sont injustes vis-à-vis de la civilisation de l'Indus, sans doute à cause de l'absence de réalisations spectaculaires telles que les pyramides et les temples colossaux de l'Egypte ancienne.

Or, c'est précisément en 1922, dans la Vallée des Rois, que Howard Carter et son « sponsor », le comte de Carnarvon, pénétraient côte à côte dans le tombeau intact de Tout Ank Amon avec ses trésors fabuleux. Ce fut la sensation de l'année qui laissait dans l'ombre une autre découverte capitale. En effet, par une étrange coïncidence, c'est en 1922 aussi que, dans une autre vallée, celle de l'Indus, à 400 kilomètres au nord de Karachi, on exhumait l'une des plus anciennes métropoles du monde, Mohenjo-Daro.

L'organisation urbaine, géométrique et rationnelle, de cette ville de près de cent hectares, les pictogrammes, les bijoux, les tissus et autres témoignages archéologiques prouvaient la vitalité de cette civilisation protohistorique. Sir John Marshall, son découvreur, écrivait alors dans l'*Illustrated London News :* « Il est rarissime qu'un archéologue découvre une civilisation disparue depuis longtemps, comme l'ont fait Schliemann dans l'Egée et Stein dans le désert du Turkestan. Mais, je crois que nous sommes à la veille d'une telle découverte ».

Il avait raison : des dizaines, des centaines de sites furent exhumés et explorés. Cette Atlantide oubliée va-t-elle périr à nouveau, définitivement cette fois ? Mohenjo-Daro, momifiée pendant plus de trente-cinq siècles sous son linceul de terre, meurt : les sels minéraux, apportés par la remontée des nappes souterraines, corrodent ses briques millénaires, tandis que les crues de l'Indus et les pluies torrentielles sapent ses fondations.

Seule une aide urgente et internationale peut encore sauver ce site, un des plus importants du patrimoine humain. Son sauvetage est en cours, grâce à l'Unesco et à la Mission Allemande à Mehrgahr, du do.teur Michael Jansen et du professeur Urban, mais aussi grâce à la Mission Française, avec le docteur J.-F. Jarrige. Sous l'égide de la Ville et de l'Université

Le grand bain de Mohenjo-Daro

d'Aix-la-Chapelle, une exposition consacrée à Mohenjo-Daro a été organisée. Je l'ai visitée. Elle est remarquable : on se promène littéralement dans le Mohenjo Daro d'il y a 35 siècles. Pendant trois ans, elle se déplacera dans plusieurs grandes villes d'Europe. Si vous le pouvez, allez y : vous ne le regretterez pas et vous aiderez à sauver Mohenjo-Daro, au profit de laquelle elle est organisée.

Et ceci corrige une injustice. Que cette civilisation n'ait pas d'architecture monumentale ne justifie pas qu'on la néglige. Pas de somptueux palais, pas de bâtiments administratifs importants. Tout indique l'absence d'un despotisme centralisé : le pouvoir devait appartenir à la ville elle-même. Aucune trace de vastes temples qui dénoteraient un régime théocratique puissant.

Comme monument, il n'y a guère que le célèbre « grand bain » de Mohenjo-Daro, dont les dimensions honoreraient un hôtel moderne de classe internationale. Par une torride journée d'été, les citadins pouvaient y jouir de l'ombre et de la brise, car il est implanté au sommet de l'acropole dominant la ville. De là, les « Mohenjo-

Dariens » pouvaient contempler le panorama de leur belle ville, du fleuve et des champs de blé mûr de la campagne environnante, dont le produit était stocké dans l'énorme silo bâti, lui aussi, sur l'acropole, à l'abri des crues de l'Indus.

Ainsi, plutôt que de bâtir des monuments impressionnants, tout était fait pour une vie heureuse, paisible et confortable, dans une société, sinon égalitaire du moins sans décalage disproportionné entre les classes : pas de somptueuses villas d'un côté, de taudis de l'autre. Et avec un souci pour l'écologie : les industries polluantes (briqueteries, ateliers de poterie, etc.) étaient reléguées hors de la ville et ce fut d'ailleurs un des premiers symptômes de décadence que d'en trouver dans la cité.

La civilisation de l'Indus était-elle une *vraie* démocratie ? Quoi qu'il en soit, c'était le plus important foyer culturel de l'époque et, en rayonnant dans tout le Moyen-Orient et le bassin méditerranéen, il a influencé notre propre culture archaïque.

La fable du « bon aryen »

Avant la découverte, toute fortuite, de la civilisation harappéenne, la version officielle, que personne ne mettait en doute, était qu'à leur entrée en Inde les Aryens y avaient trouvé un pays peuplé d'aborigènes sauvages et incultes qu'ils auraient civilisés par la suite. Le fait qu'il subsiste encore, dans certaines forêts ou régions montagneuses peu accessibles de l'Inde actuelle, quelques tribus aborigènes primitives, accréditait cette version des faits, flatteuse pour les envahisseurs. Or, c'est le contraire qui est vrai ! Les Aryens, nomades barbares et pillards, y ont trouvé une civilisation urbaine raffinée qu'ils ont détruite — ou achevée ? S'il est, à cet égard, un témoignage par définition peu suspect de parti pris prodravidien, c'est bien celui de Hermann Lommel, auteur allemand de l'époque nazie, qui écrit, dans son livre dont j'ai trouvé aux puces un exemplaire de l'édition française *Les anciens Aryens*, édité chez Gallimard en 1943 :

« Autrefois, on croyait que les Aryens, porteurs de la civilisation, étaient arrivés dans un pays habité par de pauvres sauvages et des barbares sans culture, où ils auraient alors créé une haute civilisation grâce à leur supériorité intellectuelle et morale. Il n'en fut pourtant certainement pas ainsi. Les Aryens ont agi en vainqueurs, en conquérants, qui ne viennent pas dans un pays pour y apporter la civilisation, mais surtout pour prendre le pays et ses richesses et pour réduire ses habitants en esclavage. Mais ils apportent avec eux leur mentalité, qui est, il est vrai, liée à la puissance militaire, mais non pas nécessairement à une haute culture. Leur esprit évolue grâce au choc avec la civilisation trouvée car, en s'emparant des richesses matérielles, ils ne peuvent s'empêcher d'adopter aussi des biens spirituels. Ce serait donc un préjugé de croire que Rudra-Shiva, parce qu'il est un si grand dieu et porte en lui une âme profonde, malgré la terreur qu'il inspire, doit nécessairement avoir appartenu aux Aryens et ne pourrait pas être le dieu des habitants autochtones prétendus si pauvres d'esprit. » (p.209.)

Un peu plus loin cette lourde condamnation : « En envahissant l'Inde, les Aryens, conquérants puissants, ont violé la culture qui y était établie et ils ont privé une partie de l'humanité de son évolution propre. »

Les impétueux guerriers aryens, lourdement armés, baroudeurs aguerris, habitués à se heurter aux occupants des territoires traversés, disposaient d'une arme décisive : le char d'assaut, au sens littéral ! L'invention de la roue à rayons, légère, solide, leur a permis de construire ces chars de guerre pour deux guerriers, chars rapides qui terrorisaient l'adversaire sur lequel ils fonçaient. Imaginons le martèlement des sabots des chevaux au galop, la poussière soulevée par les roues, les cris de guerre, les coups d'épée et la nuée de flèches s'abattant sur l'ennemi qui pouvait tout aussi bien être une autre tribu aryenne dont ils voulaient voler les troupeaux, sport favori des Aryens védiques, dans leurs mythes comme dans la réalité. Car pour eux, « posséder des vaches » c'est la vraie richesse et le « désir de posséder des bœufs » désigne autant la rapine que la guerre ! Le taureau symbolise la virilité originelle, la vache et son veau la maternité et la sollicitude nourricière.

Georges Thomson, cité par Battacharya (*Ancient Indian Rituals*, p. 27), écrit :

« Le gibier est périssable et fuyant, la terre inamovible, par contre le bétail est une richesse durable qu'il est facile de voler ou d'échanger. Nomades par nécessité, les tribus de pasteurs en viennent vite à s'enrichir par des raids et des guerres pour le vol de troupeaux. [...] Se déplaçant sans cesse, les hordes turbulentes pillent un district après l'autre. Les captifs mâles sont tués, les femmes emportées comme esclaves. »

Ces femmes-butin, devenues esclaves, n'en étaient pas moins des femmes tout court, à qui on faisait des enfants. Cela agrandissait la tribu, mais apportait aussi du sang étranger. Que ce soit en Inde ou ailleurs, le mythe d'une « race aryenne pure » est une escroquerie et la proclamer « supérieure » une imposture pure et simple, dont le monde paie encore aujourd'hui les conséquences...

Mais revenons à nos moutons, ou plutôt à nos troupeaux et à leurs propriétaires, les Aryens nomades. Guerroyer implique un commandement unique : la tribu s'organise en hiérarchie militaire avec, à sa tête, le chef, préfigurant le roi. Lors du partage du butin les guerriers raflent la part du lion, c'est-à-dire les plus belles femmes et les plus belles têtes de bétail, d'où des inégalités dans la tribu, à commencer par le sommet. Nos sociétés modernes patriarcales sont toujours construites sur cette même structure pyramidale et le chef de l'Etat, qu'il soit roi ou président, est toujours le chef des armées.

Si les clans se battaient souvent entre eux, par contre pour la conquête de nouveaux territoires — l'« opération Indus » par exemple —, la solidarité ethnique l'emportait. Parmi les chefs fameux pour leur bravoure et leur habileté stratégique on trouve Indra et Vishnou. Stuart Piggot, dans *Prehistoric India to 1000 B.C.* écrit : « Dans le Rigvéda, Indra est l'apothéose du chef tribal aryen ; armé jusqu'aux dents, colossal, barbu, pansu à force de boire, il manie l'éclair dans ses moments les plus divins ; de son char de combat, il décoche des flèches mortelles... Glouton, il ingurgite d'incroyables rations de viande de bœuf, de bouillie de céréales (porridge) et de gâteaux qu'il déglutit avec d'énormes lampées de soma enivrant... » (voir aussi le chapitre consacré aux dieux hindous).

Le Rigvéda (I.53) vante Indra qui « a renversé deux fois dix rois d'hommes » et « détruit les forteresses » des non-Aryens, qualifiés au passage d'*anasa*, sans nez, au teint foncé et baragouinant un langage inintelligible. Indra, c'est le rustre à l'état pur mais, pour les Aryens, un rustre sympa, toujours prêt à secourir dans le danger.

Au fil des hymnes, il se divinise et se mue en dieu solaire, sans rien perdre de son penchant immodéré pour le soma. Breughel aurait aimé peindre ce personnage haut en couleur, turbulent, truculent, redoutable.

Pour le Rigvéda, les ennemis d'Indra ce sont les dâsa, du sanskrit *dâs*, blesser, faire du mal. Dâsa est tout à la fois ennemi, démon, sauvage, barbare, esclave, serf, pêcheur. Sur le plan mythologique, ils deviennent des démons atmosphériques. Au II.20,7, on loue Indra qui détruit une « forteresse d'hommes à peau noire » *(krishnayoni)*. Malati Shendge, dans son livre *The Civilized Demons : The Harappans in Rigveda* , observe que si, dans le Rigvéda, les dâsas sont des humains, pourquoi Indra serait-il un dieu : le voile d'une soi-disant mythologie couvre des faits réels ; les hymnes du Rigvéda concernent des humains et leurs actes, notamment la guerre entre Aryens et non-Aryens. Plus tard, quand les Aryens en feront un culte, en tant que conquérants, ils s'arrogeront le Bien, seront les dieux ; les non-Aryens seront le Mal, les forces démoniaques de l'univers.

Sur le terrain, malgré la valeur d'Indra, les dâsas lui donnent bien du fil à retordre. De son char d'assaut puissamment armé, il bute contre une âpre résistance dont les armes seules ne réussissent pas à casser les reins. Pas de quartier : il faut noyer, brûler, affamer l'ennemi ! L'agriculture harappéennne était fort développée, sans quoi les cités n'auraient pu croître et subsister. Des barrages pour domestiquer les cataractes de la mousson et alimenter le vaste réseau d'irrigation avaient été érigés : le Rigvéda cite ces « barrières artificielles ». (II.15.8c).

Or, ces barrages étaient protégés par des guerriers dravidiens, sous les ordres de Vrittra, que le Rigvéda transforme en serpent, en monstre. Indra l'attaque, le tue puis brise le barrage, lâchant ainsi un déluge dans la vallée, noyant et ruinant tout sur son passage. Indra devient ainsi Celui-qui-lâche-les-eaux. Mythologiquement, le duel Indra-Vritra, devenu officiellement le symbole de la lutte éternelle entre le Bien et le Mal, est l'élément central du rite sacrificiel védique.

Mais, en plus de l'eau, Indra appelle le feu à la rescousse pour couper la retraite aux guerriers, les exterminer, brûler les récoltes, incendier les villages, semer la panique. Le rôle décisif du feu *(Agni)* lui vaut d'être glorifié par plus de deux cents hymnes du Rigvéda : « O Agni, brûle tous ces hommes à peau noire, sois le gardien du sacrifice » et je vous renvoie de nouveau au chapitre consacré aux dieux hindous pour plus de détails.

Les saigneurs deviennent des seigneurs

Comparé au racisme forcené des Aryens en Inde, l'apartheid en Afrique du Sud est une douce rigolade, et je pèse mes mots. Toutefois, ne faisons pas de racisme à rebours à l'encontre des Aryens et essayons de comprendre leur situation en Inde après leur victoire sur les Dravidiens.

En effet, numériquement minoritaires face aux populations vaincues, certes, mais toujours hostiles, leur position pouvait éventuellement devenir précaire. Les hostilités n'ont pas cessé du jour au lendemain suite à une capitulation ou une reddition en bloc des vaincus. La fin des combats a ressemblé à l'extinction d'un feu de maquis : le sinistre est maîtrisé, mais l'incendie couve encore sous la cendre, prêt à repartir au moindre relâchement de la vigilance.

Vainqueurs, les Aryens devaient affronter deux périls :
— le plus immédiat, celui d'une révolte des vaincus ;
— le second, plus insidieux, leur absorption progressive et finalement leur extinction en tant qu'ethnie par métissage avec les autochtones.

Ces deux dangers ont entraîné la mise en place du système de classes et de castes, d'une logique implacable, afin de garantir leur survie ethnique et leur domination absolue et définitive sur les peuples conquis.

Pour parer au premier péril, il fallait :
1° effacer toute trace de l'organisation militaire et sociale des vaincus, raser leurs villes, les faire disparaître sous terre, démembrer leur empire, extirper jusqu'au souvenir de leur civilisation et de leur résistance, déshumaniser les vaincus. Ces objectifs ont été atteints et c'est tout à fait fortuitement, grâce aux Anglais, que les vestiges de leur civilisation ont été exhumés et explorés par les archéologues, sans quoi on aurait à tout jamais ignoré l'existence de cette civilisation ;
2° mesure classique, réduire les vaincus à l'esclavage, les priver de tout droit et possession, leur accorder tout juste la survie en tant que serfs, sous réserve d'une soumission totale ;
3° entretenir chez les vainqueurs le souvenir de la lutte et la haine en transformant cette guerre en culte, la religion védique.

Pour éviter l'assimilation puis l'extinction par métissage, il fallait :
1° s'autoproclamer race de seigneurs « Herrenvolk », puis, corollaire, ravaler les vaincus soumis au rang de serfs, rejeter les insoumis et les rendre intouchables ;
2° proscrire avec rigueur tout mariage mixte, donc cloisonner la société en classes (improprement appelées « castes », prévoir des sanctions dissuasives pour les contrevenants ;
3° enfin, séquestrer la femme aryenne (la « pollution raciale » passe par la mère...), la soumettre au mâle aryen, réprimer sa sexualité.

Cette logique syllogistique sera appliquée à la lettre, avec une rigueur implacable. Ce qui précède éclaire la structure, apparemment si complexe, de la société aryenne.

Si le premier péril, le plus évident, a été perçu tout de suite, le second le fut seulement plus tard. Soyons objectifs : c'est seulement progressivement que les vainqueurs deviendront des racistes rabiques. Pendant les premiers siècles, des princes non-Aryens à peau sombre, qui s'étaient parfois ralliés aux envahisseurs, furent aryanisés. De même, de riches marchands dravidiens, moyennant rétribution « correcte » à quelque Brahmane compréhensif et quelques purifications furent, eux aussi, dûment aryanisés.

Mais, quand ils ont perçu le danger d'absorption en tant qu'ethnie, alors là, ils n'ont pas fait les choses à moitié ! Il est sans doute acceptable qu'un peuple veuille préserver son identité ethnique par une certaine discipline procréative pour éviter qu'un métissage illimité ne les fasse disparaître. A la limite, ce serait de la « légitime défense » ethnique, même si les envahisseurs aryens nomades n'étaient même pas une race pure, comme je l'ai souligné supra. L'endogamie a été le moyen de sauvegarder leur identité ethnique, mais ce qui est **inacceptable**, c'est d'instaurer une discrimination raciale avilissante accompagnée de l'exploitation éhontée des vaincus pendant plus de trois millénaires.

L'imposture aryenne

Les impostures ont la vie dure, surtout celle qui amalgame « Indo-Européen » et « Aryen ». Ce fait — qui n'en est pas un —, paraît si peu contesté que le dictionnaire postule encore l'existence d'une race ou d'un ensemble racial aryano-indo-européen. (Entre parenthèses, Outre-Rhin on écrit volontiers *Indo-Germanen,* ce qui inclut plus qu'une nuance...). Or, ce sont nos ancêtres alpino-méditerranéens qui sont les vrais Indo-Européens, non les nomades nordiques de la steppe eurasienne, usurpateurs du titre.

Mais, au fond, quel est l'intérêt de savoir si les Indo-Européens sont des Indo-Germains ou des Alpino-Méditerranéens ? Cela changerait quoi? M'étant posé la question, j'ai pris conscience qu'en retrouvant nos vraies racines culturelles, la vision tantrique cesse d'être exotique et qu'elle subsiste dans notre inconscient collectif où elle a été refoulée par un système patriarcal étranger, venu du froid.

Venons-en aux faits. S'il est une science qui semble anodine et ne concerner que les érudits, c'est bien la philologie comparée. Celle-ci est née en 1786 quand Sir William Jones, après avoir constaté la similitude entre le sanskrit, le grec, le latin, l'allemand et le celtique, leur attribuait une origine commune. Depuis, on y a rattaché toutes nos langues européennes, sauf le basque, le finnois et le hongrois.

Tout ceci n'a pas l'allure d'un mélange explosif, pas plus que lorsqu'en 1861 Max Müller, le célèbre sanskritiste, professeur à l'Université d'Oxford, renchérit en « inventant » la *race* aryenne. Il n'imaginait pas l'usage qu'on en ferait au siècle suivant dans son pays natal...

Max Müller a pris ce tournant fatal dans sa conférence *Lectures on the Science of Language.* Au lieu de s'en tenir prudemment à une *langue-mère* aryenne commune, il évoqua d'abord la grande famille aryenne puis la *race* aryenne. Avec tout le charme de son style et le poids de son érudition, il décrivait romantiquement le temps où « les premiers ancêtres des Indiens, des Perses, des Grecs, des Romains, des Slaves, des Celtes et des Germains vivaient ensemble sur le même sol, voire sous un même toit ».

De l'Inde à l'Europe, le même scénario, le même drame

s'est répété partout...

Quittant leurs steppes glacées, à partir de 3000 ans av. J.-C. des clans de pillards nomades commencent à déferler vers les civilisations Indo-Alpino-Méditerranéennes pré-Aryennes, asservissant les vaincus. Ces barbares (Perses, Mèdes, Arméniens, Baltes, Celtes, Germains du Nord, Slaves, Hittites, Louvites, Phrygiens, Scythes, Kurdes, Albanais, Thraces, Grecs, Illyriens, Vénètes, Italiotes) n'étaient ni de race pure, ni supérieure, sauf en force brutale. Partout ils ont détruit des civilisations.

La partie en gris indique la zone d'extension continue, de l'Europe à l'Inde, des florissantes civilisations matriarcales avant l'irruption des hordes barbares des steppes et déserts.

C'est grâce au climat méditerranéen et proche-oriental que l'agriculture, donc la sédentarisation et la civilisation, ont pu se développer. Ce sont eux les véritables civilisateurs. La carte montre aussi que les vrais Indo-Européens sont bien plus les Indo-Alpino-Méditerranéens que les soi-disant Aryens. Ce sont eux qui constituent la masse stable des populations Alpino-Méditerranéennes et Dravidienne.

Isaac P. Taylor ne se trompait pas quand, dans *The Origin of the Aryans,* dès 1889 il écrivait : « Rarement un grand érudit aura accumulé tant de mots pernicieux en si peu de lignes ». En fait, Max Muller aurait dû réserver l'adjectif « aryen » aux idiomes indo-iraniens car, selon A.L. Basham, de l'Université Nationale d'Australie, *arya* vient du vieux Persan *Airiya,* qu'on retrouve dans le moderne *Iran,* et désignait un puissant groupe Indo-iranien. Etymologiquement, il ne signifie donc pas « noble » ou « de bonne souche » comme on l'a prétendu. Néanmoins, comme le mot est court et sonne bien, tout le monde a emboîté le pas à Max Muller et l'a adopté : les Anglais, les Français et les Allemands.

Ce fut donc une erreur fatale de conclure hâtivement, sans aucune preuve, à l'existence d'une race primitive unique, bientôt proclamée pure. Un petit pas de plus et la voilà « supérieure », *Herrenvolk :* ce pas, Hitler l'a fait sans hésiter. Or, il est absurde de baser de l'anthropologie sur de la linguistique car la langue est une chose, la race une tout autre : aux U.S.A., Blancs, Noirs, Jaunes et Rouges parlent tous une langue aryenne, l'anglais !

Alors, qui sont les *vrais* Indo-Européens, sinon les Alpino-Méditerranéens ? C'est ce que je propose de voir ensemble et, comme je n'écris pas un traité d'anthropologie comparée, pour la clarté, je m'autorise à être ultra-schématique, donc imprécis.

Sans remonter aux origines lointaines, et probablement africaines, de l'humanité, partons de notre Europe et ayons une pensée pour ces hommes du paléolithique qui, pendant quelque vingt mille ans (de - 30 000 à - 10 000 ans avant notre ère !), l'ont peuplée, de l'Espagne à l'Ukraine. C'est à leur culture archaïque qu'on doit Lascaux et autres Altamira qui étaient des sanctuaires d'initiation religieuse. Les animaux dépeints dans ces grottes — A. Léroi-Gourna l'a montré — y sont disposés symétriquement et symboliquement en deux moitiés, l'une « féminine » avec l'aurochs et le bison, l'autre « masculine » avec le renne et le cheval, plus des organes génitaux des deux sexes schématisés.

A cette époque, les glaces recouvraient encore la Scandinavie et l'Ecosse. Les troupeaux de rennes et de bisons broutaient la maigre végétation de la toundra. L'homme y subsistait de la cueillette et de la chasse, osant même affronter le mammouth. Il vivait en symbiose quasi mystique avec son environnement, comme en témoignent ses peintures rupestres. Toutefois, vers - 10 000, le climat se réchauffant, les troupeaux de rennes ayant émigré vers le nord, ces hommes n'ont pas su s'adapter et la civilisation magdalénienne a disparu.

Vers cette même époque et favorisé par ce changement de climat, un événement aussi capital que la conquête du feu allait bouleverser la vie humaine : la révolution néolithique, qui vit l'homme s'affranchir peu à peu des caprices du milieu en commençant à *produire* sa nourriture. Le chasseur-cueilleur devient agriculteur-éleveur, donc sédentaire. (En fait, c'est la femme qui a inventé l'agriculture).

C'est ainsi que l'agriculture commence vers - 8 500 avant notre ère, dans la zone égéenne et dans le célèbre « croissant fertile », pour se propager à la Palestine, l'Anatolie, le Kurdistan et jusqu'à l'ouest de la chaîne du Zagros, aux portes de l'Iran, donc en direction de l'Inde. En somme, partie du Proche-Orient, l'« agriculturisation » gagna symétriquement le Moyen Orient et l'Europe du sud-est où, voici neuf mille ans, s'épanouit la « Old European Civilization » de Marija Gimbutas, qu'une première vague d'envahisseurs Kourganes, venus des steppes glacées du Nord, détruira vers - 5 000. Déjà !

Crânes ronds contre crânes longs

Pour déterminer la race, mieux que la stature et le squelette, c'est surtout la forme du crâne qui parle et c'est pourquoi la craniologie est l'outil favori de l'anthropologue. Première constatation : plus on descend vers le sud, plus les crânes s'allongent et les peaux foncent, tandis que vers le nord et vers l'Asie, ils deviennent ronds et les peaux claires.

Moyennant quoi — je vous ai prévenus que je serais ultra-schématique — on constate que ces agriculteurs européens du néolithique ont le crâne allongé, les membres grêles, qu'ils sont trapus, basanés, ont les cheveux foncés et les yeux noirs. Africano-méditerranéens, ils remontent vers le nord par terre, mais aussi par mer.

Ils avaient le culte des ancêtres et inhumaient leurs morts d'abord dans les cavernes, puis dans ces grottes articielles que sont les tumulus allongés comme leur crâne, avec des chambres funéraires reliées par de longs couloirs. Certains dépassent cent mètres de long sur quinze de large et la plupart des crânes découverts en proviennent. Ces hommes ont bâti ces « cathédrales à ciel ouvert » que sont les grands ensembles mégalithiques tels que Stonehenge et Carnac.

On retrouve ces mêmes crânes allongés et ces mêmes tertres longs en Algérie, en Espagne, en France, en Belgique et dans toute la Grande-Bretagne, qui devait donc, à l'origine, être peuplée par une seule race d'hommes jusqu'en Irlande. Ce même type méditerranéen habite et cultive évidemment tout le pourtour de la Méditerranée ainsi que l'espace alpin, agrandi vers le nord, incluant de grandes parties de l'Allemagne. Pour la facilité, je les appellerai les « Alpino-Méditerranéens ».

Un fait capital : attachés au sol, les agriculteurs sont extraordinairement stables, au point que nos paysans actuels peuvent être considérés comme les descendants directs des cultivateurs du néolithique. Même leur existence a beaucoup moins changé qu'on ne le croirait ! Voici moins d'un siècle, dans nos régions, beaucoup d'entre eux vivaient encore dans des chaumières aux murs d'argile crue avec le sol en terre battue et, si les faux en métal ont remplacé celles en pierre, cela change peu de chose à leur mode de vie.

Entre-temps, que se passait-il dans le nord, dans cette steppe démesurée qui va de la Russie à la Mandchourie ? Au

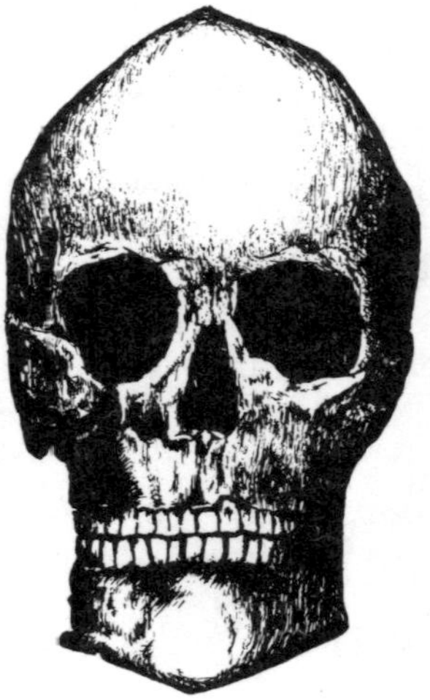

Civilisations néolithiques

Type racial : crâne allongé, visage ovale, petite taille, membres grêles, peau basanée, yeux noirs.
Territoire : branche « ouest » = espace méditerranéen et nord-africain, Espagne, France, Belgique, Angleterre, Irlande et jusqu'au Danemark.
Branche « est » = pourtour de la Méditerranée (plus ses grandes îles), l'Italie, la Suisse, l'Allemagne du Sud et de l'Ouest, la Roumanie, les grandes plaines fertiles de l'Est européen, le Moyen Orient plus le Croissant fertile etc. jusqu'en Inde .
Economie : agriculture, petit élevage (porc, mouton, chèvre, volaille). Pas de cheval. Grâce à la sédentarité les hameaux deviennent des villages, des villes, etc. Grande stabilité ethnique et géographique des populations. Création de civilisations brillantes et heureuses.
Structure sociale : égalitaire, matrilinéaire, non pyramidale. La femme n'asservit pas l'homme, a un statut social élevé (la tribu prolifère grâce à sa fécondité et à l'agriculture qu'elle a inventée).
Idéologie et religion : culte de la déesse mère, la Grande Ancêtre, et des valeurs féminines : paix, amour, art, protection de la nature. La femme est prêtresse, sexuellement épanouie et libre. Pas d'antinomie entre la spiritualité et la sexualité. Pas de guerres de conquête : la progression se fait lentement, par essaimage et occupation de nouveaux territoires défrichés.

Pasteurs nomades des steppes

Type racial : crâne rond, visage carré, mâchoire puissante, haute stature, musculeux, teint clair, cheveux blonds ou roux, yeux clairs.
Territoire : suivent d'abord le gibier vers le nord — les grandes steppes eurasiennes — à la fin de la dernière glaciation. D'abord chasseurs-prédateurs nomades, le gibier se raréfiant, ils domestiquent les bovins, le chien, le cheval et deviennent pasteurs-éleveurs. Descendent vers le sud, vers de nouveaux pâturages, par vagues successives. Conquête de l'Europe (Est et Sud) y compris l'Italie, la Grèce, les îles méditerranéennes, le Moyen-Orient, l'Iran, l'Inde. Destructeurs de civilisations.
Economie : villages temporaires faits de huttes rondes, semi-enterrées l'hiver. Pas de cités, pas de civilisation urbaine. Seule richesse, les troupeaux. Culture surtout verbale : récits, épopées, mythes.
Structure sociale : patriarcat avec une structure hiérarchique pyramidale (au sommet, le chef de clan, puis ses guerriers, les bardes, etc.) organisation déjà militaire, discipline. La femme est soumise au mâle ; son statut est inférieur, même quand elle n'est pas esclave.
Idéologie et religion : dieu mâle, culte du héros et de la guerre de conquête, affirmation de la supériorité raciale du plus fort. Les saigneurs deviennent des seigneurs ; exploitation des serfs, main d'œuvre gratuite. Quand il n'y a plus de territoires à conquérir, on voudrait coloniser la lune et l'espace.

fur et à mesure que les glaces reculaient, des tribus de chasseurs au crâne rond avaient suivi le gibier — surtout le renne et le cheval sauvage — vers le nord. Malgré le réchauffement relatif, le climat y était rude ainsi que les hommes.

De haute stature, ces chasseurs étaient robustes, courageux, aguerris. Nomades par nécessité, ils habitaient des huttes en branchages, rondes comme leur crâne, et inhumaient leurs morts dans des tertres, ronds eux aussi, avant de se mettre à les incinérer. Pendant les longs hivers nordiques leurs huttes rondes étaient à demi enterrées. Musculeux, énergiques, doués d'une grande vitalité, vêtus de peaux de bêtes, velus et barbus, leur seul aspect inspirait la crainte, sinon la terreur.

Ils ont perfectionné les armes (javelot, arc) et amélioré leur tactique de chasse qui exigeait une action concertée et disciplinée pour encercler le gibier, le rabattre ou lui tendre une embuscade. D'où la nécessité d'un chef de clan qui deviendra chef de guerre. Pour survivre, ils sont devenus des prédateurs redoutables, des tueurs.

Mais, eux aussi ont fait « leur » révolution néolithique, parallèle à celle des agriculteurs, en produisant, à leur tour, leur nourriture. Le gibier se raréfiant, en domestiquant les grands mammifères, dont le cheval, ils sont ainsi devenus des pasteurs-éleveurs nomades, sans pour autant abandonner la chasse. La roue et le char les ayant rendus très mobiles, ils vont conquérir de nouveaux territoires.

Leurs troupeaux ainsi sont devenus leur unique richesse, ce qui se reflète dans les hymnes du Rigvéda. L'élevage étant moins aléatoire que la chasse, la nourriture plus abondante favorisa leur expansion démographique, tout comme chez les agriculteurs sédentaires. Mais, pour nourrir ces grands troupeaux il faut beaucoup d'espace et leur mode de vie ressemblera à celui des Tartares actuels : une seule famille-tribu tartare a besoin de trois cents vaches pour vivre et un territoire de steppe grand comme la France suffirait tout juste à nourrir 50.000 pasteurs nomades.

Un trait caractérise ces races nomades : leur attitude vis-à-vis des femmes de la tribu, qu'ils se partageaient d'ailleurs. Ici, j'évoque un autre élément, qui découle du nomadisme pastoral, et qui semble, à première vue sans rapport avec la femme et son statut social. Pendant leur transhumance, ils entraient en conflit avec d'autres tribus dont ils traversaient le territoire. Le chasseur étant, par définition, un tueur, il se mue vite en guerrier : les mêmes armes tuent aussi bien un renne qu'un homme et, l'habitude aidant, on ne fait guère de différence... De nos jours encore les soldats d'élite sont souvent des « chasseurs » : chasseurs alpins, ardennais, à cheval, etc. ou encore les redoutables Fallschirmjäger ou Gebirgsjäger de l'ancienne Wehrmacht...

Souvent l'enjeu de la bataille était le troupeau de l'ennemi. Au combat, on « liquidait » les hommes mais on épargnait les femmes et parfois les enfants : une femme, c'est moins dangereux et ça peut toujours servir ! Devenues esclaves, elles ne restaient pas « inemployées » et la tribu s'enrichissait de bâtards qui s'intégraient dans le clan, donc plus question de race pure, à supposer qu'elle ait existé au départ ! En fin de compte, les nomades se métissent bien plus vite que les sédentaires.

Toutefois, ces nomades « aryens », qui étaient remontés vers le nord pour suivre le gibier, sont redescendus vers le sud pour y trouver des pâturages pour leurs grands troupeaux. Et c'est ainsi que ces chasseurs-guerriers au crâne rond, à la mâchoire puissante, ont fait irruption dans les territoires des sédentaires aux crânes longs, qu'ils ont asservis. Ils ont envahi l'Angleterre, l'Ecosse et l'Irlande mais surtout l'Europe centrale et orientale, proches de l'Ukraine. La première vague déferla vers - 5 000 sans aller beaucoup plus à l'Est que la Volga.

Une remarque à propos de l'Irlande où McFirbis, dans son *Books of Genealogies,* distingue deux souches : l'une, les Fir-Bolg aux cheveux bruns et aux yeux foncés, de petite taille, forment la classe servile, méprisée par l'autre, grande celle-là, aux cheveux blonds ou roux, à la peau blanche et aux yeux gris ou gris-bleu. Cela aurait-il un rapport avec la situation actuelle dans ce pays ? En Ecosse, le même McFirbis oppose les Fraser des Western Isles, petits et sombres, aux MacGregor et aux Cameron de taille imposante, puissants souvent rouquins, dont le teint florissant se pimente volontiers de taches de rousseur.

Revenons à des considérations plus générales. Quand on observe et réfléchit, on s'aperçoit d'un fait remarquable par sa constance, c'est-à-dire que partout, en tous temps, le même scénario désastreux s'est déroulé : venant des steppes, les nomades agressent des peuples d'agriculteurs sédentaires, pacifiques, détruisent leur civilisation et asservissent les survivants. Cela a commencé par les Kourganes, cités plus haut, et la destruction de la « Old European civilization » pour continuer jusqu'à l'époque moderne.

Car, après le néolithique, ces peuples sédentarisés ont créé tout un chapelet de civilisations, bien avant l'irruption des nomades nordiques. Pensons aux Cyclades, avec ces merveilles de la civilisation égéenne que sont Chypre et Rhodes, pensons au Proche-Orient, à l'Anatolie, à la Mésopotamie et, plus loin, à la civilisation de l'Indus.

Partout aussi, les envahisseurs imposent leur structure sociale, leur idéologie patriarcale et quand, après un « trou noir » culturel de plusieurs siècles, une nouvelle civilisation émerge, les Aryens imposent la même légende, selon laquelle, à leur arrivée, les pays conquis étaient peuplés de tribus barbares et incultes qu'ils auraient ensuite civilisées. Or, toujours et partout, c'est *exactement le contraire* qui s'est produit.

De plus, l'anthropométrie démontre que toutes ces cultures pré-aryennes, archaïques mais raffinées, ont été l'œuvre, sinon d'une race unique, au moins d'ethnies de souche alpino-méditerranéenne ayant essaimé, progressivement et pacifiquement, jusqu'en Inde du Sud.

Pour résumer et éclairer tout ceci, j'ai établi un tableau comparatif (cf. pp. 48-49) qui mérite d'être examiné avec soin.

Les Dravidiens sont-ils des alpino-méditerranéens ?

Bien que l'Inde compte de nombreuses ethnies, toujours ultra-schématiquement, on peut cependant diviser sa population en trois groupes principaux, dont aucun n'est — bien sûr — de race pure. En premier lieu, citons le gros de la masse populaire indienne qui est de souche dravidienne, puis, très largement inférieurs en nombre, les soi-disant « Aryens » des trois classes supérieures, enfin, une minorité d'Indiens des tribus qui forment la quasi-totalité des Intouchables.

Or, si on excepte les Aryens, venus plus tard, on retrouve cette proportion raciale dès la civilisation de l'Indus : à Mohenjo-Daro, sur dix-huit squelettes exhumés, d'ailleurs souvent mélangés entre eux dans la même sépulture, 10 crânes sont de type méditerranéen pur, 4 sont alpino-méditerranéens, soit près de 8 sur 10 ! Si c'est bien trop peu pour avoir une valeur statistique, c'est néanmoins significatif. Des 4 crânes restants, 3 sont de type australoïde comme ceux de pas mal de tribus de la jungle, considérées comme étant des pré-Dravidiens. Enfin, le dernier crâne est mongoloïde.

Dans ce même contexte, je cite B. Narasimhaiah dans son *Neolithic and Megalithic Cultures in Tamil Nadu*, région la plus dravidienne de l'Inde du Sud : « L'élément racial prédominant, identifié grâce aux ossements humains provenant de divers sites de fouilles, est méditerranéen, l'autre comprenant les Proto-Australoïdes autochtones, les deux se retrouvant mêlés dans ces sites. Ainsi, il est clair qu'au néolithique la population se composait de Proto-Australoïdes autochtones et de Méditerranéens, largement majoritaires.

» Ce même élément racial méditerranéen, très proche de la population moderne, se retrouve parmi les restes des squelettes chalcolithiques de Nevasa, Lothal, Harappa et Mohenjo-Daro, d'une part, et des squelettes mégalithiques (de l'Inde du Sud) d'Adichchannulallur, Brahmagiri et de Yelleswaram, d'autre part.

» Alchin préfère appeler *Dravidienne* la race méditerranéenne avec toutes ses connotations linguistiques. » (p. 87)

A propos de mégalithes, ces témoins impressionnants de la culture néolithique, on les croit souvent spécifiques à notre vieille Europe, alors qu'une importante culture mégalithique, en tous points semblables, avec menhirs, dolmens et alignements de pierres dressées, existait (et existe encore) en Inde du Sud.

Or, nos mégalithes européens sont l'œuvre d'Alpino-Méditerranéens graciles, au crâne allongé, et ce sont d'autres Alpino-Méditerranéens qui ont érigé ceux de l'Inde méridionale. Selon Banerjee, cité par le même B. Narasimhaiah : « Les Dravidiens qui ont introduit le mégalithisme, n'étaient pas autochtones à l'Inde du Sud...

D'autre part, ce n'étaient pas des Aryens, car le culte mégalithique n'a pas de place dans leur religion. Tout indique que les constructeurs dravidiens de mégalithes sont venus du Nord-Ouest de l'Inde, avant ou à l'époque du Rigvéda, et qu'ils ont été repoussés vers le Sud où ils ont trouvé refuge. » (p. 193). J'ajoute « provisoirement » car, au fil des siècles, la vague aryenne a fini par gagner le Sud de l'Inde, quoique considérablement affaiblie.

Dans le même ouvrage : « Ces preuves montrent qu'il n'y avait aucun conflit entre les deux peuples (pré-Dravidiens et Alpino-Méditerranéens). Au contraire, tout montre une coexistence et une assimilation progressives. » (p. 192)

Pour résumer, on sait ainsi que les Dravidiens du Sud de l'Inde, tout comme ceux de la civilisation de l' Indus, étaient en majorité des immigrants alpinoméditerranéens ayant coexisté et s'étant assimilés à une minorité de pré-Dravidiens autochtones, très noirs de peau et plus petits qu'eux.

Ceci dit, gardons-nous de faire du racisme à l'envers en jetant un regard suspicieux et accusateur sur tous les « grands au crâne rond », chez nous ou ailleurs : ce n'est pas (ou plus ?) une question de *race*, ni de *personnes*, mais bien de *valeurs*.

Par contre, il faut dénoncer avec vigueur l'imposture des prétendues pureté et supériorité raciales aryennes ainsi que la fable des bons aryens (sans jeu de mot facile) qui n'auraient asservi les barbares incultes que pour mieux les civiliser...

La continuité alpino-méditerranéenne

Indépendamment de preuves anthropologiques — les plus convaincantes —, bien d'autres éléments étayent ma thèse selon laquelle les Alpino-Méditerranéens sont les vrais Indo-Européens plutôt que les envahisseurs nomades, largement minoritaires.

J'évoque maintenant des preuves « agronomiques ». Il est remarquable que, partant d'un centre — l'espace égéen, le croissant fertile et l'Anatolie — la culture du blé et de l'orge se soit diffusée symétriquement, d'une part vers l'Europe, d'autre part vers le Moyen-Orient jusqu'en Inde. Le blé et l'orge ont ainsi formé la nourriture de base de nos fermiers européens tout comme des citoyens de l'empire de l'Indus.

La plupart des plantes alimentaires de l'Inde dravidienne, même actuelles, sont exotiques au pays et proviennent du Proche-Orient, à commencer par deux autres graines, le sésame (on en a trouvé à ChanhuDaro, dans l'Indus) et le millet.

Les graines oléagineuses utilisées étaient, et sont encore, la graine de lin et la moutarde. Quant au coton (provenant d'Ethiopie) il était cultivé pour sa graine avant que les Indusiens ne le tissent et qu'il ne fasse, au XIXe siècle, la fortune des filatures anglaises, contre lesquelles Gandhi luttait avec son rouet ! Dans l'antiquité, ce coton indien était réputé à Babylone, où il s'appelait *sindhu,* ainsi que dans tout le Proche-Orient : les Grecs le nommaient *sindon,* les Arabes *satin,* les Hébreux *sadin.* L'autre plante oléagineuse, le ricin, leur est aussi venue d'Afrique, via le Moyen-Orient.

Les féculents (pois, *dhal* et autres), qui jouent un rôle important dans la cuisine indienne, viennent, eux aussi, de l'Ouest. Typiques de la Méditerranée, l'ail et l'oignon font les délices de la cuisine dravidienne mais sont, au contraire, abhorrés des Aryens orthodoxes qui disent « que celui qui mange de l'ail ou de l'oignon doit être rejeté hors des murs de la ville ».

Tout cela démontre l'existence d'un mouvement continu d'Ouest en Est, de la Méditerranée jusqu'en Inde, mouvement confirmé par la linguistique. Je sais que je contredis ma remarque initiale selon laquelle la langue est une chose, la race une autre, néanmoins cette parenté s'ajoute aux arguments précédents. Je cite MacAlpin, qui constate que la parenté linguistique entre les anciennes langues Moyen-Orientales et le dravidien prouve que les Dravidiens ne sont pas autochtones à l'Inde et qu'ils sont venus de l'Ouest en tant qu'immigrants.

Enfin, je citerai le docteur Boulnois, dont je parle en détail au chapitre suivant : « En définitive, le Dravidien se présente à nous comme un compromis entre un élément blanc, à prépondérance méditerranéenne, métissé à un élément noir à prépondérance mélanésienne, australienne et négritoïde. »

Ainsi, prendre conscience que les ancêtres de l'immense majorité des Européens actuels sont des Alpino-Méditerranéens et non les nomades de la steppe, c'est redécouvrir nos valeurs, c'est retrouver nos racines.

Notre civilisation, basée sur ces fausses valeurs du patriarcat, est en pleine déroute, même sur le plan matériel. Pour éviter l'autodestruction, il faut réveiller le culte de la Féminité qui, seul, permet le plein épanouissement de l'homme autant que de la femme.

Quand Hitler affirmait que les envahisseurs Aryens étaient « souvent en nombre ridiculement réduit », il savait ce qu'il disait : Pizarre a prouvé qu'avec seulement cent soixante conquistadores on pouvait déstabiliser un empire et ruiner une civilisation.

Pizarre ! Vous avez dit « Pizarre » ?

Le drame a débuté le 15 novembre 1532, à trois mille mètres d'altitude, au cœur de l'empire Inca, déchiré par la rivalité de deux frères qui se disputaient le pouvoir. Le décor, c'est Cajamarca, morne plaine. D'un côté c'est Pizarre et de l'autre l'Inca ! L'Inca, le Fils du Soleil, est sans arme et sans crainte, fort des dizaines de milliers de ses guerriers qui encerclent les conquistadores à deux cents contre un !

Un signe, un cri : « Par Santiago, en avant » ! Et c'est le carnage. Après avoir saisi l'Inca, les hommes de Pizarre, pris de folie meurtrière, massacrent les Indiens par milliers. Par cet acte d'une audace inouïe, Pizarre devient le maître de l'impressionnant empire Inca, comparable en étendue et en population à celui des Pharaons.

Une autre folie gagne ces aventuriers avides : l'or ! L'or du Pérou existe et il y en a plus dans la réalité que dans leurs rêves les plus débridés. Ils pillent le campement de l'Inca, leur prisonnier, raflent le trésor impérial, font main basse sur tous les trésors incas : les masques de divinités, les bijoux, les ornements royaux, les chefs-d'œuvre d'art d'une beauté incomparable, rien ne leur échappe. Puis, ils pillent les palais et les temples aux murs couverts de plaques d'or qu'ils arrachent. Un des capitaines de Pizarre écrit à Charles Quint : « On ne peut croire que des mains humaines ont pu créer ces objets de rêve », ou, selon ses propres mots : « Son cosas de sueño ».

Ces trésors sans prix, héritage de siècles de civilisation, fruits du travail de dizaines de milliers d'artistes anonymes, patrimoine de toute l'humanité, que vont-ils devenir ? Vont-ils aller en Espagne ? Oui, mais après passage préalable à la fonte ! La raison : des lingots, ça facilite le partage du butin et son transport. Le prétexte : il faut détruire ces faux dieux, ces objets de cultes idolâtres.

Ainsi, de toutes parts, de longues caravanes de lamas, chargés de lingots d'or, descendaient les pentes des Andes vers la mer, où les galions les attendaient avant de lever l'ancre et de faire voile vers l'Espagne avec, dans leurs flancs, des tonnes d'un butin fantastique.

Quant à l'Inca, toujours prisonnier des conquistadores, pitoyable naïf, il leur proposa, en échange de sa liberté, de remplir d'or jusqu'à la hauteur de la main levée, sa prison de quarante mètres carrés. Naïf, car lorsque fut réuni ce fabuleux trésor, l'équivalent de cinquante ans de production européenne, après avoir poussé l'amabilité jusqu'à le baptiser, on étrangla proprement le Fils du Soleil : un chrétien de plus au paradis ! C'était le 29 août 1533, moins d'un an après sa capture.

Un petit nombre de pièces remarquables arrivèrent pourtant intactes jusqu'à la cour de Charles Quint, où elles furent exposées pendant un temps, avant d'être fondues, elles aussi, et de rejoindre la part de butin de l'empereur : 20 %.

Toutefois, le peuple Inca se garda bien d'informer Pizarre que d'autres trésors — les offrandes funéraires — dormaient au fond de sépultures ancestrales secrètes. Elles échappèrent ainsi au pillage. Au XXe siècle, des fouilleurs clandestins de tombeaux les exhumeront et les vendront à de riches amateurs. Quelques objets incas parviendront cependant au musée de Lima. Représentent-ils un millionième de ce qui existait avant Pizarre ? Qui le sait ?

Ainsi, il a suffi d'un « nombre ridiculement petit » d'aventuriers cupides pour annihiler à tout jamais une civilisation séculaire. Par quoi a-t-elle été remplacée ? Qu'est devenu le peuple Inca ?

Enfin, croit-on que ces autres conquistadores, venus du Nord avant notre ère, aient eu le cœur plus tendre que ceux, christianisés, du XVIe siècle ? En d'autres temps, en d'autres lieux, dans tout l'espace méditerranéen et jusqu'en Inde, partout et toujours, les barbares des steppes ont pillé et détruit, comme, p. ex. Gengis Khân a détruit l'empire chinois et sa civilisation raffinée ; car le nomade méprise le sédentaire, le civilisé.

De l'Inde à l'Europe

Partis de l'espace alpino-méditerranéen pour aboutir en Inde du Sud, parcourons maintenant le chemin en sens inverse. Avant de nous mettre en route, je précise que je ne suis pas sanskritiste et que j'en suis heureux ! Non que j'aie la moindre animosité à l'égard de mes amis sanskritistes, au contraire, ni que je mésestime le sanskrit, langue forte et sonore qui permet d'exprimer les subtilités de la philosophie et de la science, autant que l'émotion du poète. Si je n'ai pas étudié le sanskrit, c'est parce que son accès est ardu : sa maîtrise est le travail d'une vie, surtout si on veut en étudier et traduire les Ecritures.

J'en suis heureux, car en tant que sanskritiste, je me serais sans doute embourbé dans le système sanskrito-brahmanique, où j'ai d'ailleurs « tourné» pendant quelque vingt ans : en Inde, en tant qu'Occidental, je n'avais guère de contacts qu'avec des Hindous parlant anglais, donc éduqués, donc bien « castés », donc dans le système.

J'en suis sorti grâce à un personnage hors du commun, Nataraja Gourou, que j'évoque à la fin de ce livre, qui m'a fait connaître, comprendre et aimer cette *autre* Inde, l'Inde dravidienne du Sud, où je me sens si bien, où je me sens « chez moi ». C'est lui, Nataraja Gourou qui m'a révélé l'antagonisme profond entre les deux Indes, ce qui n'apparaît guère en surface, et qui m'a révélé des aspects essentiels du tantra. Ainsi, sans renier mes acquis passés, je me suis ouvert à toute la richesse de l'Inde du Sud qui nous touche de si près, sans que nous le sachions.

En parcourant le pays dravidien, au sud de Madras et jusqu'à l'extrême pointe de l'Inde, j'ai été surpris de voir à quel point les *nâgakkâls,* ces caducées dravidiens sculptés dans la pierre et posés sous de grands arbres, sont la copie conforme du caducée méditerranéen. Dans cette similitude je voyais plus qu'une coïncidence. Certes, le serpent a toujours fasciné l'homme par son pouvoir mortel et par sa vie mystérieuse. Image archétypale et symbole phallique, surtout quand il est dressé, le reptile fait partie de l'imagerie de bien des peuples : pensons à la Bible et au serpent tentateur !

Toutefois, ce qui frappe, dans le *nâga-*

kkâl comme dans le caducée, c'est qu'ils montrent *deux* serpents *enlacés* et, surtout, *debout sur la queue,* ce qui est antinaturel : un cobra dressé garde au moins un tiers de son corps lové en appui sur le sol. Pour tourner la difficulté, l'Indien les sculpte dans la pierre, tandis qu'en Méditerranée ils s'enroulent autour du bâton d'Hermès, dieu étranger à la Grèce qui venait de Thrace ou de Lydie.

Les brahmanes nous disent que les deux serpents symbolisent des conduits d'énergie longeant la colonne vertébrale alors que le *nâgakkâl* est un symbole sexuel tantrique, au même titre que le lingam : en Inde, chacun sait qu'il s'agit de cobras *copulant,* car c'est enlacés et dressés que les serpents s'accouplent. Or, le cobra est le reptile indien par excellence car le plus commun et le plus redouté, surtout en rut : ni Monsieur, ni Madame Cobra n'aiment les voyeurs et pourtant leur accouplement est le seul coït animal dépeint en Inde. Quand, à propos du caducée méditerranéen, on nous raconte que, voyant deux serpents se battre, Hermès les a séparés avec sa baguette, il s'agit d'une gentille explication pour le naïf qui veut bien la gober...

Entre parenthèses, à propos de « copie », en Inde du Sud, j'ai aussi été frappé par les norias qui sont la copie conforme des égyptiennes exposées, en miniature, au British Museum. Mêmes grandes roues en bois, mêmes godets en terre cuite descendant perpétuellement dans le puits, même mécanisme pour la mettre en mouvement, mêmes bœufs qui tournent en rond pour l'animer. Qui a copié qui ? Peu importe, ce qui est étonnant, c'est leur conformité totale à une telle distance.

Sachant cela, vous comprendrez que je n'ai plus lâché, chez le bouquiniste où je l'ai trouvé, le livre du docteur Boulnois, édité en 1939, dont le titre est tout un programme : *Le caducée et la symbolique dravidienne indo-méditerranéenne, de l'arbre, de la pierre, du serpent et de la déesse-mère.* (Avez-vous pu lire tout ça d'une seule traite, sans reprendre haleine ?)

Je laisse le docteur Boulnois se présenter ainsi que son livre : « Cette étude sur l'Inde est en marge de "l'Ecole" (c'est-à-dire du "système"). Ce n'est pas de ma faute : ma carrière de médecin colonial ne m'a pas permis de suivre les cours (de sanskrit) de la Sorbonne. [...] Elle m'a conduit dans les établissements français de l'Inde, de Pondichéry à Karikal, pendant trois ans.

» Je fus frappé de constater combien l'Inde que j'avais observée en toute indépendance — à vrai dire en toute ignorance initiale — était différente de celle que nous présentaient les livres. Je fus frappé surtout de l'escamotage, car c'est le mot, de l'étude de toute une partie de l'Inde dite dravidienne.

» J'ai étudié sur place, de 1932 à 1935, ces Dravidiens, que j'ai ensuite retrouvés partout, dans l'Inde préhistorique et dans le vaste domaine indo-égéen, dès l'énéolithique, aux environs du troisième millénaire avant J.-C.

» Je dois beaucoup à Mr. C. Autran qui a démontré que la civilisation égéenne était celle des Tramilas, c'est-à-dire les Dravidiens qui existent encore de nos jours dans l'Inde du Sud. »

Si le docteur Boulnois avait étudié le sanskrit, sans doute aurait-il subi, lui aussi, l'hypnotisme de l'aryanisme. C'est parce qu'il était vierge de tout préjugé « aryen » qu'il a pu « en toute ignorance » découvrir l'Inde dravidienne, l'Inde profonde.

A ce propos, G. Jouveau-Dubreuil, dans son introduction au livre du docteur Boulnois, conforte ma position en écrivant : « Jusqu'en 1925 environ tous les livres d'histoire de l'Inde commençaient de la même façon, par un tableau de la civilisation des Aryens. On était fatigué de relire, dans chaque nouveau livre, ce qui avait été dit dans les précédents. Malheureusement, en étudiant mieux ces mêmes textes, on s'apercevait que presque tout était incertain et que, plus on voulait connaître de près l'époque du Rigvéda, plus cette civilisation aryenne disparaissait comme un mirage. » (Mon commentaire : et pour cause, puisqu'ils ont surtout été les fossoyeurs d'une civilisation !)

» Et puis, tout à coup, vers 1925, les fouilles à Mohenjo-Daro et à Harappa révélèrent l'existence d'une brillante civilisation qui avait précédé de plus de mille ans l'arrivée des Aryens.

» Une surprise encore plus grande nous était réservée : la civilisation préaryenne existe encore... dans le Sud de l'Inde où la vague étrangère, après avoir submergé le reste de l'Inde, avait atteint l'extrême sud avec une énergie amenuisée. L'influence aryenne a couvert comme un simple vernis, les vieilles croyances et les vieilles coutumes. Il suffit de gratter le sédiment pour trouver le sol ancien...

» Le docteur Boulnois a décrit ces pré-aryens pris sur le vif... mais l'étude de leur culture révélait de telles ressemblances avec d'autres civilisations préhistoriques (Mésopotamie, Judée, Egypte, bassin méditerranéen, Chine, Indochine), que, de la comparaison, naissait une idée d'importance mondiale : *l'Inde pré-aryenne était un centre de culture qui avait essaimé sur une grande partie de l'univers.* »

A lui seul, ce dernier paragraphe justifie les chapitres où je décris, trop brièvement à mon gré, cette civilisation Dravidienne et son rayonnement jusque dans tout l'espace alpino-méditerranéen.

Quant au livre du docteur Boulnois, gênant pour les partisans du « système», il n'a guère eu d'échos chez les indianisants, au point qu'avant de le dénicher par hasard, jamais je n'en avais entendu parler, ni même après d'ailleurs. Et vous-même ? Peut-être venait-il trop tôt ? Ou gênait-il ?

Revenons aux *nâgakhâls* et à leur symbolisme sexuel tantrique. Le docteur Boulnois remarque qu'ils sont toujours posés au pied de ce que le voyageur non initié prend pour un seul grand arbre. En réalité, il s'agit de deux arbres enchevêtrés, symboliquement « mariés ». L'un est mâle, *Arasou,* le figuier des temples ou *Ficus religiosa,* le pippal des sceaux de l'Indus, l'arbre sacré de Shiva. L'autre, c'est *Vépou,* l'arbre femelle, celui de la Shakti, *l'Azadirachta indica,* spécifique à l'Inde, dont le nom anglais est *neem tree :* je n'en connais pas l'équivalent français.

L'ensemble (le *nâgakhâl* plus les deux arbres mariés) est si chargé de sexualité

Souvent on trouve plusieurs nâgakhâls sous l'arbre sacré.

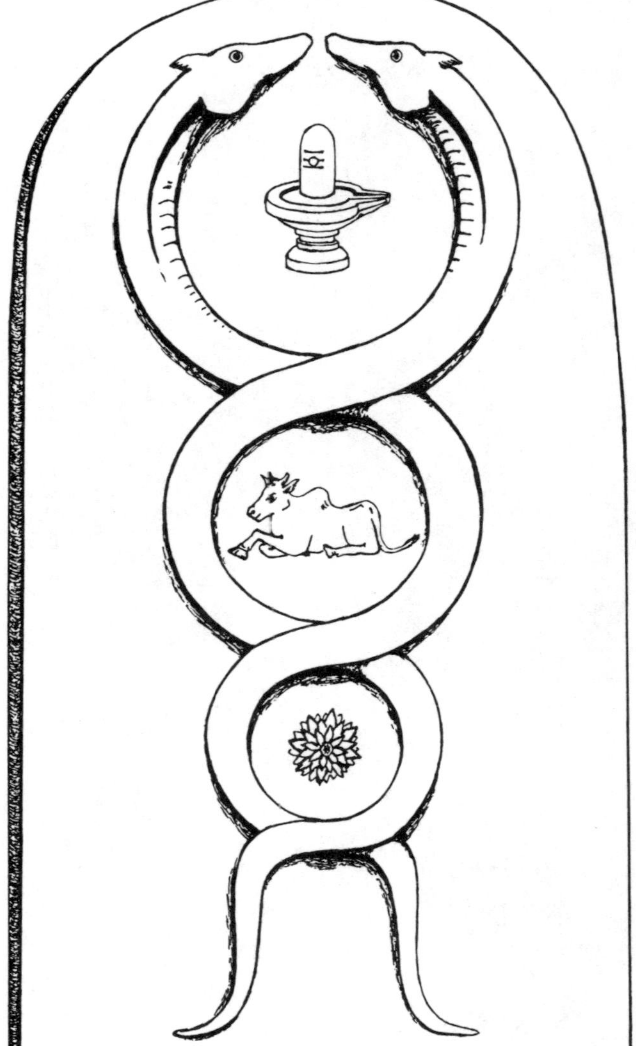

Ce dessin reproduit un nâgakhâl avec les principaux symboles tantriques : en haut, le lingam, puis Nandin, la monture de Shiva, et en-dessous le Lotus, symbole d'eau mais aussi du yoni.
Certaines stèles sont encore plus élaborées, avec jusqu'à sept anneaux, mais toutes sont nettement des caducées méditerranéens.

que les femmes stériles lui font des offrandes et viennent se frotter contre la pierre pour avoir des enfants. Quant au figuier, est-il mâle parce qu'il secrète un latex blanchâtre qui rappelle le sperme ? C'est en tous cas le seul arbre qu'on ne mutile jamais en Inde. Ses graines sont, paraît-il, aphrodisiaques : sans garantie, car je n'ai pas essayé !

Le *nâgakhâl* révèle encore son origine tantrique par le fait que, vu de dos, il a la forme d'un lingam ainsi que par les motifs qu'on sculpte souvent dans les anneaux formés par les cobras copulant. Dans celui du haut, on sculpte le lingam-yoni traditionnel, dans l'anneau central, *Nandin,* le taureau sacré, le véhicule de Shiva dont on retrouve le culte dans tout l'espace indo-méditerranéen (j'en parle plus loin), enfin, dans l'inférieur, la fleur de lotus, symbole du yoni. Le dernier est toujours vide. On retrouve un caducée à six anneaux à Sumer, au début du IIIe millénaire, sur un gobelet du Gudéa.

Quand un seul cobra est représenté, il s'enroule de bas en haut autour d'une tige. Parfois polycéphale, ses têtes sont toujours en nombre impair : 3, 5, 7 ou 9, tous nombres sacrés. En Inde, le cobra est toujours associé à Shiva, mais pensons aussi au Pschent des Pharaons ainsi qu'au Calathos de la déesse de Cnossos.

L'association serpent, pierre, arbre est typique dans l'espace alpino-méditerranéen qui inclut la plus grande partie de l'Europe. C'est à partir de l'arbre sacré que le serpent tente Eve ! J'ai évoqué le mégalithisme indien et européen. Au cours de fouilles archéologiques en Inde, on a trouvé, notamment à Salem, cachés sous les dolmens dravidiens, des haches en pierre et autres outils préhistoriques, souvenirs des Ancêtres. Et, à ce propos, citons Le Rouzic qui rapporte, dans *Corpus des Monuments Mégalithiques du Morbihan,* que les Bretonnes, à certaines époques lunaires, et notamment autour du menhir de Manion, font exactement les mêmes gestes dans l'espoir de postérité. Près de ce menhir, Le Rouzic découvrit une sculpture représentant 5 serpents *dressés sur leur queue* à côté de cinq haches néolithiques en pierre ! Etrange — et révélateur —, à plus de 8.000 km de distance...

Confirmant le symbolisme sexuel du caducée alpino-méditerranéen, selon une légende grecque, Rhéa s'étant transformée en dragonne, Zeus se mua en dragon pour se lier à elle et la baguette d'Hermès est le symbole de cette union. Dans le *Scolium,* en marge du Parisinus 2, le chrétien Athénagore écrit, scandalisé : « Le caducée, dans lequel les serpents étaient représentés embrassés face à face, les visages opposés, constitue le mémorial de cet accouplement honteux. »

Tous ces symboles sont étrangers aux faux indo-européens, c'est-à-dire aux Aryens. Dans le Rigvéda, le serpent, le lingam, l'arbre, la divinité d'arbre, la taureau de Shiva sont méprisés et rejetés comme faisant partie du culte des Dauys, les ennemis dravidiens du dieu aryen Indra.

Tchatal-Hüyük, première ville tantrique ?

Prononcez « *Hüyük* » comme vous voulez, de toutes façons on ne saura jamais comment s'appelait, à l'époque, la première ville du monde, alpino-méditerranéenne et tantrique.

Car c'est une vraie ville de 10 000 habitants, vieille de 9 000 ans, qu'en 1958 l'archéologue anglais James Mellaart exhumait en Anatolie. Deux ans plus tôt, sa découverte de Haçilar, dans la région de Burdur, avait fait sensation, mais Tchatal-Hüyük, c'était une bombe : on croyait, avant cela, que l'Anatolie, riche d'histoire, était vide de préhistoire. Ce qui était sensationnel — et l'est toujours —, c'est que Tchatal-Hüyük était presque intacte, comme si on l'avait abandonnée hier. Fantastique : pour la première fois on *voyait* comment vivait, en l'an de grâce - 7 500 avant notre ère, le citoyen préhistorique, on visitait ses maisons avec leurs fresques, leurs sculptures, on retrouvait ses armes, ses outils, ses squelettes, ses vêtements.

Alors, avec un peu d'imagination, nous pouvons entrer dans la peau du citadin de Tchatal-Hüyük, reconstituer son mode de vie et même sa spiritualité, grâce aux clés que fournit le tantra.

Suivons-le, rentrant chez lui. Ses ancêtres avaient bien choisi le site : descendus de la montagne, ils avaient repéré cette plaine fertile, irriguée par la rivière Carsamba, comme on l'appelle aujourd'hui. Mieux qu'en altitude, ils pouvaient y cultiver les céréales déjà domestiquées. C'est le printemps ; notre homme marche d'un bon pas entre les champs d'orge et de blé dont on cultivait 3 espèces. Son regard satisfait caresse le tapis de jeunes pousses vert tendre, prometteuses d'une bonne moisson. Il se dirige vers la ville, sa belle ville, avec ses maisons en briques crues et à toit plat, qui s'étagent sur la colline et se confondent presque avec le paysage. Sans doute les premiers vergers d'amandiers, de pommiers, de pistachiers fleurissaient-ils déjà : on en a retrouvé les fruits.

Le voici aux portes de la ville. « Portes » et « ville », c'est façon de parler. Il faudrait plutôt dire « au pied de la ruche horizontale », car les maisons sont autant d'alvéoles rectangulaires accolées les unes aux autres, sans portes, ni fenêtres : l'unique orifice dans la terrasse y sert d'entrée, de fenêtre et de cheminée et l'on descend chez soi par une échelle. Pas de rues : on y circule de terrasse en terrasse et c'est encore à l'aide d'échelles qu'on passe d'un niveau de la ville à l'autre ! Ceinturée d'un rempart de maisons aveugles qui la rendent imprenable, c'est toujours par une échelle qu'on « monte » dans la ville.

Imprenable, car si les éventuels agresseurs avaient un accès aisé aux toits-terrasses, il suffisait aux agressés de retirer les échelles pour empêcher l'accès aux maisons. Malheur à l'attaquant imprudent qui aurait sauté dans la maison par l'orifice, ce qui ne pouvait se faire qu'un à la fois. Tombant 2m50 à 3 m plus bas, avant de pouvoir se remettre debout, il serait déjà transpercé par les lances ou les poignards des défenseurs, intrépides chasseurs que n'effrayaient ni l'ours, ni le lion, ni le loup, ni le sanglier, ni le léopard ! Et, pour prendre la ville, il aurait fallu conquérir une à une chaque alvéole de la ruche-labyrinthe. Aussi Tchatal-Hüyük, n'a, semble-t-il, jamais été prise.

Les maisons étaient, en outre, antisismiques : construites en briques crues, sans étage, le toit-terrasse avait une légère charpente en bois et le plafond était en roseaux pris dans une gangue d'argile. Et c'était bien nécessaire : sur un mur, on retrouve une fresque montrant la ville avec, à l'horizon, la silhouette du volcan Hasan-Dag en éruption. Mais le site de Tchatal-Hüyük avait été bien choisi : l'absence de cendres volcaniques prouve que la ville n'a pas été détruite par une éruption, même s'il lui est arrivé plus d'une fois d'être bien secouée !

Examinons maintenant l'illustration, reproduite d'après les dessins et photos de James Mellaart, qui nous permet d'imaginer la vie de tous les jours de notre citadin. La pièce principale, le « séjour », fait 4 x 6 m, ce qui est fort convenable. Avec une hauteur de près de 3 m, cela fait un beau volume. Le long des murs, des banquettes servent de sièges et de lits pour l'homme et les enfants. Le lit réservé à la femme, beaucoup plus grand, relevé à son extrémité, occupe la place d'honneur au pied de l'échelle et près du foyer.

On sait que le grand lit était réservé à la maîtresse de maison grâce à la coutume de l'« inhumation différée » : les trépassés étaient conduits dans la montagne et abandonnés aux vautours. Décharnés, on ramenait les squelettes dans leur maison et, revêtus de leurs vêtements (les femmes portaient des robes en laine avec des franges !), ils étaient ensevelis... sous leur lit, avec les objets leur appartenant. Ces squelettes nous apprennent aussi que plusieurs types raciaux coexistaient à Tchatal-Hüyük : des Méditerranéens primitifs, des Méditerranéens modernes et des Alpins anatoliens, identiques à ceux d'aujourd'hui. Ce qui justifie le titre de « Tchatal-Hüyük, ville alpino-méditerranéenne ». Il reste à justifier l'adjectif « tantrique » !

Le sol, en terre battue, était recouvert de nattes et de tapis, mais, en plus, tout comme les murs, chaque année il était badigeonné au plâtre coloré. Les murs étaient souvent décorés de fresques, dont celle du taureau rouge, mesure

5m x 1m80 ! Outre le four à pain, il y avait aussi le mortier pour faire de la farine de blé ou d'orge. Le régime alimentaire de l'habitant de Tchatal-Hüyük, était très correct ! En plus du pain, il se préparait aussi de la bouillie d'avoine. La viande venait d'abord de la chasse (sanglier, cerf, daim, chevreuil, bouquetin, gazelle...), plus tard de l'élevage (mouton, chèvre, porc et bétail domestique). Ajoutez-y les pois, les lentilles, des fruits et, sans doute, quelques légumes verts. Joyeux lurons, les hommes cultivaient le genièvre et les fruits du *Celtis Australis* pour en faire du vin et de la bière !

Sa vaisselle comportait des plats, des assiettes, des gobelets, des cuillères en bois et même des fourchettes ! Plus des vases en pierre et des boîtes en bois aux couvercles décorés, etc. Tous ces objets surprennent par la qualité de leur fini. La femme était honorée mais aussi coquette : les boîtes à fard, les miroirs en obsidienne polie, les colliers et les bagues le prouvent ! Si on considère tout ce qui précède — et je n'ai repris que l'essentiel — cela nous donne un mode de vie fort acceptable, ma foi !

Un culte tantrique ?

Tchatal-Hüyük était-elle tantrique ? Je remplace le ? par un ! et cela sans hésiter, car les grands thèmes du tantra, en tant que Culte de la Féminité, y sont présents. Incidemment, je vois dans la ville de Tchatal-Hüyük, elle-même, une préfiguration de Mohenjo-Daro et de Harappa. Tout d'abord, les maisons sont en briques de dimensions standard, crues il est vrai, mais leur état de conservation montre que les cuire eût été inutile en l'absence du risque d'inondations comme dans la vallée de l'Indus.

Comme toutes les villes de l'Indus, Tchatal-Hüyük, témoigne d'une urbanisation, rudimentaire peut-être, mais planifiée et pensée. Comme dans l'Indus aussi, il y a une remarquable absence de constructions monumentales. Pas de vastes palais, ce qui suggère que le pouvoir appartenait à la ville elle-même. Pas plus qu'à Mohenjo-Daro et à Harappa, il n'y a de temples monumentaux : rien qui ressemble aux temples dominés par de gigantesques ziggourats comme en Chaldée ou à Babylone. Par contre, le nombre très élevé de sanctuaires découverts témoigne d'une intense vie spirituelle. Sur 140 maisons exhumées, plus de 40 sont des sanctuaires ! Et quels sanctuaires !

Le culte de la Féminité est présent partout à Tchatal-Hüyük, qui était indubitablement matristique : la femme y occupait une place d'honneur dans la vie profane comme dans la religion, centrée autour de la déesse-mère. La figure féminine domine les sanctuaires. Bras ouverts, jambes écartées, elle s'offre à l'adoration et tout s'articule autour d'elle, les têtes de taureaux notamment. Dans d'autres sanctuaires d'innombrables mains se tendent vers des murs tapissés de seins de femme. Déesse-mère, symbole imposant de la fécondité, elle trône, seule, dans un fauteuil aux bras en forme de léopard ou, toujours seule, elle porte deux petits léopards. La femme est omniprésente dans la statuaire, soit sous les traits de matrones épaisses, ou de femmes minces et juvéniles, d'une mère et sa fille à un seul corps, ou encore d'une vieille femme escortée de rapaces menaçants.

Quant au dieu mâle, apparemment son époux, il joue un rôle subalterne. Barbu et chevauchant un taureau, j'y vois un proto-Shiva : en Inde, le taureau Nandi est son véhicule. Les hommes, rarement représentés, ont néanmoins l'air de gais lurons, rusés et tous barbus.

Un culte symbolique

Tchatal-Hüyük ignorait l'écriture mais l'absence d'écrits est largement compensée par l'emploi généralisé du langage le plus riche, le plus universel : le symbole immortel. Tous les sanctuaires vibrent d'une densité symbolique extraordinaire. Pour s'en rendre compte, « entrons » dans les dessins et imaginons une cérémonie du culte, dans le temple, la nuit. Dans le sanctuaire, faiblement éclairé par la lumière vacillante des lampes à huile ou à graisse, les adorateurs contemplent les symboles. D'abord la Déesse qui leur ouvre ses bras, tandis que ses jambes écartées suggèrent la porte de Vie : elle symbolise ainsi tous les mystères et toutes les puissances de la Vie incarnées dans la Femme, origine de toute fécondité, de toute fertilité, des humains comme des bêtes et des plantes. Les énormes têtes de taureaux symbolisent sans doute la puissance sexuelle mâle mais, placées sous elle, montrent que cette puissance lui est subordonnée.

De quels rites mystérieux ces sanctuaires, impressionnants malgré (ou à cause ?) de leurs dimensions réduites, ont-ils été les témoins au cours de ces millénaires ? Nul ne le saura jamais.

Ces hommes et ces femmes y ont-ils partagé rituellement le pain, la viande et le vin, comme dans le rite tantrique ? Ont-ils pratiqué de la magie sexuelle ? Rien ne le prouve, mais rien n'interdit de le penser car, dans toutes les civilisations agraires, les rites de la fertilité comportaient des pratiques sexuelles : voir le chapitre « L'ascèse à seize », la Chakra Pûjâ. Quoi qu'il en soit, tout gourou tantrique accepterait sans réserves ces sanctuaires pour y célébrer les rites du tantra.

Je sais, notre éducation puritaine fait qu'on renâcle à cette idée, mais il serait fort surprenant que des rites sexuels n'aient pas eu lieu dans ces sanctuaires! J'en suis d'autant plus persuadé qu'à Tchatal-Hüyük on pratiquait le culte de la Mort. Les rapaces planant autour d'une pauvre vieille et peints sur les fresques, symbolisent clairement la mort puisqu'on leur abandonnait les cadavres avant de les inhumer dans leur maison, sous leur lit, où leur squelette entretenait, avec le souvenir du disparu, le rappel de notre mortalité. Enfin, croyaient-ils en une vie après la mort ? Mystère.

La Mort et le Sexe étant inséparables, l'un exorcisant l'autre, c'est une raison de plus pour croire aux rites sexuels dans leurs sanctuaires. Néanmoins, même en l'absence de rites sexuels, tout à Tchatal-Hüyük est du pur tantra.

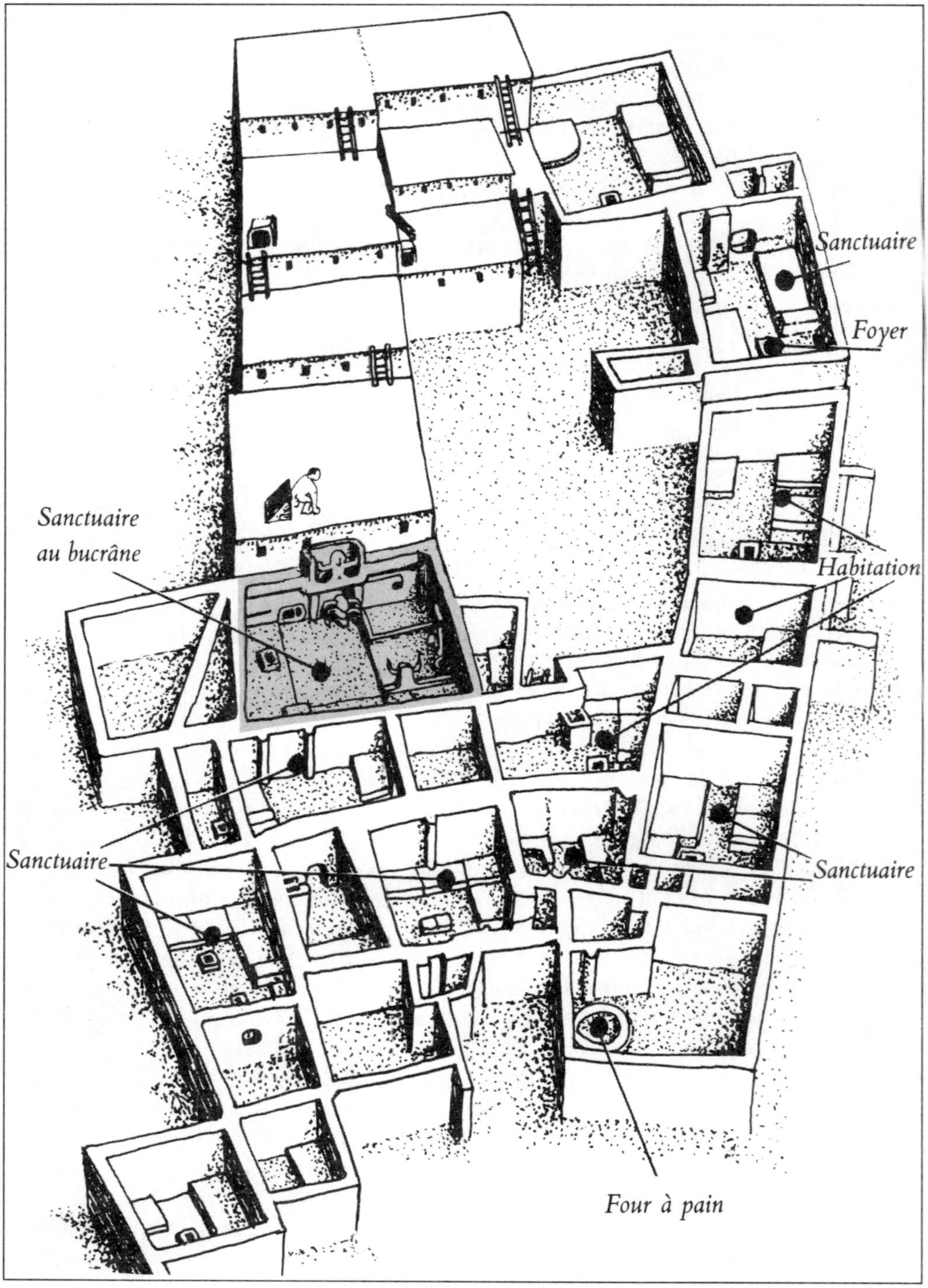
Sanctuaire
Foyer
Sanctuaire
au bucrâne
Habitation
Sanctuaire
Sanctuaire
Four à pain

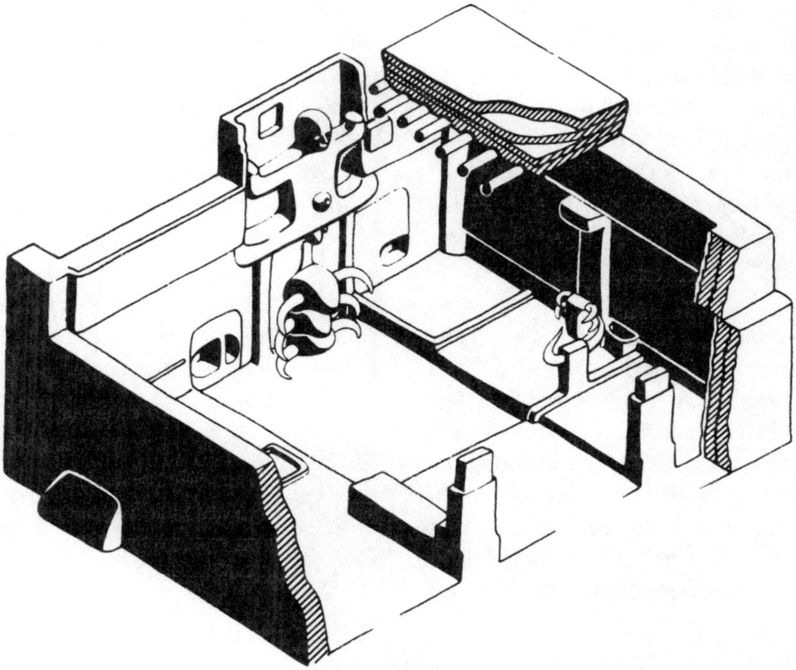

Le sanctuaire au bucrâne (reconstitué par Mellaart) dominé par une déesse aux bras et jambes offerts. Qui interdit de penser que des rites sexuels ne s'y soient déroulés ?

Si je le pouvais, je reconstituerais, en terre battue, un des sanctuaires de Tchatal-Hüyük pour y faire des méditations tantriques, mais ce ne serait, sans doute, que peu de chose comparé aux authentiques... Ne rêvons pas !

Un autre point commun entre Tchatal-Hüyük et le tantra, c'est l'emploi généralisé de dessins géométriques et de couleurs, autrement dit de Yantras : voir ce chapitre .

La fin de Tchatal-Hüyük...

... est encore plus mystérieuse que celle de la civilisation de l'Indus. A-t-elle été anéantie, ou, ayant dégénéré, a-t-elle dépéri ? A-t-elle connu une fin subite ou une lente agonie ? Aucune trace de fin violente, par exemple de massacres. Tout ce que les fouilles et la datation au carbone 14 nous apprennent avec certitude, c'est qu'après 3 500 avant notre ère les maisons étaient mal bâties, mal entretenues et que le souffle spirituel avait cessé : on n'y construisait plus aucun sanctuaire. L'industrie de l'obsidienne y déclinait ainsi que la chasse, tout comme à Harappa !

Alors, que sont devenus les habitants? Est-il impensable que, sous la pression des circonstances, ils aient émigré vers d'autres territoires, vers cet Orient d'où vient la lumière, vers cette Inde encore vierge ? Coïncidence, quelques siècles plus tard, des crânes alpino-méditerranéens pareils à ceux de Tchatal-Hüyük, se retrouvent jusque dans l'extrême pointe sud de l'Inde. Et s'ils n'y ont pas émigré, leur civilisation, la plus brillante de leur époque, n'a-t-elle pas influencé celle de l'Indus ? Cela non plus on ne le saura jamais, et c'est peut-être mieux ainsi.

Il serait cependant bien surprenant que cette brillante civilisation soit restée strictement localisée à ce petit coin de l'Anatolie surtout que, de plus en plus, on constate que, dès la préhistoire, les échanges commerciaux et culturels étaient beaucoup plus développés qu'on ne l'imaginait encore voici quelques décennies.

Une certitude : les paysans du petit village turc de Küçük-Koy ne sont pas les descendants des Alpino-Méditerranéens de Tchatal-Hüyük. La Déesse-mère est morte, remplacée par Allah, la femme est soumise à l'homme et l'impétueux Dieu-Taureau est devenu le bœuf domestique placide et résigné, que les gamins aiguillonnent pour qu'il presse un peu le pas. Ainsi va la vie, ainsi tourne la roue.

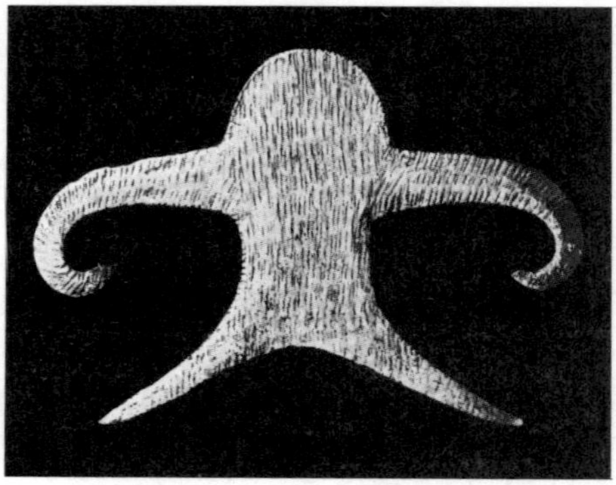

L'image de la déesse est à rapprocher de cette plaque de cuivre

Les castes, mélange explosif

Depuis toujours les tantriques ont rejeté les castes. D'ailleurs, les hindous évitent de parler de ce sujet brûlant avec les étrangers et, chaque fois que je l'ai évoqué, habilement, ils ont éludé la vraie question.

Ainsi, pour cette jeune Indienne, toute mignonne dans son sari coloré et qui fait ses études en Occident, les castes sont « simplement une question de pureté ». Ne lui demandez pas de quel genre de pureté il pourrait bien s'agir car, pour elle, c'est évident : tous ces Intouchables à peau foncée qui traînent en haillons dans la poussière indienne sont « impurs » comparés à elle, toute gracieuse, éduquée et soignée. Elle ne réalise pas que, depuis des millénaires, leur déchéance est voulue, programmée par le système dont elle bénéficie.

Si j'ai d'abord cité sa réponse, c'est parce qu'elle m'amène au mot *caste*. En effet, les rudes marins portugais, qui ont abordé l'Inde au XVIe siècle, avaient remarqué que la division sociale indienne dépendait de la *casta*, c'est-à-dire, en portugais, de la pureté. Mais, au contraire de la petite Indienne, eux ne s'étaient pas trompés en y voyant la pureté du sang, de la race. D'ailleurs, le terme sanskrit *jâti*, qui désigne ce que nous appelons les castes, signifie, ni plus, ni moins, « race ». C'est clair, c'est net.

Néanmoins, si je pose la même question à ce brave swami hindou en tournée en Occident, avec suavité il esquivera le problème et jamais il ne dénoncera l'iniquité du système qui, dira-t-il, repose sur le *dharma*, le devoir d'état, la profession. Bien entendu, il évitera avec soin d'y rattacher le moindre relent de racisme. Aimant les comparaisons, il ajoutera qu'une auto a des roues, un moteur, un volant, des freins, etc. et que, de même, dans la société chacun doit accomplir son dharma et tenir *son* rôle à *sa* place pour que tout aille bien, ce qui se défend. Il précisera, avec raison d'ailleurs, que, grâce à cela, dès l'enfance chacun est préparé au rôle qu'il tiendra plus tard dans la vie. Enfin, argument suprême, il dira que le système marche depuis des millénaires, *donc* qu'il a fait ses preuves, *donc* qu'il est bon. Il omettra aussi de préciser qu'il ne tient que par la coercition.

A propos de cette divion sociale selon la profession, il dira que cela ressemble à nos gildes qui protégeaient les intérêts de leurs membres, leur assuraient une formation solide, garantie d'un travail de qualité. Il ajoutera que, pour transmettre les secrets et les tours de main d'un métier, il n'y a rien de tel que la transmission de père en fils, justifiant ainsi le caractère héréditaire des castes.

Une troisième esquive sera de dire qu'en 1954, le nouveau Code Civil de l'Inde les a supprimées. C'est vrai, mais, en pratique, très peu de choses ont changé. Moyennant quoi un Occidental non au fait de la situation indienne, admettra ces trois réponses : passez muscade !

Mais, au fait, pourquoi évoquer un problème sur lequel, de toute façon, nous n'avons pas de prise ? Bien sûr, notamment grâce à Gandhi, nous savons que le problème des Intouchables, qu'il appelait les Harijans, les enfants de Dieu, existe et nous supposons, à tort, qu'il voulait éliminer les castes. En fait, il visait seulement à réhabiliter ces damnés de la terre, ce qui est, bien sûr, louable.

Parmi les raisons de se pencher sur cette question, outre son aspect humanitaire, à cause du système des castes et de ses abus, il se développe peu à peu, sourdement, une situation explosive en Inde dont la déstabilisation aurait des conséquences imprévisibles à l'échelle mondiale .

Enfin, connaissant les outrances du racisme brahmanique et son corollaire, le patriarcat rabique, le lecteur saura *pourquoi* le tantra est rejeté en Inde et aussi pourquoi ce livre ne fera guère plaisir aux tenants du système et notamment aux braves swamis indiens, qui ne manqueront pas de le contester et avec qui je n'ai aucune querelle, je le répète.

Une confusion entretenue avec soin

En fait, le système dit « des castes » résulte de deux modes de division, de nature si différente qu'il vaudrait mieux renoncer au mot *caste* car, en fourrant tout dans le même sac, on embrouille tout, ce qui n'est pas fait pour déplaire à tous ceux qui préfèrent noyer le poisson . . .

Le premier critère de discrimination, purement racial, est ainsi *varna,* mot sanskrit signifiant couleur (de la peau évidemment). A l'avenir, j'utiliserai donc *varna, jâti* ou *classe,* pour distinguer les quatre divisions basées sur la race et qui sont **intangibles. Il** y a, d'une part, les Aryens, les « visages pâles », répartis d'abord en deux classes principales, dominantes par l'influence quoique largement minoritaires en nombre : les brahmanes (prêtres) et les kshattriyas (guerriers et princes), puis viennent les vaishyas, les cultivateurs, les artisans, les commerçants, les usuriers, etc. qui forment le gros de la troisième classe des « deux fois nés » du système védique, admis au port du « cordon sacré » et à la religion védique dont tous les autres sont exclus.

Puis viennent les non-Aryens, les

soudras, les serfs descendants des vaincus, incorporés de force dans le système aryen en tant que quatrième classe, et qui forment une masse de main-d'œuvre servile, taillable et corvéable à merci. Enfin, derniers parmi les derniers, les hors-caste, exclus du système, indignes même d'être esclaves, les intouchables, descendants des tribus aborigènes insoumises.

Voilà donc la quintuple division du système, basée sur la race, où l'on n'entre que par la naissance.

Le second « commun diviseur » est professionnel comme on l'a vu plus haut. Alors que les jâtis sont intangibles, chacune se subdivise en autant de compartiments qu'il y a de métiers, de professions. De ce fait, elles sont innombrables et il s'en crée toujours de nouvelles alors que les *jâtis* sont et resteront quatre, pas une de plus. A défaut de distinguer ces deux modes de division, on mélange tout.

Quant à l'origine du système, il est fort probable que ce sont justement ses victimes, les non-Aryens, qui les auraient inventées avant même l'irruption des envahisseurs. Après la conquête, les Aryens ont sans doute trouvé une société dravidienne organisée en gildes professionnelles, peut-être même déjà héréditaires, structure qu'ils auront adoptée et puis adaptée à leur profit en y surajoutant le critère *varna,* couleur de la peau, race.

En commençant à écrire ce chapitre, où je me propose de décortiquer le système, j'allais débuter « logiquement » par les brahmanes, enchaîner avec les kshattriyas et ainsi de suite, quand je me suis rendu compte que j'entrais ainsi dans leur système en donnant la priorité aux brahmanes, comme le fait Manou, le codificateur mythique de la société brahmanique. M'étant alors ravisé, je commencerai par les derniers parmi les derniers, les intouchables.

Malheur aux vaincus

Perdre une guerre est toujours une erreur : depuis plus de 3 500 ans les Dravidiens et autres peuples non-aryens de l'Inde payent très cher leur défaite dans une guerre d'invasion qu'ils n'ont évidemment pas voulue, et ce n'est pas fini. Mais, de tous, ce sont les intouchables qui paient le tribut le plus lourd.

Intouchable, quel mot affreux : comment peut-on concevoir que Dieu, ou même tout simplement la nature, ait créé des humains abjects et impurs au point que leur ombre « pollue », tout ce qu'elle touche ? Et le plus affreux est qu'à force de l'avoir lu et entendu, il ne fasse guère bondir alors que leur sort est bien pire que le mot ! Cette classe d'êtres humains regroupe tout ce que les Aryens ont rejeté de leur système, tous les insoumis, tous ceux qui habitaient des jungles trop impénétrables, donc surtout les autochtones pré-dravidiens. De tous les parias, les plus à plaindre sont encore les bâtards d'Aryens, nés d'une union « impure » d'une mère aryenne et d'un père soudra, par exemple. Ils sont excommuniés, rejetés à jamais au ban de la société aryenne, ainsi que leur descendance : un rejet aussi draconien se veut dissuasif à l'égard de telles unions.

Les intouchables, combien sont-ils dans l'Inde d'aujourd'hui ? Cent, cent cinquante millions ? Qui le sait. Mais sont également intouchables tout le reste du monde ! Nous, Occidentaux, sommes des hors-castes et le resterons, quoi que nous fassions. Si nous ne sommes pas traités de la même façon que les intouchables autochtones, c'est grâce à la couleur de notre peau, plus blanche que celle du brahmane le plus clair et à notre puissance économique ou militaire.

Parmi les intouchables, les Chandâlas sont considérés par les Aryens comme étant les plus abominables, les plus inapprochables. Leur crime ? Descendre d'une tribu si farouche dans sa lutte contre les envahisseurs qu'après le combat, les Aryens arrachaient les dents des Chandâlas massacrés pour s'en faire des colliers ! (*Agni Purâna,* 11.1217.) Plus tard, par extension, ce nom désigna tous les hors-castes.

Alors qu'au fil des siècles certaines lois de Manou concernant les soudras se sont assouplies, celles regardant les Chandâlas ont toujours été appliquées avec rigueur. Ainsi, le livre X.50 promulgue : « Que ces hommes établissent leur séjour au pied des grands arbres consacrés, près des lieux de crémation, dans la montagne et dans les bois, qu'ils soient connus de tous et vivent de leur travail (honte suprême).

» La demeure des Chandâlas et des Swapâkas doit être hors du village ; ils ne peuvent pas avoir de vases entiers, et ne doivent posséder pour tout bien que des chiens et des ânes.

» Qu'ils aient pour vêtements les habits des morts ; pour plats, des pots brisés ; pour parure, du fer ; qu'ils aillent sans cesse d'une place à une autre.

» Qu'aucun homme, fidèle à ses devoirs, n'ait de rapport avec eux ; ils doivent n'avoir d'affaires qu'entre eux, et ne se marier qu'avec leurs semblables.

» Que la nourriture qu'ils reçoivent des autres ne leur soit donnée que dans des tessons et par l'intermédiaire d'un serf, et qu'ils ne circulent pas la nuit dans les villages et dans les villes.

» Qu'ils y viennent durant le jour pour leur besogne, distingués au moyen des signes prescrits par le roi, et qu'ils soient chargés de transporter le corps d'un homme qui meurt sans laisser de parents : tel est le règlement.

» Qu'ils exécutent, d'après l'ordre du roi, les criminels condamnés à mort par un arrêt légal, et qu'ils prennent pour eux les habits, les lits et les parures de ceux qu'ils mettent à mort. » (Manou, V. 51 à 56)

N'est-il pas honteux de promulguer et d'appliquer de telles « lois » ? N'est-il pas scandaleux que, depuis trente-cinq siècles, des humains subissent une répression aussi systématique et féroce, destinée à les ravaler à un rang inférieur aux animaux ? Et les lois modernes n'ont guère changé leur sort, sauf peut-être dans les villes et dans une faible mesure.

Je reprends textuellement le témoignage de C. Thomas : « Les panchâmas (la cinquième classe, donc tous les intouchables) sont interdits de séjour dans les villages des autres castes. Ils ne peuvent s'approcher des puits, des temples et de certaines routes empruntées par les brahmanes. Il leur est défendu de bâtir des maisons en bois ou en pierre. L'entrée de leurs cases en terre doit être si basse qu'ils sont forcés de se baisser pour y entrer... Il leur est interdit de porter des vêtements propres ou de posséder le moindre lopin de terre, afin qu'ils dépendent totalement des autres castes.

» L'application impitoyable de ces lois a efficacement et effectivement transformé, au fil des millénaires, ces hommes et ces femmes en un peuple dégradé, dépourvu du moindre respect pour soi-même et sans aucune chance d'améliorer leur position. Délibérément voués à la misère, privés même du droit et des moyens de protester, leur déchéance est totale. Ils se nourrissent de charogne et des nourritures les plus répugnantes, ils boivent les eaux les plus polluées. S'ils deviennent malades, aucun médecin n'acceptera de les soigner. Des brahmanes ont créé des hôpitaux pour animaux et oiseaux, mais aucun médecin aryen ne soignera ses frères humains hors-castes. Pour eux, la mort d'un panchâma est sans importance, moins que celle d'un chien ou d'un chat. Des panchâmas ont été tués pour avoir commis le crime d'entrer dans des rues qui leur étaient interdites ou pour s'être approchés, par inadvertance, de puits publics. La moindre infraction est punie par la flagellation ou la mutilation»). (Dans *Hindu Religion, Customs and Manners*, p. 20)

A Poona, une loi interdisait l'accès de la ville aux parias après trois heures de l'après-midi. La raison ? C'est simple : plus tard, le soleil en baissant allongerait leur ombre qui polluerait tout sur son passage !

Si ce n'était pas aussi scandaleux, on en rirait. Un autre exemple : parmi les innombrables rites et cérémonies qui ponctuent chaque instant de la vie d'un Aryen, il y a la *shrâddha*, le rite funéraire accompli pour un parent défunt, destiné à maintenir le lien entre les vivants et le mort, ce qui est louable en soi. A cette occasion, on offre un gâteau funéraire, le *pinda*, aux personnes des trois générations descendant du défunt et le partage a lieu en secret, à l'abri de tous les regards, pour éviter qu'il ne soit vu par un eunuque, un hors-caste, un hérétique ou... une femme enceinte, même aryenne, sinon l'offrande ainsi souillée serait refusée par le défunt !

Victimes des lois de Manou, des panchâmas vivent, ou plutôt survivent, à la lisière de la forêt, se nourrissant de lézards et de racines qu'ils déterrent en grattant le sol. Une absence aussi totale de pitié semble incroyable et pourtant elle est vraie, et ne croyez pas que cette époque soit révolue.

Néanmoins, des Indiens cultivés vous diront que, de nos jours, des places leur sont réservées dans les universités indiennes et qu'ils peuvent même devenir riches. C'est vrai, mais une hirondelle ne fait pas le printemps et, en tout cas, un brahmane même peu fortuné méprisera toujours un intouchable, fut-il multi-milliardaire. Ainsi, une amie m'a raconté qu'à une réception à l'Ambassade de l'Inde, dans une capitale que je ne nommerai pas, elle avait observé, assis à l'écart sur un banc, deux hommes vêtus correctement mais snobés de tous les autres invités. Surprise, elle demanda discrètement pourquoi personne ne leur parlait. La réponse : « Ce sont des intouchables »...

D'aucuns pourraient dire que tout cela est du passé et que, par parti pris, je noircis le tableau. Alors, plutôt que de rapporter des cas que j'ai personnellement connus en Inde, je préfère citer *L'Express* du 15 avril 1988 : « Au milieu d'un champ de blé en herbe, un cercle d'une dizaine de mètres de diamètre, sans culture. C'est là que huit intouchables et trois autres membres de basses castes ont été tués de sang-froid, le 27 mai 1977, par les kurmis, une communauté de petits propriétaires terriens. Pourquoi ce massacre ? Onze ans plus tard, on ne le sait pas encore. » J'ajoute : on ne le saura sans doute jamais et il restera impuni. Or, cela se passait à Belchi, un village de 400 habitants et, bien que situé à seulement soixante kilomètres de Patna, la capitale de l'Est du Bihar, on y vit encore comme voici deux mille ans.

Les policiers ? Tout d'abord, ils sont corrompus et font partie du « système», ensuite, ils sont impuissants : à une vingtaine, sans voiture, sans téléphone, comment peuvent-ils couvrir un rayon de vingt kilomètres ? On pourrait minimiser l'affaire et dire qu'une telle tuerie est exceptionnelle. En fait, ce qui est exceptionnel, c'est qu'elle soit *connue :* la violence est permanente et, par rapport aux deux cents tués « officiels », combien y a-t-il de cas non répertoriés ?

A vrai dire, les kurmis sont une classe défavorisée de petits propriétaires. Le kurmi possède au maximum 2 hectares et récolte, bon an, mal an, une tonne de céréales, blé et maïs, quelques légumes, plus un peu de fourrage pour son buffle. Il dépend lui-même des gros propriétaires, contre lesquels il doit se défendre. Néanmoins, il pourra nourrir sa femme et ses six enfants, économiser quelques roupies pour envoyer l'aîné à l'école, s'acheter une bicyclette et doter sa fille.

Le coup de pouce qui rend esclave

Le kurmi exploite les intouchables, sans pitié ni vergogne. Je cite encore *L'Express* : « Les intouchables se louent aux kurmis pour un kilo (!) de grain par jour, arraché à la terre sur laquelle ils travaillent. Jamais d'argent liquide : le billet de 2 roupies (1 franc français) qui représente souvent le maigre salaire quotidien du travailleur agricole, n'a même pas cours ici. Quand, malgré tout, on a besoin d'un prêt — de 100 roupies, par exemple — pour le médecin et des médicaments, l'empreinte du pouce sur un méchant bout de papier faisant foi, on ne peut pas rembourser et l'on devient ainsi esclave. A vie. »

Le magazine aurait pu préciser que le minimum légal est de 12 roupies, c'est-à-dire environ le prix d'un litre d'essence, en Inde. Ces intouchables ne touchent ainsi que le *sixième* du salaire *minimum* légal indien...

Autre histoire de « coup de pouce ». L'Inde est, dit-on, la plus grande démocratie du monde. C'est vrai, si l'on en croit la Constitution et les élections qui sont organisées régulièrement. Dans ce cas-ci « régulièrement » veut dire « à intervalles réguliers ». Si l'on entendait par « régulièrement » qu'elles ont lieu selon les règles, ce serait quelque peu différent... Selon *L'Express* : « Dans certains villages, les habitants n'ont vu aucun officiel depuis plusieurs années. Et quand ils se rendent au bureau de vote, les jours d'élection, on les persuade qu'ils ont déjà voté. Même quand l'absence d'encre sur leur pouce gauche — preuve du vote, inscrite au tampon par le scrutateur — démontre le contraire. S'ils regimbent et tentent de faire valoir leurs droits de citoyens, la police, d'un coup de lathi (long bâton) bien placé, a tôt fait d'imposer le silence aux protestataires. » Mais soyons assurés que ces votes ne sont pas perdus pour tout le monde...

En l'absence d'administration et surtout de police efficace, comment protéger ses biens ? En se groupant. Alors, chaque classe, chaque communauté religieuse, chaque organisation crée sa propre milice privée, appelée sena. Or, les kurmis doivent se défendre contre les abus des grands propriétaires, longtemps omnipotents, mais aussi contre les naxalites. Et c'est ici que cela devient explosif. Pendant des millénaires, les intouchables ont subi leur sort peu enviable sans pouvoir réagir, ni se défendre. Or, dans le Bengale voisin, vers les années 70, des activistes marxistes ont pris fait et cause pour ces « damnés de la terre ». Encore *L'Express* : « Pratiquant l'action d'éclat type Robin des Bois, qui lui vaut la reconnaissance des plus démunis, le mouvement naxalite professe le marxisme-léninisme. Sa puissance est telle que, dans de nombreux villages, profitant de la passivité du pouvoir politique, de la corruption de l'administration et de la police, les naxalites ont installé une véritable administration parallèle. Avec sa police et sa justice, le plus souvent brutales et expéditives. »

Il n'y a pas de naxalites dans toute l'Inde, mais que se passerait-il si le mouvement se propageait ? Bien sûr, la police fait tout ce qu'elle peut pour les réprimer, mais... Il y a donc une situation conflictuelle permanente entre tous ces groupes, d'où le titre de ce chapitre : un mélange explosif, les castes.

Le sort des soudras

Après les intouchables, voyons ce que Manou réserve aux serfs, aux soudras : « Le souverain Maître n'assigne au soudra qu'un seul office, celui de servir les classes précédentes, sans déprécier leur mérite. (I.91)

» Que le nom d'un brahmane, par le premier des deux mots dont il se compose, exprime la faveur propice ; celui d'un kshatriya, la puissance ; celui d'un vaishya, la richesse ; celui d'un soudra, *l'abjection* ». (II.31)

Abject, c'est clair, net, cynique et le védisme est sans doute la seule religion au monde ayant institutionnalisé, en tant que code moral, un racisme aussi outrancier. Et le système n'est pas tendre envers les serfs, témoin la sévérité des châtiments prévus pour eux, auprès desquels le fameux « œil pour œil, dent pour dent » fait pâle figure :

« De quelque membre que se serve un homme de basse naissance pour frapper un supérieur, ce membre doit être mutilé : tel est l'ordre de Manou. (VIII.279)

» S'il a seulement levé la main ou un bâton sur un supérieur, il doit avoir la main coupée ; si dans un mouvement de colère, il lui a donné un coup de pied, que ce pied soit coupé. (VIII. 280)

« Si un homme de basse classe s'avise de prendre place à côté d'un homme appartenant à une classe plus élevée, qu'il soit marqué au-dessous de la hanche et banni, ou que le roi ordonne qu'on lui fasse une balafre sur les fesses. (VIII. 281) »

« Le soudra n'est pas autorisé à lire les Védas, le plus sacré des livres religieux. S'il transgresse cette loi, que sa langue soit coupée, que du plomb fondu lui soit coulé dans les oreilles. S'il attaque un brahmane, qu'il soit pendu. Par contre, si un brahmane tue un soudra, ce crime est équivalent à celui de tuer un chat, l'oiseau chasha, une grenouille, un chien, un lézard, un hibou ou un corbeau ». (P. Thomas, *Hindu Religion Customs and Manners*, p. 16)

Remarquez : les animaux cités sont tous de mauvais augure, y compris les chats, que les hindous abhorrent.

Néanmoins, rituellement, les soudras sont soumis à bien moins de tabous que les Aryens, les *dvijas*, les deux fois nés. Ils peuvent manger ce qu'ils veulent, se déplacer comme ils l'entendent (dans certaines limites cependant) pourvu qu'ils ne gênent pas les membres des autres varnas.

Il est vrai que, le temps aidant, dans certaines régions plus tolérantes, les soudras furent un peu moins durement traités et eurent même accès à la propriété, ceci était d'ailleurs « corrigé » par l'institution hautement respectable du métier d'usurier, un des privilèges des vaishyas, la troisième varna aryenne. Ces usuriers profitent de ce que le mariage, même dans l'Inde d'aujourd'hui, est une cérémonie ruineuse pour les parents de la bru. Outre la très lourde dot, le père doit offrir des cadeaux à toute la famille du gendre, sans parler du coût de la noce où, pendant plusieurs jours, des centaines d'invités, plus ou moins de la famille, font bombance à ses frais.

Il est rare que la famille, même en grattant les fonds de tiroirs, ait assez d'argent pour faire face à la dépense. Qu'à cela ne tienne, l'usurier en prêtera mais à des taux tels (20, 30 ou 40% !) qu'il faudra de longues années pour s'en acquitter. Plus d'un Indien apure encore, péniblement, les dettes contractées pour le mariage de... sa grand-mère !

Nayars et Nambudiris

Les relations entre les soudras, qui sont en général des Dravidiens, et les autres jâtis sont complexes et varient d'une région à l'autre. A titre d'exemple, je propose de nous intéresser aux relations entre les Nambudiris et les Nayars, descendants de populations dravidiennes ayant fui vers le Sud devant la progression aryenne et qui se sont réfugiés dans le Malabar, sur la côte, entre Goa et le Cap Comorin, où leurs anciennes traditions demeurent vivaces.

Après consolidation dans le nord-ouest de l'Inde, l'aryanisation a peu à peu gagné le Sud où elle se poursuit encore de nos jours et y rencontre toujours de la résistance. La preuve : une loi récente a officiellement interdit le matriarcat dans toute l'Inde, mais une danseuse indienne originaire du Kérala m'a dit qu'elle y était ignorée, les coutumes multimillénaires étant trop fortes.

Les Nayars ont été asservis par les Nambudiris qui se prétendent de race aryenne pure. P. Thomas, qui a vécu pendant longtemps dans cette région, décrit la situation locale qui résume tout le problème des relations entre les soudras et les autres classes.

La vie, dit-il, s'y organise d'une manière étonnante mais logique du point de vue raciste aryen, pour qui le comble du scandale est la *Rassenschande,* la « pollution » raciale. Comme cette pollution ne peut entrer que par le ventre de la femme, il faut prévenir tout contact « impur » entre une Aryenne et un non-Aryen. La méthode est efficace: « Les femmes nambudiri sont très jalousement gardées. Il leur est interdit de sortir seules ou de parler à n'importe quel mâle, sauf leur mari. Pubère, une fillette n'a même plus le droit de parler à son père ou à ses frères. Autant que possible, la Nambudiri demeure cloîtrée dans la maison. »

Comme il est exclu de les séquestrer à vie, quand elles sortent, c'est en groupe et précédées d'une escorte de femmes nayar. Chaque Nambudiri porte une énorme ombrelle en feuilles de palme qui, tournée vers le côté, la cache des genoux à la tête. Les femmes nayar marchent en tête et chassent tous les hommes venant en sens inverse, invectivant même les hésitants. P. Thomas, a observé, à distance respectueuse, « ces processions de jeunes Nambudiris, nues jusqu'à la ceinture, balançant leur ombrelle avec dextérité d'un côté à l'autre et tournant leur cou souple, chargé de bijoux en or, pour jeter au passage un rapide coup d'œil sur le merveilleux monde extérieur et sur les hommes, plus merveilleux encore, qui les observent de loin. »

Toutes les précautions sont prises afin qu'un rapport sexuel avec un homme autre que le mari soit exclu.

Mais la réciproque n'est pas vraie ! La coutume veut que, seul, le fils aîné ait le droit de se marier, donc de faire des enfants à une Nambudiri. En clair, elles ont à se partager les fils aînés, d'où un véritable trafic au mariage. Le fils aîné rapporte beaucoup d'argent : il épouse un nombre respectable de filles de sa race, chaque fois moyennant une confortable dot. Malheureux, les cadets ? Pas du tout. S'il leur est prohibé d'épouser, ou même de coucher avec une fille de leur race, ils ont d'agréables compensations. En effet, alors que les Nambudiri cloîtrées sont ternes et ennuyeuses, les Nayar, comme toutes les Dravidiennes, sont libres, pleines de charme et de vivacité, donc attrayantes. Si les cadets nambudiri n'ont pas le droit de les épouser, par contre, ils peuvent coucher avec autant de filles nayar qu'ils le veulent. Ils ont ainsi tous les avantages du sexe sans les inconvénients, c'est-à-dire la charge et le souci d'élever une famille nombreuse.

Après avoir passé la nuit avec une Nayar, ils rentrent, tout guillerets, chez leurs parents. Comme purification, un simple bain suffit. Les rejetons ? Pas de problème : maman nayar les élèvera. Ils n'hériteront ni du nom, ni des biens, ni de la classe du père : ils seront soudras, comme maman, et leur géniteur nambudiri les traitera en serfs !

Les relations entre les mâles des deux classes sont bien différentes et caractéristiques de la situation des soudras en général. Ainsi, un Nayar, s'adressant à un Nambudiri, reste à distance respectueuse, ôte son vêtement supérieur et le tient sous le bras. Parlant de sa propre hutte, il dira « ma masure », tandis que celle du Nambudiri sera toujours le « palais ». Le Nayar doit se couvrir la bouche en parlant à un brahmane nambudiri, car si un postillon l'atteignait, il devrait se purifier par un jeûne. Il traite le brahmane comme un dieu vivant et se qualifie lui-même d'esclave. Cette coutume est encore respectée de nos jours par les Nayars au service d'un brahmane. Néanmoins, sous l'influence du modernisme, particulièrement fort dans cette région, d'autres se montrent, au contraire, très arrogants visàvis des brahmanes.

Ce n'est pas tout ! Sur ce même territoire vivent aussi des hors-caste, les Ulladahs, que les Nayars méprisent parce qu'intouchables !

« Un Ulladah n'est pas "regardable" pour un Nambudiri, il est "inapprochable" pour tous les autres, aussi ne s'aventurent-ils guère dans les villages... Tout Aryen nambudiri qui se déplace est toujours précédé d'un serviteur nayar qui hurle à tue-tête « haha », pour écarter les intouchables. Quand ces derniers construisent des clôtures ou travaillent dans le village, ils doivent obligatoirement signaler leur présence « polluante » en plaçant, de part et d'autre, à soixante pas, un signe habituellement fait de branches vertes maintenues par une pierre. »

Les défenseurs inattendus du système

La logique aurait voulu que les opprimés saluent avec enthousiasme l'abolition officielle du système des varnas, mais ce n'est pas le cas et cela à cause de la doctrine de la réincarnation et du karma, que tous les Indiens admettent. Il importe peu de savoir si les pré-Aryens, donc les Dravidiens et les autochtones, ont cru en la réincarnation avant ou après l'invasion aryenne, l'essentiel étant l'exploitation géniale qu'ils (les Aryens) en ont faite pour faire accepter et même défendre leur système par ses propres victimes.

Le système fonctionne en deux

temps. D'abord, on fait accepter par les soudras que s'ils sont serfs dans cette vie, c'est à cause d'un mauvais karma, autrement dit qu'ils expient dans cette vie des fautes commises dans une précédente. Puis — et c'est là le trait de génie —, on leur promet que s'ils accomplissent bien leur dharma servile actuel, dans leur prochaine vie ils renaîtront dans une classe supérieure ! Alors, la suppression des varnas les frustre : après avoir expié la moitié ou plus de leurs fautes, voilà qu'on les empêche de renaître kshattriya ou brahmane !

En somme, c'est comme si les Afrikaanders avaient fait accepter par les Noirs qu'ils expient des fautes passées et qu'ils renaîtront Blancs dans leur prochaine vie ! Entre parenthèses, il est une autre erreur que le système aryen n'a pas commise. En effet, les Blancs d'Afrique du Sud ont parqué les Noirs dans d'immenses villes-camps qui favorisent l'émergence d'un fort psychisme collectif et qui échappent facilement au contrôle, tout en permettant aux Noirs de s'organiser entre eux. Le brahmanisme, au contraire, a fractionné les populations serviles en une multitude de sous-castes qui se méprisent mutuellement et, précaution supplémentaire, en petites communautés qu'il est bien plus facile de contrôler et de maîtriser. Moyennant quoi, le système tient depuis 3 500 ans.

Bien moins nombreux que les soudras qui, avec les intouchables, forment la masse du peuple indien, les vaishyas sont néanmoins la partie numériquement la plus forte des trois varnas « supérieures », c'est-à-dire aryennes.

L'exploitation totale

Au sujet des vaishyas, Manou est très clair :

« Quand le Seigneur de toutes les créatures a créé le bétail, il l'a confié au vaishya. (IX. 327).

» Le vaishya élève le bétail, offre des dons et des sacrifices, étudie les Védas, fait du commerce, prête de l'argent et cultive la terre. (I.90)

» Il doit savoir comment bien semer les graines, évaluer les bonnes ou les mauvaises qualités des sols et connaître parfaitement toutes les mesures et les poids. (IX.330)

» Il saura évaluer correctement les valeurs respectives des pierres précieuses, des perles, du corail, des métaux, des tissus, des parfums et des épices. (IX.329) »

Quand certains auteurs prétendent que les vaishyas cultivent le sol, il s'agit tout au plus d'une figure de style. En fait, ils *possèdent* la terre et la *font* cultiver par leurs serfs : ce serait au-dessus de leur dignité que de se salir les mains en travaillant la glèbe. Mais, si l'Inde explose un jour, ce sont eux qui en seront la cause la plus directe et, sans doute, les premières victimes.

Quand j'écris « gros » propriétaires terriens, c'est dans les deux sens : riches et pansus. Ils exploitent sans aucun scrupule la main-d'œuvre servile en faisant trimer les femmes aussi bien que les hommes, sous le soleil de plomb, à raison de dix à douze heures par jour, en ne leur payant que le quart ou le cinquième du salaire minimum légal. Ils savent qu'aucun serf ne protestera, d'abord parce qu'ils sont illettrés et ignorent leurs droits, ensuite parce que quiconque l'oserait serait renvoyé illico, sans aucun espoir de retrouver un boulot ailleurs, tous les propriétaires étant de mèche. Ne pas travailler, c'est mourir de faim. Il n'y a pas de sécurité sociale, pas d'indemnité de chômage, pas d'allocations familiales, au contraire même car on veut limiter les naissances. Alors, doit-il aller se plaindre à la police ? Il n'y songe pas, sachant qu'il se trouverait en face d'un autre Aryen et que, de ce seul fait, sa plainte n'aurait aucune chance d'aboutir. La seule alternative, c'est de subir pour survivre.

Tout début de révolte serait aussitôt étouffé. Chaque propriétaire a ses gardes-chiourme privés et armés ; si un meneur se manifestait, la nuit suivante il serait passé à tabac. S'il recommençait, il serait battu à mort.

Incroyable : il existe encore de nos jours en Inde des millions d'esclaves, les *halvas*, attachés à vie à leur maître qui leur donne juste de quoi ne pas crever. Ici, littéralement, l'homme exploite l'homme et plus que si c'était du bétail. A propos d'atrocités, j'ai des copies vidéo d'interviews de gros propriétaires indiens, recueillis par la BBC, qui le disent implicitement. Ainsi, à la question du reporter : « Y a-t-il des atrocités ? », le propriétaire interrogé a répondu candidement : « Non, pas *ici* » A la question : « Quand vous allez en inspection dans vos champs, êtes-vous armé ? », il a rétorqué « Non. *Moi*, je n'en ai pas besoin »...

Mais les choses changent et se gâtent. En dehors des naxalites cités plus haut, les opprimés prennent conscience de leur force et commencent à s'en servir. Fait nouveau : la presse relate des expéditions punitives contre des propriétaires ou contre un village de brahmanes, agrémentées de massacres alors qu'auparavant seul l'inverse se produisait. La tension monte ainsi dangereusement.

Mais le vaishya pratique aussi l'usure, activité reconnue et honorable, dont le rôle social est important en tant que moyen d'asservissement éprouvé. Les taux montent à mesure qu'on descend dans l'échelle sociale : là où le brahmane payera 15 %, le serf subira 40 % ou plus.

Quant aux commerçants, qu'on appelle des banias ou des chettiars, ce sont tous des vaishyas. Le bania arrive à sa boutique à 8 heures du matin et ne la quitte qu'à 9 heures du soir. Horaire de forçat ? Jugez-en : il passe tout ce temps affalé sur des coussins qu'il ne quitte que pour faire ses besoins. Le reste du temps, il bavarde en s'épongeant le front quand il fait trop chaud et boit force tasses de tchai (thé très sucré). Moyennant quoi il devient obèse, ce qui est très respectable, au point d'en être presque incapable de marcher à pied.

D'autres vaishyas deviennent de richissimes industriels et ce sont eux qui font tourner l'industrie lourde indienne. Généreux (envers les seuls brahmanes s'entend), ce sont eux, ainsi que les banias, qui font bâtir et entretenir les temples. Moyennant quoi, ils auront la bénédiction des brahmanes et une place assurée au paradis indien ou une réincarnation plus favorable encore.

Bien sûr, tout ceci est ultra-schématique, presque caricatural, mais parfois une bonne caricature est plus fidèle qu'un mauvais portrait... Même un gros volume ne pourrait pas vraiment rendre compte de la réalité des castes sur l'ensemble de l'immense sous-continent indien. Non, les vaishyas ne sont pas tous, sans exception, de gros propriétaires terriens. Il est même des régions de l'Inde où les vaishyas ont un statut social si proche de celui des serfs et vice versa, que les brahmanes locaux leur contestent souvent le droit de porter le cordon sacré des « deux fois nés ». Néanmoins, la situation décrite ci-dessus est réelle, actuelle et quasi générale.

On dira aussi que les gros propriétaires terriens des pays d'Amérique du Sud font pareil, quoique sans système de castes. Mais, qui sont-ils, ces exploiteurs, sinon les descendants des conquérants qui, tout comme en Inde, ont anéanti les civilisations existantes puis asservi les populations locales. Là aussi, des iniquités et des atrocités sont commises qui découlent de la même philosophie du vol qui caractérise le système patriarcal. Là aussi la tension monte et les risques d'explosion sont bien réels.

Tiens, voilà du butin...

L'Inde des maharajahs, donc de la classe des guerriers, se fonde sur le vol institutionnalisé. Les guerriers védiques priaient ainsi les dieux : « Avec notre arc, puissions-nous conquérir le bétail de l'ennemi. Puissions-nous être victorieux dans la bataille ». (Rigvéda, VI-75).

En cela, ils suivaient la logique des pasteurs nomades, pour qui le bétail est leur unique richesse, au point de devenir leur unité monétaire. Alors, pour s'enrichir vite, la recette est simple : voler les bêtes d'autrui. Bien sûr, les agressés ne se laissent pas faire et il faut leur livrer la « bataille du bétail », après quoi les vainqueurs ajoutent le troupeau des vaincus à leur propre cheptel et augmentent ainsi leur capital. D'ailleurs, l'étymologie rejoint tout cela : cheptel et capital dérivent tous deux du latin *caput,* tête. Littéralement, leur cheptel était leur capital ambulant !

Ernest Borneman, dans son excellent ouvrage, *Le patriarcat,* p. 181, écrit : « A partir du vol de bétail, ces peuples s'accoutumèrent à l'idée du vol d'autres richesses. Le patriarcat n'est donc pas seulement un système de descendance... c'est aussi une idéologie du vol, une légitimation du pillage déguisée en morale, une glorification de l'attaque armée et de l'accaparement du bien d'autrui. Si on veut comprendre le patriarcat, il ne faut jamais oublier qu'il prend ses racines dans le vol. »

Dans le droit fil du Rigvéda, Manou codifie ce pillage déguisé en morale : « Les chariots et leurs chevaux, les éléphants, l'argent, le blé, le bétail, les femmes, et toutes autres marchandises monnayables, ainsi que les métaux communs, appartiennent à qui les a pris lui-même à son possesseur. (VII,96)

» Le Véda dit que les guerriers donneront une part de choix du butin au roi ; ce qui n'a pas été conquis (individuellement) doit être distribué par le roi et réparti entre tous les guerriers. » (VII,97).

Notons, au passage, que les femmes faisaient partie du butin au titre de marchandises monnayables et que Manou pousse la galanterie jusqu'à les mettre après les chars, les chevaux et même le bétail ! C'est cette même idéologie qui a guidé et continue à inspirer tous les régimes patriarcaux conquérants : le colonialisme en a été l'expression moderne et la mise à sac sans scrupules de la nature en est une autre facette.

Manou confirme : « Ainsi est proclamée la loi primordiale et irréprochable des guerriers ; un kshattriya ne doit pas s'en départir quand il frappe son ennemi dans la bataille.

» Avec son armée, qu'il (le roi) s'efforce de conquérir ce qu'il n'a pas encore gagné ; ce qu'il a gagné, qu'il le préserve avec soin ; qu'il veille ensuite à accroître ce qu'il a conservé et ce qu'il a ainsi accru, qu'il en gratifie ceux qui en sont dignes. » (VII,98,99) Les plus dignes étant, on s'en doute, les brahmanes...

Moyennant cette clé, on comprend toutes les guerres de conquête partout dans le monde, y compris tous les conflits féodaux en Inde, dont le but, avoué ou non, est le pillage et l'accaparement illimité des biens matériels, surtout d'autrui. Manou proclame aussi un code de chevalerie très strict. Le combat doit être fair play et on épargne un ennemi qui supplie, on n'achève pas un blessé et le guerrier ne recule jamais : « Ces rois qui, pour s'entretuer, se battent avec un effort extrême et ne reculent pas, iront au ciel. » (VII,89)

Pour en arriver aux castes, en Inde, les rajas et les brahmanes ont en commun la prétention d'être de sang bleu, donc les seuls vrais et purs aryens de race, ce qui est faux. Tout d'abord (voir le chapitre *L'imposture aryenne),* la soi-disant race aryenne pure est un mythe et, en tous cas, rien ne permet de la proclamer supérieure. Donc, ils n'étaient pas de « race pure » à leur entrée en Inde, ensuite, après les guerres de conquête, des roitelets locaux non-Aryens, qui s'étaient ralliés aux conquérants, furent dûment aryanisés moyennant une offrande convenable à quelque brahmane complaisant et une « purification » pour la forme.

Toujours à propos de race, les guerriers rajpoutes, qui comptent parmi les plus farouches et redoutés de l'Inde, se proclament du plus pur sang bleu et affirment descendre en droite ligne des plus anciens clans royaux. Cette prétention est une imposture supplémentaire. En fait, ils descendent de Huns, de Gurjaras ou d'autres tribus d'Asie centrale qui ont pénétré en Inde par sa frontière Nord-Ouest, vers les Ve et VIe siècles de notre ère. Après s'être taillé au sabre des royaumes en Inde centrale et s'y être installés, ils ont épousé des hindoues et, en tant que potentats, ils n'ont guère eu de peine à « persuader » des brahmanes obséquieux à les aryaniser. Ces brahmanes « leur ont fabriqué sur mesure des généalogies remontant aux temps héroïques, tout comme Virgile a relié la lignée des fondateurs de l'empire romain aux héros de la guerre de Troie... D'autres clans rajpoutes, tels les Chandels, descendent de tribus indigènes Gonds. Devenus puissants, ils ont été anoblis et intégrés dans l'hindouisme. » (P. Thomas).

Non seulement ils exploitaient sans vergogne le labeur forcé des classes inférieures qui leur ont bâti des palais somptueux où ils entretenaient des cours fastueuses, mais les rajas les méprisaient. Et cela s'est passé partout où ont déferlé les hordes de barbares des steppes : « Les peuples de pasteurs nomades, devenus des pilleurs de villes, ont toujours et partout éprouvé le plus profond mépris pour le travail manuel... Ils n'avaient pas seulement le droit de réduire les autres en esclavage, ils en avaient le *devoir*... Le Grec de la classe dominante concevait sa mission sur la terre comme étant la domination des êtres inférieurs, ceux qui étaient naturellement privés de liberté, autrement dit les femmes, les esclaves et les non-Grecs. » (Borneman, p.225)

Mais, les guerres féodales incessantes qu'ils se sont livrées entre eux les ayant saignés et affaiblis, les envahisseurs Mongols les vaincront sans trop de peine. Depuis, les brahmanes affirment que la race des kshattriyas a disparu et qu'ils demeurent les seuls « vrais » Aryens, face aux intouchables et aux soudras, les vaishyas ayant été ravalés par ces mêmes brahmanes au rang des soudras.

Les trésors de Golconde

A *beau mentir qui vient de loin*, pourrait-on penser en lisant les récits des voyageurs européens décrivant les fastes des maharajahs. Oui, cette Inde fabuleuse des maharajahs a existé et ce jusqu'à très récemment, c'est-à-dire encore après l'Indépendance. Ces rajahs, immensément riches, étaient les descendants de ceux que j'ai appelés les saigneurs devenus seigneurs, les descendants des rudes conquérants de l'Inde.

Un des rares avantages du système de classes et de castes est de fixer dès sa naissance le devenir du nouveau-né. Dès le berceau le futur prince ou guerrier était préparé physiquement et psychiquement à son métier de kshattriya, de dominateur. Eux seuls avaient le droit de posséder et de manier des armes, tout comme les nobles de nos pays, eux aussi descendants de saigneurs-seigneurs, prohibaient la chasse aux serfs et aux vilains.

Voyageant en Inde, d'impressionnants forts témoignent encore des incessantes guerres qui entretenaient le haut niveau combatif des kshattriyas. Sous l'occupation anglaise, faute de pouvoir guerroyer, ils chassaient le gros gibier. Ainsi, à Udaipur, j'ai logé dans un pavillon de chasse de l'ex-maharajah local, transformé en hôtel. La salle à manger, d'ailleurs sinistre, était tapissée des dépouilles de six énormes tigres et, sur une photo jaunie, on voyait le dernier maharajah posant pour le photographe, le fusil à la main et la botte sur la tête d'un de ces magnifiques fauves.

Entre parenthèses, j'accompagnais la princesse Anne Louise d'Arenberg, grande dame et excellente amie, en route vers l'ashram de swami Sivananda à Rishikesh, au pied de l'Himalaya, où nous avons séjourné ensemble. Ses confidences m'ont appris que la vie de prince ou de princesse n'est pas le conte de fées qu'un vain peuple imagine : dès l'enfance, les jeunes nobles occidentaux étaient, eux aussi, soumis à un dressage strict. Par exemple, même les enfants devaient réprimer leurs émotions : interdiction de tressaillir devant l'éclair inattendu ou le coup de tonnerre, de pleurer en se faisant mal, de ramasser une pomme tombée, etc.

Pour voir, presque sous nos yeux, un aventurier brutal et sans scrupule devenir « noble » et fonder une dynastie royale, reportons-nous au XVIe siècle.

A cette époque, des envahisseurs mongols, déferlant depuis les steppes d'Asie, après avoir vaincu les rois hindous, fondent l'empire moghol musulman qui se maintiendra jusqu'au XIXe siècle. A la mort d'Aurangzeb, le dernier grand empereur moghol, l'empire se disloqua et Asaf Jah, aventurier turcoman cruel et rusé, devint, à la pointe de l'épée, le premier nizam d'Hyderabad dans l'Andhra Pradesh, une province agricole à 80 % hindoue. Or, à proximité se dresse le fort de Golconde avec les célèbres mines de diamant d'où fut extrait le légendaire Koh-I-Noor, dont le nom signifie *Montagne de Lumière*. De 756 carats au départ, il a subi, au fil des années, des « cures d'amaigrissement » progressives qui l'ont réduit à « seulement »106 carats quand il fut offert à la Reine Victoria.

Pour s'enrichir au delà de toute démesure, les nizams ont exploité, comme toujours sans pitié, ni scrupule, la main-d'œuvre servile locale. Au XVIIe siècle, Jean-Baptiste Tavernier, un aventurier français doublé d'un joaillier, rapporte que 60 000 mineurs, hommes et femmes, sous-nourris, trimaient dans les pires conditions dans les mines de Golconde qui ont déversé douze millions (!) de carats de diamant, de qualité supérieure, sur le marché mondial. Tandis que son peuple croupissait dans la misère, le nizam bourrait ses coffres-forts de diamants de la plus belle eau et devenait l'homme le plus riche du monde. Il agissait exactement comme ses prédécesseurs, les maharajahs, dont la poigne de fer pesait lourdement sur les soudras et les intouchables.

Bien qu'exploitant impitoyable de ses sujets, qui voyaient en lui un demidieu, le nizam, était néanmoins un parfait gentleman, éduqué à l'anglaise, qui recevait somptueusement les grands de ce monde dans son palais de Falaknuma à Hyderabad, dont le luxe défiait toute imagination.

Qui sera surpris de savoir que le sixième nizam avait une passion pour les diamants ? Toutefois, même nizam, un jour il lui fallut bien quitter cette vie sans emporter ses diamants chéris. Dans l'autre monde, il doit sûrement regretter son fantastique brillant de 162 carats qu'après ses funérailles on chercha en vain. Devinez où, des années plus tard, son fils le retrouva, fortuitement, enveloppé dans un bout de chiffon maculé d'encre ? Tout bêtement... fourré dans le bout d'une pantoufle de son père ! Serti dans un socle d'or, massif évidemment, il fut enfin affecté à l'usage auquel il était vraiment destiné : servir de presse-papiers. Monnayé, ce presse-papiers aurait pu nourrir des dizaines de villages indiens pendant des dizaines d'années...

Après l'Indépendance, les derniers maharajahs ont vu fondre à vue d'œil leur fortune, sous l'effet combiné de deux forces adverses, insaisissables mais concrètes, contre lesquels ils sont impuissants : les taxes et la bureaucratie. Sans doute regrettent-ils que les lois de Manou (VII,129,130) ne leurs soient pas appliquées : « Tout comme la sangsue (sic), le veau et l'abeille prélèvent peu à peu leur nourriture, de même le roi lèvera des impôts modérés de son domaine. Il prendra un cinquantième du cheptel et de l'or, ainsi que le huitième, le sixième ou le douzième des récoltes. » (Note : bien sûr, ceci ne concernait que les sujets aryens) Alors, au lieu que l'Etat ne leur *prenne* de 2 à 15 %, c'est ce qu'il leur *laisse* maintenant : l'Inde apprend vite...

Toutefois, leur appauvrissement (relatif d'ailleurs) n'a pas enrichi les masses défavorisées... Les maharajahs se sont reconvertis, par exemple dans l'industrie ou les affaires, et plus d'un palais est devenu soit un hôtel de luxe pour touristes occidentaux nantis, soit un musée.

A ce propos, et anecdotiquement, en visitant un des palais du maharajah de Jaïpur, transformé en musée, le guide nous avait promis la visite de la chambre à coucher du maharajah. Associant, dans mon esprit, Inde fabuleuse + maharajah + Kama Soutra, je l'imaginais lieu de toutes les délices, de tous les luxes, avec une profusion de coussins de soie... comme dans les romans ou dans les films.

Arrivés au bout d'un couloir sombre, le guide nous ouvre la porte, assez étroite, de la chambre à coucher royale. Nous étions trois visiteurs que le guide écluse dans la pièce obscure. Il referme la porte et nous voilà dans le noir absolu, au milieu de la pièce. Alors, le guide allume une bougie et, surprise totale, nous voilà sous le ciel scintillant de milliers d'étoiles. Quand, deux minutes plus tard, il allumera l'unique ampoule électrique suspendue à la voûte, nous verrons que la chambre, somme toute petite, est un dôme de 3 m de diamètre tapissé sur toute sa surface de centaines de miroirs convexes de la forme et de la taille d'un bol et se touchant. Alors, la faible lumière vacillante de cette unique bougie se réfléchissant et se multipliant à l'infini, de miroir en miroir, en avait fait une voûte céleste !

C'est donc ici que se retirait le puissant maharajah de Jaïpur, la ville rose aux sept palais, dans cette pièce sans aération, dont il barricadait la lourde porte : il pouvait y dormir en toute sécurité, sans redouter d'être poignardé dans son sommeil : la confiance ne régnait pas...

Les brahmanes

L'Inde aryanisée est sous la coupe des brahmanes racistes, suffisants, imbus de leur supériorité sur tous les autres humains, voire sur toute la création. Ils sont un pur produit de l'Inde védique. Quand les Aryens étaient encore des pasteurs nomades, aux étapes, le soir, ils se réunissaient autour du feu de camp et, pour s'attirer la protection des dieux, ils leur offraient des sacrifices, ce qui explique le rôle central du feu dans le culte védique. Avec le temps, ces rites se sont compliqués, d'où une « spécialisation », d'où les brahmanes, les prêtres.

Manou décrète : « Pour la conservation de la création entière, l'Etre souverainement glorieux assigna des occupations différentes à ceux qu'il avait produits de sa bouche, de son bras, de sa cuisse et de son pied.

» Il donna en partage aux brahmanes l'étude et l'enseignement des Védas, l'accomplissement du sacrifice, la direction des sacrifices offerts par d'autres, le droit de donner et celui de recevoir.

» Le brahmane, en venant au monde, est placé au premier rang sur cette terre ; souverain seigneur de tous les êtres, il doit veiller à la conservation du trésor des lois civiles et religieuses.

» Tout ce que ce monde renferme est en quelque sorte la propriété du brahmane ; par sa primogéniture et par sa naissance éminente, il a droit à tout ce qui existe. »

Nous voilà informés ! Et les brahmanes prennent cela très au sérieux, voire à la lettre.

Manou, en basant ainsi son système sur la naissance, figeait non seulement racialement mais aussi hiérarchiquement la société aryenne, en prohibant les mariages exogamiques, avec pour conséquence un strict cloisonnement du système.

En plaçant les brahmanes à la tête, Manou — brahmane lui-même ? — voulait éviter que les princes et les guerriers ne s'emparent du pouvoir. Afin que le brahmane puisse se consacrer entièrement à sa mission, Manou l'a libéré de tout travail autre que l'étude et le culte, en assurant son autonomie économique, d'où l'horreur des brahmanes pour tout travail manuel qu'ils considèrent comme déshonorant. Avait-il prévu tous les abus qui en découleraient ?

En pratique, le brahmane vit au crochet de la société, mais faut-il l'envier pour autant ?

Même pas car, en contrepartie, chaque instant de sa vie est soumis à d'innombrables tabous et à de strictes prescriptions dont certaines sont plutôt folkloriques. Jugez-en : Manou (IV.37 et suiv.) lui défend de regarder le soleil, d'enjamber une corde à laquelle un veau est attaché, de courir quand il pleut, de regarder son image dans l'eau, d'approcher sa femme pendant ses règles, de la regarder quand elle mange, éternue, bâille, ou est assise nonchalamment !

Manou a tout prévu, tout réglé : quand le brahmane est autorisé à voyager ou non, ce qu'il doit manger ou non (la viande lui est permise s'il l'a bénite). Il lui est interdit de danser, de chanter, de jouer d'un instrument de musique, sauf quand c'est prescrit par les Ecritures, de grincer des dents, de faire du vacarme quand il est fâché. Il ne doit pas jouer aux dés, ne porte pas ses souliers à la main, ne mange pas couché sur un lit, etc.

Manou a ritualisé un tas de superstitions qui nous font sourire mais qui sont prises très au sérieux. Ainsi, si vous voulez une recette de longévité selon Manou, la voici : « Que celui qui veut vivre vieux ne marche pas sur des cheveux, de la cendre, des os ou des tessons, ni sur des graines de coton, ni sur des fétus de paille ». (IV. 78)

Manou est aussi obsédé par les besoins naturels du brahmane !

Tant pis si je me répète : je n'en veux à aucun brahmane personnellement mais, par contre, le racisme outrancier du brahmanisme me scandalise. Pour défendre leur système, ils ont beau dire « ça marche depuis des millénaires, *donc* c'est bon », ce « donc » est de trop. L'invasion aryenne a été un désastre pour l'Inde comme d'ailleurs pour tous les peuples alpinoméditerranéens envahis par les nomades venus des steppes. Imaginons que les Huns nous aient vaincus, détruit notre civilisation et que nous soyons aujourd'hui encore leurs esclaves, ainsi que nos descendants, pendant les millénaires à venir, et nous comprendrons le drame de la civilisation harappéenne vaincue.

Un des éléments du drame, le système des castes aboutit d'ailleurs à un paradoxe. En effet, si le sort des soudras et, pire encore, celui des hors-caste, est lamentable, celui des brahmanes n'est pas vraiment enviable non plus. A coup d'interdits et de tabous, ils se sont eux-mêmes rendus quasiment intouchables ! Ils seraient presque les victimes de leur propre système, obsédés qu'ils sont de « pureté », qui n'est d'ailleurs pas synonyme de notre propreté ou hygiène. D'abord basée sur la couleur de la peau (souvenez-vous, en sanscrit *varna*, couleur, désigne aussi les classes), l'« impureté » raciale des autres est devenue impureté physique tout court et, pour la préserver ils se sont emberlificotés dans un imbroglio de rites qui entravent toute leur vie quotidienne.

En Inde, par ignorance, l'Occidental non prévenu peut commettre bien des impairs. Ainsi, toucher de la main gauche, même par mégarde, un quelconque objet appartenant à un brahmane est censé lui porter malheur. Un brahmane orthodoxe ne vous invitera jamais à sa table : votre ombre souillerait son repas, qu'il devrait jeter. Au sujet du savoir-vivre à table, si d'aventure un hindou non-brahmane vous invitait à manger, complimenter la maîtresse de maison à propos du repas serait lui faire affront ! Par contre, la politesse requiert de roter ostensiblement et bruyamment, signe qu'on est repu. Alors, dans le doute, le mieux c'est de parler et de bouger le moins possible !

En fait, nous sommes plutôt chanceux de n'être ni castés, ni castrés, et de n'avoir pas « mérité » de naître brahmane.

A propos, il est certain que dénoncer les méfaits du patriarcat aryen en Inde et l'iniquité des castes me fera honnir des brahmanes et des tenants du système, mais ce n'est pas une raison de se

Ce temple du Mont Abu est une merveille : de la dentelle de pierre. On pourrait passer des semaines entières à le contempler.

taire. Je répète que ma critique vise un *système,* non des *personnes :* j'ai beaucoup d'amis brahmanes, à qui je garde toute mon amitié. Mais, il faut encore dégonfler une autre baudruche, celle du brahmanisme s'attribuant tous les mérites et les acquis de la merveilleuse civilisation indienne, car c'est faux. C'est vrai, les Aryens ont légué au monde ce monument qu'est le sanskrit et toute sa littérature ; par contre, ce sont les Indo-Alpino-Méditerranéens qui ont créé la civilisation indienne. De toutes ces merveilles qu'on admire en Inde, que ce soient les temples d'Ajanta, creusés et sculptés à même le roc de la falaise, les palais de Jaipur, le Taj Mahal, les temples de Mahabalipuram, ceux de Dilwara, au Mont Abu (mes préférés), et tous les grands temples du Sud de l'Inde, rien n'est sorti de mains aryennes car, pour l'Aryen, brahmane ou kshattriya, tout travail manuel est déshonorant, donc réservé aux serfs et aux hors-caste. Par conséquent, ce sont ces derniers qui ont créé ces chefs-d'œuvre.

Je cite encore Ernest Borneman: « Les peuples de bergers nomades, « pilleurs de villes », ont toujours et partout éprouvé le plus profond mépris pour le travail manuel [...] L'effort physique était réservé aux esclaves, s'y livrer volontairement, c'était déchoir.

L'homme libre gagnait sa liberté à la pointe de l'épée, le maniement des armes était le seul travail qu'il dut accomplir. » (p.225)

Et il poursuit: « L'une des raisons pour lesquelles les Grecs vouaient au départ si peu de respect à leurs artistes est que l'art grec était essentiellement produit par des esclaves asiatiques. C'est ainsi que tous ceux qui peignaient les vases étaient des esclaves ou d'anciens esclaves affranchis. Même les premiers sculpteurs de souche grecque n'eurent pas droit au dixième de la considération que le patriarcat attribuait à ses dramaturges ou écrivains d'épopées, car ces derniers ne « travaillaient » pas, ils étaient des « penseurs », alors que les sculpteurs qui travaillaient à la sueur de leur front avec le ciseau, le marteau et manipulaient d'énormes blocs de pierre passaient auprès des patriarches pour de malheureux fous qui avaient volontairement choisi le sort des esclaves. » (p.238) C'est pareil en Inde, sauf qu'il n'y a jamais eu de sculpteur brahmane ou kshattriya. . .

Les brahmanes m'en voudront mais l'intelligentsia moderniste indienne comprendra. Certes, par patriotisme, elle n'ira pas jusqu'à me donner sa bénédiction, mais elle sait mieux que personne quel carcan le brahmanisme représente pour le développement de l'Inde. Ils en étaient bien conscients, le pandit Jawâharlâl Nehru et ses collaborateurs, quand, après l'Indépendance, ils ont établi et proclamé la nouvelle Constitution indienne qui, entre autres, supprime les castes, la coutume de la dot, émancipe la femme indienne, autorise le divorce et le remariage des veuves. Mais, en pratique, presque tout est resté lettre morte à cause de l'inertie due aux traditions séculaires. Pour le comprendre, pensons que voilà déjà plus de trente ans que le général De Gaulle a supprimé les anciens francs, or il ne s'agissait que de déplacer une virgule ! Quant à changer des comportements millénaires, comme en Inde...

Alors, le brahmanisme et les castes se survivront-ils encore pendant longtemps ? Qui peut le dire ? Néanmoins, une prise de conscience se fait dans les grandes masses opprimées, ce qui inclut les femmes, y compris aryennes, et les tensions montent. L'Inde, pensons-nous, c'est loin mais, en fait, c'est tout près car, dans notre monde moderne, tout est interdépendant. L'Inde pèse déjà et pèsera de plus en plus sur l'avenir de la planète. Cette Inde, au réseau ferré le plus vaste du monde, mais où les chars à bœufs, identiques à ceux de la civilisation de l'Indus, transportent encore plus de marchandises que tous les trains réunis. Cette Inde qui, actuellement, est déjà la quatrième puissance militaire du monde. Cette Inde, qui lance des satellites, maîtrise le nucléaire et a la bombe atomique, dont les mathématiciens et les informaticiens égalent les meilleurs du monde. Cette Inde, enfin, dont la population dépassera dès le XXIe siècle, disent les démographes, celle de la Chine. L'avenir appartient à l'Asie.

Au dessert de ce texte consacré aux brahmanes, et à propos de notre impureté, en tant qu'Occidentaux, il est amusant de lire Alexandra David-Neel. A Trichinopoly, à l'entrée d'un temple, et tout en sachant qu'il lui serait interdit d'y entrer, elle ne fait qu'un seul pas et avance la tête pour regarder à l'intérieur : « Le brahmane, gardien du lieu, leva les deux bras pour m'interdire d'avancer davantage. Son geste ne me surprit pas, je m'y attendais, mais le gardien n'en resta pas là. Comme je me disposais à m'en aller, il se leva vivement, contourna sa table et se plaça devant moi, la main tendue.

— Bakhchich ! dit-il, employant l'expression commune à tout l'Orient pour demander un pourboire.

— Comment, répliquai-je, tu m'empêches d'entrer et tu veux que je te donne de l'argent pour cela !

— Les étrangers ne doivent pas entrer, mais ils peuvent donner un bakhchich, répondit candidement le bonhomme.

» La simplicité de l'idée qui guidait une telle réponse était désarmante et j'allais entendre mieux encore.

— Tiens, dis-je au gardien et, en sortant de mon sac quelques bonbons, je les lui présentai. Je ne voulais que m'amuser, sachant bien qu'il les refuserait.

— Non, fit-il en reculant, je ne puis manger cela.

— Pourquoi ?

— C'est impur.

— Ah ! Je croquai un bonbon, remis les autres dans mon sac et en tirai deux roupies. Le visage du gardien s'illumina en les voyant et il s'avança de nouveau, la main tendue.

— Tu les prendrais ? demandai-je. Mais puisque le chocolat est impur et que je ne puis pas, à cause de mon impureté, entrer dans le temple, sûrement l'argent que j'ai touché est également impur et tu ne dois pas le prendre.

— L'argent n'est jamais impur, déclara mon brahmane avec l'accent d'une sérieuse et profonde conviction.

» Cela ne rappelait-il pas le mot attribué à l'empereur Vespasien : « L'argent n'a pas d'odeur » ? Je restai pétrifiée d'admiration : une telle naïveté cynique confinait au sublime.

» Par la suite à Bénarès, à Calcutta et ailleurs, j'entendrai plus d'une fois des variantes de cette conception : "Il nous est défendu d'accepter de la nourriture d'un étranger, mais notre religion ne nous défend nullement d'accepter d'eux de l'argent. L'argent ne souille point." »

Vénalité, hypocrisie, flemme sont des traits caractéristiques des Aryens, à commencer par les brahmanes. Ainsi, trop fainéants pour cultiver eux-mêmes leurs champs, ils font trimer les soudras et les intouchables. Théoriquement, ces aliments touchés par l'ombre et, pis encore, par les mains impures seraient impurs. Alors, pour concilier flemme et pureté, il y a l'astuce suivante : préparée par un brahmane, toute nourriture devient aussitôt pure. Mais si, après préparation, l'ombre d'un intouchable venait à la toucher, elle deviendrait aussitôt impropre à la consommation ! Voilà pourquoi les cuisiniers dans les restaurants pour Indiens sont quasi tous brahmanes...

La sixième caste : la femme aryenne

Manou, en soumettant la femme aryenne au mâle, l'a ravalée au rang de soudra. Elle forme, dans les faits, une sixième caste peu enviable et l'une des causes de l'opposition brahmanique au tantra vient de ce que le tantra réprouve l'asservissement de la femme, l'Aryenne incluse, alors que le machisme aryen exige sa soumission totale. Vouloir la libérer saperait le système, ce qui est intolérable. Tout le reste est prétexte.

Ainsi, depuis des millénaires, Manou met l'Aryenne au pas, *Manu... militari !* Or, Manou qui, dans son *Mânava Dharma-Shastra,* promulgue « de droit divin » cette suprématie absolue du mâle sur la femme aryenne prétend tenir son code du Créateur lui-même ! Le Rigvéda (IX,92,5) fait même de lui une sorte d'Adam : dépourvu d'épouse, il tire sa progéniture d'une de ses côtes *(parshu).*

En fonction de quoi il met officiellement l'Aryenne au rang des serfs : « Pendant son enfance, la femme doit dépendre de son père ; pendant sa jeunesse, de son mari ; son mari étant mort, de ses fils ; si elle n'a pas de fils, des proches de son mari... Une femme ne doit jamais se gouverner à sa guise. » (V.148)

Dans la *Bhagavad Gita,* la bible hindoue, le dieu Krishna dit : « Ceux qui prennent refuge en moi, fussent-ils nés d'un ventre pécheur, *même femmes,* ou vaishyas, ou soudras, eux aussi parviennent au but suprême. » (Chant 9, 32.) Note : nous savons que si une Aryenne a « péché » avec un homme de classe inférieure à la sienne, son « ventre pécheur » enfante des parias, des intouchables, bannis du système.

Inutile de l'éduquer puisque, dès son mariage, sa fonction sera de pondre des gosses et de les élever. Aucun brahmane, même soi-disant « progressiste », ne fait étudier ses filles au-delà du niveau le plus élémentaire. Dans les grandes villes, moins d'une fille de brahmane sur cent étudie à l'université ! Tel hindou, très occidentalisé et éduqué, qui parle un anglais sans accent et brasse d'importantes affaires, se satisfait d'une femme terne, presque illettrée, pourvu qu'elle produise des fils et lui soit totalement soumise.

Que les Occidentaux, qui ont souvent une vision idyllique de l'Inde, sachent que c'est appliqué à la lettre ! Peu d'étrangers savent comment s'organise *vraiment* la vie d'une famille orthodoxe, car tout se passe derrière les murs. Pour nous, la famille c'est le foyer avec papa, maman, les enfants. En Inde, c'est la « joint family », la famille conjointe, une tribu qui compte parfois cent personnes. C'est vrai : dans les grandes villes, elle évolue lentement vers le type occidental, mais sans changer grand-chose au rapport « homme-femme ». Et, de toutes façons, cela ne touche qu'une partie infinitésimale de la population indienne laquelle vit, ne l'oublions pas, dans les quelque 560.000 (!) villages que compte l'Inde.

Au sommet trône un chef absolu : le vieux, le patriarche. Croquemitaine presque inapprochable, il est redouté de tous, y compris des enfants qui ne le voient et ne l'approchent que rarement. Luxe suprême dans la maison surpeuplée, sans intimité, lui seul a sa propre chambre. Il n'y reçoit que les mâles et uniquement pour y parler d'affaires pratiques. Le ciment de la *joint family*, c'est la crainte, la stricte discipline plutôt que l'affection. Le patriarche, en général un vieux grigou, ne tolère aucune familiarité.

Le sort des femmes ? Pour assurer la discipline au *zénana*, le quartier des femmes, où le vieux ne daigne même pas aller, règne une garde-chiourme, sa femme : la belle-mère indienne est tyrannique, mesquine, méchante. Fripée, acariâtre, elle se venge sur ses belles-filles des vexations qu'elle-même a subies. Elle dort peu et, dès son réveil, bien avant le chant du coq, en guise de cocorico-réveille-matin, sa voix de crécelle tonitrue des prières. Du lever au coucher, elle fait trimer tout son monde : elle arpente sans cesse la maison en grommelant, enguirlandant surtout ses souffre-douleurs, ses brus, qui sont majoritaires car ses propres filles, mariées très jeunes, subissent le même sort dans leur nouvelle famille... L'étranger ne soupçonne pas ce que cachent les larmes qu'essuie la mariée indienne en quittant sa maison : elle *sait* fort bien ce qui l'attend pour l'avoir vu chez elle. Elle sait que la vieille la harcèlera, sans même lui accorder le temps de soigner sa toilette et que la moindre coquetterie la ferait traiter de pute. Il est significatif qu'en Inde, pour marquer le comble de l'hypocrisie, on ne parle pas de « larmes de crocodile » mais de « larmes de bru pleurant belle-maman » ! Elle n'espère aucune indulgence, aucun soutien de son mari qui ne la rejoindra guère que la nuit et ne la protégera jamais.

La mégère, par contre, est tout miel, tout sucre pour ses propres filles quand, quelques jours par an, elles reviennent « en permission » à la maison. Elle les chouchoute, veille à ce qu'elles ne manquent de rien et surtout à ce qu'elles ne travaillent pas : en les servant, les belles-soeurs pensent en soupirant à leur propre congé, seul oasis dans leur vie austère.

Le mariage hindou n'est pas basé sur l'amour tel qu'on le conçoit en Occident.

Les mariages hindous sont toujours arrangés et restent une affaire de gros sous. Ouvrez n'importe quel journal indien : il est plein d'annonces matrimoniales où les parents mettent littéralement leur fille sur le marché, vantent sa caste élevée, sa peau blanche, etc. Suite à l'annonce et après échange de photos, les familles entament de sordides tractations dont les principaux intéressés, les futurs époux, sont exclus. Ils ne se verront pas avant le mariage, sauf dans des milieux très libéraux, où on leur permet de s'entrevoir pendant quelques instants, sous haute surveillance et sans qu'on les consulte au sujet du parti qui leur est dévolu. Les critères essentiels sont la compatibilité de caste, donc le niveau racial, et le fric.

Toujours à propos de dot — que la Constitution a pourtant abolie au même titre que les castes ! —, *L'Express* nous apprend qu'en février 1988, à la une de tous les quotidiens indiens, on a pu voir la photo de trois sœurs, Aiaka, 18 ans, Mamta, 20 ans, et Poonam, 23 ans, pendues aux pales d'un ventilateur, pour l'unique raison que leur père, petit fonctionnaire, était dans l'incapacité de leur fournir une dot suffisante pour leur trouver un bon mari.

Autre question : la coutume de la dot aurait-elle quelque chose à voir avec le fait que les bébés mort-nés sont en grande majorité de sexe féminin ? A moins que le hasard ne soit misogyne ? La science moderne facilite d'ailleurs certaines choses... En effet, pour limiter la surpopulation, l'avortement est non seulement autorisé mais encouragé. Grâce à l'échographie on peut connaître à l'avance le sexe de l'enfant, ce qui fait qu'on peut même ne plus attendre qu'il soit « mort-né », s'il est de sexe féminin.

Le but du mariage hindou n'est pas l'amour, l'harmonie, mais d'engendrer des fils. En Inde, on dit couramment « blessed with sons », la bénédiction d'avoir des fils et la naissance du premier rejeton mâle donne lieu à de grandes réjouissances car, si l'hindou meurt sans avoir de fils, qui héritera de son autorité et de ses biens ? Qui allumera le bûcher funéraire après lui avoir fracassé le crâne pour libérer son âme ? Une hindoue est réputée stérile, même si elle a enfanté des filles, tant qu'elle n'a pas « donné » au moins *un* fils à son mari et, pour effacer cette tare, elle est prête à tous les sacrifices.

L'obsession du fils conditionne jusqu'à son comportement sexuel. Le *Kama Sutra* ferait supposer que l'alcôve conjugale indienne est le lieu de toutes les voluptés. Erreur ! L'Aryen croit que si sa femme le domine sexuellement elle produira des filles. Alors, la femme hindoue subit passivement le coït marital et se garde bien d'y participer activement ou, pire, de jouir. Son mari, s'il veut avoir des fils, doit bien se garder de la faire jouir ! Le sexe conjugal, c'est le devoir et l'ennui. Les plaisirs du sexe, il les trouve ailleurs. Totalement soumise, l'épouse aryenne n'a pas le droit d'être jalouse. Si elle apprend que son mari la trompe — ce qui est la règle — elle ne protestera pas, car c'est là un privilège du mâle : il n'est pas question d'importuner son seigneur et maître pour un détail si trivial. Manou (V.154) écrit : « Quoique la conduite de son époux soit blâmable, bien qu'il se livre à d'autres amours et soit dépourvu de bonnes qualités, la femme vertueuse doit constamment le révérer comme un Dieu. » Ce qui ne l'empêche pas de se quereller avec son dieu, non pas à propos de ses frasques, mais pour de sordides questions matérielles.

Enceinte, et bien que sa fonction soit surtout de pondre des enfants, non seulement elle ne jouit pas d'un traitement de faveur mais, en outre, elle est soumise à des tas de prescriptions, de tabous. Elle accouchera dans la pièce la plus petite, la plus sordide où elle séjournera souvent car, mariée très jeune, à trente ans elle aura déjà enfanté sept ou huit gosses, ce qui n'arrange ni sa santé, ni sa ligne.

Le mâle hindou est le macho absolu, conditionné dès l'enfance à soumettre totalement la femme, à en faire littéralement une esclave. Selon le dictionnaire, est esclave « toute personne qui est sous la coupe absolue d'un maître qui l'a capturée ou achetée. Privée de personnalité juridique, de possession, de droits, elle ne peut ni se libérer, ni se déplacer à sa guise, ni agir suivant sa volonté ». Et c'est *exactement* cela le statut de l'épouse aryenne que le mari, despote absolu, n'a même pas eu à acheter !

Quand les Anglais ont interdit les prostituées sacrées, les devadâsis, dans les temples hindous, où les mâles pouvaient assouvir leurs pulsions sexuelles, les brahmanes ont protesté avec vigueur sous prétexte que cela mettrait le bordel partout. Bien sûr, ils protestaient à cause du manque à gagner que cet interdit allait leur causer, mais ils n'avaient pas tout à fait tort. En effet, le mâle indien est un obsédé sexuel au point qu'on s'empresse de marier une fille dès qu'elle est pubère, parce qu'elle risque d'être forcée à l'inceste par son père ou ses frères ! Ce n'est pas moi qui le dis, mais Akhileshwar Jha : en tant qu'Indien, il sait de quoi il parle. Pour éviter cela, sa mère lui inculque, dès qu'elle n'est plus une fillette, que son père ne peut plus la voir nue, ni appuyée au mur, ni allongée sur un lit: ce serait trop provocant, trop risqué ! Il est toujours préférable qu'elle évite sa présence mais, si cela arrive, elle doit rester à distance, garder la tête basse, ne pas rire, ni bâiller, ni parler trop vite ou trop haut.

Quant aux frères, ce n'est pas mieux ! Même si elle est leur aînée, elle n'a aucune autorité sur eux. Passé l'âge de dix ans, elle ne joue plus avec eux et garde ses distances. A l'approche de la puberté, elle n'ira plus s'asseoir trop près d'eux, *même en public,* et il est impensable de la laisser seule dans une pièce avec l'un de ses frères.

Devant un mâle assis, fût-il son mari, elle reste debout et se tait. La *Satî-Gîta* de Muktananda dit de l'épouse modèle (10.3) : « Elle mange avec grand plai-

Cette gravure représentant la satî montre qu'un rideau lui cachait le bûcher avant son « saut héroïque ». Mais, a-t-elle vraiment sauté ? Les deux hommes debout derrière elle ne l'auraient-ils pas poussée ? Leur attitude est plutôt suspecte...

sir la nourriture laissée par l'époux ; elle révère sans cesse les mets, les fruits et tout ce qu'elle offre à son mari. » Elle voit peu les hommes de la famille, car ils ne sont pas souvent à la maison. Tandis que les (rares) courageux travaillent, tous les autres flânent ou jouent aux dés avec les copains sur la place du village, à l'ombre du grand banian en colportant les potins du jour. Pour Manou, le boulot, c'est pour les serfs et les femmes, donc tirer sa flemme n'est pas honteux, au contraire. Si la *joint family* garantit la sécurité de tous ses membres, par contre, elle engendre la paresse et l'irresponsabilité : pourquoi se fatiguer puisque toutes les recettes vont dans la caisse commune ?

Pour la femme, la grande sortie c'est d'aller faire les courses avec le mari. Avec ? Non, derrière ! Déférente, elle suit son dieu à quelques mètres de distance. Au retour du bazar, Monsieur, digne et détaché, marche devant avec les mains libres, sauf son ombrelle qui l'abrite du soleil. Sa femme le suit avec des paquets plein les bras et, en plus, elle porte un mioche sur la hanche. Dans le bus, Monsieur reste assis, Madame, debout.

Dans les familles orthodoxes, les mâles adultes encouragent les jeunes garçons à désobéir aux femmes, leur mère incluse, question d'affirmer leur « virilité »... D'où leur attitude méprisante envers leur mère et leurs tantes. Ils n'en sont pas, pour autant, gâtés par le père. Manou a promulgué (IV.164) : « Il (l'Aryen) ne lève jamais son bâton sur un autre par colère, et n'en frappe personne... » Beau précepte en vérité, mais, sur sa lancée, il enchaîne : « A l'exception de son fils ou de son élève, qu'il peut châtier pour leur instruction. » Ce dont il ne se prive pas !

Les Anglais disent : « Spare the rod and spoil the child ». Littéralement : épargner le bâton gâte l'enfant, ce qui correspond à notre « qui aime bien châtie bien ». Ce qui, en Inde, s'applique à la lettre ! A l'école, la férule règne (comme en Angleterre d'ailleurs, où le martinet sert toujours) même si les maîtres actuels sont moins féroces que ceux d'antan, et c'est même encouragé par le père. Battu à la maison, frappé à l'école plus d'un gosse s'enfuit : quand j'étais à Rishikesh, l'ashram de swami Sivananda avait adopté un gamin d'environ dix ans qui avait fui sa famille...

Mais revenons à la femme aryenne. Sauf de ne pas avoir de fils, la pire calamité pour elle c'est le décès du mari, c'est-à-dire du fils de sa belle-mère, ce que cette dernière ne lui pardonnera pas. La veuve n'a aucune place dans la société aryenne, sauf près de son mari sur le bûcher funéraire. La *Satî Gîta* prescrit (Livre IV, 5.6) : « La satî va se brûler sur le bûcher de l'époux ; si elle recule, elle est réputée déchue et, comme le héros qui s'enfuit du champ de bataille, elle apporte la honte à sa famille. »

Cette coutume, d'une abominable barbarie, n'a été interdite qu'en 1829 et s'est maintenue secrètement bien longtemps après. Alors, pourquoi encore en parler ? Parce que le système qui l'a instituée subsiste encore.

La preuve ? En 1923 — c'était hier—, un hindou pourtant très occidentalisé, Ananda Coomaraswami, dans son livre *La danse de Shiva* qui, malgré son titre, n'a rien de tantrique, écrivait : « Ce dévouement par-delà la tombe, plus d'un critique occidental nous en a fait un reproche. Nous ne sommes point de cet avis. Nous ne plaignons pas nos satîs, nous les comprenons, nous les vénérons, nous les admirons. (p.169). [...] Il nous apparaît clairement que le sacrifice aveugle et inutile de la satî et du patriote a une haute portée spirituelle. [...] Toute critique de la position de la femme indienne fondée sur les revendications féministes nous laisse indifférent. [...] On s'est imaginé que l'institution de la satî est une invention masculine imposée aux femmes par les hommes pour des raisons à eux, qu'elle appartient à l'asservissement féminin et qu'elle est spéciale aux Indes. Nous verrons que ces assertions sont historiquement fausses. Il est vrai que, dans les cercles aristocratiques, le sacrifice de la satî était devenu une convention sociale, jusqu'à un certain point, et que l'on pouvait y *contraindre* les récalcitrantes, tout comme de nos jours des conscrits sont forcés de souffrir ou de mourir pour les idées d'autrui. » (p.170).

Comme c'est touchant, tout ça ! Mais, au fait, il n'est question que des veuves : pourquoi les *veufs* ne brûlaient-ils pas, eux aussi, sur le bûcher de leur épouse bien-aimée ? On ne demande qu'à les admirer, eux aussi... Des feux, Manou en a pourtant prévu pour les veufs : « Après avoir ainsi accompli, avec les feux consacrés, la cérémonie des funérailles d'une femme morte avant lui, qu'il contracte un nouveau mariage et allume une seconde fois le feu nuptial. » (V.168).

Cette pratique a été interdite en 1829, et pourtant, en 1987, dans un petit village du Rajasthan, Roop Kanwar, 18 ans, s'est volontairement immolée sur le bûcher de son mari, devant sa famille et *des milliers de personnes* venues assister au « spectacle » et qui n'ont pas levé le petit doigt pour l'en empêcher. Aujourd'hui, l'endroit noirci de son immolation est un lieu de pèlerinage et sa photo est accrochée dans les maisons . . .

De nos jours encore, on n'attend plus le décès du mari : chaque année des milliers d'hindoues (9.000 cas *connus,* au moins) dont la famille ne peut ou ne veut régler la rallonge de dot exigée, brûlent vives non pas sur le bûcher mais dans leur cuisine. Il faut savoir que, quand le fiancé est de haute caste, la dot — j'allais écrire la rançon — peut atteindre des sommes énormes, l'équivalent de plusieurs années de travail. Alors, si le fric ne suit pas, voyez-vous, avec ces réchauds au kérosène si instables, et avec ces saris en nylon, si inflammables, plus un peu d'essence, un « accident » est si vite arrivé. . .

L'Inde brahmanique obsédée sexuelle

Cette Inde brahmanique qui accuse, et accusera toujours, le tantra des pires turpitudes sexuelles, est-elle si vertueuse que cela ? Nous la croyons non-violente, végétarienne et prude : balivernes !

C'est vrai, sans user de violence, Ghandi a bouté les Anglais hors du pays, mais l'Inde est passée sans transition des feux d'artifice de l'Indépendance au massacre généralisé avec des millions de morts. Hindous et musulmans ont exterminé réciproquement des trains entiers bondés de réfugiés. Tout le monde y passait : du machiniste au lampiste, des vieillards aux nouveaux-nés.

C'est vrai, en Inde la vache est sacrée et les hindous n'en mangent pas. Pas de porc non plus, animal impur. Pourtant, la majorité des Indiens consomment soit de la volaille (leur poulet *tandouri* est fameux !), du poisson de mer ou de rivière, du mouton ou du cabri et, s'ils en mangent peu, c'est parce que la chair est chère !

C'est vrai, la femme indienne se baigne en sari et, au cinéma indien, le baiser sur la bouche est prohibé (mais ça commence à se voir). Mais alors, que viennent faire, dans ce tableau vertueux, les fameux temples surchargés de sculptures scabreuses qui contredisent ce puritanisme officiel ? Qu'à cela ne tienne, le brahmanisme retombe toujours sur ses pattes et n'est jamais à court d'imagination : il paraît que ces sculptures obscènes sont — devinez quoi ! — des... paratonnerres ! Et je ne blague pas : citant la *Brihat-Samhita,* Urmila Agarwal conclut ainsi son livre sur Khajurâho : « Ces sculptures protègent les temples de l'éclair, de l'ouragan et autres calamités naturelles régies par les dieux Indra et Varuna. Tandis que, d'une part, le temple en lui-même attire ces dieux, d'autre part, ces sculptures obscènes les repoussent. » Ouf ! et quelle chance pour les temples ! Sans doute modérément convaincue elle-même, Urmila Agarwal propose une autre "explication" : « Ces sculptures servent aussi à tester la sincérité des dévots. S'ils restent imperturbables et imperturbés, ils entreront dans le temple et acquerront le contrôle total des sens. Les faibles *(feeble-minded* dans le texte) en seront troublés, n'entreront pas dans le temple et redoubleront d'efforts pour se maîtriser. »

Or, les célèbres temples de Khajurâho, de Konarak et de Bhubaneshwar, sont des rescapés, presque des reliques. En effet, quand les hordes musulmanes ont envahi l'Inde, des centaines de Khajurâho, disséminés dans tout le pays, furent saccagés au nom du puritanisme fanatique de l'Islam. Les 80 temples du vaste complexe de Khajurâho ne doivent leur salut qu'à l'exubérance de la jungle tropicale : ils ont littéralement disparu sous une végétation impénétrable. Après plusieurs siècles d'oubli total, ils furent fortuitement redécouverts et dégagés par ces mêmes Anglais qui ont failli causer leur perte définitive en important la pruderie victorienne en Inde !

En effet, alors que l'indépendance était imminente des politiciens nationalistes, jugeant ces statues préjudiciables au bon renom de la jeune république, proposèrent un remède radical : les bétonner ! Et c'est l'Occident qui les a sauvées. Le projet avorta, primo, à cause du tollé que cette « opération béton » aurait soulevé partout dans le monde, secundo, par la perspective de cohortes de touristes débarquant par charters entiers. Tourisme = money = argument décisif : le béton destiné aux sculptures a servi à créer des parkings pour les touristes...

Néanmoins — une fois n'est pas coutume —, je suis du même avis que les puritains indiens : ces statues sont pornographiques et non tantriques ! Si l'un ou l'autre couple extatique exprime un « érotisme divinisé », que dire de tous les autres ? En effet, ces groupes humains partouzant, cunnilinguant, fellationnant, bestialisant etc., sont de la lourde porno. Sans pousser des cris de rosière effarouchée, avouons que ça change la perspective.

A. Menen, dans son admirable livre d'art *Inde* a bien vu le problème : « A première vue, ces statues paraissent dénuées de visées commerciales. C'est pourtant le cas, comme je le montrerai. » Reposons la question : pourquoi ? L'explication est simple, indiscutable. Le temple indien n'est ni une église, ni une cathédrale. Un lieu de culte ? Peut-être. Voici moins d'un siècle c'était un lieu de rencontres sociales, sans doute, mais surtout un bordel !

C'est le puritanisme anglais qui a interdit les danseuses des temples, les devadâsis. *(Deva* = dieu, *dâsi* = servante). Servantes du dieu ? En fait, ces séduisantes bayadères, pour la plupart cultivées, sachant danser, chanter, mimer, étaient surtout expertes ès arts amoureux. Je cite Devangana Desai dans son *Erotic Sculpture of India :*

« L'institution des devadâsis, dont l'origine remonte aux cultes de fertilité, devint un moyen de jouissance sous le couvert d'une forme de culte. A l'époque médiévale, le nombre des devadâsis s'accrut dans les temples parce que les écritures sacrées recommandaient d'offrir des filles au temple. La *Bhavisya Purana* (1,98,67), prescrit *d'acheter* de belles filles, puis de les offrir au temple pour parvenir au *Sûrya-loka*. Les princes, tout comme les prêtres médiévaux, exigeaient qu'on entretienne des devadâsis dans les temples. » Je cite sa phrase sans la traduire (p.168): « It became a place for men to gratify their sexual urges ». C'est clair : c'est au temple que les hommes venaient satisfaire leurs impérieux besoins sexuels, moyennant passage à la caisse, bien entendu. Le temple était un superbordel avec souvent des centaines de prostituées — celui de Tanjore en comptait quatre cents —, d'ailleurs honorées au même titre que les hétaïres grecques...

Dès l'enceinte du temple, on entrait dans le *natyamandapa* où les danses érotiques des dévadâsis « conditionnaient » le client avant de l'écluser dans la *bhogamandapa*, l'aire de la jouissance. Clair, non ? Ce commerce a fonctionné jusqu'à très récemment : il convenait à tout le monde, du moins aux mâles.

En effet, dans l'Inde brahmanique médiévale, trois institutions complémentaires vivaient en géniale symbiose : le mariage hindou, le harem et le temple-bordel.

Le manque d'intimité des maisons indiennes étant peu propice aux ébats amoureux, grâce au temple et à ses savantes devadâsis l'homme pouvait satisfaire ses « sexual urges »... moyennant grisbi ! Les brahmanes empochaient le pognon, tout en se servant eux-mêmes des devadâsis pour leurs menus plaisirs. Le maharajah, de son côté, y trouvait aussi son compte grâce aux taxes : le temple bordel était aussi perception d'impôts ! Un jour, peut-être, un parti politique proposera-t-il cette forme indolore de perception : il y a des idées plus sottes que ça !

Et le harem dans cette trilogie ? Le standing du maharajah étant proportionnel au nombre de femmes et d'eunuques qu'il possédait, certains en avaient des centaines. Faut-il l'envier ? S'il avait été astreint à les « honorer » toutes, il aurait plutôt fallu le plaindre. Alors, il se « contentait » en général d'une douzaine de favorites, ce qui n'est déjà pas si mal. Mais, en plus et surtout, le harem, en soustrayant toutes ces femmes à la procréation, assurait une forme originale et subtile de contraception : c'est en bonne partie grâce aux harems que la population indienne est restée très stable au fil des siècles. La surpopulation galopante est un phénomène récent, où la médecine joue aussi un rôle. Enfin, trait génial, le harem raréfiant la « marchandise » disponible sur le marché, les hommes étaient pratiquement canalisés vers le temple, grâce à quoi leurs « offrandes » alimentaient le trésor royal et permettaient au maharajah d'entretenir son harem, outre son palais et l'armée : tournez, manège ! En plus des taxes, le temple et ses aguichantes danseuses procuraient d'autres satisfactions au mahârajâh : il invitait les plus belles à sa cour pour des récitals de danses lascives qui l'émoustillaient. Dansez d'abord, couche-couche ensuite...

Même les Anglais ne dédaignaient pas les *nautch-girls*, c'est-à-dire les devadâsis, ou bayadères, en français. Pour s'attirer les faveurs d'un digne fonctionnaire de sa Très Puritaine Majesté la Reine Victoria, on lui déléguait une nautch pour l'aguicher à guichet... fermé ! Ainsi, Mrs. Kindersley, épouse d'un fonctionnaire anglais, écrivait, dans une lettre datée de 1754 : « Quand un Noir *(black man*, sic !) veut plaire à un Européen, il lui envoie une nautch. » Elle ajoute, et c'est tout un programme : « Ce sont leurs œillades langoureuses, leurs sourires provocants, leurs mouvements et attitudes peu compatibles avec la décence, qui suscitent tant d'admiration. » Ah ! qu'en termes galants !...

Nous le savons, ce seront pourtant ces mêmes Anglais qui proscriront les devadâsis. Bien que dicté par le puritanisme, cet interdit a eu des conséquences sanitaires heureuses. En effet, les marins et les soldats anglais ayant distribué aux nautch-girls leurs gonocoques et tréponèmes pâles, les temples étaient devenus des centres de diffusion syphilitico-blennorragique parmi les mâles hindous qui les partageaient ensuite avec leurs chastes épouses cloîtrées au foyer.

Entre parenthèses, chassées du temple, les devadâsis ont été remplacées par ces prostituées de basse classe, ces femmes encagées des rues à bordels de Bombay, par exemple. L'interdiction de cette vénérable institution, si bien rodée, souleva une vague de protestation. Seuls les naïfs s'étonneront que les plus véhéments furent les brahmanes, qui sont le rapace indien le plus courant ! Je cite Aubrey Menen : « Les brahmanes ont édicté des règles pour tout acte de la vie, moyennant "offrande" au brahmane officiant. Celui-ci faisait son beurre des sacrifices quotidiens, faute de quoi toutes sortes de catastrophes s'abattraient sur la maisonnée : naissances, fêtes, décès, mariages, voyages lointains, construction, achat, vente d'une maison, etc. Une seule chose échappait à leurs griffes : le sexe. Après avoir payé son mariage, l'homme pouvait coucher avec sa femme gratis... Quelle lacune et quel inacceptable manque à gagner !

Pas de panique : « La solution brahmanique était simple : accaparer, organiser, puis exploiter la prostitution avec un cynisme et une efficacité dignes de la Cosa Nostra. On expliquait aux croyants qu'une relation sexuelle dans le temple avec une devadâsi était un acte pieux, sous réserve, bien sûr, d'un paiement convenable à "Madame", c'est-à-dire au prêtre...

» Dans les temples consacrés à ce culte, le style était de rigueur. Pas d'alcôves sordides, comme on pourrait croire. Les filles avaient leur appartement personnel, savaient danser, chanter, divertir comme les geishas. »

Et voici, enfin dévoilée, la vraie raison d'être des sculptures érotico-pornographiques: « Ces sculptures, toutes à l'extérieur du temple, étaient une sorte de gigantesque panneau-réclame montrant tout ce que faisaient les filles à l'intérieur. [...] Tout, sauf le brahmane empochant le fric. » Avantage : alors que les panneaux-réclame de nos cinémas pornos sont à renouveler chaque semaine, les sculptures bravent les siècles... Un détail : au temps de leur splendeur prospère (ou Prosper ?) ces « panneaux-réclame » des temples-bordels étaient en technicolor : les sculptures statues étaient peintes, *because* le réalisme.

Et le tantra dans tout cela ? C'est simple : il n'a rien de commun avec ces sculptures obscènes et il est significatif que, dans les régions où le tantrisme est le plus vivace — Orissa, Assam, Bengale, le Nord-Ouest de l'Inde —, les temples en sont dépourvus. La *chakra pûjâ* tantrique, l'ascèse à seize (voir ce chapitre), si honnie des brahmanes, n'est pas une partouze, mais une survivance ritualisée des anciens cultes de fertilité. La chakra pûjâ n'a aucun rapport, même lointain, avec les scènes scabreuses représentées sur les temples. Même les positions coïtales des temples, dont certaines sont plutôt acrobatiques, ne sont pas — sauf exception — des âsanas de maïthuna convenant aux rites magico-sexuels du tantra.

Néanmoins, le tantrisme est indirectement à l'origine des temples-bordels. Car, au fait, pourquoi y avait-il du sexe dans les temples ? Nous, Occidentaux, pour qui le spirituel exclut le sexuel, nous ne comprenons pas, alors que, pour le tantra, le sexe est sacré. Ainsi, les premiers temples étaient le lieu privilégié des pûjâs tantriques. Ce qui appelle une question : n'était-ce pas déjà une forme de prostitution ? Non, car toute la différence tient dans l'attitude vis-à-vis de la femme, de la Féminité. Pour le tantra, la femme et les valeurs qu'elle incarne sont sacrées, donc respectées. Un culte centré sur la Déesse, la Shakti, exclut ipso facto l'exploitation commerciale de la sexualité féminine par l'homme. Le proxénète est un sous-produit du système patriarcal où la femme, soumise à l'homme, est exploitable et exploitée. Comme, à l'origine, le temple et ses ressources appartenaient aux prêtresses, celles-ci n'étaient pas exploitées. De telles pûjâs tantriques se tenaient encore au Ve siècle, comme le prouve une inscription à Gangdhar, en Inde Centrale. Elle cite explicitement le tantra en rapport avec les rites sexuels associés aux *Dâkinîs* (partenaires du rite tantrique) accomplis dans le temple de la Mère Divine et il serait étonnant que ce temple, vierge de toute sculpture érotique, ait été le seul...

Si le brahmanisme a largement puisé dans le tantrisme, auquel il a emprunté bien des pratiques magiques et des procédés sexuels, ce sont néanmoins les brahmanes et non les tantriques qui ont monnayé le sexe dans le temple.

Qualifier le macho aryen de chaud lapin serait un euphémisme. Pour lui, toute femme est une proie offerte à sa pulsion sexuelle, dont l'intensité frise la bestialité, comme cela ressort d'une scène vécue à Maduraï par Alexandra David-Neel : « Ce soir-là, une quarantaine de dévadâsîs dansaient sur une large estrade avant d'aller adorer la déesse Meenakshi. Que représentait cette danse, je ne le sais pas. C'étaient toujours les mêmes contorsions des bras, des doigts et des orteils, les mêmes déhanchements, le ventre et les seins projetés en avant : offerts... Les filles ne me paraissaient ni très jolies, ni très gracieuses. Ce qui retenait l'attention, c'était le cercle de mâles, une bonne centaine, pressés autour de l'estrade, les yeux dilatés, la physionomie férocement bestiale.

» Les mystiques hindous parlent de samâdhi, l'extase, dans laquelle l'esprit n'est plus conscient que d'un unique objet, toutes autres choses étant annihilées pour lui. Ces hommes, hypnotisés autour de cette estrade, avaient véritablement atteint un genre d'extase parfaite : le samâdhi du rut.

» Les dévadâsîs descendirent de l'estrade et s'engouffrèrent hâtivement dans les corridors sombres conduisant au sanctuaire de la déesse. Ce fut une ruée. La horde des hommes affolés les suivait, vaguement retenus par les gestes d'une vieille femme, la gardienne des danseuses, sans doute une bayadère retraitée. La terreur qui se lisait sur le visage des filles — pourtant des prostituées — serrées en troupeau, se bousculant pour gagner au plus vite le sanctuaire protecteur, était aussi bouleversante que l'avidité immonde de leurs poursuivants.

» Je m'aplatis entre les jambes d'un cheval de pierre géant émergeant de la muraille, pour laisser passer la vague infernale, puis je gagnai la sortie. Je venais de découvrir un nouvel aspect intime de la demeure des dieux. » *(L'Inde où j'ai vécu,* p. 54*).*

Cette scène est à l'antipode du tantra, car l'adepte tantrique respecte toute femme en tant qu'incarnation de la Shakti cosmique et non comme un gibier. Je mets d'ailleurs en garde toute Occidentale voyageant seule en Inde : la moindre imprudence risque de la mettre en situation délicate, pour ne pas dire plus. En groupe, c'est — heureusement — différent.

Quand la domination aryenne s'est étendue à ces régions, les brahmanes, s'étant emparés des temples, ont vite compris tout le profit qu'ils pouvaient en tirer. Le processus est illustré par un cas similaire, sans rapport avec le sexe, qui existe encore à Calcutta. En effet, dans le célèbre temple de Kâlî (Calcutta vient de Kâlî-Ghat), pour apaiser la déesse qui réclame un fleuve de sang, chaque jour on y sacrifie rituellement des centaines de chèvres. Les brahmanes, qui ont fait main basse sur ce temple, exploitent ce culte qui remonte à l'époque préaryenne qu'ils se sont bien gardés de supprimer, moyennant quoi ils sont devenus immensément riches. Avec les temples-bordels c'est du pareil au même.

2
La vision tantrique

Définir le tantra

Les penseurs indiens ont l'excellente habitude de commencer par définir les mots qu'ils emploient. Pour *tantra,* c'est aussi indispensable que malaisé, vu la variété des sens possibles, chacun apportant une précision. Selon le contexte, *tantra* signifie navette, trame (du tissu), continuité, succession, descendance ou encore processus continu, déroulement d'une cérémonie, système, théorie, doctrine, ouvrage scientifique, section d'un ouvrage. Enfin, *tantra* désigne une doctrine mystique et magique ou une œuvre qui s'en inspire.

Pour S. N. Dasgupta, *tan* venant de *tantri,* expliquer, exposer, *tantra* désigne aussi un traité couvrant un sujet déterminé ce qui fait que souvent *tantra* figure dans le titre d'un livre sans rapport avec le tantrisme, l'inverse étant tout aussi vrai.

Pour la masse indienne actuelle, *tantra* désigne toute doctrine ou culte *non-védique,* ce qui est significatif de l'antinomie, voire de l'antagonisme fondamental, entre le système aryano-védico-brahmanique et le tantra.

Dans ce livre, le *tantra* désignera un corps de doctrines mais surtout de pratiques multimillénaires, ce que d'aucuns contestent en disant que le mot n'apparaît que vers le VIe siècle, ce qui n'est pas faux. Néanmoins, faire coïncider l'origine du tantrisme avec l'apparition du nom est plutôt spécieux : le mot « sexe » (du latin *sexus* = séparation, distinction) n'est apparu qu'au XIIe siècle, mais tout porte à croire que la « chose » existait avant...

Tantra, c'est aussi « métier à tisser, tissage », ce qui semble être sans rapport avec une quelconque doctrine. Or, le tantra perçoit l'univers comme un tissu où tout se s'embrique, où tout se tient, où tout agit sur tout.

En ajoutant au radical *tan* (étirer, étendre) le suffixe *tra* (qui indique l'instrumentalité), on obtient *tan-tra* soit, littéralement, instrument d'expansion du champ de conscience ordinaire, afin d'accéder au supraconscient, racine de l'être et réceptacle de pouvoirs inconnus que le tantra veut éveiller et utiliser.

Tout ce qui est ici est ailleurs, ce qui n'est pas ici n'est nulle part

Mine de rien, les quelques mots du titre, extraits du *Vishvasâra Tantra,* renferment pourtant l'essence du tantra. Sans y paraître, ses implications vertigineuses dissolvent les frontières du monde sensoriel rassurant et nous conduisent au cœur même du Réel le plus réel.

Commençons par le plus facile, la matière, dont cette phrase proclame l'homogénéité, « matière » étant comprise au sens moderne d'énergie condensée. Pour le tantra, toutes les formes d'énergie de l'univers, quelles qu'elles soient — gravité, cohésion nucléaire, électromagnétisme — sont présentes partout dans le cosmos, donc ici même où je suis assis. Cela, les humains de l'ère post-einsteinienne que nous sommes, l'acceptons sans mal, quoique, en général, cette identité matière = énergie ne nous paraisse guère concerner que la physique nucléaire.

Nous ne remarquons même pas qu'au passage on a « perdu » la matière compacte, réduite à de l'énergie cosmique pure, unique malgré la multitude des objets perçus. Scientifiquement, l'univers est un gigantesque continuum qui s'étend de l'infra-atomique à l'astronomique Cette unité, les tantriques la perçoivent depuis au moins trente-cinq siècles : pas mal pour des hommes armés seulement de leurs sens, de leur intelligence, mais surtout de leur intuition... Néanmoins, dans la vie quotidienne, ce savoir ne change guère notre rapport avec les objets : pour nos sens, un grain de sable reste un grain de sable, une galaxie demeure un amas d'étoiles.

Quand on aborde la vie, le *tout ce qui est ici est ailleurs* bouleverse nos concepts usuels en affirmant, ni plus ni moins, que la vie est présente *partout* dans le cosmos, mieux (ou pis ?), que l'univers lui-même est vivant ! Fantastique... Fini de vivre comme si, seule, notre terre avait le monopole de la vie ! Certes, bien des astronomes pensent que parmi les milliards de galaxies comptant chacune des milliards d'étoiles — il y a plus de soleils dans l'univers *connu* que de grains de sable sur toutes les plages de la terre —, il doit exister d'autres systèmes planétaires, d'autres mondes habités. N'a-ton pas décelé des matières organiques dans certaines météorites ? Intéressant certes, mais cette probabilité nous laisse plutôt froids, car nous n'avons aucun espoir de contacter ces êtres, sûrement fort étranges, peuplant des planètes à des milliers d'années-lumière de la terre…

Selon les astronomes américains du Kit Peak National Observatory, notre galaxie comprendrait beaucoup plus de planètes habitables qu'on ne l'avait supposé. En étudiant 123 étoiles d'une classe thermique pareille à celle de notre soleil, les variations orbitales constatées impliquent la présence de planètes. Comme il y a cent milliards de soleils dans notre seule galaxie, même si seulement une étoile sur dix avait des planètes, cela ferait du monde ! Sans parler des millions de galaxies observables.

Hormis ces éventuels, rarissimes et minuscules îlots peuplés, nous, Occidentaux, concevons l'univers comme une énorme machine glacée, morte.

Pour le tantra, au contraire, l'univers vit, chaque étoile est vivante, au sens total du terme, donc habitée par une forme de conscience, tout comme chaque infinitésimale particule subnucléaire. Des étoiles, des atomes conscients : dur à gober et, à propos de vertige, avouez qu'on est servi ! Et cette vie universelle, unique, se subdivise en d'innombrables plans d'existence et de conscience ! Pour le tantra, elle emplit jusqu'au vide interstellaire... Impensable ? Peut-être, mais la démesure de l'univers *est* impensable ! Même pour l'astronome qui jongle avec les centaines de milliers d'années-lumière, ces distances énormes sont inimaginables et pourtant elles sont bien *réelles* ! En sanskrit, ce gigantesque Etre cosmique c'est *Mahat*, le grand. (*Mahat* est un concept tantrique adapté puis adopté par une philosophie indienne classique, non tantrique, le *samkhya*).

Pour le tantra, la Vie est un processus continu dans l'espace et le temps, sans hiatus ni cloison entre toutes les formes de vie, des virus à Mahat.

Ainsi, partie du Tout, je participe au Tout. Au continuum de l'énergie cosmique correspond celui de la vie, les deux étant d'ailleurs indissociables.

Pour le tantra, l'univers est Conscience et Energie associées. En pratique, cela mène au respect total de toute vie, fût-elle animale, végétale ou bactérienne. Nuire à une quelconque forme de vie, c'est nuire à la sienne propre : l'écologie en devient cosmique.

Mais cela conduit aussi à des contradictions, du moins en apparence. D'un côté, chaque brin d'herbe est aussi important qu'un être humain, mais si un cataclysme nucléaire anéantissait toute vie sur la planète, ou la faisait sauter, l'explosion égratignerait à peine l'univers, mais le contraire est tout aussi vrai et, à cet égard, je cite l'astronome et physicien anglais Eddington: « l'électron qui vibre secoue l'univers ».

Faisons un pas de plus: « Vie » implique « conscience ». Parmi les rares certitudes, il y a celle de ma conscience individuelle : *cogito ergo sum*. Dans ce célèbre « je pense, donc je suis », le mot « pense » me gêne. En effet, on peut refuser aux microbes la pensée, c'est-à-dire la réflexion structurée, et réserver celle-ci à l'être humain, alors qu'on ne peut guère leur dénier la perception de leur propre existence et de leur milieu, ce qui en fait autant d'entités conscientes. La preuve en est qu'on peut conditionner des unicellulaires, les amibes par exemple. Alors, partons du seul fait vraiment indéniable, la conscience, même si sa source et sa nature nous sont un mystère, et voyons où cela nous conduit...

Supposons un instant que nulle part dans l'univers, à aucun niveau, rien ni personne ne soit conscient : l'univers cesserait d'exister !

Mais, en tant qu'individu, j'ai l'impression, primo, que ma conscience personnelle est isolée des autres psychismes — humains et animaux —, secundo, qu'elle est localisée dans le cerveau et, tertio, isolée du reste du corps, supposé inconscient. Or, le tantra considère que chaque cellule est un être vivant, conscient à part entière, doté d'un psychisme, d'émotions, de mémoire. Non pas d'une vague perception crépusculaire, mais bien d'une conscience aussi lucide que la corticale. Dépourvue de système nerveux, de cerveau, la cellule (ou le microbe) se fabrique une vision du monde sans aucun rapport avec celle que produit le cortex mais, à son niveau et avec ses moyens, elle est à cent pour cent consciente de son environnement mais aussi d'elle-même et de ses émotions. Ainsi, elle peut être heureuse ou anxieuse, etc...

Tout mon corps est conscient

Le cerveau perd l'exclusivité de la conscience qui devient une propriété du corps tout entier. Si la conscience et/ou l'esprit existent dans mon cerveau — *tout ce qui est ici est partout ailleurs — ils* imprègnent aussi tout l'organisme. Le corps n'est plus la carcasse, la guenille, l'obstacle à la vie spirituelle, ou — au mieux — le « bon serviteur » : la spiritualité existe à tous les niveaux corporels.

Vertigineuse pensée que de se *savoir* fait de milliers de milliards d'individus cellulaires, tous vivants et conscients, tous en communication. Il n'y a pas de cloison imperméable entre ma conscience cérébrale et celle de mes cellules, mais bien une succession hiérarchisée de plans de conscience réagissant les uns sur les autres. Si, au niveau cérébral, je suis optimiste, détendu, serein, ce climat imprègnera tout mon corps, jusqu'à la dernière cellule du petit orteil ! Vice versa, assurer des conditions de vie correctes aux cellules les rend heureuses, optimistes, sereines : au niveau cérébral, j'éprouverai un bien-être, un dynamisme dont j'ignorerai la source profonde. Si, au contraire, l'accumulation de mes erreurs de vie m'a rendu malade, il me faudra assainir chaque cellule avant d'être vraiment guéri. Toutefois, pour recouvrer la santé, je peux compter sur la Sagesse supérieure du corps, inhérente à chaque cellule, comme sur le dévouement sans faille de chaque individu de la république cellulaire, pourvu que je crée les conditions matérielles lui permettant de se manifester.

Pouvoir « parler » à ses cellules permet, en cas de maladie et moyennant les images mentales adéquates, d'augmenter la combativité des paracommandos cellulaires, les globules blancs, et de stimuler ainsi les défenses immunitaires !

Pour le tantrique, le corps est un temple vivant : lire ou relire le chapitre *Mon corps, cet univers*. Pendant des siècles, le drame de l'Occident a été d'opposer la chair à l'esprit, or le tantra ne voit pas de frontière entre les deux, ni même de différence de nature intrinsèque. La santé, loin d'être un luxe ou le fruit du hasard, devient un devoir. Le premier de nos devoirs. Un chef d'Etat qui ne s'occuperait pas du bonheur et de la santé de son peuple faillirait à son tout premier devoir. Or, pour « moi », potentat régnant sur des milliards d'individus cellulaires, mon premier devoir est d'assurer l'intégrité, la santé et le bonheur de la république cellulaire en général, de chaque cellule en particulier. Il est logique que le hatha yoga, qui nous en donne les moyens, provienne du tantra.

Encore un pas de plus ! *Tout ce qui est ici est ailleurs, ce qui n'est pas ici n'est nulle part :* une force inconnue, inconnaissable à mon petit *moi-je,* suscite et engendre l'univers en permanence. Pour le tantra, la création n'est pas un acte unique qui s'est produit d'un seul coup au début des temps, c'est un processus permanent (tout comme pour le kabbaliste d'ailleurs). *La création, c'est ici et maintenant.* L'énergie créatrice qui suscite l'univers est *réellement présente partout dans le cosmos,* donc dans mon corps, dans mon cerveau, dans mes cellules. Les forces cosmiques qui font évoluer la vie selon les circonstances locales changeantes, sont présentes ici même et je n'en suis pas distinct. A chaque instant de ma vie une force mystérieuse crée mon propre corps, et c'est la même qui crée l'univers : c'est cela aussi, la Kundalinî.

Une parenthèse : par bonheur, le tantra n'est pas une religion, donc sa vision du monde ne s'oppose pas aux diverses religions : on peut être polythéiste et tantrique à la fois ! (Cf. le chapitre consacré aux dieux hindous). Cependant, ma religion, si j'en ai une, prend une autre dimension grâce à la vision tantrique. Si Dieu existe, Il est présent ici. *Ce qui n'est pas ici, n'est nulle part,* et s'Il n'est pas ici, Il n'est nulle part. Un croyant peut-il concevoir qu'il y ait quelque part un trou dans l'univers d'où Dieu serait absent ? Ainsi, le croyant tantrique ne relègue pas son Dieu quelque part au ciel, il vit « en » Dieu, il perçoit Sa présence ici et maintenant. Le non-croyant tantrique, quant à lui, en acquiert une vision extraordinairement riche du monde.

Pour Pascal, l'homme, roseau pensant, est une poussière infime, suspendue entre deux abîmes angoissants, l'infiniment grand et l'infiniment petit. C'est pareil pour le tantrique, sauf qu'il se sent relié aux deux infinis et cela fait toute la différence !

La vision tantrique fait éclater les frontières, ou plutôt les dissout, car elles n'existent que dans le mental. Du strict point de vue matériel, sauf pour mes sens, il n'y a pas de frontière abrupte entre les objets qui m'entourent. Pour le physicien, la matière est surtout du vide, où, de loin en loin, tourbillonnent des nuages d'électrons autour d'un noyau atomique. Tellement vide que si on comprimait la terre jusqu'à faire se toucher les atomes, elle tiendrait, paraît-il, dans un dé à coudre ! Inconcevable, mais néanmoins réel : à chaque seconde, je suis bombardé de particules à haute énergie venues des profondeurs abyssales du cosmos, qui me traversent de part en part, sans toucher le moindre noyau atomique. Je suis pis qu'une passoire ! Si un hypothétique astronaute chevauchait l'une de ces particules, il n'observerait aucune frontière entre moi et ma chaise, il traverserait seulement deux nuages d'énergie, deux champs de force en contact l'un avec l'autre.

Prétendre que la conscience est une dimension du cosmos, présente partout, signifie-t-il que le radiateur, par exemple, est conscient en tant que radiateur ? Pense-t-il qu'il s'ennuie, tout seul dans la pièce, est-il content ou non ? Ce serait, pour le moins, surprenant ! Que devient, dès lors, la vision tantrique ? Voici. Quand la physique dit que l'univers *est* énergie, c'est déjà la moitié du concept du tantra, pour qui cosmos = conscience + énergie associées. Dans cette optique, toute unité organisée comporte un niveau de conscience, y compris l'atome ou l'électron. Certains scientifiques, tels Jean Charron, flirtent avec cette notion sans l'épouser tout à fait. Pour le tantra, chaque *atome* du radiateur est doublé d'un champ de conscience mais, le *radiateur-objet*, simple agrégat moléculaire sans unité organique, n'a pas de conscience unitaire intégrant le tout.

La physique moderne frôle cette unité conscience-énergie, même si ses lois, comme celle de Boyle-Mariotte qui prédit avec précision le comportement d'un gaz, font penser que la matière est une mécanique aveugle. En fait, ces lois n'ont qu'une précision *statistique* et elles ne sont donc valables qu'en présence d'un très grand nombre d'atomes : un modeste centimètre-cube d'air, par exemple, en compte des milliards. Par contre, le comportement d'une particule subatomique isolée est indéterminé, « comme si » elle était guidée par une intelligence. Supprimons le « comme si » et l'on rejoint le concept cosmos-conscience-énergie, symbolisés par le couple Shiva-Shakti...

Quand j'écris que la conscience est une *dimension* de l'univers, que faut-il entendre par là ? Une dimension, dans ce contexte, doit se comprendre comme étant une composante de l'univers dont la disparition entraînerait, du même coup, celle du cosmos. Précisons ! En mesurant une poutre, je peux en « oublier » la hauteur et dire que le dessus est un plan de, mettons, 170 sur 14 cm. Cette abstraction n'est possible que dans mon intellect. Dans la réalité, c'est impossible : éliminer une dimension supprimerait aussitôt les deux autres. Si, pour supprimer sa hauteur, je voulais la raboter jusqu'à l'épaisseur zéro, en donnant le dernier coup de rabot j'effacerais à la fois hauteur, longueur et largeur ! La poutre aurait disparu ! Toutefois, aux quatre dimensions de l'espace-temps, le tantra en ajoute une cinquième, la conscience, dont la suppression totale ferait disparaître l'univers. Dans ce contexte, au lieu du mot « dimension », j'aurais pu employer « composante », sans rien changer à la pensée tantrique profonde. Toutefois, « composante » évoque une pièce sinon détachée, du moins détachable, tandis que « dimension » est à la fois abstrait et concret.

Notons-le : ceci n'est ni un dogme, ni un préalable à la *pratique* du tantra. Au contraire, cette vision survient comme sous-produit de cette même pratique quand elle me fait découvrir que « je » suis conscience-énergie structurées, organisées.

Ce n'est pas un dogme

Si le tantra n'apporte aucun dogme — et c'est heureux —, cela n'implique pas qu'un adepte tantrique doive rejeter les siens, s'il en a. Si sa religion lui en propose, c'est parfait, mais le tantra, lui, n'en apporte pas ! Le tantra, qui est entre autres une recherche du Réel, n'est donc en conflit ni avec la science, ni avec la religion : rien ne nous oblige à avaler l'idée d'une conscience imprégnant tout l'univers matériel. Remarquez toutefois que, pour le tantra, la conscience n'est pas un principe métaphysique, surnaturel, mais une *propriété fondamentale* de l'univers matériel, au sens large du terme.

Le tantrique ne se perçoit pas coupé du reste des vivants, perdu sur une minuscule planète, infime poussière cosmique propulsée dans l'infini de l'interstellaire glacé. Il se sait partie intégrante de la vie depuis ses origines, sous toutes ses formes et que cette vie est un processus continu et conscient qui englobe tout l'univers. Je précise aussi que ceci n'est pas l'équivalent de la notion « Dieu », bien plus vaste !

L'idée que la vie et une certaine forme de conscience existent au niveau subatomique émerge sporadiquement en Occident, même chez les scientifiques bon teint : elle a été exprimée dans la très sérieuse revue scientifique anglaise *Nature*. En avril 1964, le professeur D. F. Lawden y suggérait que, pour un observateur extérieur, les caractéristiques électriques et gravitationnelles d'une particule sont le reflet de leurs qualités mentales. Lawden y démontre que la vie et la mort sont relatives : comment savoir si un virus ou un cadavre sont morts ou vivants ? Il considère, sans pour autant accepter l'idée d'une force vitale transcendante, que le scientifique « matérialiste » doit néanmoins admettre la continuité de la vie et de la conscience, sous une certaine forme, jusqu'au niveau des particules élémentaires. A l'époque, l'idée a scandalisé les milieux scientifiques mais elle n'a cependant pas été réfutée !

Quant à Prigogine, prix Nobel, il dit : « Voici le cœur même de mon message... La matière n'est pas inerte. Elle est vivante et active. La vie change perpétuellement pour s'adapter aux conditions de non-équilibre. Avec la disparition de l'idée d'un univers voué au déterminisme, nous pouvons nous sentir maîtres de notre destin pour le meilleur comme pour le pire. »

Cela sous-entend, de la part de Prigogine : primo, que la matière ne se limitant pas à notre minuscule planète, c'est l'univers total qui est « vivant et actif » ; secundo, que la vie, en perpétuelle évolution, est inconcevable sans conscience. Ce qui rejoint le tantra...

Je cite aussi le physicien suisse Wolfgang Pauli qui, lui non plus, n'a rien d'un doux rêveur. Il a notamment découvert que les électrons gravitant autour du noyau atomique se placent chacun à un certain niveau d'énergie et qu'aucun autre ne peut s'y installer, d'où le « principe d'exclusion » de Pauli qui, en 1945, lui a valu le prix Nobel. Appliqué aux cristaux, son principe explique le fonctionnement des transistors. Jusqu'ici rien de très spécial, du moins pour notre sujet. Pour Pauli, le mystère surgit avec la question : *comment* l'électron sait-il que ce niveau est occupé ? En effet, les électrons ne sont pas des billes de billard qui se cognent ou tombent dans un trou ! Son niveau d'énergie n'a pas de loquet qui bloquerait la porte et ferait apparaître la mention « occupé », comme au water ! Aucun modèle mécanique, aucun schéma mécaniste ne l'expliquant, tout se passe comme si les électrons en étaient informés — tenez-vous bien — sans passer par le temps ni l'espace ! Pour Pauli, qui a collaboré avec un autre Suisse, C.G. Jung, les phénomènes de la magie, de l'alchimie et de la parapsychologie ne sont pas plus étranges que le comportement des particules élémentaires de la « matière », donc de l'énergie.

Je confirme que la vision tantrique n'invoque pas l'intervention d'un quelconque principe transcendant. La vie, la conscience, le mental sont, selon le tantra, divers aspects de l'énergie cosmique, plus ou moins subtils, mais tout aussi concrets, aussi matériels que la gravitation ou l'électromagnétisme.

Dans *Die Kreuzelschreiber*, l'auteur viennois Ludwig Anzengruber, déjà cité, écrivait, vers la fin du XIXe siècle, en allemand populaire: « *Es kann dir nichts geschehen. Du gehörst zu dem allem und dös alles gehört zu dir* ! *Es kann dir nichts geschehen* ! » qui se traduit : rien ne peut t'arriver. Tu appartiens à tout cela et tout cela t'appartient. Rien ne peut t'arriver.

Cette certitude, qui donne une sérénité totale, s'acquiert par la méditation. L'adepte perçoit aussi qu'il recèle des potentialités infinies, celles des forces créatrices cosmiques à l'œuvre partout dans l'univers.

La pensée tantrique est, au fond, très naturelle, voire évidente. Ce sont nos préjugés, nos clichés, nos sens (le voile de Maya, l'illusion !) qui l'occultent. Un poète et visionnaire occidental inattendu, car on ne le connaît que comme cinéaste, tantrique sans le savoir, c'est Abel Gance.

Voici la lettre qu'il écrivait à sa sœur, en 1955 :

« C'est à l'instant précis où les hommes prirent les empreintes digitales de l'atome que les étoiles fondirent en larmes.

» L'Homme venait de découvrir leurs secrets. Il n'y a pas d'en-haut. Il n'y a pas d'en-bas. Il n'y a rien de grand. Il n'y a rien de petit. Les yeux se sont trompés depuis qu'ils se sont entrouverts en remontant des profondeurs marines. Les oreilles se sont

Abel Gance :
traducteur de l'invisible

C'est à l'instant précis où les hommes prirent les empreintes digitales de l'atome que les étoiles fondirent en larmes.

L'Homme venait de découvrir leurs secrets. Il n'y a pas d'en haut. il n'y a pas d'en bas. Il n'y a rien de grand. Il n'y a rien de petit. Les yeux se sont trompés depuis qu'ils se sont entr'ouverts en remontant des profondeurs marines. Les oreilles se sont trompées. Il faut tout recommencer <u>autrement</u>. Ce sont les larmes d'étoiles qui me l'apprennent. Comment le sais-je? C'est une histoire bien inattendue que j'essaierai de raconter quelque jour si les mots clés des traductions de l'invisible veulent bien m'obéir.

Abel Gance

1955.

A ma chère Nelly qui. <u>seule</u>, peut comprendre

trompées. Il faut tout recommencer *autrement.* Ce sont les larmes d'étoiles qui me l'apprennent. Comment le sais-je ? C'est une histoire bien inattendue que j'essaierai de raconter quelque jour si les mots-clés des traductions de l'invisible veulent bien m'obéir.

» A ma chère Nelly qui, *seule,* peut comprendre. »

Ce texte est cosmique et tantrique. Larmes d'étoiles ? Ridicule, pour le gros bon sens quotidien qui hausse les épaules, au mieux une fantaisie littéraire. Mais si l'univers est habité par la conscience jusqu'au cœur même des étoiles, cela devient une réalité. Abel Gance avait sans doute raison en écrivant que *seule* sa sœur Nelly pouvait le comprendre, s'il visait l'Occidental ordinaire. Mais le tantra nous donne la clé secrète qui permet de décoder son texte, plus dense et profond que bien des pompeux traités de philosophie... Je l'ai souvent relu et médité. Avec émotion, car chaque mot porte. Surtout quand il écrit qu'il nous faut tout recommencer, *autrement.*

Ces idées, tolérables chez un artiste ou un poète, semblent se situer à l'antipode de la vision réaliste et objective du scientifique. Provisoirement. En effet, des courants de pensée émergent de-ci de-là au sein même du bastion de la science, qui annoncent un revirement.

Ainsi, l'astrophysicien, mathématicien et biologiste anglais, Fred Hoyle, a écrit un livre, solidement étayé, dont le titre, *The Intelligent Universe,* choque la vision occidentale courante qui considère que l'univers n'étant que de la matière, ne peut *donc* pas être intelligent ni conscient...

Affirmer que la conscience pourrait exister au niveau interstellaire heurte de front mon bon sens terre-à-terre, de même qu'un certain esprit rationaliste obtus...

En effet, l'Occident considère que pour qu'il y ait conscience, il faut nécessairement un système nerveux et un cerveau. Donc un système fermé. Fort bien. Mais mon cerveau, c'est quoi ? Réponse évidente : un ensemble de milliards de cellules nerveuses, elles-mêmes faites de molécules matérielles, composées de milliards d'atomes. Je vais essayer de me représenter la matérialité de mon cerveau au niveau atomique et voir ce que ça donne. Entre parenthèses, j'opte pour la vision de Niels Bohr, où l'infiniment petit reproduit l'infiniment grand, donc où chaque atome est un mini système solaire, les électrons-satellites gravitant autour du noyau comme autant de planètes. Je sais : la physique moderne a, depuis belle lurette, abandonné ce modèle de l'atome, mais comme ce qu'elle nous livre aujourd'hui n'est plus « visualisable », pour mon raisonnement, l'atome-système-solaire de Niels Bohr est utile.

Si, en imagination, j'enfle mon cerveau aux dimensions de notre galaxie, il y aurait autant de distance donc de vide, entre les divers atomes qu'entre les cent milliards d'étoiles de notre Voie Lactée. Imaginons un hypothétique voyageur cosmique lilliputien qui traverserait ce cerveau-firmament, chevauchant un neutrino : il ne concevrait pas que cette galaxie soit en train de penser avec tous ses atomesétoiles... C'est pourtant ce qui se passe, ici et maintenant, dans ma tête : je pense à l'aide de mes innombrables milliards de constellations moléculaires. Et cette galaxie atomique n'est pas statique car les constellations subatomiques changent et s'échangent tout le temps... Alors, puisque je suis capable de penser avec mes galaxies atomiques, pourquoi Mahat, le grand, ne penserait-il pas à l'aide des étoiles ? L'un n'est pas plus absurde que l'autre...

L'arbre est-il conscient ?

Pour le tantrique, l'arbre est bien plus qu'un producteur de bois et de planches, c'est un être vivant. Il ne se sent pas séparé de l'arbre ni de la forêt. L'Occidental « normal » admet que l'arbre vit — c'est difficilement contestable —, mais il ne voit pas dans le sapin un être conscient, au contraire de certaines tribus africaines où les hommes s'adressent à *l'esprit de l'arbre* avant de l'abattre. Ils dansent autour de l'arbre en lui disant qu'ils ont absolument besoin de lui pour en faire une pirogue et ils lui promettent de faire un bon usage de son tronc ! Bien sûr, avec un sourire condescendant, certains diront que c'est là une pratique animiste tout au plus digne de « sauvages » incultes. Bien sûr, personne ne prétend, ni ne suppose que l'arbre tienne des raisonnements mais, cependant, pour le tantra une forme de conscience l'habite, même si elle n'est pas concevable par notre intellect. Les végétaux sont censés avoir une riche vie émotive et les membres de la communauté de Findhorn s'adressent directement aux plantes, leur envoient de l'amour et... elles poussent infiniment mieux ! Ceci ne se passe pas en Inde, ni dans un passé lointain et légendaire, mais bien en Ecosse et de nos jours.

Bien sûr, tout ceci n'est pas un acte de foi préalable à la pratique du tantra qui (voir plus haut) ignore les dogmes. Toutefois, si j'évoque ces choses, c'est pour montrer où la petite phrase anodine du début nous mène...

Néanmoins, le « *Tout ce qui est ici est ailleurs ; ce qui n'est pas ici n'est nulle part* » a des implications bien directes. En effet, tous les secrets de la vie et de la mort, de la création et de la dissolution des univers sont présents, ici même, dans mon corps. (Remarquez que je n'écris pas : « limités à mon corps... »). Alors, pourquoi parcourir le vaste monde, aller dans l'Himalaya ou ailleurs pour découvrir et atteindre le vrai, le réel, puisque je peux le rencontrer ici même. Nul besoin de microscope ou de téléscope pour découvrir l'essence cachée du monde. Quelque part, dans les profondeurs de mes cellules, « je » manipule des énergies et des particules subatomiques, comme l'ont fait nos ancêtres, des millions d'années avant que l'homme moderne ne prenne l'empreinte des étoiles, pour reprendre les mots d'Abel Gance.

Giordano Bruno

Cela se passe à Rome, le 17 février 1600, au Campo dei Fiori, la place des Fleurs...

Une nonchalante fumée, grise comme le ciel d'avant-printemps, s'élève des braises qui achèvent de consumer Giordano Bruno, moine dominicain défroqué, étonnant visionnaire. Tantrique sans le savoir, il lui aurait suffi de confesser ses « erreurs » pour échapper au bûcher : il a choisi d'être brûlé vif plutôt que de se renier. Dans sa prison romaine, où il avait été amené sept ans plus tôt, fers aux pieds, à la demande du pape Clément VIII, étoiles et atomes tournoyaient dans sa tête. Bien qu'il n'ait rien découvert ni inventé, sa géniale intuition avait cinq siècles d'avance sur son temps, ce qui était la plus impardonnable des erreurs...

Ses textes suivants, qui résument sa vision, sont du pur tantra :

« Tout le corps du monde vit... La table, en tant que table, n'est pas animée, ni la robe, mais en tant que choses naturelles et composées, elles comportent la matière et la forme. Une chose, aussi petite, aussi minime qu'on voudra, inclut de la substance spirituelle [...] car l'esprit est en toute chose et il n'est pas de corpuscule, si infime soit-il, qui n'en contienne sa part et n'en soit animé.

» Il est manifeste que chaque esprit a une certaine continuité avec l'esprit de l'univers...

» La naissance est expansion du centre, la vie plénitude, la mort contraction au centre.

» Tout ce qui existe est Un. Connaître cette unité est le but et le terme de toute philosophie et de la contemplation naturelle. Qui a trouvé l'Un, je veux dire la raison de cette unité, a trouvé la clé sans laquelle on ne peut entrer en la vraie contemplation de la nature. »

— Giordano Bruno proclamait la valeur permanente des lois naturelles, livrant l'univers à l'enquête d'une science libérée de tout dogme, mais aussi l'insuffisance des sens pour appréhender le réel.

— Il percevait les étoiles comme autant de soleils pouvant être le centre de systèmes planétaires pareils au nôtre et habités. Pour lui, la terre n'est pas le centre de l'univers et il lui donne le mouvement, toutes idées opposées à la cosmogonie d'Aristote, toujours en vigueur à son époque.

— Il voyait dans l'atome une réplique du système solaire, comme Niels Bohr 350 ans plus tard...

— Il croyait à la pluralité des mondes.

Mais surtout, il proclamait l'existence d'un psychisme diffus jusque dans les éléments les plus humbles, rejoignant ainsi cet autre visionnaire, Teilhard de Chardin, qui a écrit : « De la biosphère à l'espèce, tout n'est qu'une immense ramification de psychismes se cherchant à travers des formes. »

Une Méditation tantrique : contemplons notre mère, la mer...

Méditation, oui, mais pourquoi *tantrique* ? C'est simple, si la démarche est assez semblable en apparence, les buts et les thèmes de la méditation en général et du Tantra expriment des visions du monde parfois opposées !

D'abord, les points communs. Primo, le choix d'une posture immobile, stable et confortable, permettant de s'isoler du monde extérieur, donc de s'intérioriser. Secundo, la contemplation — à l'inverse de la démarche discursive, rationnelle —, est un processus destiné à transcender l'intellect et la conscience vigile pour accéder aux ressorts secrets de l'être et, éventuellement, de l'univers. Voilà pourquoi *contempler* est préférable à *méditer*, dont la connotation est nettement réflective.

Mais tout diverge au niveau des buts, donc des thèmes. En Inde, ils varieront selon que l'adepte se place dans la « mouvance » — comme on dit volontiers aujourd'hui — du védanta, du bouddhisme ou du tantra, les trois principaux courants.

Pour le védanta, l'univers concret, manifesté, est irréel, illusoire (Maya). L'unique réalité, c'est Brahman, la Cause absolue, non causée. Dans la méditation selon le védanta, l'adepte est incité à détacher sa conscience du corps et du monde manifesté pour en réaliser le caractère illusoire, puis, devenu indifférent aux noms *(nama)* et aux formes *(rupa)*, il se perdra dans l'Absolu comme l'écume dans l'océan. Le corps est un obstacle. Il doit être oublié, nié presque. Faisant partie du monde phénoménal il est, lui aussi, irréel. Les thèmes de méditation correspondent, évidemment, à cette vision du monde. Cela éclaire le dédain ostentatoire des védantins pour leur corps, et leur santé est souvent délabrée. Souvent aussi ils meurent très jeunes, tels Ramana Maharshi (cancer), Ramakrishna (cancer), Vivekananda (diabète). Il ne faut pas les confondre avec les yogis, notamment tantriques, pour qui le corps est sacré, divin.

Dans le bouddhisme — qui a presque disparu de l'Inde, son sol natal, pour avoir osé en rejeter le panthéon et s'être opposé à la caste des brahmanes —, la contemplation constitue presque l'essentiel du culte. Le méditant vise l'état de vacuité (nirvâna) qui, paradoxalement, est une plénitude qui le libère à la fois de son karma et de la ronde infernale des réincarnations.

Pour le tantra, au contraire du védanta, l'univers avec ses milliards de galaxies est bien réel. Il émerge en permanence de l'union des deux principes cosmiques ultimes et polaires, symbolisés par Shiva et Shakti. *« Tout ce qui est ici est ailleurs, ce qui n'est pas ici n'est nulle part ».*

Loin de nier ou de fuir l'univers concret, le tantrique s'y intègre pour en percevoir la réalité profonde, soit en spiritualisant la sexualité, perçue comme pulsion créative ultime, soit par d'autres voies, comme la contemplation de la Mère cosmique ou de la mer des origines, décrite ci-dessous. C'est avec et dans son corps-univers qu'il s'unira *concrètement* à ces principes cosmiques pour ressentir la divinité de la chair consciente et intelligente.

Une contemplation neutre

La contemplation proposée est neutre parce qu'universelle : le croyant, quelle que soit sa religion, peut la prati-

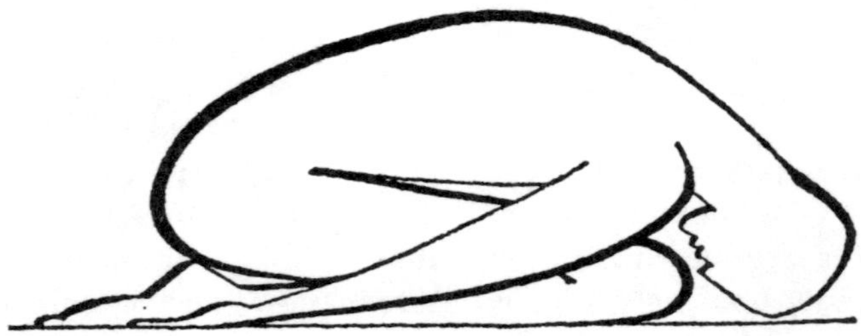

quer, tout comme l'athée bon teint.

L'âsana de méditation usuelle est une posture assise, mais cette fois, c'est l'attitude fœtale qui est requise : le dessin ci-dessus n'appelle pas de commentaire, sauf à préciser que la colonne vertébrale en croissant de lune retrouve ici la forme qu'elle avait dans l'utérus maternel. C'est essentiel, car, quelque part, la mémoire corporelle associe cette forme de la colonne à l'état fœtal et à sa richesse que l'on vise à retrouver.

Le thème : un paysage nocturne. J'imagine une plage déserte, voici quelques milliers d'années. Devant moi s'étend l'immensité de l'océan des origines. Outre « cette sombre clarté qui tombe des étoiles », j'accroche au firmament un mince croissant de lune. Le tout se reflète dans l'eau. Je contemple ce spectacle éternel et laisse lentement le croissant devenir pleine lune, ce qui m'extrait du temps linéaire et m'insère dans le temps cyclique.

L'air est calme, la nuit est tiède ainsi que l'eau. L'océan respire : une vague molle s'alanguit sur la plage, s'y étale, écume un instant puis reflue vers la mer. La suivante remonte sur le sable, écume, reflue et ainsi de suite. Vous l'avez deviné : le souffle épouse chaque vague. Elle monte et j'inspire, elle écume et je suspends mon souffle, elle reflue et je vide mes poumons, j'attends une ou deux secondes puis je réinspire à la vague suivante... Le OM imaginé accompagne l'inspir et l'expir. Ainsi, bercé par les vagues, je m'intègre à la *vie marine* jusqu'à percevoir que l'océan est un gigantesque organisme vivant, berceau de toute vie autant que symbole de l'Indifférencié.

Durée de cette contemplation ? Tant que je m'y sentirai bien... Ensuite, à l'horizon, peu à peu le ciel pâlit puis rosit. Enfin, avec la majestueuse lenteur qu'il a dans la réalité, le soleil émerge et s'élève, glorieux, dans le ciel serein, vierge de tout nuage.

Je contemple son disque orange au-dessus de l'horizon, et il devient sphérique. Sa douce chaleur pénètre l'air, l'eau, le sable, enveloppe mon corps. Quelle félicité, ce soleil matinal ! Je n'en oublie pas pour autant les vagues qui rythment toujours mon souffle et le OM. Je m'imprègne à la fois de vitalité et de sérénité. Quand mon mental se détournera de lui-même du soleil et de la mer, j'arrêterai ma contemplation intérieure, j'ouvrirai les yeux et je me redresserai, sans hâte, bien entendu !

Si cette contemplation se fait le soir, le scénario se déroule à rebours : le soleil sombre dans l'océan, le ciel crépusculaire s'assombrit, la nuit calme et sereine apaise mon mental. La pleine lune décroît, devient croissant puis disparaît. Au firmament, les étoiles et les planètes scintillent à pleins feux et animent l'eau de leurs reflets. Dans l'océan maternel et protecteur, la vie s'endort. Cette contemplation est incomparable pour préparer un sommeil heureux !

Cette inversion n'est pourtant pas obligatoire. Si cette « descente dans la nuit » ne convient pas, même le soir, il n'y a aucune objection à conserver le premier scénario ! Enfin, cette contemplation peut fort bien se faire au lit avant de s'assoupir. Dans ce cas, je la ferai couché sur le flanc (gauche de préférence) sous les couvertures : on est encore plus près de la position du fœtus que dans l'âsana du dessin. Elle lui serait donc, théoriquement, toujours préférable si elle n'était pas très inconfortable hors du lit.

Notez qu'il est d'ailleurs fort probable que j'aurai sombré dans le sommeil avant la fin de la contemplation, ce qui est, faut-il le dire, sans aucun inconvénient.

Bien que la contemplation soit sans rapport avec la spéculation cérébrale, il est intéressant d'évoquer sa richesse symbolique.

Une grande richesse évocatrice

L'élément central étant l'immensité océanique, quelque part, quelque chose en moi, distinct de mon intellect, *sait* que la vie est née dans l'océan, que la mer est ma mère, notre Mère à tous ! Si je retraçais la généalogie des mères, je remonterais toute l'évolution humaine et préhumaine pour aboutir en fin de compte aux premiers unicellulaires dans l'océan originel... Parmi les rares certitudes indiscutables il y a le fait que, *sans aucune interruption*, la vie qui palpite ici et maintenant dans mes cellules, s'est transmise sans hiatus depuis sa première manifestation terrestre. Je porte en moi cette vie éternelle et elle me porte. A la limite, ne suis-je pas cette vie universelle et éternelle ?...

De plus, mammifère terrestre, j'ai l'illusion que l'air est mon milieu vital naturel parce qu'immergé dans l'eau, privé d'air, je m'y noierais. En effet, quand le commandant Cousteau dit que « nous sommes de l'eau de mer organisée », c'est vrai, littéralement : mon milieu vital, celui où vivent mes centaines de milliards de cellules — elles-mêmes faites à 95% d'eau —, c'est de l'eau de mer à la concentration saline des mers tropicales au moment où la vie en est sortie. Je suis un aquarium ambulant et cela, *mes cellules le savent !* (Remarquons à nouveau que le tantrique médite ou contemple autant avec et dans tout son corps qu'avec son cerveau).

Qui plus est, j'ai vécu mes neuf premiers mois plongé dans le liquide amniotique, dans la chaude nuit utérine. Dans l'utérus, maman respirait pour moi et le rythme de son souffle remplaçait celui des vagues de la mer que je contemple. L'harmonie avec la

Mère s'établit, dans la contemplation proposée, en rassemblant dans une même image trois éléments essentiels : l'eau tiède de l'océan, le souffle épousant les vagues et la position fœtale. Même si mon moi conscient l'ignore, mon inconscient ne s'y trompe pas et, peu à peu, l'ambiance de cette époque cruciale de ma vie se recrée, où, dans l'utérus maternel, j'existais sans ego, sans nom, sans nationalité, sans rien posséder mais riche de toutes mes virtualités et pleinement conscient. Citoyen du monde, n'appartenant pas encore au XXe siècle, j'étais sans âge et ma mère était encore *la* Mère.

Au clair de la lune...

A ma connaissance, peu de gens et notamment peu de scientifiques se sont posé la question : « que seraient devenues la planète et la vie terrestre sans la lune » et cela sans doute parce qu'il y a mieux à faire que de répondre à une question aussi futile qu'inutile. Et aussi parce que, pour nous, la lune « ça va de soi ». Or, c'est un pur caprice astronomique qui nous a dotés d'un satellite tel que le nôtre. On aurait pu, tout aussi bien, en avoir plusieurs ou... pas du tout, ce qui eût été bien dommage pour nos balades romantiques au clair de lune et pour l'ami Pierrot !

Mais, tant pis, posons-la quand même et rappelons d'abord que, pour le tantra, l'élément « eau », qui englobe tous les liquides, capte aussi tous les rythmes cosmiques. Ainsi, depuis des milliards d'années, la lune commande et rythme les flux et reflux des énormes masses d'eau des océans, sculptant ainsi, peu à peu, les rivages marins mais surtout berçant la vie, ce qui n'a pas manqué d'influencer tous nos rythmes vitaux. Bien sûr, le soleil agit aussi mais il se promène à 8 minutes-lumière, alors que la lune n'est qu'à une seconde-lumière, soit 480 fois moins loin. Ainsi, malgré l'énormité de la masse solaire, son action gravitationnelle atteint à peine le tiers de celle de la lune minuscule.

Or, la matière vivante, imprégnée d'eau, est très sensible aux rythmes cosmiques : il y a des mini-marées dans mon sang et même dans mes cellules ! Par exemple, les huîtres ouvrent leurs valves à des moments bien précis, en correspondance avec l'action de la lune, donc des marées. Aux Etats-Unis, l'horaire d'« ouverture » des huîtres de la côte Atlantique diffère de celui de leurs sœurs du Pacifique. A titre expérimental, un biologiste américain, le professeur Frank Brown Jr., de la Northwestern University à Eranston, Illinois, a placé des huîtres de la côte Est dans une cuve pleine d'eau de mer, à mi-chemin entre les deux océans. Pour éliminer l'influence de la lumière, la cuve était dans une cave et *dans l'obscurité la plus totale.* Imperturbables, tous les mollusques, après deux semaines, ont adapté leur horaire en fonction de la marée si la côte avait été à cet endroit-là : preuve que la matière vivante perçoit l'action de la lune, laquelle agit sur nos rythmes vitaux. Quelque part, dans les profondeurs secrètes de nos tissus « quelque chose » perçoit cette action et, au fil des millénaires, ces rythmes lunaires ont à coup sûr modelé tous nos rythmes biologiques...

Par exemple, on connaît l'influence des phases de la lune sur les oxyures et aussi sur le sommeil. La lune régit aussi la vie végétale, par son action sur la montée de la sève et par sa lumière qui est polarisée, donc organisée. Les paysans d'autrefois, qui le savaient bien, tenaient compte des phases de la lune pour semer, récolter, etc... Même de nos jours, les vieux pépiniéristes savent qu'il faut greffer les arbres à la lune croissante parce qu'alors sa lumière est cicatrisante et stimulante.

Le soleil a rendez-vous avec la lune...

Mais, c'est du soleil que la Vie extrait son énergie. Sur notre planète, c'est l'union de l'océan et du soleil qui a fait se *manifester* la Vie, sans cependant l'engendrer. Car, selon le tantra, Vie et Conscience — entités indissociables — sont des propriétés universelles, des dimensions du cosmos, donc pré-existantes... Il en est de la Vie comme de l'électricité : cette dernière n'a pas été créée avec la première pile du comte Volta, elle l'a seulement *manifestée* ! La Vie s'est manifestée grâce au soleil et c'est de sa lumière et de son énergie qu'elle extrait sa force vitale. Pour vivre nous devons « dégrader » l'énergie solaire. Cela aussi, « quelque chose » en moi le sait...

Ainsi, réunir océan-soleil-lune en une seule image concentre un symbolisme très puissant, à quoi s'ajoute celui de la position fœtale, dont « quelque chose » en moi se souvient fort bien. Au-delà de l'intellect, dans les profondeurs abyssales de l'inconscient, cette contemplation peut vraiment nous réunir à notre Mère cosmique.

Les ingrédients de cette contemplation sont fascinants au point que l'été, contre toute logique, des millions de vacanciers, agglutinés au bord de la mer, rôtissent stoïquement sur le sable brûlant des plages. Et cela paraît si naturel qu'on n'en perçoit pas l'absurdité. En effet, raisonnablement, quoi de plus inintéressant que du sable, une masse d'eau, du soleil ? En bonne logique, la merveilleuse diversité de la campagne — ou de la montagne — est autrement intéressante et attractive. Pour que la trilogie mer-sable-soleil fascine à ce point, ne s'agirait-il pas d'un pèlerinage aux sources mêmes de la vie ? Et on ne se lasse pas de voir, au couchant, la mer engloutir le soleil. Ni, la nuit tombée, assis sur la dune, de contempler en silence la lune qui se lève et fait scintiller les crêtes des vagues.

Je m'arrête ici, alors qu'il y aurait encore tant à dire à propos de cette contemplation... Mais, quand vous la ferez — ce que j'espère —, oubliez tout ce discours, dont la seule justification serait de vous l'avoir « vendue » !

Méditation sur la vie

Voici une seconde méditation, plus courte, qui reprend une partie de la précédente mais qui constitue néanmoins un tout complet.

La vie et la conscience sont inséparables et présentes à part entière, même dans les êtres les plus primitifs qui peuplent notre planète. Dans ce contexte, une méditation parmi les plus simples et les plus fécondes du tantra a pour thème la Vie elle-même. Je vous la propose maintenant.

Assis dans mon attitude de méditation ordinaire — une âsana yogique ou encore assis sur une chaise, pourvu que ma colonne soit bien verticale et équilibrée (pas rectiligne !) —, je relaxe d'abord un maximum de muscles, sans oublier le visage. Derrière mes paupières closes ou légèrement entrouvertes, je braque mon regard vers le bout du nez, sans trop loucher car cela créerait des tensions. Puis, j'observe mon souffle pendant quelques instants, donc je perçois le courant d'air frais qui entre dans mes narines, l'air chaud qui en sort. Puis, je me mets à l'écoute du corps, autrement dit ma pensée intériorisée capte toutes les sensations corporelles qu'elle peut percevoir. Je commence par les plantes des pieds, remonte dans les jambes, le tronc, la nuque, la tête, puis ma pensée part des paumes, parcourt les bras, traverse les épaules, balaie une seconde fois la nuque et l'intérieur de la tête.

Ces préliminaires ont pour but de calmer mon mental et déjà mes pensées tourbillonnent moins. Tout en restant conscient du souffle qui va et vient, je m'émerveille de me trouver en vie, ici et maintenant, dans un corps humain. Qu'il est formidable d'être tout simplement en vie. Puis, je prends conscience que cette vie m'est venue *à travers* ma mère, qui l'a reçue de la sienne, puis de sa grand-mère et ainsi de suite. J'essaie de retrouver le plus ancien souvenir heureux de ma mère et, s'il y a conflit — c'est plus fréquent qu'on ne le croit —, sans m'attarder, je passe à la génération précédente. J'essaie aussi de revoir ma grand-mère, si je l'ai connue, pour que cela soit bien concret. Puis, je prends conscience de la lignée ininterrompue des mères anonymes et, avec amour, je les remercie d'avoir ainsi transmis le flambeau de la vie jusqu'à moi. Pas un merci du bout des lèvres, mais une vague d'amour : la méditation n'exclut pas le sentiment, bien au contraire, c'est le moteur même de la méditation.

En remontant ainsi la lignée des mères, où cela me conduira-t-il ? A la première femme ? Bien au-delà, car elle-même s'inscrit dans le courant de toute l'évolution de la vie terrestre.

Si je pouvais ainsi parcourir ma généalogie inconnue et inconnaissable mais *réelle,* j'aboutirais à *l'origine de la vie* sur notre terre. Et cette vie des origines s'est transmise, à travers toutes les formes de l'évolution depuis les unicellulaires primitifs des océans originels jusqu'à moi, sans un millième de seconde d'interruption. En d'autres termes, la vie qui palpite en moi est aussi ancienne et aussi neuve qu'au premier jour de la création. *Je suis cette Vie* qui a traversé les milliards d'années. Quand je parviens à réaliser vraiment ce fait *irrécusable,* mon petit moi-je s'efface et je deviens la Vie. Inséré dans ce processus extraordinaire et mystérieux, je me sens relié à tout le passé de la vie comme à toutes ses formes actuelles sur la planète. En remontant le courant de l'évolution, à un moment donné je passerais par le stade du poisson, de la larve, je redeviendrais l'amibe ou l'infusoire des origines, qui enfermait en elle tout le dynamisme d'où toutes les formes futures émergeront.

D'ailleurs, n'est-ce pas toute cette évolution que je revis, en raccourci, dans le ventre de ma mère, en tant qu'embryon, puis fœtus ? Toute la puissance, toute l'intelligence de la vie sont présentes en moi, ici et maintenant. Toutes les expériences de la vie sont incluses dans mes gènes, dans ma vie. Ma vie individuelle devient extraordinaire et, en même temps, négligeable. Et quelle somme incroyable de hasards a-t-il fallu pour que je sois présent, ici et maintenant. Si le hasard avait fait que ma mère rencontre un autre homme que mon père, ou si, parmi les cinq cent millions de spermatozoïdes du sperme paternel, un autre avait été absorbé par l'ovule maternel, il y aurait peut-être eu un enfant du même sexe, né à la même date, peut-être portant le même prénom, mais ce n'aurait pas été « moi ». Il aurait même pu être tout à fait différent de moi : voir les faux jumeaux qui peuvent être fort dissemblables quoique provenant du même éjaculat. En ce qui me concerne personnellement, je dois la vie... à la guerre de 14-18 donc au Kaiser Guillaume II. S'il ne l'avait pas déclenchée, ma mère n'aurait pas quitté son Ardenne natale pour aller à Bruxelles et elle n'y aurait pas rencontré mon père, démobilisé après l'armistice. Donc, pas de « moi » ! Ceci pour montrer la somme de hasard qu'il a fallu pour venir au monde (vous et moi) ! Et ce « hasard », cette chance, s'est répétée pour ma grand-mère et mon grand-père qui auraient fort bien pu ne pas se rencontrer, eux non plus, etc, etc....

Bien sûr, il n'est pas question de se tenir à soi-même de grands discours philosophiques, mais bien de prendre conscience de cette chose merveilleuse qu'est la Vie et de se sentir porté par elle, se sentir partie indissociable de toute vie sur la planète. L'arbre est mon frère, mais aussi le moustique... Dans cette perspective, nos soucis, grands ou petits, se relativisent et s'estompent. Branché sur cette force invincible, plus rien ne peut m'arriver et le dynamisme ainsi que l'intelligence incroyable de la vie sont là, présents en moi.

Pendant combien de temps faut-il se plonger ainsi dans la Vie ? Aucune limite inférieure ni supérieure n'est fixée. Ce sera une minute, cinq, trente, aussi longtemps qu'on s'y sent bien, on poursuit.

Cette méditation nous branche réellement sur des forces extraordinaires, sans contredire aucune religion et même l'athée ne peut y voir d'objection. Elle peut tout aussi bien se faire le soir, au lit, et, grâce à elle, s'assoupir au sein de la Mère cosmique des origines : c'est le meilleur des somnifères ! Sommeil profond et serein garanti !

Temps profane, temps sacré

Etait-il sadique ou cynique, ce médecin bavarois qui affichait dans sa salle d'attente, au nez de ses patients, la pancarte : « *Il est plus tard que vous ne croyez* » ? En tous cas, il résumait le drame du temps « ordinaire », linéaire.

Dire, en Occident, qu'il faut se libérer du temps linéaire, celui des montres et des calendriers, c'est se heurter aux objections du genre : « Mais *le* temps est tout de même objectif, unique, évident. Ma montre le mesure, donc il existe, que diable ! Et que gagnerait-on à le larguer ? Quels sont ses inconvénients ? Et peut-on changer sa nature ? »

Le temps linéaire

Sans aborder d'emblée et de front ces questions, épluchons d'abord le concept usuel du temps, qu'on estime évident et autosuffisant.

Ce concept du temps est *linéaire* parce qu'il est perçu comme une ligne droite, infinie ou presque, sur laquelle on se situe, ou plutôt sur laquelle tout se déplace : « Nous sommes le 15 mai 19.., à 11h33 du matin, heure de Greenwich. » Cela nous suffit, mais les scientifiques, eux, aimeraient pouvoir préciser : « Le 15 mai de l'an 15.223.967.492 à dater du *big bang,* et l'entropie éteindra l'univers en l'an 48.793.538.193. »

Sur cette droite infinie, le « présent », point infinitésimal, progresse en sens unique — pas question de faire marche-arrière ! — à vitesse constante, superbement indifférent aux événements. C'est si évident pour le bon sens qu'on n'envisage même pas que l'homme archaïque ait pu en avoir une autre perception.

Le diktat du chronomètre fait oublier que ce temps linéaire est : a) une abstraction, b) récente, c) insidieusement délétère.

Newton, l'autre amateur de pommes après Adam, avait encore une vision cyclique du temps, comme l'homme naturel, mais pour nous, le temps s'écoule uniformément, comme les grains du sablier : le vase supérieur, c'est l'avenir, dans l'inférieur le passé s'accumule et le goulot entre les deux, où glisse le sable coloré, c'est le présent évanescent. Le sablier représente la vie : à la naissance le vase supérieur est plein puis, inexorablement, il se vide jusqu'au bout... Combien de sable reste-t-il dans mon sablier ?

Le temps a basculé dans le linéaire au XVIIe siècle, dans la nuit du 10 novembre 1619, quand le jeune Descartes a vu l'univers comme une immense machine, où tout s'expliquait et s'engrenait à la perfection. Une horloge cosmique en somme ! Il poussa l'idée mécaniste au point de la transposer sur le plan humain et d'écrire, dans son *Traité de l'homme :* « Toutes ces fonctions s'opèrent naturellement dans cette machine (le corps) par la seule disposition de ses organes, non moins que les mouvements d'une horloge. » Et, toujours au XVIIe siècle, quand l'astronome hollandais Christiaan Huyghens inventa la pendule à balancier, précise et fonctionnant en continu, avec ses engrenages elle matérialisait le concept cartésien de l'univers-machine et « mesurait objectivement » le temps qui passe. Ainsi, ce sont les montres, devenues si bon marché que chacun peut s'en offrir une, alors que voici un siècle c'était encore un objet rare, réservé aux citadins aisés, qui créent l'illusion du temps linéaire.

Un autre accessoire familier contribue à « linéariser » le temps : le calendrier. D'une part, il ordonne et matérialise le passé — « C'était le 15 mars dernier... » —, d'autre part, il anticipe l'avenir qui en acquiert déjà un semblant d'existence. Imprimé dans l'agenda, Noël semble si « réel » qu'on se prépare déjà aux fêtes !

Le hic de l'histoire, c'est que, montre ou sablier, ils mangent notre vie : de quoi meurt-on si, ce n'est du temps ? « On compte les minutes qui nous restent à vivre, et l'on secoue notre sablier pour le hâter », écrivait de Vigny et repensons au toubib bavarois avec son cynique « *Il est plus tard que vous ne croyez* ». Le chrono implacable matérialise le temps qui, tel un rat, grignote sans cesse ma vie.

Réaction « logique » : fuir en avant. Il est limité ? Remplissons-le au maximum. Pour cela, il faut produire plus, jouir plus, acquérir tout, tout de suite, se hâter de plus en plus.

Montre et calendrier deviennent de lourds facteurs de stress : ce boulot *doit* être fini avant le... Pour vivre plus, on vit plus vite, court plus vite, roule plus vite, vole plus vite. Nous souffrons de recordite aiguë. Résultat, on meurt aussi plus vite : la hâte met sous pression, affole et dérègle nos rythmes biologiques par rapport à ceux de l'univers.

Le temps linéaire, qui donne l'impression que la vie nous glisse entre les doigts, nous rend « time-sick », malades du temps, selon les docteurs Friedman et Roseman. Les gens pressés souffrent du syndrome du temps : ils fabriquent trop d'adrénaline, d'insuline et d'hydrocortisone, leur estomac sécrète trop d'acide, ils respirent trop vite, ont des contractures musculaires et leur taux de cholestérol grimpe. La hâte fait mourir plus tôt, d'infarctus, par exemple.

Le corollaire du temps linéaire, c'est le mythe du progrès linéaire continu, irrésistible. Certes, l'ordinateur est un « progrès » par rapport à la calculatrice mécanique. D'accord, les nouveaux produits sont en « progrès » par rapport aux anciens : aujourd'hui on lave plus blanc qu'hier, mais moins blanc que demain... Les voitures de l'année sont en « progrès » par rapport au modèle de l'an passé, etc. La science n'arrête pas de « progresser ». Pour nous, tout ce qui est nouveau est nécessairement meilleur. Tout change, tout bouge, *donc* tout progresse et s'améliore. Cette notion de progrès, en tant que valeur absolue, est aussi pernicieuse et abstraite que le temps linéaire. Et un facteur supplémentaire de stress.

Nous estimons rétrogrades les modes de vie figés, comme dans un village indien, par exemple. Pourtant, cet immobilisme — qui nous fait horreur — efface le temps linéaire et presque le temps tout court. Le vieillard qui se balade dans son village y revit son enfance. Le puits n'a pas changé depuis qu'il était gosse et c'est lui qu'ont connu son père, son grand-père... Les femmes portent les mêmes saris, les mêmes cruches en cuivre sur la tête, les enfants jouent aux mêmes jeux. Les huttes sont pareilles, de même que les champs.

Aujourd'hui est comme hier et semblable à demain. (Notez que l'Inde est déjà contaminée par notre temps des montres et notre illusion de progrès linéaire).

Mais quand nous, Occidentaux, retournons au village de notre enfance, nous y retrouvons sans doute l'église inchangée, mais tout le reste est bouleversé, bulldozé, « modernisé ». Il nous reste la nostalgie. Les seules traces de notre jeunesse, nous les retrouvons dans quelque objet familier oublié dans un tiroir, dans un album de photos jaunies... (Parenthèse : je ne suis pas un « anti-progrès » rabique, j'en mesure seulement la relativité).

Dans la nature et la vie, le « progrès » existe-t-il ? Est-ce parce qu'on bat chaque année des records sportifs réputés imbattables que, physiquement, l'humanité progresse ?

La vie évolue, certes, mais est-elle en progrès perpétuel ? L'évolution est-elle linéaire ? Le chêne d'aujourd'hui est-il en progrès comparé à celui d'il y a un million d'années ? Les espèces d'aujourd'hui sont-elles en « progrès » par rapport à celles des époques géologiques ? Elles se sont adaptées au milieu changeant, c'est tout. Le lapin est-il un progrès par rapport au dinosaure, la fourmi face à l'éléphant ?

L'homme moderne n'est pas nécessairement, ni en tous points, supérieur à l'homme archaïque. Face aux Pygmées, condamnés d'ailleurs à disparaître avec la forêt équatoriale surexploitée, le citadin moderne n'est en progrès ni au point de vue force et santé, ni au point de vue joie de vivre, malgré leur mode de vie « primitif ». En tous cas, pour le Pygmée, la notion « XXe siècle » n'existe pas, pas plus que pour le reste de la nature —mais je devrais peut-être utiliser l'imparfait...

Le temps cyclique

Objection : qu'est-ce qui changerait à voir le temps autrement ? De toutes façons, nous devons tous mourir, le temps nous est compté et chaque jour passé réduit notre crédit-temps...

Avant de voir « ce » qui changerait, prenons conscience que le temps linéaire des humains est une pure abstraction utilitaire. Le chien sait-il qu'il vit au XXe siècle et que nous sommes le 15 mai ? Une date ne signifie strictement rien pour lui, cela lui est totalement incompréhensible, incommunicable. Et le chat, ou les oiseaux, sans parler des arbres ? On dira : les animaux peut-être, mais pour les humains, c'est autre chose. Non, l'homme archaïque ne se vivait pas dans un temps linéaire. Il n'essayait pas de savoir s'il vivait en l'an 12.322, par exemple, parce que son concept du temps était *cyclique*, donc sans « début », mais aussi sans fin.

Un cycle se referme perpétuellement sur lui-même. La roue tourne ! Même aujourd'hui, de par le vaste monde, tant d'humains vivent encore dans le temps cyclique. Ils voient le soleil se lever, parcourir le ciel, se coucher et revenir le lendemain. La lune croît, devient pleine, décroît, disparaît mais revient toujours. Après l'hiver vient le printemps, puis l'été, puis l'automne et après un nouvel hiver le cycle repart. Cela, les animaux le savent aussi.

Pour l'homme archaïque, la nature est un perpétuel recommencement dont les cycles règlent sa vie. La langue des indiens Hopi n'a pas de mot pour exprimer le temps linéaire et ses verbes ne se conjuguent pas. Le Hopi ne se réfère ni au passé, ni à l'avenir. Il vit dans un éternel présent qui inclut tout ce que nous appelons le « passé ». Même si on lui offre une montre, il continue à vivre dans le temps cyclique. Néanmoins, sans référence explicite au présent, au passé ni à l'avenir, la vie des Hopis s'organise très efficacement, à notre étonnement .

Certes, l'homme a inventé depuis longtemps le cadran solaire, qu'on n'appelle d'ailleurs pas *montre* solaire. L'ombre permet de suivre et de découper le cycle solaire ! Les montres modernes ont aussi un rythme, celui des vibrations du cristal de quartz, mais il nous est caché : seuls les chiffres ou les aiguilles bougent.

Soit dit en passant, le temps linéaire, en tant qu'entité absolue, n'a plus la faveur des physiciens. Mieux — ou pire — personne ne peut définir exactement ces notions « évidentes » que sont le temps, le présent, le passé, l'avenir. Sujet de réflexion : si, demain matin, tout dans notre univers allait deux fois plus vite — ou plus lentement —, qui s'en apercevrait ? Vivrait-on moins longtemps, ou plus longtemps ? En fait, rien ne changerait. Pareil pour l'espace : si, demain matin, tout dans l'univers avait rétréci de moitié, personne ne le remarquerait. On peut donc, dans un système clos (notre univers), comparer le déroulement d'un phénomène à un autre (évaluer son temps), ou les dimensions d'un objet par rapport à un autre (la terre comparée au soleil et celui-ci à la galaxie, etc.) mais non déterminer si notre univers est fondamentalement grand ou petit. Pour cela il faudrait le comparer à un autre univers, ce qui en ferait un nouveau système, dont on ne saurait pas s'il est grand ou petit, etc... La relativité, c'est cela aussi !

Le temps sacré

Rassurez-vous, on peut contourner ces subtilités et aborder — enfin ! — le temps sacré. Une précision : *sacré* n'est pas synonyme de *religieux,* malgré certains points communs. De plus, ces notions de temps linéaire, cyclique ou sacré ne sont ni explicitées, ni même citées dans le tantra, en Inde. C'est simple : le temps linéaire étant une abstraction occidentale moderne, ils l'ignorent ! Et de plus, grâce au rite tantrique, les adeptes indiens entrent de plain-pied dans le temps sacré : c'est même un des buts du tantra. Mais, étant — et restant — un Occidental confronté au temps linéaire, dont j 'ai eu à m'en libérer, j'ai cru bon d'en parler.

Quant au temps sacré, voici ce qu'en dit Mircea Eliade, dans *Le Mythe de l'éternel retour:* « Tous les sacrifices sont effectués au même moment mythique qu'à l'origine ; par le paradoxe du rite, le temps profane et la durée sont suspendus.

» [...] Quand un acte (ou un objet) acquiert une certaine réalité par la répétition de certains gestes paradigmatiques — qu'il n'obtient que par eux — il y a abolition implicite du temps profane, de la durée, de l'histoire... » Au passage, je souligne les mots-clés : *répétition, gestes* et *que par eux.*

Pour le tantra, seul le temps sacré est « réel » et c'est lui qui — paradoxe — abolit les autres formes de temps ! En effet, le passé, parce qu'il est passé, n'existe plus. L'avenir, parce qu'il est *à venir,* n'existe pas encore ! Quant au présent, est-ce un an, un jour, une seconde, un milliardième de seconde ? Impossible de le définir dans le temps linéaire ou même cyclique. (Aïe, ma tête !)

Allons plus loin. Pour le tantra, la création n'est pas un événement unique qui se serait produit voici x milliards d'années, c'est un **processus continu.** La création, c'est *ici* et *maintenant !* L'univers manifesté émerge en permanence du non-manifesté, hors du temps, qui est une catégorie mentale ! Seul subsiste un éternel *maintenant.* (J'ai préféré dire *maintenant* plutôt que *présent* qu'on situe inconsciemment entre le passé et l'avenir).

L'expression « à la fin des temps » est à prendre littéralement. Lors de la réabsorption de l'univers au sein de la Cause première, lors de ce que nous appelons la fin du monde, même l'espace-temps disparaîtra et ce sera la « nuit de Brahman » qui sera suivie d'un nouveau jour, c'est-à-dire d'un nouvel univers et ainsi de suite dans une ronde infinie d'univers se succédant les uns aux autres...

Nous débouchons ici sur un concept essentiel, celui de « processus ». Pour les sens et la raison, ce chêne est un ensemble autonome, distinct des autres, situé dans l'espace-temps. On sait quand il a été planté, on pourrait l'extraire de la forêt et le replanter, tout seul, au milieu de la pelouse. Mais, tel quel, ici et maintenant, il contient tout son « passé ». Chaque printemps, chaque averse sont inscrits en lui. Son présent, c'est du passé condensé, son présent conditionne le futur mais seul ce présent existe. Le tantrique perçoit le chêne globalement, en tant que processus, non seulement depuis le gland mais aussi jusqu'à l'ouragan qui l'abattra et même au-delà. Car ce chêne n'a pas commencé avec le gland, simple « Chêne » qui, entre-temps, produit d'autres glands, etc. Le chêne réel, c'est le processus « Chêne » intégral, du premier au dernier de l'espèce et il est inséparable — sauf artificiellement et/ou intellectuellement — de la forêt, elle-même un processus complexe, continu, englobé dans le processus total de la vie sur la planète. Même brisé, le chêne fait toujours partie du processus « chêne-forêt-vie », qui le récupère aussitôt d'ailleurs.

Passons du chêne à l'être humain, à cette séduisante jeune femme. Le tantrique ressent l'impact de sa beauté : pour lui elle incarne la Féminité cosmique, mais, simultanément, il la perçoit en tant que processus. Il visualise, comme en surimpression, le bébé qu'elle a été et la petite vieille ratatinée qu'elle deviendra. Il la voit aussi accouplée à l'homme, s'emparant de son sperme et perpétuant ainsi le processus. Inféconde, cela ne changerait pas grand-chose car, quoi qu'il arrive, elle fait partie du processus appelé « humanité », lui-même inclus dans le processus éternel de la vie planétaire et cosmique. De même devant cette vieille femme impotente qu'il visualise jeune et belle, mais qu'il se représente aussi embryon, voire ovule fécondé dans l'utérus maternel. En tant que processus, sa vie n'a pas commencé à la conception et elle se survivra dans le processus.

Chaque être vivant étant ainsi un processus, englobé dans un autre, plus vaste, et ainsi de suite jusqu'au cosmos, ne retrouve-t-on pas l'univers-horloge de Descartes ? Pas tout à fait et même pas du tout. Chaque individu-processus renferme son propre dynamisme évolutif, il n'est pas un rouage dans une mécanique et cela change tout ! **L'univers est vivant et conscient** !

Cette vision du temps-hors-du-temps s'applique aussi au maïthuna tantrique, l'union sexuelle rituelle, qui cesse d'être profane par la prise de conscience que la création se perpétue ici et maintenant. Le maïthuna reproduit en temps réel le tout premier accouplement humain, lui-même réplique de l'acte créateur ultime où le principe féminin cosmique (Shakti), uni à son homologue mâle (Shiva), suscite l'univers et l'engendre en permanence. Ainsi, le maïthuna reproduit concrètement, en temps sacré, donc réel, l'acte créateur originel situé non pas dans un passé inexistant mais dans l'immédiat qui, seul, existe.

Dès que je *réalise*, au sens fort du terme, que je suis englobé dans et porté par le processus « humanité », aussitôt je suis délivré du temps des montres d'abord, du temps tout court ensuite. Cette expérience libératrice dissout toute tension intérieure, apporte la sécurité et la sérénité. Je perçois aussi que l'effacement de mon ego n'altère pas le processus dont je suis une partie et qui se poursuivra indéfiniment : l'apaisement d'une vague n'altère pas l'océan car la vague *est* océan.

Ainsi, le rituel tantrique *transpose la conscience de l'adepte sur un autre plan d'existence* où il saisit et vit concrètement ces vérités ultimes. Il accède alors au divin, au temps sacré qui abolit à la fois le temps cyclique et le temps linéaire.

C'est vraiment une expérience libératrice, quoique non transposable en mots, d'accéder au temps sacré qui abolit le temps profane, celui qui grignote notre vie. Dès lors, plus rien ne presse *vraiment* dans la vie et même s'il faut parfois se hâter, que ce soit sans se presser, sans se stresser. Que telle chose se fasse aujourd'hui ou dans dix ans, ou pas du tout, est-ce vraiment important ? Partie du processus, non, plus rien ne peut m'arriver !

L'accès au processus, au temps sacré, au-delà même du temps cyclique, n'implique pas de jeter sa montre à la poubelle : je garde la mienne. Elle me dit d'ailleurs qu'il est tard et temps d'aller dormir. Demain, le soleil se lèvera de nouveau, même si c'est derrière des nuages. Je n'ai pas jeté mon agenda : demain aussi j'ai des rendez-vous. Mais je relativise, je ne me laisse pas — ou plus — accaparer par le jeu.

Temps linéaire, temps cyclique, temps sacré ? Je répète : prendre conscience que je suis un processus continu, qui n'a pas commencé à la conception et ne finira pas à la mort du moi-je, structure utilitaire, me permet de dépasser mon ego. Si, dans un coup de flash psychique, je perçois l'univers lui-même en tant que processus continu — et dont je fais partie — en état d'émergence perpétuelle, le temps s'efface, qu'il soit cyclique ou linéaire. J'entre ainsi dans l'intemporel. Par cette expérience exaltante tout devient simple, lumineux et je me sens libéré. La montre ne grignote plus ma vie à chaque seconde qui passe...

L'« Overmind »

Dans le tantra, la notion d'overmind est essentielle et bien qu'allergique aux superlatifs, j'aimerais pourtant en trouver un pour qualifier l'overmind : même « vertigineux », ou « fantastique » ne fait pas le poids. A propos, pourquoi un mot anglais : le français est-il pauvre à ce point ? Hélas ! dans l'opulent vocabulaire français, je ne trouve aucun terme exprimant l'idée incluse dans « overmind », même pas « supramental », qui pourtant s'en rapproche. « Supramental » implique, c'est vrai, l'idée d'un mental au-delà du mental ordinaire, mais c'est très insuffisant. « Over », en plus du dépassement, inclut l'idée, essentielle ici, de recouvrir, d'englober le *mind*, le mental, alors que le préfixe *supra* indique seulement un « au-dessus ». *Overmind* désignera donc *un niveau mental autonome, plus vaste, qui recouvre, dépasse et englobe plusieurs « sous-mentals » individuels.* Il s'agit là d'une perspective plus que vertigineuse. Une dernière remarque avant d'entrer dans le vif du sujet : le substantif *mental,* qui correspond à peu près au *mind* anglais, n'a pas de pluriel en français. « Mentaux » ne concernant que l'adjectif, ce sera donc, de ma part, une entorse délibérée à l'orthographe que d'écrire « mentals », mais ai-je le choix ?

Quant à *overmind,* à ce stade, n'espérez pas une définition plus précise : elle se déduira du texte...

Décortiquons d'abord le « mind », dont notre « mental » serait l'équivalent, à peu de chose près, pourvu qu'on en respecte la racine latine *mens, mentis* = esprit, et qui n'est pas seulement l'intellect comme dans « calcul mental », par exemple.

A propos de pensée, le fameux *cogito ergo sum* de Descartes suscite plus de questions qu'il n'apporte de réponses ! « *Je* pense, donc *je* suis », est aussi évident qu'insuffisant. « *Je* pense », fort bien, mais qui donc est-il, ce « *je* » ? Et la *pensée,* c'est quoi ? Ces questions posent un autre problème, aussi épineux que fondamental, celui du psychisme, non résolu en Occident. Partir du grec *psukhê,* « âme », fait tiquer mon ami le rationaliste et nourrit sa querelle avec mon autre ami, le spiritualiste, les deux ne s'accordant que pour opposer irréductiblement la matière à l'esprit.

Le tantra complète le « je pense,

donc je suis » par un corollaire « je suis, donc je pense », étant entendu que « penser » signifie avant tout être conscient et non réfléchir. *Psychisme* et *conscience,* bases empiriques de l'existence, sont indissociables. Retenons cela pour plus tard et poursuivons.

Le tantra réconcilie le spiritualiste et le rationaliste en disant que le psychisme, donc la conscience, est une dimension, une propriété fondamentale du cosmos : cet axiome tantrique est d'une portée incalculable. (A ce sujet, voir aussi le chapitre « Tout ce qui est ici... »).

Pour en mesurer la portée, partons du concept usuel concernant la pensée. Dans ce contexte, évoquer une entité psychique immatérielle ou surnaturelle, une âme en un mot, révulse le rationaliste pour qui la pensée, tout comme le calcul dans l'ordinateur, résulte de l'activité du cerveau et n'existe pas en dehors de lui. De plus, même pour le spiritualiste bon teint, penser, être conscient, implique un espace clos — la boîte crânienne —, et une structure matérielle unifiée, en l'occurrence le cerveau. Duquel cerveau un humoriste américain dit qu'il est l'ordinateur le plus performant, le plus sophistiqué, le plus miniaturisé qui soit, fabriqué 1° en grande série, 2° à peu de frais, 3° par des gens sans compétence spéciale, 4° dans le plus grand enthousiasme ! En effet, comparer le cerveau à un ordinateur « tient » assez bien. Ses milliards de neurones seraient autant de puces, autant de microprocesseurs vivants, reliés entre eux par les fils que sont leurs dendrites, le courant étant fourni par l'énergie nerveuse. L'originalité du tantra réside dans sa vision que chaque psychisme (y compris celui de la cellule considérée comme disposant d'une conscience autonome à part entière), est un *champ de forces,* un système énergétique subtil, donc **matériel,** au sens élargi du terme, sans être limité par des molécules définies ou des particules atomiques. Mon champ de forces psychique chapeaute et englobe tous mes neurones, s'en sert, réagit avec chacun d'eux et vice-versa. Je pense *avec* mon cerveau, *grâce* à mon cerveau, sans cependant que mon psychisme ne soit limité ni ne s'identifie totalement à lui. Plus fort : mon cerveau est « dans » mon psychisme plutôt que mon psychisme dans mon cerveau ! Mon psychisme individuel est ainsi l'overmind de l'ensemble de mes neurones, en fait de toutes les cellules du corps.

Pour préciser cette pensée, voici une comparaison : mon psychisme est à mon cerveau ce que le champ magnétique est à l'aimant. Les atomes de fer sont « matériels », je peux les peser et même observer leur structure au microscope électronique. Chaque atome de fer est lui-même un aimant en miniature englobé dans le champ magnétique total de l'aimant. Or, ce champ magnétique invisible, subtil, impondérable, est tout aussi « matériel » que le fer de l'aimant, dont il est indissociable. De plus, le champ magnétique s'étend au-delà des limites de l'aimant lui-même.

En ce qui concerne le cerveau, pour le physicien, les neurones sont faits de braves molécules matérielles, elles-mêmes constituées d'atomes, à leur tour faits de particules subatomiques.

Jusqu'ici, pas d'angoisse métaphysique ! Fort bien, mais mon cerveau, comme toute matière, est surtout du vide ! Je reprends une idée exprimée ailleurs dans ce livre : selon notre physique, si je compactais la matière jusqu'à supprimer les vides intra-atomiques, donc si les noyaux et les électrons se touchaient, la terre tiendrait dans un dé à coudre. Que dire alors du cerveau : compacté, il n'aurait même pas la dimension d'une poussière. Autrement dit, mon cerveau est surtout du *vide dynamique*, un *champ de forces*, parcimonieusement constellé de grains d'énergie infinitésimaux, les particules atomiques. Scientifiquement, mon « cerveau champ de forces », au contraire de la structure fermée et compacte que mes sens me présentent, est un nuage d'énergie en perpétuelle relation d'échange avec son milieu, mais surtout du vide qui pense !

Une question gênante. Imaginons que je devienne ultra-lilliputien au point de pouvoir m'installer au beau milieu d'un tel « cerveau champ de forces », et que j'observe de l'intérieur ce nuage d'énergie pensant, nulle part je ne verrais les **images** qui apparaissent dans le mental de son propriétaire. Ces images, qui constituent l'unique contenu de la conscience de veille ou de rêve, personne ne sait ni *où* ni *comment* elles naissent. Pour le tantra, c'est simple, cela se passe dans le mental, dans le champ de forces subtil qui englobe l'ensemble du cerveau tout en débordant de ses limites comme le champ magnétique déborde de l'aimant !

Au-delà de l'individu, le tantra transpose cette pensée à l'ensemble de l'univers qui, avec ses milliards de galaxies forme, lui aussi, un champ de forces surtout constitué de vide (l'immensité inimaginable des espaces interstellaires). Pour le tantra, « quelque chose » pense à l'aide des étoiles, tout comme je pense à l'aide de mes atomes. On retrouve ainsi l'univers vivant et conscient.

Pour Pascal, seul l'homme est un « roseau pensant », le plus faible de la nature. Pour le tantra, au contraire, l'univers lui-même est conscient au même titre que chaque individu et chacune de ses cellules. Du cosmique à l'infra-atomique, le psychisme universel se stratifie en une infinité de sous-niveaux de conscience ou de plans de conscience à la fois autonomes, distincts et néanmoins interdépendants.

La structure psychique correspond ainsi à la structure de la matière-énergie dont elle est inséparable. La matière-énergie d'Einstein est une, du grain de sable (ou de la plus infime particule) à la galaxie, à l'amas de galaxies et jusqu'à l'univers dans son ensemble. Et chaque inctividu est lui-même composé d'une infinité de plans de conscience, allant du cellulaire au global et au-delà !

Contempler ainsi un cerveau pensant en activité est tout aussi extraordinaire que de contempler le ciel étoilé en pensant que « quelque chose » — ou quelqu'un ? — pense avec ces myriades d'étoiles : entre l'individuel et l'universel, il n'y a qu'une question d'échelle.

Tout cela découle de ce concept fondamental de l'ésotérisme tantrique, inlassablement rencontré et répété, selon lequel l'univers est vivant et pensant à tous les niveaux et que le psychisme est une de ses dimensions dont la suppression l'anéantirait, tout comme effacer la hauteur d'un objet le supprimerait. Cette idée d'un univers intelligent et conscient fait son chemin jusqu'en Occident : lire l'ouvrage de l'astronome-physicien-généticien anglais Fred Hoyle, dont le titre à lui seul est déjà tout un programme : *The Intelligent Universe.*

Fred Hoyle s'y démarque du concept occidental classique selon lequel la conscience et la pensée ne peuvent naître que dans une structure (le cerveau évidemment) ayant atteint un certain stade de complexité qui fait qu'en Occident on tique à l'idée, pourtant fondamentale, que chaque cellule est vivante, *donc* consciente. Le raisonnement classique courant est : une cellule, ça n'a pas de cerveau, pas de système nerveux, *donc* ça n'a pas de conscience organisée. Ce *donc* est de trop !

De l'un au multiple

Repensons à l'extraordinaire marathon de ces cinq cent millions de spermatozoïdes — un seul éjaculat ! —, tous destinés à périr, sauf un, qui nagent de toutes leurs forces vers le but : l'ovule et la survie. « Mon » sort s'est joué quand, dans l'obscurité tiède de l'utérus maternel, l'ovule s'est refermé sur cet unique vainqueur : dès lors « moi » j'existais, quoique sans ego. Et j'étais UN, pour la première mais aussi pour la seule fois de ma vie, sous la forme de cette minuscule gouttelette gélatineuse d'un dixième de millimètre à peine qu'est l'ovule fécondé. Pour le tantra — ce qui est ici est ailleurs, ce qui n'est pas ici n'est nulle part —, tout était déjà présent, tout ce que je suis devenu ou aurais pu devenir, ainsi que tout le passé de l'espèce humaine, plus celui de la vie depuis son origine sur la terre.

Avec, en plus, une conscience. Car la première cellule comporte déjà une conscience alliée au formidable dynamisme organisateur qui se met en branle dès la première seconde. Pour le tantra, ce dynamisme évolutif n'est pas aveugle, robotisé, mais bien un pouvoir organisateur conscient quoique strictement planifié selon un processus éprouvé parce que répété des millions de fois au cours de millions d'années. Si j'avais été un bébé-éprouvette, sous l'oculaire du microscope, l'observateur n'aurait vu qu'une minuscule sphère gélatineuse où flottent quelques petits filaments, les chromosomes avec les gènes. La biologie postule que cette unique cellule, sans système nerveux et sans cerveau, est ipso facto sans conscience. Le tantra est persuadé du contraire et c'est cette même biologie qui apporte de l'eau à son moulin. En effet, en tant qu'unicellulaire, j'étais semblable à une amibe, unicellulaire elle aussi. Or, l'amibe manifeste des désirs, des préférences, une volonté, une mémoire : on peut même la conditionner, au sens pavlovien du terme. Bien que dépourvue de système nerveux et de cerveau, elle **sait** pourtant que ces autres unicellulaires, les acinètes, une fois adultes, ont des tentacules venimeux, mais qu'ils n'en ont pas à la naissance. Rusée, l'amibe guette avec une sournoise patience les jeunes acinètes sortant de l'ovaire maternel et s'en repaît ! Alors, consciente ou inconsciente, l'amibe ? Ce qui appelle une autre question gênante : *qui* ou *quoi* lui a appris cela ? Bien sûr, on peut évacuer le problème en disant que c'est l'instinct, ce qui n'explique strictement rien.

Mais je ne jouirai guère de ma splendide unité d'unicellulaire ! Bientôt, je me diviserai en deux, puis en quatre cellules identiques et ainsi de suite. Ici se pose une question vraiment cruciale : en me divisant, suis-je devenu successivement double, quadruple, octuple ou suis-je resté un ? La réponse : j'étais à la fois un et *multiple,* et le resterai jusqu'à la fin. De ces quatre, huit, seize cellules, toutes conscientes, avec chacune leur psychisme individuel, émerge aussitôt un psychisme collectif unificateur, un « overmind » autonome, distinct de leur psychisme individuel et qui s'y superpose.

Puis, à mesure que j'évolue, que mes cellules se spécialisent, se groupent en tissus, en organes, il se constitue, à chaque niveau, des « sous-overminds » autonomes, conscients, outre le psychisme global, formant ainsi une double structure *pyramidale, strictement hiérarchisée,* organique et psychique. Ce concept tantrique d'overminds organiques est moins étranger à l'Occident qu'on ne le pense. Ainsi, Jan-Baptist Van Helmont, médecin et chimiste célèbre, né à Bruxelles en 1577, les dénommait *archées.* Il distinguait *l'archeus faber,* l'archée principal qui détermine, fabrique et conserve la forme générale du corps, en préserve l'harmonie, ordonne et dirige l'activité des divers organes. Le chef d'orchestre, en somme. Et chaque organe avait son archée secondaire, responsable de son bon fonctionnement. Tout ceci correspond assez bien à la vision tantrique qui, à *l'archeus faber* et aux archées des organes, ajoute des archées (ou overminds) plus vastes, un pour le système digestif, un autre pour le système nerveux, un supplémentaire pour le système musculaire, etc.

Pour l'ésotérisme tantrique, chaque archée ou psychisme collectif est un niveau de conscience distinct avec sa mémoire et son émotivité propres, sur lesquels l'overmind central peut agir, à l'aide d'images mentales appropriées, pour lui donner des ordres, l'encourager, etc. Et ça marche ! C'est aussi via ces archées que les émotions négatives (anxiété, colère, envie, etc.) peuvent perturber des fonctions organiques et provoquer des maladies dites psychosomatiques. Si « je » suis dépressif, je finirai par démoraliser toutes mes cellules ; réciproquement des cellules mal nourries, mal oxygénées, peuvent « me » rendre dépressif. A propos de Van Helmont, je vous rappelle que ce n'était pas un doux rêveur : avant que son propre *archeus faber* ne se désintègre, en 1644, il avait notamment découvert le gaz carbonique, le suc gastrique, inventé le thermomètre et on lui doit même le mot « gaz » !

L'esprit de la ruche

On retrouve quelque chose qui ressemble à ces archées ou psychismes organiques chez les Esquimaux. Quand un organe est malade, ils disent que « son esprit est parti » ! Alors, ils appellent le chamane qui fera un voyage dans l'au-delà pour tenter de ramener « l'esprit » dans l'organe, ce qui rétablirait son fonctionnement normal. Cela nous paraît naïf, voire absurde, mais peut-être y a-t-il là plus de sagesse qu'on ne croit...

Revenons à l'overmind tantrique. Passe encore d'accepter l'idée que mes cellules sont autant d'entités conscientes, ayant un psychisme individuel, une mémoire, des émotions, et que mon psychisme individuel est l'« overmind », le supraconscient collectif de ma république cellulaire. Par contre, l'idée d'un overmind englobant plusieurs individus isolés — et c'est là un des pivots de l'ésotérisme tantrique —, est bien plus indigeste. Avant d'appliquer ce principe à l'être humain, jetons un coup d'œil du côté des insectes vivant en société, les abeilles, par exemple.

Admettre qu'une ruche constitue une entité distincte ne pose aucun problème. Quant à lui attribuer un psychisme, un overmind indépendant, dépassant et intégrant tous les individus, toutes les abeilles, c'est moins facile. Pourtant, ce pas, je le franchis d'autant plus allègrement qu'aucune autre hypothèse n'explique les faits bien établis exposés plus loin. Maurice Maeterlinck, dans *La vie des abeilles,* baptise cet overmind l'« esprit de la ruche » et je le cite (les italiques sont de moi) : « L'abeille est avant tout, et encore plus que la fourmi, un être de foule... Dans la ruche, l'individu n'est rien, il n'a qu'une existence conditionnelle, il n'est qu'un moment indifférent, un organe ailé de l'espèce. Toute sa vie est un sacrifice total à *l'être* innombrable et perpétuel dont il fait partie. » (p.27.) Et l'on peut en dire autant de chacune de nos cellules. Dans les paragraphes suivants, que j'aimerais avoir écrits, en parlant de la vieille reine, au printemps, il ajoute : « Elle n'en est pas la reine au sens où nous l'entendrions parmi les hommes. Elle n'y donne point d'ordres et s'y trouve soumise, comme le dernier de ses sujets, à cette *puissance masquée et souverainement sage* que nous appellerons, en attendant que nous essayions de découvrir où elle réside, *l'esprit de la ruche.* » (p.32.).

« Alors, *l'esprit de la ruche,* où est-il, en *qui* s'incarne-t-il ? Il n'est pas semblable à l'instinct particulier de l'oiseau qui sait bâtir son nid avec adresse et chercher d'autres cieux quand le jour de l'émigration reparaît. Il n'est pas davantage une sorte d'habitude machinale de l'espèce, qui ne demande aveuglément qu'à vivre et se heurte à tous les angles du hasard sitôt qu'une circonstance imprévue dérange la série des phénomènes accoutumés... Il dispose impitoyablement, mais avec discrétion, et comme soumis à quelque grand devoir, des richesses, du bonheur, de la liberté, de la vie de tout un peuple ailé. Il règle jour par jour le nombre des naissances et le met strictement en rapport avec celui des fleurs qui illuminent la campagne. Il annonce à la reine sa déchéance ou la nécessité de son départ, la force de mettre au monde ses rivales, élève royalement celles-ci, les protège contre la haine politique de leur mère, permet ou défend, selon la générosité des calices multicolores l'âge du printemps et les dangers probables du vol nuptial, que la première née d'entre les princesses vierges aille tuer dans leur berceau ses jeunes sœurs qui chantent le chant du printemps... » (p.33.)

» Cet esprit est prudent et économe, mais non pas avare. Il connaît apparemment, les lois fastueuses et un peu folles de la nature en tout ce qui touche à l'amour. Aussi, durant les jours abondants de l'été, tolère-t-il — car c'est parmi eux que la reine qui va naître choisira son amant — la présence encombrante de trois ou quatre cents mâles étourdis, maladroits, inutilement affairés, totalement et scandaleusement oisifs, bruyants, gloutons, grossiers, malpropres, insatiables, énormes. Mais la reine fécondée, les fleurs s'ouvrant plus tard et se fermant plus tôt, il décrète leur massacre général et simultané. » (p.34.)

» Enfin, c'est *l'esprit de la ruche* qui fixe l'heure du grand sacrifice annuel au *génie de l'espèce,* — je veux dire l'essaimage, — où un peuple entier, arrivé au faîte de sa prospérité et de sa puissance, abandonne soudain à la génération future toutes ses richesses, ses palais, ses demeures et le fruit de ses peines, pour aller chercher au loin l'incertitude et le dénuement d'une patrie nouvelle. » (p.35.)

» Or, au jour prescrit par *l'esprit de la ruche,* une partie du peuple, strictement déterminée suivant des lois immuables et sûres, cède la place à ses espérances qui sont encore sans forme. On laisse dans la ville endormie les mâles parmi lesquels sera choisi l'amant royal, de très jeunes abeilles qui soignent le couvain et quelques milliers d'ouvrières, qui continueront à butiner au loin, garderont le trésor accumulé, et maintiendront les traditions morales de la ruche. Car *chaque ruche a sa morale particulière.* On en rencontre de très vertueuses et de très perverties, et l'apiculteur imprudent peut corrompre tel peuple, lui faire perdre le respect de la propriété d'autrui, l'inciter au pillage, lui donner des habitudes de conquête et d'oisiveté qui la rendront redoutable à toutes les petites républiques d'alentour. » (p.39.)

Vous me pardonnerez cette longue citation, mais le texte est beau et le sujet capital. Toujours à propos de l'overmind de la ruche, un ami apiculteur me disait, à propos de cette énigme et de l'« esprit de la ruche », que lorsqu'un apiculteur meurt, son successeur doit se présenter devant chaque ruche et, en pensant fortement ses mots, articuler à haute voix : « C'est moi, le nouveau maître de la ruche », faute de quoi il ne sera pas accepté. Est-ce « l'esprit de la ruche » qui entend et perçoit ce que l'homme pense ? Si la question reste posée, les faits sont là ! Il m'a aussi raconté qu'à l'enterrement d'un apiculteur qui aimait et soignait particulièrement ses abeilles, un essaim a survolé sa tombe au cimetière. Sans s'étonner, les villageois ont dit: « Tiens, v'là les abeilles du père Thomas qui viennent lui dire adieu ». Sauf à supposer que cet ami ait menti (mais pourquoi ?), on reste rêveur.

Ne quittons pas les abeilles sans évoquer la sexualité de la reine, véritable organe génital de la ruche. Faut-il plaindre cette captive à vie dans son appartement royal, qui ne reverra peut-être plus jamais le jour, qu'un ventre énorme et fécond condamne à une quasi immobilité, qui est astreinte à pondre quelque trois mille œufs par jour, soit autant de fécondations ? Or, son seul et unique acte sexuel a lieu pendant le vol nuptial, noce tragique où elle arrache à son malheureux amant d'un instant qui en meurt aussitôt, le ventre déchiré, quelque vingt-cinq millions de spermies. Celles-ci nageront jusqu'à la fin de sa vie dans le liquide séminal enfermé dans une glande — une véritable banque du sperme —, située juste sous ses ovaires. Disposant en elle d'un mâle inépuisable, grâce aux muscles nombreux, puissants et compliqués qui commandent l'entrée de son vagin, elle « s'injacule », au fur et à mesure, les gamètes nécessaires. Encore Maeterlinck :

« Il est probable que cette mère esclave que nous sommes portés à plaindre, mais qui est peut-être une grande amoureuse, une grande voluptueuse, éprouve dans *l'union du principe mâle et femelle* qui s'opère dans son sein une certaine jouissance, et comme un arrière-goût de l'ivresse du vol nuptial unique de sa vie. » (p. 141.)

Union du principe mâle et femelle, Shiva-Shakti, voilà qui ferait tressaillir un tantrique... Et, qui sait, peut-être a-t-elle aussi trois mille orgasmes par jour ? Pourquoi pas !

L'« esprit de la ruche » émane des abeilles individuelles sans lesquelles il n'est rien et pourtant il les dépasse dans le temps car les ouvrières vivent moins de deux mois. Entièrement à leur service, il exige et obtient de chacune un dévouement total à la communauté. A l'essaimage, il se dédouble, accompagne la reine émigrante et reconstitue un nouvel « esprit de la ruche » parmi les abeilles demeurées dans la cité abandonnée. Enfin, l'ensemble des ruchers ayant chacun leur overmind, c'est le « génie de l'espèce », pour reprendre les termes de Maeterlinck, qui guide et suit leur évolution depuis des millions d'années, qui est le dépositaire de tout leur passé et le garant du futur. Pourquoi ne serait-ce pas pareil pour l'humanité ?

Avant de quitter les insectes, voici ce qu'a observé le professeur James S. Coleman, de la John Hopkins University : « Un jour, assis au bord d'une falaise, j'observais un vol de moustiques qui voltigeait devant moi. Spectacle étonnant : chaque moustique volait à toute allure et pourtant l'essaim restait immobile. Chaque insecte parcourait à toute vitesse une ellipse du diamètre de l'essaim que, par son vol frénétique, il gardait immobile. Soudain, comme une flèche, tout l'essaim fila, pour s'immobiliser à nouveau un peu plus loin. Puis, il s'est enflé et ses limites sont devenues diffuses, pour se contracter ensuite en un nœud serré, toujours composé des mêmes insectes volant en ellipse. Puis, il repartit et disparut...

» Un tel phénomène pose d'énormes problèmes intellectuels : qui ou quoi guide le vol de chaque moustique alors que la direction de son vol est pratiquement sans aucune relation avec la direction de l'essaim ? Comment maintient-il indéfiniment ce vol elliptique ? Et comment en change-t-il quand, soudain, tout l'essaim se déplace ? Quelle est la structure et quels sont les signaux par lesquels le contrôle du vol se transmet ? ».

Cette citation est elle-même extraite de *The Great Evolution Mystery (p.* 228.) et son auteur, Gordon Rattray Taylor, la commente : « J'ai observé un comportement pratiquement identique de la part de vols d'oiseaux et j'incline à penser qu'il existe des processus de communication sous-jacents à ces comportements dont nous n'avons à présent pas la moindre idée. En ce qui concerne les oiseaux, malgré l'expression "cervelle d'oiseau", ils ont un cerveau très efficient, pesant plusieurs grammes, tandis que le cerveau microscopique du moustique ne comprend que quelques centaines de neurones. Le professeur Coleman ne propose aucune réponse, ni moi non plus. »

Le tantra répondrait que c'est l'overmind de l'essaim de moustiques, du vol des oiseaux, du troupeau de rennes ou du banc de poissons, car des comportements semblables sont observés dans tous ces cas. Alors, simple hypothèse ? Peut-être : mais, scientifiquement, on a toujours le droit d'en émettre une. A charge d'en proposer une meilleure !

Quittons les insectes pour voir ce qui se passe chez les animaux. Le psychisme collectif s'y manifeste notamment dans les grands troupeaux de rennes, où toutes les bêtes changent de direction rigoureusement au même instant. Un banc de poissons se comporte comme un seul individu, tandis que les poules d'un poulailler forment une société hiérarchisée ayant un solide psychisme de groupe avec le résultat suivant.

Ces deux poules sœurs ne font pas partie du poulailler que voilà. Introduisons une première poule aujourd'hui : l'étrangère est aussitôt attaquée à coups de bec par toutes les autres. Le temps aidant, peu à peu, elle s'intègre au groupe et à son psychisme collectif. Quand, plus tard, nous ferons entrer l'autre, elle subira un sort identique et sera même agressée par sa propre sœur jumelle : c'est le phénomène de rejet. Après quelque temps, elle aussi s'intégrera. A la réflexion, ceci pourrait éclairer le problème du rejet d'organes greffés sous un jour nouveau. Chaque organe a son propre psychisme de groupe — son « archée » pour reprendre l'expression de Van Helmont —, lui-même intégré dans l'overmind de tout l'organisme. Tous ces overminds forment en quelque sorte un clan. Greffer un organe, c'est y introduire un psychisme étranger qui se fait attaquer comme la poule nouvelle, ou comme une abeille étrangère à la ruche, rejet d'autant plus radical que le donneur et le receveur seront plus éloignés l'un de l'autre.

Dans le cas de jumeaux, il y aura peu de problèmes car leurs psychismes sont très proches et en harmonie. Au contraire, le risque de rejet sera d'autant plus grand quand il s'agit d'un organe touchant de près l'affectivité et l'émotivité. Le cœur réagit à toute émotion et la communique au corps tout entier. S'il bat la chamade, pour utiliser l'expression consacrée, la panique gagnera toute la république cellulaire. C'est sans doute pourquoi la greffe de la peau prend facilement, tandis que celle du cœur pose tant de problèmes... Cette extrapolation aux greffes d'organes est une hypothèse personnelle qui n'engage que moi et non le tantra, mais comme elle expliquerait bien des choses, pourquoi ne pas en parler ?

Dans le cas de l'être humain, il y a moins de différence qu'on ne le supposerait entre un individu isolé, compact, moi par exemple, et une ruche, une fourmilière, une termitière, un troupeau de rennes, un banc de poissons, etc. Le rucher est fixe, ce sont ses parties (les abeilles) qui se déplacent. Pour « moi », c'est toute la république cellulaire qui bouge : je suis un rucher ambulant !

Tout cela introduit un concept tantrique bien déroutant: en tant qu'individu, je suis une cellule englobée dans divers overminds qui me dépassent !

Cela m'amène à parler de la psychologie des foules.

La psychologie des foules

Quand, en 1895, Gustave Le Bon publia son livre *La Psychologie des foules,* ses idées furent ignorées. Depuis, elles sont devenues classiques et son livre a été traduit en au moins quinze langues. Dès la préface, il entre dans le vif du sujet : « Lorsqu'un certain nombre d'hommes sont rassemblés, l'observation démontre que leur ensemble constitue une *âme collective* puissante mais momentanée.

» Les foules ont toujours joué dans l'histoire un rôle important, mais jamais cependant aussi considérable qu'aujourd'hui. L'action inconsciente des foules, substituée à l'activité consciente des individus, représente une des caractéristiques de l'âge actuel. »

Or, dans la tradition indienne, l'ère de Kâlî, l'âge du Fer où nous vivons, se caractérise notamment par le déferlement des masses humaines, d'où l'importance accrue de la psychologie des foules. Mais, au fait, qu'est-ce qu'une « foule » ? Une grande masse de gens rassemblés ? Pas nécessairement. Pour Le Bon, quelques individus réunis forment une foule aussi bien que des centaines ou des milliers. Ecoutons-le : « Les maîtres du monde, les fondateurs de religions ou d'empires, les apôtres de toutes les croyances, les hommes d'Etat éminents, et, dans une sphère plus modeste, les simples chefs de petites communautés humaines, ont toujours été des psychologues inconscients, ayant de l'âme des foules une connaissance instinctive, souvent très sûre. La connaissant, ils en sont facilement devenus les maîtres. »

Le Bon cite alors — qui s'en étonnera ? — Napoléon : « Jamais, peut-être, depuis Alexandre et César aucun grand homme n'a mieux compris comment l'âme des foules doit être impressionnée. Sa préoccupation constante fut de la frapper. Il y songeait dans ses victoires, dans ses harangues, dans ses discours, dans tous ses actes. A son lit de mort il y songeait encore. » (p.47)

Si Le Bon vivait encore, il citerait au moins un autre nom, dramatiquement célèbre, qu'il est superflu de préciser....

Mais, au fait, comment naît une foule ? « Dans certaines circonstances données, et seulement dans ces circonstances, une agglomération d'hommes possède des caractères nouveaux fort différents de ceux de chaque individu qui la compose. La personnalité consciente s'évanouit, les sentiments et les idées de toutes les unités sont orientées dans une même direction. Il se forme une âme collective, transitoire sans doute, mais présentant des caractères très nets. »

L'âme collective, l'overmind : « ... forme un seul être et se trouve soumise à la *loi de l'unité mentale des foules.* » (p.19.) Toutefois : « Mille individus réunis au hasard sur une place publique, sans aucun but déterminé, ne constituent nullement une foule psychologique. » (p.20.)

Les caractéristiques d'une foule psychologique : « Quels que soient les individus qui la composent, quelque semblables ou dissemblables que puissent être leur genre de vie, leurs occupations, leur caractère ou leur intelligence, le seul fait qu'ils sont transformés en foule, les dote d'une sorte d'âme collective. Cette âme les fait sentir, penser et agir d'une façon tout à fait différente de celle dont sentirait, penserait et agirait chacun d'eux isolément... Dans l'agrégat constituant une foule, il n'y a nullement somme ou moyenne des éléments mais combinaison et création de nouveaux éléments. » (p.21.)

L'individu y perd, en quelque sorte, sa personnalité et semble plongé, au sein de la foule agissante, dans un état particulier, très proche de l'hypnose. Voici un cas vécu : en 1937, une jeune Alsacienne rend visite à de lointaines cousines d'Outre-Rhin, qu'elle n'a plus vues depuis des années. Surprise et choquée de les voir toutes embrigadées dans les jeunesses hitlériennes et ardentes national-socialistes, elle leur dit ce qu'on pense d'Hitler et des nazis en France. Elles rétorquent : « Tu ne sais pas de quoi tu parles. Viens avec nous à Nuremberg, aux Journées du Parti. Tu comprendras ». Curieuse, elle accepte. On lui prête un uniforme et elle les accompagne, pleine de préjugés « contre ». La voilà maintenant à Nuremberg et chacun a vu ces bandes d'actualités montrant l'immense stade, avec des centaines de milliers d'hommes et de femmes en uniforme, disciplinés, organisés. Une profusion de bannières à croix gammée flottent au vent. Musique militaire. Défilé de troupes. Sol martelé sous le pas cadencé des lourdes bottes. Bras tendus. *Sieg Heil* jaillissant de centaines de milliers de poitrines. Puis l'instant attendu : sur le podium, apparaît une silhouette en uniforme kaki où l'on devine le brassard à croix gammée, silhouette que la distance rend minuscule. Le

Führer ! Silence. Puis, la voix rauque, démesurément amplifiée par les haut-parleurs, noie la foule fervente dans sa harangue. Ainsi que le rapporte l'Alsacienne : « Après quelques minutes, j'étais sûre d'être en présence du sauveur du monde ».

« Comme tout le monde, dit-elle, j'ai applaudi, tendu le bras, hurlé *Sieg Heil*. Au retour, mes cousines, ravies de m'avoir convertie, m'ont dit : « Tu as vu ! ». En effet, j'avais vu ! Rentrée en Alsace, dégrisée, déshypnotisée, je n'ai rien compris à ce qui m'était arrivé, ni comment moi, la Française, j'étais, pour quelque temps, devenue nazie convaincue... »

On comprend mieux Le Bon : « Isolé, cet homme était peut-être un individu cultivé, en foule c'est un instinctif, par conséquent un barbare. Il a la spontanéité, la violence, la férocité, et aussi les enthousiasmes et les héroïsmes des êtres primitifs. Il s'en rapproche encore par sa facilité à se laisser impressionner par des mots, des images, et conduire à des actes lésant ses intérêts les plus évidents. » (p. 24.)

Alors, après tout ceci, en quoi se distingue la harangue d'un tribun du discours de l'académicien ? Ce dernier dit des choses intelligentes, bien structurées : il s'adresse à l'intellect, à la raison des auditeurs, pas à leurs passions. Le public applaudit gentiment mais reste froid. Le tribun, par son discours passionnel et son charisme, forme et interpelle l'overmind, qui n'est ni logique, ni intellectuel, même si l'auditoire est composé de gens instruits, sensés. La foule ne réagit qu'aux sentiments primitifs, archaïques, tribaux. Voilà pourquoi le thème nationaliste, entre autres, fait toujours recette ! Lisez à froid le texte de la harangue du tribun : on se gratte le crâne et on s'étonne que des gens intelligents aient pu écouter cela et « marcher ». Et pourtant, c'est bien ce qui arrive. S'il avait dit des choses intelligentes, logiques, le tribun n'aurait pas remué l'âme de la foule, il n'aurait pas cristallisé l'overmind.

Au niveau national on accède à cet overmind que Le Bon baptise, abusivement d'ailleurs, « l'esprit de la race ». « Esprit de la nation » conviendrait mieux, car une vraie nation se forme même avec des ethnies très différentes, pourvu que la géographie et l'histoire les rassemblent pendant suffisamment longtemps. Ainsi, les diverses nations d'Europe sont chacune un agrégat d'ethnies différentes.

Cet « esprit de la nation » éclaire le racisme, qui est surtout une xénophobie exacerbée par des différences ethniques, religieuses et autres. Il explique comment un homme intelligent, sensible, se proclamant « pas raciste pour un sou », peut le devenir.

C'est dans l'overmind que se situe le vrai problème des immigrés. Le processus est d'une redoutable fatalité. Il est bien normal que les Maghrébins débarquant en pays étranger, s'agglutinent, par exemple à Marseille, dans les quartiers où vivent déjà d'autres compatriotes. Normal aussi qu'ils y reconstituent leur mode de vie à eux. Ainsi groupés, ils forment bientôt un overmind distinct de celui des Français et, tel un organe étranger greffé, il suscite une réaction de rejet. Cette réaction sera d'autant plus virulente que le décalage ethnique et de mode de vie par rapport au milieu environnant sera grand. Par contre, si ces mêmes immigrés s'étaient dispersés dans tout le pays, à raison d'une ou deux familles par village, il ne se créerait pas d'overmind capable de susciter leur rejet. Après quelque temps, ces immigrés isolés apprendraient la langue, adopteraient le mode de vie local et seraient d'abord acceptés, puis intégrés dans l'overmind environnant, autrement dit, assimilés. Par contre, en communautés nombreuses et fermées, la réaction de rejet est et sera toujours le vrai problème de tous les ghettos du monde. Tôt ou tard, un tribun, un leader, se lèvera et ses discours passionnés cristalliseront l'antagonisme latent : ça marche toujours. Si d'aventure le « monsieur-pas-raciste-du-tout » assiste à un meeting où parle ce tribun — qui n'est lui-même qu'un instrument —, pris dans l'overmind de la foule, il hurlera avec les loups. Les motifs rationnels invoqués, comme la criminalité ou le chômage que les immigrés seraient censés causer ou tous autres griefs, justifiés ou non, ne sont que des prétextes, des rationalisations comme diraient les psychologues. Le problème se situe ailleurs, dans l'irrationnel.

Le remède ? Hélas ! il n'y en a guère. Il faudrait, d'emblée, pour prévenir la formation d'overminds puissants, empêcher les nouveaux arrivants de s'agglutiner. Mais cela supposerait — ce qui n'est pas le cas — que les autorités locales connaissent ce phénomène et tiennent compte des germes de conflit qu'il renferme. Pareil pour la minorité blanche en Afrique du Sud qui finira, elle aussi et fatalement, par être rejetée : la force armée ne peut guère que retarder l'échéance. Le fait de l'apartheid, même sans discrimination économique, crée des overminds très structurés, donc conflictuels. A moins ? Oui, à moins qu'en opposant habilement les overminds des diverses ethnies noires, les Afrikanders ne les fassent s'entretuer...

Un psychisme collectif peut même ne compter que deux individus, comme pour les couples et les jumeaux.

Chez les vrais jumeaux, il se crée un psychisme collectif tel qu'on peut vraiment parler d'un mental unique englobant deux corps. Un cas extrême, instructif sans être enviable, est celui des sœurs Greta et Freda Chaplin, de York (Royaume-Uni).

A trente-sept ans, elles n'ont jamais été séparées, s'habillent de manière rigoureusement identique, marchent au même pas, mangent les mêmes plats au même rythme, lèvent simultanément leur fourchette ou cuiller, terminent ensemble leur repas.

Un synchronisme aussi total, déjà très rare même chez des jumeaux, prend chez elles un relief particulier. Les jumelles ne supportent pas d'être séparées, même pendant quelques instants, et quand cela se produit, elles gémissent et pleurent de concert. Elles sont très émotives et impressionnables. Les enfants du village — cet âge est sans pitié ! — le savent bien et s'amusent à les effrayer: elles mouillent alors leur culotte en même temps !

Mais le plus troublant, c'est quand

elles parlent (et parfois jurent !) en même temps. Leurs phrases sont identiques au mot près et synchrones comme si elles parlaient en stéréo ! Un synchronisme aussi parfait est inimitable, même si deux personnes décidaient de réciter ensemble un texte appris par cœur, ce qui est exclu dans le cas des sœurs Chaplin chez qui cela se produit surtout quand elles sont fâchées ou surexcitées. Elles se disputent parfois : elles se frappent alors légèrement l'une l'autre avec leur sac à main (identiques, bien sûr !) puis s'assoient et sanglotent en chœur dans les bras l'une de l'autre... Seule l'hypothèse d'un psychisme unique englobant deux cerveaux et utilisant deux corps peut expliquer tout cela.

Toujours à propos de jumeaux, des études systématiques ont été faites, notamment sur trois cents cas de vrais jumeaux, par David Lykken à l'université du Minnesota, avec enregistrements encéphalographiques à l'appui qui montrent des ondes cérébrales parfaitement identiques en réponse à des stimulations semblables. Ceci corrobore l'hypothèse souvent émise que les jumeaux sont en relation télépathique, inconsciente peut-être, mais permanente.

Objection : « Va, pour la psychologie des foules. Va, pour une espèce d'hypnose collective qui met les individus présents sous l'emprise d'une personnalité magnétique. Mais accepter l'idée d'une *entité consciente autonome* supra-personnelle, avec toutes les caractéristiques d'un psychisme (conscience, mémoire, sentiments), comme l'affirme le tantra, c'est une tout autre chose... »

Une famille bizarre !

Fort bien, mais alors au lieu d'écouter un tantrique, écoutons un Occidental, un des grands de la psychanalyse, le Suisse C.J. Jung (1875-1961).

Drôle de famille, les Jung ! Le jeune Carl Gustav a passé son enfance et sa jeunesse dans un presbytère de campagne, son père Paul Achille étant pasteur. Sa mère était laide, obèse, autoritaire et hautaine, au contraire de celle de Freud qui était jeune et très belle. C'est sans doute pourquoi Jung trouvait absurde l'affirmation freudienne selon laquelle chaque petit garçon est amoureux de sa mère ! Cela n'empêchera cependant pas Jung d'écrire : « Tout ce qu'il y a d'original en l'enfant est pour ainsi dire indissolublement confondu en l'image de la mère... C'est l'événement absolu de la série des ancêtres, une vérité organique comme le rapport des sexes entre eux. » (Jung, p. 37.)

Son grand-père maternel, Samuel Preiswerk, théologien hébraïsant, épousa en secondes noces Augusta Faber à qui il fit treize (!) enfants. Lequel grand-père maternel était, ou croyait être, en relation avec des esprits de défunts : ainsi, dans son cabinet de travail, un siège vide était exclusivement réservé à l'esprit de sa première femme qui lui rendait, disait-il, visite chaque semaine, ce qui chagrinait fort sa seconde épouse aux treize enfants, la première ne lui en ayant donné qu'un ! Quant à son grand-père paternel, qui s'appelait aussi Carl Gustav, c'était une figure légendaire à Bâle, où il était l'un des médecins en vogue, recteur de l'Université et Grand Maître de la Franc-Maçonnerie suisse. Bien qu'il ne l'ait jamais connu, c'est cependant à lui que s'identifiait le jeune Carl Gustav, tant et si bien qu'il devint médecin et non pasteur comme son père. Dans cette étrange famille, sa cousine Hélène Preiswerk était médium spirite. Jung fit des expériences avec elle au point de lui consacrer sa thèse de médecine. Le tout, avouons-le, forme un cocktail plutôt surprenant...

Cette digression biographique était instructive avant d'aborder l'un des concept jungiens les plus connus, mais peut-être le moins bien compris, celui de l'inconscient collectif. Entre nous, il aurait été mieux inspiré de l'appeler « *supra* conscient collectif », comme on va le voir, en réfléchissant sur les extraits suivants de ses œuvres. Je souligne ici — c'est important — que Jung était rationaliste, pragmatique, ce qui, surtout dans ce domaine, est une qualité précieuse ! Il disait : « Je ne peux pas croire à ce que je ne connais pas, et ce que je connais, je n'ai pas besoin d'y croire ». Ou : « Vous savez bien que je ne suis pas un philosophe, mais un empiriste. Ainsi ma notion de l'inconscient collectif n'est pas un concept philosophique, mais empirique. » (Jung, p. 32.)

Or, son inconscient collectif et l'overmind du tantra se ressemblent comme deux gouttes d'eau ! Voyons plutôt :

« ... L'inconscient collectif m'apparaît comme un continuum, omniprésent, une présence universelle sans étendue. [...] Il renferme, côte à côte, de façon paradoxale, les éléments les plus hétéroclites disposant, outre une masse inassignable de perceptions subliminales, des stratifications déposées au cours de la vie des ancêtres qui, par leur seule existence, ont contribué à la différenciation de l'espèce. » (Jung, p.6)

« Si l'inconscient pouvait être personnifié, il prendrait les traits d'un *être humain collectif* vivant en marge de la spécification des sexes, de la jeunesse et de la vieillesse, de la naissance et de la mort, fort de l'expérience humaine à peu près immortelle d'un ou de deux millions d'années. Cet *être* planerait sans conteste au-dessus des vicissitudes des temps. Le présent n'aurait pas plus de signification pour lui qu'une année quelconque du centième millénaire avant Jésus-Christ ; ce serait un rêveur de rêves séculaires, et, grâce à son expérience démesurée, un oracle aux pronostics incomparables. Car il aurait vécu la vie de l'individu, de la famille, des tribus, des peuples un nombre considérable de fois et il connaîtrait — tel un sentiment vivant — le rythme du devenir, de l'épanouissement et de la décadence.

[...] » Cet être collectif ne semble pas être une personne, mais plutôt une sorte de flot infini, un océan d'images et de formes qui émergent à la conscience à l'occasion de rêves ou d'état mentaux anormaux.

» Il serait fâcheux de vouloir traiter d'illusion ce système immense d'expériences de la psyché inconsciente ; notre corps visible et tangible est lui aussi un système d'expériences tout à fait comparable qui recèle encore les traces des développements datant des premiers âges... » (Jung, p.6.)

Cet être, le tantra le personnifie sous la forme de Shiva-Shakti et il correspond, en gros, à l'Animus-Anima de Jung !

Et cet admirable texte : « Je ne puis qu'être rempli du plus profond émerveillement et de la plus grande vénération quand je me tiens en silence devant les abîmes et les hauteurs de la nature psychique, monde sans espace qui recèle une abondance incommensurable d'images entassées et condensées organiquement depuis les millions d'années que dure l'évolution vivante. [...] Et ces images ne sont pas des ombres lâches, ce sont des conditions psychiques dont l'action est puissante, que nous méconnaissons, mais que nous ne pouvons pas, parce que nous les nions, priver de leur puissance. » (Jung, p. 10.)

Ou encore:

« L'inconscient supranaturel qui est réparti dans toute la structure de l'encéphale, est comme un *esprit omniscient et omniprésent* qui se répand partout. Il connaît l'homme tel qu'il a toujours été et non tel qu'il est actuellement. Il le connaît comme un mythe. Pour cette raison, le raccordement à l'inconscient suprapersonnel ou collectif signifie une extension de l'homme au-delà de lui-même ; cela signifie la mort de son être personnel et une renaissance dans une nouvelle dimension, comme cela était très exactement mis en acte dans certains mystères anciens. » (Jung, p. 59.)

Pour le tantra, l'important n'est pas de savoir que le supraconscient collectif existe, mais bien de puiser directement à cette source de créativité, de vrai savoir, de puissance. D'ailleurs, Jung connaissait le tantra qui lui a fait comprendre toute la richesse initiatique des symboles tantriques et fait découvrir le mandala et les archétypes, autre concept jungien central.

L'impact de l'Orient

Il pressentait aussi l'impact de l'Orient dans notre monde moderne: « L'intrusion de l'Orient est bien plus un fait psychologique préparé historiquement déjà depuis longtemps, mais il ne s'agit pas du tout de l'Orient réel, mais du fait de *l'inconscient collectif* qui est *omniprésent*.

[...] » Les vérités de l'inconscient ne sont jamais à inventer, mais au contraire à atteindre en suivant un parcours que toutes les cultures antérieures en remontant jusqu'aux plus primitives ont décrit comme le chemin de l'initiation. " (Jung, p.7.)

Ainsi l'overmind n'est pas une exclusivité du tantra, s'il est un de ses pivots. L'overmind nous donne accès à certaines notions, peu compréhensibles autrement. L'Eglise catholique ne l'ignore pas. Au catéchisme, quand le vicaire de la paroisse, dont la soutane sentait le tabac, nous parlait en passant du « corps mystique du Christ », il nous disait que chaque catholique, chaque membre de l'Eglise est une cellule vivante dans ce Corps Mystique. Puis il n'en parlait plus. Peut-être supposait-il, avec quelque raison sans doute, que nous, enfants, ne pouvions pas saisir ce dont il s'agissait réellement ?

Mais avait-il compris lui-même cette notion essentielle ? En effet, chaque catholique, de l'origine à nos jours et aussi longtemps qu'il y aura des croyants, est englobé dans ce supraconscient collectif extraordinaire, où il se replonge et qu'il fortifie chaque fois qu'il assiste à un office religieux, d'où l'importance accordée — à juste titre — à la présence *physique* des fidèles dans l'église à la messe dominicale. Ce corps mystique se serait constitué *même si* Jésus n'avait pas existé, *même* s'il avait été « inventé » de toutes pièces ! D'ailleurs, savons-nous *qui* il était *vraiment* ? Mais cela a-t-il de l'importance ?

Encore Jung :

« De très bonne heure, le véritable homme-Jésus disparut derrière les émotions et les projections qui tourbillonnaient autour de lui, venues de toutes parts, immédiatement et pratiquement sans laisser de traces, il fut absorbé par les systèmes religieux environnants et façonné en leur interprète archétypique. Il devint la figure collective que l'inconscient de ses contemporains s'attendait à voir apparaître et, pour cette raison, il est sans intérêt de savoir qui il fut *vraiment*. » (Jung, p.57)

Au fil des siècles, ce corps mystique, cet overmind, s'est imprégné du rituel des offices, car il a une mémoire qui enjambe les siècles. Alors, l'Eglise a-t-elle eu raison de renoncer abruptement au chant grégorien qui a retenti pendant tant de siècles sous les voûtes des cathédrales et dans les âmes de fidèles et qui imprègne encore la mémoire de ce gigantesque overmind ? Cela explique aussi l'inertie, due aux siècles, de l'Eglise face à certains problèmes modernes. On ne bouscule pas facilement, ni impunément, un overmind aussi formidable...

Quel rapport entre tout ce qui précède et le tantra, autrement qu'en théorie ? Je laisse le couple tantrique Arvind et Shanta Kale l'exprimer :

« C'est de cette source obscure que le poète tire son inspiration, le joueur son instinct et le télépathe son étrange contact avec d'autres *minds,* d'autres "mentals". Il semble que tous les humains sont télépathiquement reliés et, à ce niveau, le rapport est aussi proche que celui existant entre les cellules qui forment un corps humain.

» Selon l'ésotérisme tantrique, cet Overmind est le dépositaire et le réceptacle de toute la mémoire de l'humanité et quiconque parviendrait à contacter cet Overmind connaîtrait la totalité de l'expérience et du savoir humains ainsi que les sens, les pensées et les capacités de tout homme ou femme qui vit aujourd'hui et qui a vécu dans le passé.

» Parce que cet Overmind est racial, il n'est pas individuel. Il forme un unique *Nous* qui inclut le Mâle et la Femelle cosmiques des origines. Le tantra dit que c'est pendant ces instants où l'ego se dissout, juste avant l'orgasme, que les *minds,* les mentals des partenaires sont en contact fugace avec cet Overmind. Dès lors, tout homme devient le Mâle non inhibé des origines et toute femme la Femelle des origines. Tous deux se fondent dans une extase qui s'autoperpétue et, à ce moment, leur "moi-je" égotique se perd dans le grand Tout, ce qui est le but de toutes les grandes religions.

» Voilà pourquoi le tantra se sert du ravissement sexuel pour percer la coque protectrice de l'ego, dissoudre les inhibitions et puiser à la source des pouvoirs obscurs de cet Overmind omniprésent. »

Au-delà de l'expérience en couple, la chakra pûjâ, l'adoration en cercle, crée un puissant overmind au niveau des seize participants qui dissout plus sûrement encore la coque imperméable de l'ego tout en éveillant les puissances extraordinaires de la kundalinî.

Mon corps,
cet univers inconnu...

Toute vérité réside dans le corps humain.
C'est pourquoi tous les mystères du monde
devraient être élucidés à l'aide
des termes mêmes du corps humain
N. N. BHATTACHARYA
(History of the Tantric Religion)

Le corps est la clé de voûte de la cathédrale tantrique. Pour le tantra, il n'est pas l'humble serviteur, ni la « tremblante carcasse » à laquelle Turenne s'adressait pendant la bataille, ni l'antithèse du spirituel, siège d'appétits grossiers, guenille qu'il faudrait soumettre et mortifier pour sauver son âme.

Pour le tantra, le corps est bien plus qu'un merveilleux instrument de manifestation, ou une admirable mécanique biologique, il est divin. Divin, mon corps ? A la limite, passe encore de « diviniser » le cerveau, siège de la conscience, mais les tripes : n'exagérons rien ! Et pourtant...

Pour saisir cette clé du tantra, il faut réaliser que :
— mon corps-réel est, en fait, un univers d'une extraordinaire complexité, dont la vie secrète m'est inconnue ;
— mon corps-vécu est une simple image, un schéma, une construction mentale et c'est le seul aspect que je connaisse ;
— mon corps est produit et animé par une Intelligence créatrice, celle-là même qui suscite et préserve l'univers, de la plus infime particule subatomique à la plus gigantesque des innombrables galaxies ;
— mon corps recèle, dans ses profondeurs cachées, des potentialités insoupçonnées, des énergies extraordinaires dont la plupart restent en friche chez l'homme ordinaire, mais que la pratique tantrique éveille et déploie.

Objection : inconnu, ce corps que je sens vivre et palpiter, dont je sais s'il a faim ou soif, s'il souffre ou jouit ? Comment le tantra peut-il prétendre que je ne le connais pas ? La réponse : le corps-vécu, perçu, est une simple représentation mentale qui n'a pas grand chose à voir avec la grandiose réalité du corps-réel.

Raisonnons. J'ôte mon bracelet-montre et je le pose sur la table, là, devant moi. Sans m'en douter, je suis en présence de deux montres : la montre-objet (extérieure) et la montre-image (intérieure) que j'observe dans mon mental. La montre-objet, celle des physiciens, la vraie, se compose d'atomes qui se résolvent en d'infimes grains d'énergie. Depuis Einstein, on sait que la matière, qui nous paraît si tangible et concrète, c'est de l'énergie, mais surtout du vide car, comme je l'ai écrit précédemment, en supprimant l'espace entre les particules atomiques, notre planète tiendrait, paraît-il, dans un dé à coudre, tout en ayant la même masse ! Ma montre-objet *réelle* est donc du vide, un champ de forces tourbillonnantes que mon intellect renonce à se représenter. Tout en sachant tout cela expérimentalement, le physicien nucléaire n'est pas privilégié : il ne « voit », tout comme moi, que sa montre-image intérieure, rassurante, compacte, qui n'existe que dans son cerveau — ou plutôt dans son mental, selon la pensée indienne. La montre-image voile la montre-objet et ce voile c'est la *maya* du védanta.

Et j'en arrive à un point crucial concernant mon corps, car j'ai aussi deux corps ! Un *corps-objet* (inconnu) plus un *corps-image* (vécu) et je confonds les deux. Ou plutôt, j'ignore complètement le premier ! Il est moins difficile de saisir cette subtilité — pardon, cette vérité fondamentale —, en observant quelqu'un d'autre. Alors, observez-moi en train de regarder ma montre, posée sur la table. Comment s'opère la perception ? C'est simple, du moins en apparence, la lumière ricoche sur l'objet, frappe ma rétine qui renvoie ce message, sous forme d'impulsions électriques, via le nerf optique, vers le cortex cérébral. Ainsi surgit la montre-image que je regarde, quelque part dans ma tête, dans mon mental. Ahurissante constatation : toute ma vie, je regarde les *images* du monde extérieur dans mon mental tout en croyant voir le monde extérieur : surprenant et pourtant vrai. On objectera que cela ne fait guère de différence, parce que nous croyons que l'un est le reflet exact de l'autre, tout comme l'image du paysage vue dans le miroir est identique au paysage lui-même. Et on suppose que c'est pareil pour les images du monde extérieur qui surgissent dans mon mental. C'est là une grossière erreur. En effet, ces images correspondent aussi peu — ou autant — à la réalité extérieure que ce plan de la ville à la cité elle-même et à ses habitants : il est un simple schéma utilitaire.

C'est le moment d'être attentif ! Je fais un pas de plus et je remets ma montre au poignet. Que se passe-t-il ? Rien n'est changé : elle reste une image dans mon mental. Mais le poignet ? Là aussi, je dois faire une distinction entre mon poignet, matériel, composé d'énergie et de vide, et mon poignet-image dans mon mental ! A ce stade du raisonnement, bien des gens sont perturbés et je les comprends, car il m'a fallu des mois pour distinguer vraiment les *objets* extérieurs de leur *image* intérieure, pour comprendre qu'il s'agit de deux phénomènes entièrement distincts quoique imbriqués.

Et c'est ici qu'on bute souvent ! D'accord, pense-t-on, la montre-objet réelle, extérieure, est une chose, la montre-image intérieure en est une autre et, en fait, la seule que je « connaisse ». Pour la vie pratique, cela me suffit : pas besoin de subtil distinguo entre montre-objet et montre-image puisque ça ne m'empêche pas de lire l'heure. Quant à mon corps, c'est différent: je le **sens,** donc il est bien « *moi* », non ? Voilà ce qu'on pense habituellement car il est normal et naturel, d'extraire, en quelque sorte, son corps du monde extérieur : d'une part, il y a mon mental et mon « moi » associés au corps et, d'autre part, « dehors », il y a tout le reste, la multitude des êtres et des choses. En pensée, artificiellement, j'isole ainsi mon corps du reste du monde, alors qu'il est un agrégat d'atomes aussi matériels et banals que ceux de tous les objets du monde extérieur avec lequel je suis en relation d'échange continue : nuit et jour, j'absorbe des molécules d'air, de nourriture et j'en rejette autant. Mon corps est un édifice qui garde sa forme alors que, sans cesse, il s'y remplace des briques. C'est une évidence méconnue : mon corps fait partie du monde matériel, dont il est indissociable : il est un rouage dans l'immensité cosmique. Bien sûr, ma relation avec la matière de mon corps est particulière. En réalité, mon corps, bien que matériel, est cet endroit privilégié de l'espace où « *je* » structure la matière, où « *je* » construis ce corps humain. « *Je* » mis entre guillemets car, faut-il le dire, ce n'est pas mon petit moi-je, mais bien l'Intelligence supérieure du corps qui le suscite et l'entretient. Néanmoins, c'est bien « moi » et non quelque agent externe ou métaphysique qui le fait. Indépendamment de toute religion ou philosophie, il est indéniable que tous mes plans d'existence, quels qu'ils soient, se rencontrent dans mon corps, même si ma foi me le faisait considérer comme étant plus qu'une simple chair mortelle. Ce corps *réel,* je le répète, est un univers inconnu, gigantesque à l'échelle cellulaire, qu'il ne faut surtout pas confondre avec le corps-image du mental. Bien sûr, au début, on a du mal à avaler cette couleuvre, car cela semble contredire l'expérience de tous les instants. Le plan de la ville quoique simple schéma, a un certain rapport avec la cité — le plan de Paris n'est pas celui de Londres —, mais personne ne confond une ville et son plan ! C'est pourtant ce qu'on fait au niveau de l'image du corps dans le mental. Mon corps vécu est un plan, un schéma, fort pertinemment appelé « schéma corporel », distinct du corps-objet réel.

Faisons encore un pas de plus ! Maladroit : au lieu de taper sur la tête du clou, le marteau m'atterrit sur le pouce. Aïe ! Ne me dites surtout pas que cette douleur n'est qu'une image dans mon mental et qu'un marteau fait de vide a frappé mon doigt tout aussi creux. Pourtant, si ! En réalité, j'ai mal à l'image de mon doigt dans l'image de mon corps, quelque part dans mon mental ! Car, physiologiquement, mon doigt « réel » ne ressent aucune douleur. Les nerfs touchés envoient le message vers le cerveau qui le traduit en douleur. Ainsi, quelque part dans mon mental — et seulement là — naît l'image de la douleur dans l'image du doigt, dans l'image de mon corps ! Nouvelle objection : et pourtant j'ai mal ! Vrai. Néanmoins, certaines sectes — j'en connais des adeptes — enseignent des techniques permettant de transmuer le message « douleur » en jouissance ! Ils s'enfoncent des crochets dans le corps avec délices... (Rassurez-vous, cela n'a rien à voir avec le tantra). Sous hypnose, il est élémentaire d'inverser les perceptions du sujet, par exemple de lui insensibiliser totalement un bras et d'y enfoncer des aiguilles sans que l'hypnotisé n'éprouve de douleur. Que la douleur nous paraisse un fait d'expérience inéluctable ne l'empêche pas d'être un *fait mental pur,* ce qui n'est pas synonyme d'irréel au sens absolu.

Dans la Bible, *(Gen.,* III, 16,) Dieu a maudit la femme : « Je multiplierai tes souffrances, surtout celles de ta grossesse ; tu enfanteras des fils dans la douleur. » Les douleurs de l'accouchement n'ont-elles pas la réputation d'être à la limite du supportable ? Et pourtant, un obstétricien anglais, le docteur Carol Reed, parvient fort bien à les réduire, voire à les supprimer, en demandant — paradoxalement — à la parturiente de se concentrer sur les contractions utérines. Aussi longtemps qu'elle fait abstraction des idées socialement implantées de souffrance associée à l'accouchement, elle n'éprouve pas de vraie douleur. Si, au contraire, elle pensait « douleur », pour y résister elle se contracterait et souffrirait. Devenue, grâce aux exercices prénatals appropriés, capable de ressentir les contractions de l'utérus comme des tensions musculaires normales, elle les accepte, s'y abandonne et ne souffre pas vraiment. La shakti tantrique va encore plus loin. Elle vit intensément toute sa grossesse, participe consciemment au déploiement de la nouvelle vie dans son ventre, sachant qu'au moment de l'accouchement, en faisant confiance et en laissant agir l'Intelligence supérieure du corps, elle échappera à la malédiction biblique.

Ce qui nous ramène à cette Sagesse suprême du corps. Homme ou femme, je dois prendre conscience que mon corps est *un agrégat de milliards de cellules,* toutes vivantes, toutes conscientes, toutes intelligentes, dont j'ignorerai à jamais la vie profonde, secrète.

Revient alors la question : mais pourquoi donc s'en préoccuper puisque cela marche ? (Est-ce que ça marche toujours si bien que cela ?) Pourquoi me soucier de ce *corps réel* différent du *corps vécu* ? Et si on laissait tout cela aux philosophes ? Ce serait bien dommage, car ce corps réel inconnu est une extraordinaire mosaïque de pouvoirs inexploités, et cela débouche directement sur la pratique tantrique !

La sagesse du corps

Quelle est donc, cette Intelligence supérieure, cette Sagesse suprême qui habite mon corps réel, qui EST mon corps réel ? Pas une abstraction intellectuelle, pas une froide spéculation philosophique mais bien une réalité vivante. Pour l'approcher concrètement, je vous propose deux expériences bouleversantes.

La première, c'est de braquer un télescope, même d'amateur, par une tiède nuit d'été, vers le firmament piqueté de myriades d'étoiles, et de prendre conscience que chaque point lumineux est un soleil, un soleil dont la lumière a voyagé pendant des milliers, voire des millions d'années-lumière avant de nous parvenir.

En somme, cette image du ciel est plus ancienne que la race humaine sur notre planète, infime poussière cosmique gravitant autour du soleil, étoile plutôt modeste. Peut-être que des centaines, voire des milliers de planètes inconnues gravitent autour d'autres soleils ? Peut-être sont-elles peuplées d'espèces vivantes qui nous resteront à jamais inconnues et réciproquement ? Si notre soleil explosait maintenant — cataclysme dérisoire à l'échelle cosmique — il s'écoulerait des millénaires avant que l'information n'atteigne quelqu'autre planète inconnue gravitant autour d'une lointaine étoile ! D'ailleurs, certaines étoiles que nous voyons aujourd'hui ont cessé d'exister depuis bien longtemps et nous l'ignorons. Ainsi, notre « présent » est fait d'innombrables « passés »...

La seconde expérience, quoique plus proche de nous, est au moins aussi fantastique : observer une gouttelette de sperme — le sien de préférence — au microscope. Empruntez à votre fils ce petit microscope que vous lui avez offert, déposez la gouttelette sur une lame de verre, éclairez, mettez au point, collez votre œil à l'oculaire et... soyez effaré. Effaré au spectacle de ces milliers de têtards génétiques qui s'agitent frénétiquement à la recherche d'un introuvable ovule. Le sperme, si banal d'aspect, est en fait un fluide magique : songez que *chaque « têtard » porte en lui toute votre hérédité,* toute votre histoire et celle de *tous vos* ancêtres, sans doute même celle de la vie depuis ses origines. Pensez aussi que chaque spermatozoïde pourrait féconder un ovule et engendrer un bébé différent. Enfin, songez qu'en plus de ce passé immémorial, chaque minuscule têtard porte en puissance l'avenir de l'humanité, le sort des générations futures. Et maintenant, trouvez-vous donc des mots pour qualifier cette grandiose réalité ? Si, quelque jour, un surhomme émerge de l'homme actuel, aussi différent de nous que nous le sommes par rapport à notre ancêtre de Cro-Magnon, il évoluerait forcément à partir du potentiel génétique actuel, inclus dans *chaque* spermatozoïde.

J'insiste : le « chaque » est essentiel. Maintenant, prélevons un de ces gamètes, puis convoquons tous les prix Nobel de la planète, ouvrons-leur des crédits illimités, construisons-leur un laboratoire ultrasophistiqué et mettons-les au défi de nous fabriquer *un seul* spermatozoïde identique à celui que nous avons extrait. Le pourraient-ils ? Dans l'état actuel de la science et de la technologie la réponse est *non* et je doute qu'il en aille autrement dans l'avenir. Or, pendant des dizaines d'années, deux modestes organes qui ne paient pas de mine, les testicules, en produisent nuit et jour à raison de trente mille ou plus *par seconde* : une éjaculation en projette jusqu'à cinq cent millions ! Oui, cinq cents fois un million ! De quoi inséminer artificiellement des millions de femmes ! Fantastique course à la vie, incroyable marathon dont l'unique vainqueur, absorbé par l'ovule, immortalise à la fois tous les autres, plus la république cellulaire dont il est issu...

Mais, les voilà, sous vos yeux, ces spermatozoïdes ! Réalisez que votre, pardon, notre histoire personnelle a débuté par la rencontre d'un de ces microscopiques têtards avec un ovule d'un dixième de millimètre de diamètre, dans l'utérus maternel... Or, les testicules ne sont pas des robots, ce sont des organes vivants dont le travail intelligent dépasse autant l'entendement que l'imagination. C'est elle, l'Intelligence suprême du corps, du corps inconnu, qui œuvre en silence, sans esbroufe, sans laboratoire, à la température du corps, à la pression atmosphérique normale. Discrète au point que jusqu'à très récemment, l'homme, le mâle, a ignoré son rôle exact dans la procréation, alors que le corps, lui, le sait depuis toujours, sans quoi nous ne serions pas ici ! Et tout ceci se passe aussi bien dans les testicules de l'idiot du village que dans ceux d'Einstein, du criminel ou du saint !

Il faudrait maintenant évoquer le travail ultrasophistiqué de chaque organe. Je me limiterai aux incroyables performances biochimiques de chaque cellule hépatique, qui accomplit simultanément des centaines d'opérations de chimie organique ultracomplexes, sans qu'on s'en rende compte au niveau conscient. J'ai évoqué la spermatogenèse parce qu'ici l'Intelligence cosmique agit au niveau le plus créateur, puisque procréateur. Cette énergie colossale, qui siège au pôle de l'espèce, est sexuelle ; c'est la Kundalinî, ou du moins une partie de ce concept central commun au tantrisme et au yoga.

On mesure l'abîme qui sépare la conscience cérébrale discursive, empirique, celle-là même qui tient tous ces beaux raisonnements, de la Sagesse ultime du corps, infaillible, dont la science infuse ignore pourtant la moindre formule chimique !

Voyez ce biologiste, spécialiste du pancréas. Malgré ses longues et patientes recherches, malgré ses études, dans son esprit bien des questions demeurent sans réponse. Or, pendant ce temps, l'Intelligence de son propre pancréas en effectue toutes les fonctions, infailliblement, en se jouant !

Un des buts du tantra consiste à mettre le moi empirique en rapport conscient et confiant avec l'Intelligence supérieure du corps. Voilà une clé secrète du hatha yoga.

Le corps-univers est sacré

Nouveau paradoxe : pour mieux m'accorder à cette Sagesse ultime du corps-réel, je dois développer mon corps-vécu, enrichir mon schéma corporel. En comparant ce dernier au plan d'une ville, j'aurais dû préciser qu'alors qu'un plan est statique, il existe une *relation dynamique réciproque* entre le schéma corporel et le corps-réel. Je manipule mon corps-réel à partir du corps-image et vice versa. Comment développer cette relation ? C'est fort simple : pendant les âsanas, par exemple, il suffit de s'intérioriser, d'être à l'écoute du corps, de recueillir un maximum de sensations pour en devenir de plus en plus conscient. Ainsi, j'harmonise mon moi-conscient au travail génial de l'Intelligence supérieure du corps, qui est cosmique et divine. Pour le tantrique, le corps est habité par la Shakti, l'Energie personnifiée, l'Intelligence cosmique suprême. Même dans ses plus humbles besoins physiologiques le tantrique perçoit son œuvre, il ne jouit pas pour lui-même, pour son ego ; il sent et sait que la Shakti jouit à travers lui, s'incarne en lui, même s'il est un homme. En proposant le sperme à votre observation, j'ai l'air de favoriser les gamètes mâles... J'ai suggéré le sperme, d'abord parce qu'il est bien plus facile à prélever qu'un ovule et ensuite parce que voir grouiller une mare aux têtards est autrement spectaculaire qu'observer un seul ovule. . .

Dans le rituel tantrique, la première étape consiste à méditer sur la « divinité » corporelle du (ou de la) partenaire et de soi-même. Dans le maïthuna, quand les sexes s'unissent, ce rapport est vécu comme un événement prodigieux, sacré, impliquant l'ensemble des deux républiques cellulaires aux innombrables milliards de sujets. Plus l'union se prolonge et s'intensifie, plus profonde est la participation de chaque cellule à l'événement. Le maïthuna tantrique intègre les deux ensembles cellulaires en un seul, reconstituant ainsi l'androgyne primitif, l'Adam biblique, à la fois mâle et femelle.

Améliorer le rapport entre l'Intelligence supérieure du corps et le moi-conscient, développe ma confiance en elle et j'acquiers peu à peu une intuition sans faille qui me guide dans la vie. Cela s'admet sans trop de réticences.

Par contre, quelle est l'utilité de réaliser que le corps-réel fait partie du monde extérieur, qu'il est un vaste conglomérat d'énergie, un univers inconnu distinct du corps-image ? Revenons un peu en arrière : j'admets, à la rigueur, que je ne « connais » de mon corps que son image dans mon mental, mais n'y a-t-il pas correspondance ultime entre le corps-image et le corps réel ? Quand je lève mon bras « mental », mon bras « réel » ne fait-il pas pareil ? Quel intérêt y a-t-il à les distinguer ?

Cet intérêt est énorme. Certes, le mouvement imaginé, vécu, et le mouvement réel du corps concordent. Je sais aussi qu'un acte aussi banal que de soulever un objet implique une coordination neurone fort complexe, mais puisque « ça marche » pourquoi se creuser la cervelle à ce sujet ?

Pour mieux saisir cette utilité, je reprends mon raisonnement et je repars du monde extérieur en jetant un coup d'œil autour de moi. Dans la pièce où j'écris ce texte, les divers objets qui s'y trouvent — bureau, chaise, téléphone, livres, classeurs, etc. — sont pour moi autant d'entités distinctes, statiques, mais surtout je les situe « en dehors » de moi. En réalité, « je » vois quelque part dans mon cerveau, ou plutôt dans mon mental, l'image de cette pièce et de son contenu et j'y projette, en plus, l'image de mon corps.

Mais dehors, vraiment « dehors », qu'y a-t-il donc ? Voyons d'abord ce qu'il n'y a pas. Dehors, il n'y a ni lumière, ni couleurs, ni sons, ni odeurs, ni chaud, ni froid. Pas facile à admettre, je l'accorde et, à ce point du raisonnement, on objecte souvent que « puisque tout le monde voit la même chose, donc c'est bien le monde extérieur concret ». Est-ce bien sûr ? Certes, il est fort probable que tous les humains créent dans leur mental, à partir des mêmes objets extérieurs, des images assez semblables. Mais, que devient ce même univers extérieur, vu « à travers » un organisme doté d'organes des sens différents, par exemple à travers un chien, un chat ou une abeille ? Que devient cette tasse dans le mental d'une abeille dont les yeux, aux centaines de facettes, perçoivent l'ultraviolet ? Personne ne le saura jamais, à moins de devenir soi-même abeille. Bien sûr, dehors, il y a bel et bien les photons, grains de lumière guidés par des ondes, mais la clarté, les couleurs, sont des *phénomènes intérieurs, mentaux.* Dehors, l'air vibre, mais les sons naissent et n'existent que dans le mental. Dehors, il y a des substances odoriférantes, mais le parfum est mental. A quoi on rétorque : « Pourtant chacun hume le même fumet de bonne soupe qui mijote dans la marmite et chacun en a l'eau qui lui vient à la bouche. Alors, comment croire qu'elle n'existe que dans le mental ? »

Je l'ai compris notamment en observant, en Inde, des vautours au cou décharné, décortiquer méticuleusement une charogne avec leur bec crochu. Pour nous, pouah, que ça pue ! Mais est-ce pareil dans le mental du vautour ? Sûrement pas ! Pour lui, la charogne émet un fumet délicieux et il doit s'étonner que ces étranges bipèdes s'en écartent avec horreur au lieu de s'en délecter. Donc, les mêmes molécules extérieures, bien réelles, deviennent puanteur dans le mental humain, fumet délicat chez le charognard. Pareil pour le goût ! En happant une becquée de charogne, sans doute le vautour juge-t-il, comme nous disons d'un camembert bien fait, qu'elle est à point !

Le même raisonnement vaut pour tous les autres sens.

Un étrange univers vivant

L'idée que le monde extérieur, quoique bien réel, est dépourvu de couleurs, silencieux, sans odeurs, déconcerte au début, c'est vrai. Etrange de penser que, dehors, ne règne même pas l'obscurité mais l'absence de lumière, c'est tout. De plus, dès qu'on réalise *vraiment* que le moindre objet réel extérieur est d'une formidable complexité, qu'il est un puissant champ de force (libérée, l'énergie atomique incluse dans un grain de sable équivaudrait à l'explosion d'une charge de plastic) du coup la vision du monde et la relation avec lui basculent, *les frontières entre les êtres et les objets se dissolvent,* ils deviennent autant de nuages d'énergie, autant de champs de force. Je perçois alors que ce livre, loin d'être un objet inerte, est en fait un processus dynamique en relation perpétuelle avec l'environnement, avec le cosmos. Cette vision est cruciale. Tout objet matériel est dynamique, tout évolue, tout est relié à tout, tout influence tout.

Que dire alors des êtres vivants ! Mon corps aussi, derrière une apparente immuabilité relative, recèle un processus, un événement considérable. Parcelle du cosmos mouvant, il change à tout instant. Son essence est un dynamisme intelligent relié au tout. Le monde des objets et des êtres n'est pas fait d'unités isolées, mais bien de processus dynamiques en perpétuelle mouvance unitaire. L'arbre est un champ de forces qui entre aussitôt en relation d'échanges avec moi, autre champ de forces. Une marche en forêt devient une expérience nouvelle, car je sens que mon corps en fait partie.

Dans cette optique, l'acte sexuel tantrique est vécu tout autrement que l'ordinaire, le profane. Dans le tantra, ce n'est pas Monsieur qui « fait » l'amour — plus ou moins bien — avec Madame, ce sont deux républiques cellulaires, deux univers qui se rencontrent. Les partenaires étant branchés l'un sur l'autre, les échanges se font sur tous les plans. Jouir devient un sous-produit non essentiel. Au lieu d'être axé sur son plaisir égoïste, chacun s'ouvre à l'univers corporel de l'autre comme au sien propre. L'orgasme n'est pas refusé mais il est sans importance réelle, ni pour la shakti, ni pour le shiva. Le maïthuna tantrique, ritualisé, sacralisé, crée ainsi un rapport très différent du contact profane, grâce à cette attitude contemplative vis-à-vis de l'autre et de l'événement que constitue leur union.

Parmi les Occidentaux, Alan Watts a bien saisi cette attitude alternative. Je traduis les extraits suivants de son *Nature, Man and Woman,* p. 165, au lieu de citer l'édition française, *Amour et connaissance,* qui ne correspond pas à l'original :

« Vécu en totale ouverture d'esprit et des sens, l'amour sexuel devient une révélation. Bien longtemps avant que l'orgasme mâle ne se produise, la pulsion sexuelle se mue en ce qu'on décrirait, psychologiquement, comme une chaude fusion des partenaires qui semblent véritablement couler l'un dans l'autre. [...] Rien n'est fait pour que les choses se produisent. Il y a seulement un homme et une femme qui explorent leurs sensations spontanées — sans idée préconçue quant à ce qui devrait se passer —, car la contemplation ne concerne pas ce qui *devrait* arriver mais bien ce qui *est.* Dans notre univers de montres et d'horaires, le seul élément technique vraiment important, c'est d'avoir du temps. Il ne s'agit pas tellement de "temps d'horloge" que de "durée psychologique", c'est-à-dire d'une attitude où on laisse les choses se produire en leur temps. Il s'agit d'établir un courant d'échanges entre les sens et leur objet, sans hâte, sans désir d'appréhender quoi que ce soit. Dans notre culture, où cette attitude fait défaut, l'expérience sexuelle perd l'essentiel de ses potentialités, le contact est bref, l'orgasme féminin rare, celui de l'homme trop précoce, "forcé" par des mouvements prématurés.

» Le rapport contemplatif immobile prolonge les échanges presque indéfiniment, freine l'orgasme mâle sans inconfort, n'oblige pas l'homme à détourner de force son attention de l'acte. En outre, une fois habitué à cette approche, il pourra être très actif, pendant longtemps, gratifiant ainsi la femme d'une stimulation maximum. »

Quoique ceci ne soit pas tout à fait du tantra, où cet échange contemplatif est un simple préliminaire, son mérite essentiel est d'accorder du temps à l'expérience, ce qui est indispensable à la participation totale de chaque cellule. Impliquer chaque fibre du corps de chaque partenaire prend plus de cinq ou dix minutes ! Selon le sexologue américain Kinsey, le coït du couple U.S. moyen dure moins de 10 minutes dans 75% des cas, moins de 20 minutes dans 91% . Plutôt jeunet pour un fusion cosmique ! Est-ce mieux en Europe ? Il est permis d'en douter.

Pendant ce contact prolongé, le rapport sexuel évolue sur trois plans :
— le mental empirique, qui participe au jeu et en éprouve de la joie ;
— celui, habituellement inconscient, des profondeurs du corps que toute expérience réussie marque d'un sceau indélébile ;
— le plan psychique, où la contemplation établit une fusion intime aux tréfonds de l'inconscient (*manomaya kosha).*

La différence ? Pour en juger, il faut la comparer à l'union profane, ce galop vers l'orgasme obligatoire, vers l'éjaculation, spasme réflexe sans intérêt tantrique. Qu'il est peu intéressant, ce bref « éternuement de reins », comparé à la contemplation extatique, sacralisée, mots que j'emploie avec réticence car, de nos jours, on les suspecte de relents mystiques. Or, toute extase mystique est sexuelle, même celles d'une sainte Thérèse d'Avila. Il est significatif que, le plus souvent, le mystique décrit son extase en termes érotiques, ce qui est incongru dans notre contexte culturel obsédé par l'antinomie (factice) entre le sexe et l'esprit. Avec gêne, « on » nous explique que ce langage est symbolique. Sourire entendu des tantriques...

Néanmoins, certaines visions mystiques sont vraiment symboliques. Quand sainte Thérèse dit: « Un ange d'une grande beauté, de sa lance au bout enflammé, m'a transpercée jusqu'au cœur », il est inutile d'appeler Freud à la rescousse pour décrypter cela !

A la réflexion, il est injuste vis-à-vis d'Alan Watts de sous-entendre qu'il n'est pas vraiment tantrique. C'est relativement vrai, en ce qu'il exclut tout rituel tantrique mais, telle quelle, son approche est cosmique. Lisons cet autre extrait du même ouvrage : « Sans vouloir donner des règles pour le plus libre de tous les contacts humains, mieux vaut l'aborder dans un esprit de non-agir. Quand le couple est suffisamment rapproché pour que les sexes se touchent, il suffit de rester tranquille, d'exclure toute hâte afin qu'au moment voulu la femme absorbe l'homme en elle sans être activement pénétrée.

» A ce stade, l'attente toute simple apporte sa plus belle récompense. Quand on n'essaie pas de provoquer l'orgasme par des mouvements du corps, les centres sexuels imbriqués deviennent un canal d'échanges psychiques des plus riches. Aucun des deux partenaires ne fait rien pour produire les choses, ils s'abandonnent à tout ce que le processus amène tout seul. L'identification à l'autre devient très intense, mais tout se passe comme si une nouvelle entité émanait du couple, dotée d'une vie propre. Cette vie — qu'on pourrait appeler le Tao — les élève au-dessus d'eux-mêmes et les emporte unis dans un flux de vitalité cosmique où ce n'est plus "toi" ni "moi" qui agit. L'homme, qui ne fait rien pour provoquer ni pour retenir son acmé, peut poursuivre cet échange pendant une heure ou plus. Entre-temps, l'orgasme féminin peut survenir plusieurs fois en réponse à une stimulation active minime, ce qui dépend de sa réceptivité à l'expérience en tant que processus qui s'empare d'elle. [...] Quand l'expérience éclate dans toute son ampleur, elle explose en une gerbe d'étincelles dont les plus lointaines sont les étoiles. » Ici, vraiment, Alan Watts atteint le cosmique et cette dernière phrase n'est pas une simple envolée lyrique, ni une figure de style. Le tantra la prend au sens littéral, car il *ne perçoit aucune frontière* entre le psychisme humain et le psychisme cosmique englobant les étoiles. Alan Watts évoque aussi le fait que le couple devient une entité nouvelle, distincte de chaque partenaire : voir le chapitre consacré à l'Overmind.

Cette perception des autres comme autant de champs de forces prodigieux n'est pas limitée au rapport sexuel, évoqué en tant que relation privilégiée, mais elle s'étend à tout contact, aussi banal qu'il puisse paraître. Les autres vivants, humains ou animaux, ne sont pas des fantômes, des robots abritant une vague conscience, mais bien des processus enracinés dans l'infini, dont les dimensions dépassent leur individualité. L'être n'est pas limité au présent : il s'insère dans un processus éternel. Le tantrique est très conscient de cette notion de processus. En présence d'un être humain, quel qu'il soit, il en perçoit toutes les dimensions, notamment son passé vertigineux. Tout comme chaque printemps est inscrit et présent dans l'arbre, « je » suis tout mon passé depuis ma naissance, depuis la conception et même avant. Le spermatozoïde — on y revient ! — qui m'a engendré est l'aboutissement d'un processus incommensurable, nous l'avons vu (ici il faudrait lire ou relire le chapitre consacré au *Temps sacré*).

La vie qui me porte est fragile, mouvante et pourtant permanente, indestructible. Je ne me lasse pas de répéter que la Vie, dont « je » suis une expression limitée mais intégrale, la Vie qui me porte et m'imprègne m'a été transmise par ma mère, qui l'a reçue — évidemment — de la sienne et ainsi de suite. En remontant la lignée ininterrompue des générations, j'aboutis à l'Eve des origines et, au-delà d'elle, sans aucun hiatus aussi bref soit-il, je traverse toute l'évolution jusqu'aux premières cellules vivantes dans l'océan tiède où la vie est née. Ma vie est aussi vieille et aussi neuve qu'à l'instant de sa création. La Vie est un gigantesque processus continu qui évolue depuis des milliards d'années et se poursuivra pendant d'autres milliards d'années. C'est vrai pour tout être rencontré : virus, plante, insecte, animal. Les noms et les formes *(nama* et *rupa)* diffèrent et changent, l'essence unique est hors du temps. La Vie terrestre est un processus unitaire qui s'autodévore et s'autonourrit en permanence, où tout agit sur tout. Le tantra perçoit la terre avec sa biosphère comme un organisme vivant unique, doté d'un psychisme collectif autonome, inséparable du cosmos total. On rejoint ainsi le mythe grec de Gaïa, que certains scientifiques redécouvrent ! Les sautes d'humeur du soleil ne se contentent pas de perturber les communications radio, elles influencent aussi toute la vie terrestre !

La notion de processus, quand on l'applique à tout notre entourage, est très féconde : chaque objet-événement prend aussitôt une dimension cosmique. Je me permets de reprendre ici, pour le compléter, l'exemple du Gange à Bénarès, avec ses énormes escaliers, les ghats, descendant vers le fleuve, ghats encombrés d'Hindous faisant leurs ablutions rituelles dans l'eau sacrée de Mère Ganga, car « le » Gange est féminin en Inde.

Le fleuve sacré

Debout dans le fleuve, entouré de cette foule bigarrée et recueillie, dans mes paumes jointes en coupe, j'offre au soleil levant l'eau que j'ai puisée et qui s'écoule entre mes doigts. Elle retourne ainsi à Ganga que je perçois dans sa totalité, en tant que processus. Ganga, au-delà d'ici et maintenant, au-delà des ghats et de la foule, se fond dans l'immensité du temps et de l'espace. Ganga, c'est une unité mouvante : en amont jusqu'à sa source, à deux mille kilomètres d'ici, dans l'Himalaya glacé, en aval jusqu'à son embouchure, à Calcutta, où Ganga s'unit à l'océan. Océan d'où elle vient, dont l'eau s'évapore, redevient nuage, neige ou averse de mousson, pour alimenter un autre fleuve avant de lui revenir sans cesse en un cycle éternel. Ganga, c'est à la fois ici et maintenant, hier et demain : ses rives ont vu tant de générations naître et mourir. Sur ses rives, Ganga a vu s'établir les premiers villages ; Ganga a abreuvé sans discrimination les chevaux de tous les envahisseurs : barbares Aryens, Moghols cruels, Anglais et autres. Les conquérants viennent puis s'en vont, mais elle est et sera toujours là, Mère Ganga, l'éternelle, toujours pareille mais jamais identique : on ne se baigne jamais deux fois dans le même fleuve, les Grecs le disaient déjà. Majestueuse et sereine, rien ni personne ne pourrait stopper son cours indolent.

Ganga, c'est cela et c'est pareil pour tout objet, pour tout être. Chaque homme est lui-même un fleuve de sa conception à sa mort et pourtant il n'est qu'une goutte, un instant fugace dans l'immense fleuve humain d'aujourd'hui, d'hier et de demain. Mais il porte en lui tout le cosmos, car « il n'existe rien dans l'univers qui ne soit dans le corps humain ... ce qui est ici est ailleurs et ce qui n'est pas ici n'est nulle part » dit le *Vishvasâra Tantra.* Et aussi « dans le corps résident Shiva-Shakti qui pénètrent et animent toute chose. » (Woodroffe, *The Serpent Power*, p.49.)

La mort, c'est la vie !

Tout est vivant ;
ce qu'on appelle la « mort »
est une abstraction.
DAVID BÖHM

A dix ans à peine, l'idée de la mort m'était déjà présente et cela à cause d'un ami de la famille, professeur de « sciences naturelles », comme on disait alors. Pour le gamin que j'étais, il avait la figure et le prestige du savant. Entomologiste par passion, géologue à ses heures, paléontologue et préhistorien par hobby, il ne cessait d'explorer la région. Il avait, ainsi et entre autres, repéré dans un vallon boisé, près d'un ruisseau, un « atelier néolithique » d'où il exhumait des dizaines d'outils en pierre taillée.

Comme c'était un voisin, j'allais souvent chez lui et ma curiosité l'amusait. Avec le temps, il s'était constitué un petit musée privé qui me fascinait et surtout sa collection de papillons de toutes tailles et couleurs, épinglés dans des cadres bien rangés. Faveur suprême, parfois il m'ouvrait sa vitrine aux trésors, celle avec les outils en pierre taillée et, en plus, trois crânes humains pas très anciens peut-être, brun foncé, luisants comme s'ils étaient cirés. Un jour, ayant sorti un de ces crânes anonymes et lui tapotant le front, il m'avait dit: « Vois-tu, *quelqu'un* a vécu et pensé là-dedans... » Du coup, ce vulgaire bout d'os prenait une dimension humaine étrange et, songeur, je pensais qu'un jour un inconnu pourrait tenir mon propre crâne et dire: « Quelqu'un a vécu et pensé là-dedans... » Sans m'effrayer, cela me faisait réfléchir et sans doute est-ce cela qui m'a fait acheter un presse-papiers en forme de crâne qui restait toujours sur mon bureau d'étudiant. C'est un des rares objets d'alors que je possède encore ; entre-temps, il s'est patiné et des générations de mouches sans gêne l'ont piqueté de points noirs...

Depuis cette époque aussi, et sans rapport avec le tantra, dont évidemment j'ignorais l'existence, le mystère de la mort a nourri mes réflexions, d'autant que la guerre m'a mis, comme des millions d'autres hommes, plus d'une fois et bien concrètement en sa présence.

Pour changer de registre, introduire et justifier le titre, voici l'histoire de deux amis qui se rencontrent. Le premier: « Sais-tu qu'Untel est mort ? ». L'autre, haussant les épaules, répond : « Que veux-tu, mon vieux, c'est la vie... » Hé oui ! Pour le tantra, la mort est un sujet... vital qui sous-tend toute notre vision du monde. L'adepte tantrique vit non pas dans l'obsession, mais dans l'intimité constante de la mort qui, pour l'Occident, signifie la fin ou *l'absence* de vie alors que, pour le tantra, mourir c'est le *contraire* de naître.

Ces quelques mots concrétisent l'abîme qui sépare la pensée orientale de l'occidentale face à la mort qui, jusqu'à une époque récente, était un sujet presque aussi tabou que le sexe. De plus, en Inde, la mort est liée à la réincarnation, sujet complexe que je n'aborderai pas ici. Je me bornerai donc à éclairer le mystère de la mort sous l'angle du tantra, pour en saisir le sens profond.

Or — paradoxe — le tantra est, avant tout, le culte de la vie sous toutes ses formes ; il en accepte toutes les implications, les servitudes, les joies, les peines. La vie est une expérience dont tous les aspects doivent être assumés, des plus humbles aux plus sublimes. Le tantra sait qu'on ne peut ni comprendre ni même jouir vraiment de la vie à moins d'avoir vaincu la mort. Vaincre la mort, ce n'est pas nier son existence, ni éviter de la regarder en face, ni vouloir s'y dérober, ce qui est évidemment impossible, mais lui ôter son aiguillon, pour utiliser l'expression consacrée.

En effet, à la racine de toute souffrance, de toute crainte, on retrouve la mort, soit la sienne, soit celle d'êtres chers. Enfant, je fus fort troublé quand, pour la première fois, j'ai réalisé que maman n'était pas immortelle et l'idée qu'un jour elle ne serait plus là me bouleversait. Son premier cheveu gris m'attrista parce qu'il signifiait que la vieillesse avait prise sur elle aussi, or je refusais qu'elle vieillisse ou meure. Pour me consoler, d'un geste sec elle l'a arraché, ce premier cheveu gris, avec un bref rire qui sonnait un peu faux...

Ne nous arrive-t-il pas parfois de penser que, sans la maladie et la mort, la vie serait si belle ! Mais est-ce bien vrai ?

Tout d'abord, mourir, c'est toujours aux autres que cela arrive : quand mon tour sera venu, je ne serai plus là pour en parler ! Ensuite, elle n'est redoutée que par l'individu, dont elle signifie la disparition, alors que, pour l'espèce, elle est une bénédiction indispensable.

Les religions nous consolent, nous rassurent, nous parlent de vie immortelle après la mort ou encore de réincarnation. A tort ? A raison ? Qui sait ? A chacun de garder son opinion à ce sujet et c'est pourquoi ce chapitre se cantonnera strictement au biologique.

La mort, moteur de la vie

En deux mots : pour le tantra, la mort est le moteur même de la vie qui, sans elle, perdrait tout charme, tout sens.

Voyons cela de plus près. Si *je* (« *je* », c'est chacun de nous) suis en vie, c'est... parce que les « autres » sont morts, sinon les dinosaures peupleraient encore la planète. Que dis-je ? Il n'y aurait même pas de dinosaures, car les mers du globe seraient surpeuplées par les unicellulaires du début de la vie, pratiquement immortels : comme ils se multiplient par division, cela donne deux cellules rigoureusement identiques, dont on ne peut dire que l'une est la mère et l'autre la fille : elles sont sœurs jumelles et... orphelines de naissance ! La « vraie » mort n'apparaît qu'avec les organismes complexes, les pluricellulaires, qui ont permis la naissance et l'évolution d'une infinité d'espèces. Or, la Vie accorde une priorité absolue aux espèces qui sont (relativement) immortelles par rapport aux individus, vis-à-vis desquels d'ailleurs chaque espèce agit de manière paradoxale. En effet, d'une part, elle implante en eux un instinct farouche de survie, d'autre part, elle programme leur disparition. Et c'est logique : composée d'individus immortels, l'espèce ne pourrait guère évoluer. Grâce à la mort, à chaque génération, chaque espèce garde sa chance d'évoluer. *Supprimez la mort : du coup, toutes les espèces seraient figées.* Il en va des espèces comme des voitures car si les premières Ford avaient été immortelles, increvables, elles encombreraient toujours nos routes. Les fabricants d'autos programment, eux aussi, la « mort » des voitures et leur durée de vie est délibérément limitée, leur kilométrage maximum aussi, ce qui permet d'en fabriquer (et surtout d'en vendre !) de nouvelles, plus perfectionnées, ou censées l'être ! La vie fait pareil. Remplacer les individus assure à chaque espèce la plasticité indispensable à sa survie face à la concurrence des autres formes de vie et au défi d'un milieu en perpétuel changement. Ainsi, pour l'espèce, remplacer les individus est une nécessité inéluctable.

Raisonnons par l'absurde et supposons que la vie ait décrété l'immortalité pour tous : quelle serait la situation ? C'est simple : la vie serait aussitôt bloquée irrémédiablement. Sans la mort, il n'y aurait ni bébés, ni vieillards, mais exclusivement des adultes, immuablement pareils à eux-mêmes. En effet, la mort est un processus permanent. Chaque jour, des milliards de cellules meurent, à commencer par celles de la peau, qui se renouvellent constamment tout au long de mon existence, sauf, dit-on, les cellules nerveuses. Mon immortalité en tant qu'individu impliquerait aussi celle de mes cellules et je demeurerais perpétuellement identique a moi-même !

Autre corollaire de l'immortalité : plus de bébés, donc plus de sexes ! Sans décès (la ruine des pompes funèbres), imaginez ce monde d'adultes inamovibles, inchangeables et asexués... Même pas unisexes, car il n'y aurait ni organes génitaux féminins, ni mâles ! Les fleurs étant le sexe des plantes, dans un univers où tout serait immortel, les plantes seraient sans graines, donc sans corolles, ni pistils !

L'ennui naquit un jour de l'immortalité

Immortels, après avoir passé quelques milliards d'années dans un monde immuable, on commencerait sérieusement à se morfondre. Une idée ! Pour meubler nos loisirs, faisons l'amour. Hélas, on n'a pas de sexe ! Qu'à cela ne tienne : mijotons-nous de bons petits plats. Encore hélas ! Les immortels n'ont nul besoin de manger, d'autant que les salades seraient, elles aussi, immortelles tout comme les lapins, les poulets, les bœufs, les poissons, etc. : plus de steaks, plus rien ! Même pas de quoi se faire une omelette. Pas de fromage non plus car, pour avoir du camembert, il faut du lait or les vaches immortelles n'auraient pas de veaux à allaiter. Et puisqu'on ne mangerait pas, nul besoin de tube digestif ! Plus de sexe, plus d'estomac, plus d'intestin. Avantages : plus d'indigestions, plus de constipation non plus...

On se retrouverait tous, inamovibles et immuables, pendant d'innombrables milliards d'années : insupportable ! Et ce ne serait qu'un début !

L'hypothèse absurde d'un monde peuplé d'immortels oblige aussi, comme corollaire, de leur accorder l'invulnérabilité. Si nous étions immortels mais vulnérables, au fil des siècles, immanquablement, nous collectionnerions des blessures et des cicatrices, voire des amputations. Dans quel état serions-nous après quelques milliers d'années « seulement » ?

Invulnérables, on pourrait se permettre toutes les fantaisies, par exemple celle de se précipiter, pour passer le temps, du haut d'une falaise, sur les rochers, sans jamais se blesser. Poursuivre ce raisonnement amène une cascade d'absurdités.

Admettre que la mort est le moteur de la vie, que sans elle la Vie serait impensable, absurde, dépourvue de ses principaux charmes, que l'immortalité physique serait insupportable, c'est fort bien, mais quant à notre propre mort, pourquoi donc s'en soucier avant l'heure du grand départ ? Ne vaut-il pas mieux l'oublier, ne se préoccuper uniquement que de vivre ? Pourquoi laisser le nuage noir de la mort assombrir le ciel de notre vie ?

En dehors de toute considération religieuse, pourquoi le culte de la vie serait-il incompatible avec la pensée de notre mort ? Essayons de saisir pourquoi les tantriques combinent le culte de la vie et l'intimité constante avec la mort. L'anecdote suivante éclaire mon propos.

Un jour, un coup de fil nous apprend qu'un couple d'amis venait d'avoir un accident de voiture : elle avait le bassin fracturé, lui, une commotion cérébrale. Le lendemain, en arrivant à l'hôpital pour leur rendre visite, alors que nous nous attendions à les voir choqués, catastrophés — surprise ! —, nous les trouvons avec un moral d'acier et un sourire inox. Tandis que l'amie, assise dans son lit, croquait une pomme, le mari nous relatait l'accident et nous disait comment, juste avant l'impact, il s'était bien rendu compte de ce qui allait arriver. Puis ce fut le « trou noir » avant le réveil à l'hôpital. L'amie : « C'est formidable, la vie ! Je ne le savais pas : manger une pomme, quelle merveille ! ». Le mari : « Au fond, mourir c'est facile. Mais, en plus, hier j'avais plein de soucis et l'accident a tout effacé ! Aujourd'hui, tout est neuf et je sais ce qui importe *vraiment* ».

Ce cas n'est pas unique et sans doute en avez-vous connu de semblables. La leçon est limpide : après un face à face avec la mort, la vie prend un relief saisissant. Autre exemple. Parmi les innombrables drames de la dernière guerre, il y a eu les arrestations, les jugements arbitraires, les verdicts de mort. Des milliers d'hommes ont ainsi vécu dans l'imminence de leur mort. D'une manière quasi générale, dans leur cellule, ces condamnés en avaient une vision lucide et courageuse et montraient un courage formidable. Ils voyaient la vie autrement. Bien des rescapés — après coup, bien sûr ! —, proclament cette expérience enrichissante.

Eh bien, les tantriques n'attendent pas d'être confrontés par hasard, accidentellement, à la mort pour percevoir le vrai sens de la vie : on verra comment.

Comme la mort existe, il faut bien s'en accommoder. *Etre mort* n'est pas redoutable ; le drame, c'est qu'avant cela il faut... mourir ! L'idée de n'avoir pas vécu au temps de Napoléon m'indiffère et — humour macabre — cela me laisse froid de savoir que dans cent ans je serai mort !

Alors, regardons le problème dans le blanc des yeux. Constatons qu'en chaque individu l'espèce a implanté l'instinct de survie qui fait que chacun s'efforce, par tous les moyens, d'échapper à la mort et de vivre le plus longtemps possible. Dans le cas du suicide, notons que ce qui empêche bien des gens de mettre un terme à leurs jours, c'est précisément ce « passage ». Nous tenons à la vie comme la pomme s'accroche à l'arbre, même pendant la tempête. Toutefois, quand souffle le vent d'octobre et que jaunissent les feuilles, mûre, elle se détache toute seule de la branche, sans regret, sans résistance : cette « mort » simple et facile pourrait bien être ce que la vie a normalement prévu dans nos gènes. L'Intelligence supérieure du corps lutte jusqu'au bout pour survivre, mais si la défaillance irrémédiable d'un organe essentiel rend la fin inéluctable, cette même Intelligence du corps met en branle le « processus de la mort », prévu et programmé. Car ce processus est complexe et plutôt lent. En effet, *on ne meurt pas sur le coup,* même par la guillotine, on commence seulement à mourir. Le couperet, en sectionnant la tête du condamné, ne fait « que » mettre en branle le *processus* de la mort. En premier lieu, c'est le cerveau qui va mourir. D'abord simplement étourdi par le choc, il va bientôt subir des lésions irréversibles : privées d'oxygène les cellules cérébrales meurent après quelques minutes seulement. Par contre, la barbe — qui mériterait le prix de l'obstination parce que les innombrables rasages n'ont pas réussi à la décourager —, prend sa revanche car elle « survivra », elle poussera encore pendant plusieurs jours, tout comme les ongles et les cheveux. Il est donc impossible de préciser l'heure exacte de la mort. Pour les plantes, c'est encore plus lent et imprécis. Un jardinier a planté chez nous des arbres soutenus par des tuteurs. Deux de ces arbres n'ont pas repris mais, en revanche, les tuteurs ont repoussé ! Ils ont bourgeonné, refait des branches, des racines et sont maintenant des arbres vigoureux. Les avoir plantés en terre a inversé le processus, sinon ils seraient devenus du bois à brûler. A partir de quel moment eussent-ils été vraiment « morts » ? Question sans réponse...

Parallèlement au corps dense, le corps subtil, psychique — matériel, lui aussi, dans la conception tantrique —, se désintègre lentement, sans doute pendant des semaines. C'est pourquoi les tantriques indiens sont enterrés, pour laisser le désengagement se dérouler normalement, et non incinérés, comme le veut la coutume aryenne. Autre question : la mort est-elle une fin ? Quoi qu'il en soit, l'être humain se survit dans ses enfants, ses petits-enfants et, au-delà d'eux, dans leurs gènes éternels. Et s'il n'a pas d'enfants, il se survit dans le processus qu'est l'humanité.

La douce mort naturelle

Ma seconde rencontre avec le fait de la mort, toujours vers l'âge de dix ans, m'a révélé que la vraie mort, la mort naturelle, celle qui devrait être la norme, n'est pas effrayante, ni pénible. Dans mon enfance, le jardin contigu à celui de mes parents (nous habitions à la limite entre la ville et la campagne) appartenait à un maçon retraité, qui avait la passion du jardinage. Ses plates-bandes étaient impeccables, alignées au cordeau, sans une mauvaise herbe. Quand tout lui semblait en ordre, il aimait s'asseoir sur le banc en bois qu'il s'était bricolé pour contempler son modeste domaine, admirer ses salades et ses radis. Un jour qu'il était installé sur son banc, ses mains calleuses posées sur ses cuisses, se chauffant au soleil de mai, à travers la clôture, je lui posais des tas de questions sur « le bon vieux temps », quand il était jeune. Il nous arrivait ainsi, de temps à autre, d'avoir de telles conversations. Ce jour-là, je l'écoutais avidement évoquer son père et la vie d'alors, d'événements datant de plus d'un demi-siècle, ce qui, pour le galopin que j'étais, équivalait, en exagérant un peu, au déluge ! Ce vieux taciturne, m'a raconté en détail comment son père, levé aux aurores, s'en allait à pied, en sabots, casse-croûte et bidon de café dans sa musette, travailler à la carrière, à huit kilomètres de là. Pendant dix à douze heures par jour, selon la saison, il y taillait la pierre avec un marteau de 12 kilos (oui, douze), par tous les temps, sous un vague abri en canisses. Le soir, rentré à la maison, il soignait encore ses bêtes ou cultivait le jardin. Jamais de congés, pas même le samedi après-midi, hormis le dimanche et les fêtes religieuses : il ignorait jusqu'au mot « week-end » ! Un soir, le père, qui avait alors plus de 90 ans, dit : « Je suis fatigué ! ». Puis, il monta se coucher et, le lendemain matin, on le trouva mort dans son lit. Avait-il perçu le « passage » ? Ce fut d'ailleurs l'unique fois où mon voisin entendit son père — qu'il n'avait jamais connu malade — prononcer le mot « fatigue »...

N'est-ce pas cela, la mort naturelle, celle qui vient à son heure, quand l'organisme a fait son temps, sans souffrance, comme le sommeil, son frère ? Mais il en est rarement ainsi, même dans la nature, où la mort violente est souvent la règle, et pourtant, même dans ce cas, il semble que mourir, loin d'être une expérience terrifiante, soit, au contraire, presque exaltante, intéressante, lumineuse. Comment le savoir, puisque personne ne revient de l'au-delà pour nous le raconter ? Pourtant, maintenant, grâce aux techniques de réanimation, des gens cliniquement morts « ressuscitent » et on dispose aujourd'hui de milliers de récits de mourants, pour ainsi dire ramenés de force à la vie, décrivant l'expérience de la prémort comme extatique. Souvent même ces rescapés sont furieux d'être ramenés à la vie et fort déçus de se retrouver sur un lit d'hôpital avec des tuyaux partout ! On a donc de bonnes raisons de penser que l'instant de la mort, si redouté, est en réalité le point final lumineux de la vie.

Ma troisième rencontre avec la mort, s'est produite vers la même époque, quand j'avais dix ou douze ans, environ. Alors que mon père, vétéran de la première guerre mondiale, malgré mes questions, ne parlait jamais de sa vie dans les tranchées, un de ses amis par contre, était plus prolixe.

Le trépas accidentel

Celui-ci m'a raconté que, réfugié dans une tranchée pendant un tir d'artillerie, un obus avait éclaté tout près de lui et l'avait enseveli. Il m'a décrit comment, à chaque fois qu'il vidait ses poumons, la terre molle s'affaissait, lui comprimait le thorax, rendait l'inspiration impossible. Sans pouvoir respirer, ni même bouger un membre, il allait mourir asphyxié et devenir un beau cadavre intact, car il n'était pas blessé. A l'anxiété folle du début, succéda un calme étrange et — fait classique, mais que j'ignorais alors — il a revécu des pans entiers de sa vie et, entre autres, revu sa mère, morte depuis longtemps, revenir de la fontaine en portant deux seaux d'eau.

Pendant ce temps, ses compagnons d'armes s'affairaient en toute hâte pour le dégager et l'ont sauvé in extremis d'une mort qui semblait affreuse. Cette expérience l'avait fort marqué et son récit m'a frappé au point que je m'en souviens encore très bien aujourd'hui. J'ai ainsi la conviction que la vie est charitable envers ceux qui trépassent...

Et je rapproche cela d'un autre récit, cette fois dans le cadre de la seconde guerre mondiale, et où un « fusillé » m'a fait le récit authentique de son exécution, mais pour épargner des susceptibilités, comme de tels faits semblables ont eu lieu chez tous les belligérants, je tairai l'endroit et les circonstances. Il avait donc été pris en otage et enfermé avec d'autres dans une grange. Pendant toute la nuit, les soldats qui les gardaient leur répétaient, en tapotant la crosse de leur mitraillette : « Demain matin, boum... boum... » A l'aube, on les conduisit dans un pré où on les força à creuser une tranchée. Ensuite, on les aligna derrière leur future fosse commune avec, en face, les armes braquées sur eux. Cliquetis, signal du commandant, rafales de mitraillettes et aussitôt, pour notre « fusillé » ce fut le trou noir, ce sont ses propres mots. Il s'effondra ainsi, sans connaissance et quand il reprit ses esprits, quelques instants plus tard, il était couché par terre, sous d'autres « morts » qui se réveillaient, eux aussi : les soldats avaient tiré juste au-dessus des têtes et rigolaient de cette « bonne blague » ! Puis, ils ont relâché les otages, estimant sans doute que cette « leçon » suffirait... Conclusion : s'ils avaient *réellement* été abattus, la vie aurait eu la charité de leur épargner les affres de cette mort absurde.

Revenons aux tantriques, pour qui la mort est le gourou suprême. Pour eux, le flirt régulier avec le fait de la mort et avec sa signification vise plusieurs objectifs :

— révéler le vrai sens de la vie, ce qui conditionne ensuite l'attitude correcte vis-à-vis de soi-même, des autres et des valeurs humaines ;
— découvrir le secret ultime de l'être ;
— se préparer, éventuellement, à vivre consciemment sa propre mort ;
— dépasser toute crainte, donc vaincre la peur de la mort, substratum de toutes les autres.

Il ne s'agit pas là d'une attitude obsessionnelle, morbide, mais bien d'une prise de conscience permanente du caractère impermanent, précaire, de la vie. Accepter ce qui précède permet d'échapper à toute angoisse, mais l'essentiel est d'en tirer des enseignements pratiques pour la conduite de sa vie, certes, mais aussi pour préparer sa mort.

La meilleure façon de se préparer à mourir — et ce n'est pas une boutade — c'est de tout faire pour... vivre le plus longtemps possible. N'est-ce pas le seul moyen d'approcher de cette mort naturelle ?

La shava sâdhana

Il n'est pas question de proposer l'expérience redoutable décrite ci-dessous : j'en parle pour montrer que le tantra va jusqu'au bout.

Quand la tradition dit que l'adepte doit vivre près des lieux de crémation, c'est parfois symbolique, mais souvent concret : n'en soyons ni troublés, ni choqués, voyons plutôt ce que cela signifie. Souvenons-nous qu'après la défaite de l'Inde, les vaincus soumis sont devenus des serfs (soudras), tandis que les insoumis, rejetés au ban du système, sont devenus « intouchables ». Les tantriques, opposés au racisme brahmanique et à son système ultra-patriarcal, adonnés au culte de la féminité, font partie de la résistance millénaire à l'envahisseur qui couve encore aujourd'hui. C'est ainsi que certains tantriques font partie de ces tribus de *Chandalas* dont les *Lois de Manou* disent :

« Que ces hommes établissent leur séjour au pied des grands arbres, près des endroits où l'on brûle les morts, près des montagnes et des bois, qu'ils soient connus de tous (en tant qu'intouchables) et vivent de leur travail. » (Livre X, 50)

Quand on connaît l'horreur brahmanique du travail, considéré comme honteux, et des cadavres, on mesure le degré d'abjection auquel, délibérément, ils soumettent ces hommes. Bien des tantriques ont ainsi vécu près des lieux de crémation. Confrontés depuis des millénaires à la mort et aux cadavres, ils en ont fait une expérience spirituelle, la *shava sâdhana* décrite dans *Tantra, its Mystic and Scientific Basis,* par Lalan Prasad Singh, p. 148 :

« Cette *sâdhana* est pratiquée pour unir *kundalinî* et *Param Shiva*. Elle s'accomplit avec un cadavre humain, à minuit, à la nouvelle lune et cette pratique spirituelle compte parmi les plus difficiles. Un rituel détaillé est prescrit pour cette *sâdhana* dont le *sadhaka* doit respecter très strictement les principes ésotériques. Violer les règles rituelles produit des résultats désastreux.

» C'est là un des aspects les plus secrets de la mystique tantrique, très mal compris à cause de son caractère non-aryen. Le cadavre doit être frais, intact, sans mutilations ni difformités. Aucun membre ne peut être tordu. Même s'il ne lui manque qu'un doigt, ou s'il est borgne, il ne convient pas pour la sâdhana. Ceci serait contraire aux principes tantriques ».

Puis l'adepte est abandonné, seul dans la nuit noire, en tête à tête avec le cadavre et même assis dessus. Il médite alors sur ce qui le différencie, lui, vivant, de cet autre humain qui, hier, était encore en vie. En imagination, il s'identifie à ce cadavre, vit la décomposition du corps pour découvrir en lui-même le « principe vivant ». Epreuve redoutable qu'il n'est pas question de pratiquer sans guide, même seulement en imagination.

Dans un autre rituel, la *kâpâlika sâdhana,* un crâne humain remplace le cadavre. Dans le rituel des « 5 M » le vin est bu, soit dans un vrai crâne (de préférence celui d'un brahmane !), soit dans une coupe qui le symbolise. Certains tantriques vivent et méditent dans des huttes littéralement tapissées de crânes humains. Parfois, des rites sexuels sont pratiqués dans le cimetière, parmi des cadavres, pour percevoir la complémentarité entre la mort et son antidote, le sexe.

A défaut de pratiquer ces rites et méditations, il faut savoir que le tantra n'a pas que des aspects aimables et comprendre l'origine de cette intimité avec la mort.

Alors, que peut-on pratiquer de tout cela en Occident ? Peu de chose, sinon de réfléchir souvent au sens de la vie dans l'optique de la mort, d'en voir la présence autour de soi et de saisir que, pour la Vie, elle n'est pas un drame. Ainsi, en suivant le vol fulgurant de l'hirondelle, *qui* pense que chaque « piqué » signe la mort d'un insecte. En est-on troublé ? Ou triste ? Pourtant, en se mettant à la place du moustique, c'est différent... Pour l'insecte-individu, c'est la fin du monde mais pour l'espèce « moustique », c'est sans importance parce que prévu et que sa riposte à la mort est un formidable potentiel reproducteur. On gronde le chat qui croque un rouge-gorge, mais qui pense aux affres du ver de terre que le merle gobe comme un spaghetti ?

La mort est une abstraction

Bientôt émerge la perception tantrique que *la mort est une abstraction* et que, *seule, la vie existe.* Certes, il y a des cadavres, d'ailleurs aussitôt récupérés par la vie, mais néanmoins — répétons-le —, seule la vie a une existence et s'en détacher est facile quand on est « mûr » pour le grand départ : repensons à la pomme. Entre-temps, pourquoi ne pas mesurer nos valeurs à l'étalon-mort plutôt qu'à l'étalon-or ? Si cet Occidental hyperambitieux, débordant d'activité, se demandait chaque matin s'il veut *vraiment* devenir l'homme le plus riche du cimetière, peut-être que cela changerait son optique. J'ai connu un businessman — et ce n'est pas un spécimen unique —, qui trimait comme un forcené, montant une affaire après l'autre, avec succès d'ailleurs. Très riche, il possédait un superbe château où il n'allait que très rarement, et quand il s'y rendait, il passait son temps le nez fourré dans ses dossiers. Le seul à profiter vraiment du parc c'était.. son jardinier ! Il est mort (l'homme d'affaires, pas le jardinier !) voici deux ans et il est sûrement le cadavre le plus riche du cimetière. Dans l'au-delà, s'en réjouit-il vraiment ?

Toutefois, la véritable réponse à l'énigme de la mort se trouve dans sa définition tantrique : la mort, c'est la vie, et la mort c'est le *contraire de naître.* Mais je dois aller plus loin, sentir que ma vie ne date pas du jour où je suis né, ni même du moment où le spermatozoïde paternel a pénétré l'ovule maternel, mais que *la vie est un processus continu* et que *je suis* ce processus.

Le chapitre « temps profane, temps sacré » éclaire cette notion de processus qui me libère aussitôt de la mort.

L'imminence de la mort peut parfois déboucher sur une expérience spirituelle de haut niveau. Ainsi, un matin, un ami me téléphone, bouleversé, pour me dire qu'il était leucémique et qu'on lui accordait une survie de six mois, au plus. Qu'attendait-il de moi ? Un conseil ? Une consolation ? Je n'en sais trop rien. J'avoue mon embarras : que dire dans un cas pareil ? Puis, les mois ont passé sans autres nouvelles de lui. Un an plus tard, il me retéléphone. Je ne lui ai, évidemment, pas dit « tiens, tu es encore là ! ». J'ai donc attendu ses explications que je résume : « Au début, j'étais fort troublé. Puis, après quelque temps, je me suis mis à vivre intensément chaque minute, à profiter de chaque rayon de soleil. Tout prenait un relief saisissant. Une fleur banale, que je daignais à peine regarder auparavant, devenait une merveille. Jouer avec mon petit-fils était extraordinaire : je me sentais vivre en lui, comme en mes enfants. J'ai aussi fait de longues méditations et, un beau matin, j'ai accepté sans réserve l'issue fatale annoncée. Dès lors, j'ai perçu que je faisais partie et que je ferais toujours partie de l'univers qui m'entoure. Ma vie a changé. Je suis heureux. Maintenant, je sais ce qui importe et ce qui est futile. Ma leucémie ? C'était un faux diagnostic et je devrais remercier le docteur de son erreur... Sans ironie ! »

Voilà ! Mais, au fait, ne sommes-nous pas tous atteints d'une « maladie » fatale à 100 % : la vie ! Faut-il attendre une menace aussi directe et un diagnostic médical pour vivre pleinement, malgré ou grâce à l'ombre de la mort ?

Il est un aspect du problème de la mort que j'ai, peut-être, l'air d'éluder: celui des souffrances qui, souvent, la précèdent, c'est-à-dire les maux de la sénilité, les affres de la maladie. Ces épreuves sont, hélas, bien réelles et personne ne songe à les nier, mais sont-elles vraiment inévitables, voulues par la nature ? Bien sûr, le seul moyen de vivre longtemps c'est de vieillir mais, par contre, la sénilité n'est pas fatale ni préméditée par la nature. Aucune maladie, même pas le cancer, n'est inéluctable. A première vue, la vie est comme un banquet qui débute par le dessert, l'enfance heureuse, et finit par un châtiment, la maladie, la souffrance, la décrépitude sénile... En fait, rien de tout cela n'est **voulu** par la nature. La Vie a prévu la mort naturelle, celle de cet homme qui a glissé dans l'au-delà pendant son sommeil, sans le savoir, sans avoir jamais été malade.

Pour les yogis, la sénilité et la maladie sont des échéances évitables : pendant toute leur vie, les « civilisés » signent des chèques sans provision sur l'avenir. Ils vivent mal, se nourrissent mal, respirent mal, ne bougent pas, laissent leur organisme s'encrasser, donc devenir malade et sénile. A plusieurs reprises j'évoque l'étonnante juvénilité des maîtres et adeptes du tantra. Elle est bien réelle, mais encore faut-il vivre correctement, donc pratiquer le yoga et là, je vous recommande *mes* livres : cela vous étonne ?

Et voilà comment, pour le tantra, la mort est le gourou suprême...

Le comportement du trépas

C'est sûr, le thème de la mort et du trépas mériterait tout un livre. Néanmoins, pour la conduite concrète de la vie, de ce qui précède nous pouvons, vous et moi, déjà retenir : que « je » suis une émanation du processus « Vie » et que ma vie n'a commencé ni à ma naissance, ni même à la conception. Indépendamment de ma foi religieuse, si j'en ai une, le tantra m'apprend que la mort n'est pas une fin parce que le processus de la vie se poursuit au-delà de la dissolution de mon ego.

Ainsi, en tant que processus continu, j'évolue à l'intérieur d'autres processus, infiniment plus vastes, ceux de la vie, ceux du cosmos ! Atome infime et pourtant gigantesque, j'incarne le dynamisme organisateur de l'espèce ainsi que la puissance créatrice et consciente de la Vie universelle.

En somme, la Vie terrestre dans sa totalité est un vaste organisme unique qui s'autodévore en permanence et qui, grâce à cela, prolifère de plus en plus, tout en se diversifiant à l'extrême.

Grands mots ? Peut-être... Grandes réalités surtout.

Mais, me direz-vous avec raison, tout cela c'est de la philosophie, de la théorie, et ne résout par le problème de mon trépas qui viendra fatalement : que me propose le tantra et comment puis-je m'y préparer concrètement ?

La réponse tantrique, face au trépas, est d'une sérénité totale. Plus haut, en passant, j'ai cité les affres de la décrépitude sénile et des maux qui, dans notre esprit, accompagnent « fatalement » le soir de la vie car, de nos jours, on considère que mourir de maladie est la fin « normale », de la vie humaine. Or, nous le savons, pour le tantra, ces souffrances, absentes du projet de la nature, sont évitables. En fonction de quoi le tantrique, conscient de ses devoirs envers sa république cellulaire, notamment de son devoir d'en assurer l'intégrité mène une vie saine, yogique, donc longue et heureuse, qui prépare un trépas naturel et doux.

Quant au trépas lui-même, le tantrique, tout en cultivant la conscience de sa mortalité, paradoxalement ne s'en préoccupe pas. Pourquoi ? Parce que le « comportement du trépas », programmé dans mes gènes, se déclenchera, le moment venu, sans que j'aie à m'en soucier. Mon corps *sait depuis toujours comment il faut mourir*, même si « moi » je l'ignore.

C'est bien ce que l'on a fait, sans le savoir évidemment, dans l'utérus maternel. Quelles seraient les affres d'un bébé qui s'inquiéterait de sa naissance, qui se demanderait comment il pourra sortir de sa confortable prison utérine : la porte vaginale lui semblerait un passage bien impraticable ! Mais, heureusement, il ne se torture pas les méninges toutes neuves à ce sujet ! Toujours sans Ie savoir, il fait confiance à l'Intelligence du corps qui, elle, *sait déjà*. Et au moment opportun, le « programme » se déclenche et l'enfant est informé de ce qu'il doit faire. Une naissance se fait à deux : l'intelligence supérieure du corps de maman lui dicte son « comportement d'accouchement » auquel répond le « comportement de naissance » de bébé, programmé et rodé au cours des millions d'années.

Pareillement, le « comportement du trépas » préexiste en moi comme en chacun et mon intellect n'a pas à s'en soucier ni à l'anticiper : cela se fera tout naturellement, sans que j'aie à y réfléchir. Il me suffira de m'abandonner au comportement instinctif qui me sera révélé au fur et à mesure que le processus du trépas se déroulera. Je n'ai donc pas à y penser avant. On me dira que c'est l'attitude de la plupart des gens : ils savent qu'ils mourront, mais ils s'efforcent de l'oublier et, si l'idée se présente, ils la refoulent. Le tantrique, lui, ne fuit pas le fait de la mort qu'il prépare en veillant à vivre le plus près possible du terme naturel et prévu de sa vie. Entre-temps, il laisse la mort éclairer son existence et non l'assombrir, sans anticiper le processus du trépas qu'il confie à la Sagesse suprême du corps, qui est celle de la Vie.

Défense de trépasser

A l'entrée des hôpitaux modernes, il faudrait afficher « Défense de trépasser ». En effet, pour la médecine, « perdre » un patient est perçu comme un échec, presque comme un affront fait à la Faculté. D'où la volonté de garder, coûte que coûte, le malade en vie le plus longtemps possible : on ne laisse plus mourir personne. Il est vrai que la douce mort naturelle est devenue une anomalie incongrue dans une société où l'on estime « qu'il faut bien mourir de quelque chose », c'est-à-dire où l'on ne conçoit pas qu'on puisse mourir... en bonne santé, tout simplement parce que le temps est venu.

De plus, le médecin s'efforcera, sinon de supprimer, du moins d'atténuer au maximum les souffrances du malade, ce que personne ne lui reprochera. Mais avec un corollaire particulier : quand, finalement, la bataille sera vraiment perdue, il fera en sorte que, grâce aux drogues puissantes de la pharmacopée moderne, le malade glisse dans la mort sans en être conscient. Cette ultime charité, ou du moins perçue comme telle, le prive cependant de son droit « d'entrer dans la mort avec les yeux grands ouverts », pour citer Marguerite Yourcenar.

Ainsi, de nos jours, il est normal, voire convenable, de mourir à l'hôpital d'une mort anonyme et presque clandestine. Or, la littérature moderne relative aux expériences du pré-décès confirme que le passage, le trépas, est une expérience exaltante, lumineuse, confirmant en cela les affirmations des Orientaux, et notamment des yogis.

Ce fait — et je le reconnais volontiers —, commence à être admis dans les milieux médicaux. Un ami médecin me confiait qu'au moment du grand départ il demandera à être ramené chez lui, pour y trépasser entouré des siens, comme autrefois. C'est ce que tout tantrique souhaite aussi, tout en sachant que la meilleure préparation au trépas, c'est de vivre le plus longtemps possible en bonne santé !

Enfin, je clos ce chapitre en confirmant qu'il a bien été convenu entre nous que, seule, la logique biologique de la mort serait évoquée. Si la question de l'après-mort n'est pas évoquée, c'est parce qu'elle est du domaine de la religion et qu'il appartient à chacun de se déterminer selon ses croyances. De plus, vouloir traiter ce sujet à fond demanderait, au bas mot, un autre livre...

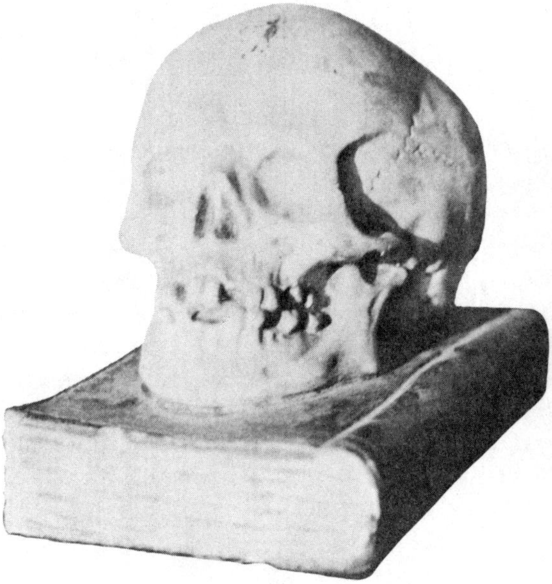

La femme, son culte, son mystère

« La femme crée l'univers
elle est le corps même de cet univers.
La Femme est le support des trois mondes,
elle est l'essence de notre corps.
Il n'existe pas d'autre bonheur
que celui procuré par la Femme.
Il n'est d'autre voie que celle
que la Femme peut nous ouvrir.
Il n'y a jamais eu et il n'y aura jamais,
ni hier, ni maintenant, ni demain,
d'autre fortune que la Femme, ni de royaume,
ni de pèlerinage, ni de yoga, ni de prière,
ni de formule magique (mantra), ni d'ascèse,
ni de plénitude autre
que celle prodiguée par la Femme. »
SHAKTISANGAMA-TANTRA II.52

Toute femme est Shakti

Déesse-Mère, initiatrice, origine de toute vie, source de jouissance, voie vers la transcendance : la femme et son mystère sont au cœur du tantra, l'essence de son message millénaire.

Sans doute cette énumération emphatique paraît-elle sans rapport avec nos mères, sœurs, épouses, maîtresses éventuelles, bref toutes les femmes en chair et en os rencontrées dans la vie : en elles, où donc se cache le mystère de la Femme ?

C'est, en fait, tout le tantrisme que d'accéder aux aspects abyssaux de la Femme cachés dans la femme réelle, banale. Le *Kaulâvalî-Tantra* dit : « Il faut se prosterner devant toute femme, qu'elle soit jeune fille dans sa splendeur juvénile ou qu'elle soit vieille, qu'elle soit belle ou laide, bonne ou méchante. Il ne faut jamais l'abuser, ni en médire, ni lui faire du mal, ne jamais la frapper. De tels actes rendent tout *siddhi* (accomplissement) impossible. »

Le culte que le tantra voue à la femme, dépasse — et de loin ! — tout ce que les mouvements de libération de la femme réclament. Ceci n'est pas une critique de ce mouvement, devenu nécessaire dans notre société patriarcale, et qui la fait au moins reconnaître l'égale de l'homme — ce qui n'est pas synonyme d'« identique ». Pour le tantra, il est essentiel, avant tout, que la Femme émerge de la femme, que celle-ci réalise ce qu'elle *est* vraiment, qu'elle transpose cela dans sa vision d'elle-même et du monde, qu'elle l'intègre dans sa vie.

Le tantrique, pour qui toute femme incarne Shakti, aura, à son égard, une attitude bien différente de celle du mâle ordinaire. Pour lui, elle n'est pas un objet sexuel à courtiser pour en obtenir les faveurs, ou un gibier. Il n'est ni dragueur, ni don Juan. Même seule avec lui, la femme n'a rien à craindre : elle est en sécurité, libre dans son comportement. Respectée, elle ne sera jamais importunée.

Le message du tantra concerne autant la femme que l'homme. Toute shakti tantrique est ou cherche à devenir une *vraie* femme, qui ose explorer les tréfonds de son être pour y découvrir ses fondements ultimes.

Elle est la déëesse, c'est-à-dire l'incarnation d'une énergie cosmique ultime, vivante et présente, même si elle ne le sait pas. Ce n'est donc pas seulement l'homme qui doit changer d'attitude, mais aussi la femme vis-à-vis de son propre mystère, qu'en général elle ne perçoit guère : « Je ne suis ni mystérieuse, ni divine », pense-t-elle. Pour l'homme, le mèstère de la femme, c'est sa nature fantasque, irrationnelle, imprévisible qui la lui rend insaisissable. Or, *son vrai mystère c'est celui de la Vie* car, homme ou femme, notre vie personnelle a débuté dans le ventre de la mère. Mais, aujourd'hui, grâce à la génétique et la biologie, que reste-t-il encore de ce prétendu mystère de la vie ? Si, pour les primitifs, la conception et la naissance étaient nimbées de mystère, ce c'est plus le cas, ême pour les enfants : la cigogne ou le chou, c'est bien fini ! Dès l'école, on leur explique comment le spermatozoïde féconde l'ovule, puis comment l'embryon grandit dans l'utérus. La génétique a donc démystifié — ou désacralisé ? — les secrets de l'hérédité, surtout depuis que nous manipulons les gènes sans gêne. Nous filmons la vie du fœtus dans l'utérus et, si on le veut, une simple piqûre avance ou retarde la naissance, au quart d'heurt près : les bébés naissent de moins en moins pendant la nuit, ce qui est fort pratique pour les gynécologues !

Mais, en dépit de tout cela, le mystère de la vie, incarné par et dans la femme, demeure abyssal. La mère est infiniment plus qu'une couveuse ambulante, même si son petit moi-conscient n'y pense guère. Son mystère, c'est *la force créatrice* qui réside en elle. Le tantrique (mot qui désigne aussi bien un homme qu'une femme) perçoit que, dans le ventre de la femme, « ce » qui produit l'ovule *est* le pouvoir créateur ultime. C'est là, dans l'obscurité chaude de son ventre, qu'émergent les forces cosmiques primordiales, que l'ovule soit fécondé ou non. Saisir ce qui agit *vraiement* dans l'utérus, c'est à saisir le mystère de l'univers. Ce fantastique dynamisme créateur qui suscite les atomes et les galaxies, fait germer le blé, proliférer les bactéries, est présent et actif à tout moment, et pas seulement pendant la grossesse, dans toute femme, dans toute femelle. Est-ce du lyrisme que d'évoquer cette grandiose réalité... et de l'adorer ? La femme *fait* l'enfant : elle ne se contente pas de la laisser grandir en elle.

Bien sûr, c'est le dynamisme inhérent à l'ovule fécondé et son code génétique qui régissent l'évolution du fœtus qui se poursuit évidemment après la naissance. Mais l'ovule est produit par la femme, non par une mécanique. Quelque part en elle dort, involuée, toute l'expérience de toutes les générations passées, à travers toute l'évolution de l'humanité, voire de la vie préhumaine. Sous la forme de son pouvoir génésique, la femme porte l'espèce, la nature créatrice, enclavée en elle. Mais le mâle n'apporte-t-il pas, lui aussi, la moitié du capital génétique, les mêmes forces ne sont-elles pas à l'œuvre en lui comme dans la femme ? Chaque jour, ne fabrique-t-il pas des millions de ces torpilles de l'hérédité que sont les spermatozoïdes ? Oui, mais le plan de base de toute espèce, y compris l'humanité est, biologiquement parlant, féminin. L'homme est fondamentalement femelle, le mâle n'ayant « inventé » que pour disséminer les gênes.

La Femme a été la primière religion de l'homme et sa première divinité fut la déesse-mère. Fut, ou est ? Ne tranchons pas : constatons seulement qu'elle se retrouve partout dans le monde préhistorique. C'est elle qu'évoquent les premières sculptures malhabiles représentant un être humain. Déesse-mère, elle incarne aussi le principe de l'éros. C'est la Shakti, l'énergie primordiale, d'où émerge l'univers manifesté.

Qui dit religion de la Femme dit aussi prêtresse et magicienne, c'est-à-dire intermédiaire cosmique. Le mystère de la femme n'est pas limité à son sexe : il imprègne son être tout entier, y compris (et peut-être surtout) son psychisme. La femme est intuitive parce que sensitive et accordée aux rythmes cosmiques qu'elle capte. Elle connaît les secrets de la vie et de la santé, des plantes et des fleurs. Dans les peuples archaïques, c'est en général la femme qui s'occupe de l'agriculture, notamment parce qu'on croit que son pouvoir fécondant agit sur la fertilité du sol. Elle comprend les tréfonds de l'âme humaine : dans son inconscient et à travers lui, elle est en rapport direct avec les grands courants psychiques qui nous portent et nous emportent. Elle séduit et terrorise à la fois. Chaque homme porte en lui un portrait-robot de la femme absolue et s'il la rencontrait dans la réalité, sidéré, il ne pourrait plus s'en détacher : ce serait le coup de foudre total. D'ailleurs, toute sa vie durant, tout homme la cherche autour de lui. Rarissimes sont ceux qui la rencontrent, et on peut presque dire : heureusement ! C'est ce rêve, cet inaccessible idéal qu'il projette, par exemple, dans les stars : Greta Garbo était « la divine » parce que, pour les millions d'hommes, elle était la femme idéale dont tous ont la nostalgie. Ce culte occulte de la femme est bien vivant : ses icônes sont, par exemple, les posters de pin-up, caricatures modernes de la vraie femme, créées par des mâles à l'usage d'autres mâles.

Les féministes récusent l'emploi de la femme-objet dans la publicité et sur les posters, néanmoins c'est un hommage rendu à la femme, même s'il est maladroit. Un jour, devant expédier un colis, dans le bureau enfumé et crasseux d'une petite gare de province, j'ai eu affaire au préposé qui n'avait rien d'un adonis. Sur sa table, des paperasses. Au plafond, une ampoule, orpheline d'abat-jour, éclairait vaille que vaille des étagères branlantes, bref un décor minable. Au mur, qui autrefois avait été blanc, fixée par des punaises rouillées, une affiche jaunie, abîmée, avec une pulpeuse pin-up fort déshabillée : la Shakti, en quadrichromie, était dans la gare, même si la pin-up n'est pas le parangon de la *vraie* femme !

Mais alors, la vraie femme, c'est quoi, c'est qui ? Grande question ! Bien que chacune incarne le principe féminin ultime et l'éros, la vraie Shakti se fait de plus en plus rare. Qui faut-il en blâmer ? La femme ou le patriarcat qui l'étouffe ? Aujourd'hui, nos femmes sont des zombies, des caricatures de la vraie femme agréables à regarder. En régime matristique, la femme peut s'épanouir... et l'homme aussi car il ne peut évoluer qu'au contact de la vraie femme et, s'il l'étouffe, il s'asphyxie lui-même. Pendant toute la préhistoire la civilisation matristique a régné du bassin méditerranéen à l'Inde dravidienne où elle subsiste encore dans certaines régions, comme le Kerala.

En dehors de l'Inde, les Trobriandais, qui ont été bien étudiés par Claude Lévi-Strauss, sont un des peuples les plus heureux du monde : malgré — ou à cause ? — de leur structure matriarcale, les hommes ne sont ni brimés, ni exploités, les femmes sont libres et épanouies. La nature est matrifocale, c'est-à-dire que la mère en est le foyer : les chatons qui tètent leur mère en ronronnant se fichent bien du raminagrobis qui les a engendrés ! Et ce vieux matou qui fourre son nez dans une couverture ou dans une fourrure qu'il pétrit avec conviction et délectation, que fait-il, sinon refaire ses gestes de chaton blotti contre le ventre chaud de sa mère, encore présente en lui. Quant à son géniteur...

Savoir qui est la mère est facile et indiscutable, quant au père, c'est autre chose ! En régime patriarcal, la lignée va de père en fils, les biens vont au fils aîné, comme dans nos pays jusqu'aux réformes. Ce n'est pas pareil en régime matriarcal et je cite Alain Daniélou : « Le système matriarcal, où toute la propriété familiale appartient à la femme et où c'est la fille qui hérite de la mère, reste encore aujourd'hui le système pratiqué au Kerala, au sud de l'Inde. Même dans les familles royales, le trône passe de mère en fille, et le roi n'est qu'un consort. Cette pratique est considérée comme la seule manière efficace d'assurer la transmission du sang royal. Selon l'ancien dicton indien : "Quand un père dit voici mon fils, c'est la foi : quand une mère le dit c'est la connaissance" ; or les institutions sociales doivent reposer sur des certitudes et non sur des croyances. »

En régime patriarcal, où la lignée va de père en fils et les biens au fils aîné, pour que le *papa-peut-être* devienne *papa-bien-sûr*, que faut-il faire ? C'est logique : l'homme *doit* s'approprier la femme et son sexe, l'enfermer physiquement, par exemple dans un harem, et socialement dans un réseau de règles et de contraintes, assorties de châtiments dissuasifs en cas d'adultère, imposer la virginité jusqu'au mariage. Quand l'homme va jusqu'au bout de cette logique, elle aboutit aux femmes cousues (elles sont des millions en Afrique musulmane) : on leur excise le clitoris et les petites lèvres — sans anesthésie, ni antisepsie —, on leur coud l'entrée du vagin, ne laissant qu'un minuscule orifice pour évacuer les règles, ce qui garantit mieux leur virginité qu'une ceinture de chasteté ! La nuit de noces, c'est au poignard que le mari s'ouvre glorieusement la voie vers la paternité. Le lendemain, il exhibera fièrement l'arme et le linge maculés de sang. Comble du raffinement mâle : ce sont les femmes (âgées) elles-mêmes qui cousent les jeunes. A part la défloration au poignard, l'homme ne se salit pas les mains !

La même logique patriarcale conduit à rabaisser la femme, à la reléguer dans sa cuisine, à lui donner comme seul but de vie de servir son mari et de perpétuer la race. Dans l'Inde brahmanique, les lois de Manou et de la *Satî* décrivent les devoirs de l'épouse : son mari est son Seigneur, un Dieu vivant qu'elle doit servir et adorer, même s'il est laid comme un pou, même s'il louche et la maltraite ! Toujours dans l'Inde brahmanique, malheur à la veuve car elle porte malheur et la mort de son mari le prouve. Il n'y a guère, la veuve s'immolait encore dans les flammes du bûcher qui consumait son défunt mari, peut-être parce qu'on lui avait inculqué cette attitude, mais aussi parce qu'elle savait quel sort l'attendait. Dans la société aryenne la veuve y est privée de toute jouissance, elle doit vivre en recluse, ne porter que des vêtements usagés, se nourrir de restes. Fantôme vivant, toute coquetterie lui est interdite. Oiseau de malheur, elle n'assiste à aucune fête. Il lui est défendu de regarder un homme, voire même un animal mâle ! Il est hors de question qu'elle se remarie, même si son mari est mort jeune et au combat, par exemple. Son existence se terminant de toute façon avec celle de son époux, son autodafé lui épargnait une vie de brimades et de souffrances.

Mais, dira-t-on, tout cela c'est du passé et ne concerne que l'Inde. C'est vrai, la satî est interdite et les veuves ne s'immolent plus sur le bûcher de leur mari, par contre, chaque année des milliers d'Indiennes brûlent dans leur cuisine parce que les parents ne peuvent pas payer le supplément de dot exigé par les beaux parents : avec ces réchauds au gaz butane, un « accident », est si vite arrivé, n'est-ce pas...

Chez nous, au contraire, on renverse la vapeur : les femmes prennent conscience de leur propre valeur. C'est vrai, mais il ne suffit pas que la femme soit l'égale de l'homme : elle doit redevenir la vraie femme. Or, celle-ci a disparu. Comment et pourquoi ? Louis Pauwels — on l'aime ou non — nous le dit dans sa *Conférence Imaginaire* intitulée *La Femme est rare.*

La femme est rare

« Le problème est qu'il n'y a presque plus de femmes. Je soutiens que les femmes ont disparu, qu'il y a eu une catastrophe, que la race des femmes s'est trouvée dispersée, anéantie, sous nos yeux mêmes qui ne voyaient pas. Messieurs, la femme, la descendante du paléolithique et du néolithique, notre mère, notre femelle et notre déesse, l'être que j'appellerai *la femme de l'homme,* et dont nous n'avons plus idée, a été pourchassée, atteinte dans son corps physique et dans son corps mental et renvoyée au néant.

» Les entrailles de la terre sont gorgées de forêts englouties, de restes d'espèces animales disparues, de cendres de races humaines et surhumaines dont l'histoire, si elle nous était révélée, défierait la plus folle imagination. Notre véritable femelle, elle aussi, est mêlée à l'humus des abîmes souterrains. Pourquoi ? Hé, Messieurs, réfléchissez ! C'est elle qui a fait les frais de l'immense, de l'implacable lutte contre les religions primitives de l'Occident. Cette lutte : voilà toute l'histoire du monde dit civilisé. Croyez-vous que là où les légions romaines n'acclimatèrent jamais leur religion, en Gaule, par exemple, ou en Grande-Bretagne, les soldats du Christ trouvèrent une terre vierge de pensée et de dieux ? En mille lieux de notre vieille Europe, dans les landes, sur les plaines à menhirs, au fond des maquis et sur les rives où chantait Pan, subsistait la religion indigène venue de la nuit des âges, la vraie religion de l'homme occidental. Messieurs, je tiens pour certain que l'Europe a vécu durant des millénaires d'une haute pensée mystique, ellemême descendue d'autres âges, consacrée au Dieu Cornu et à l'exaltation du principe féminin. Je tiens pour évident que cette spiritualité originelle a été balayée avec violence, dans le feu et dans le sang, par une religion étrangère venue d'Orient, le christianisme. Le Dieu Cornu, protecteur de l'antique humanité de l'Ouest fut appelé Diable et maudit.

Les idoles immémoriales furent abattues, et avec elles il fallut détruire leur support : la femme mère, la femme déesse, la femme femelle, la vraie femme.

» De beaux esprits d'aujourd'hui dénoncent les méfaits du colonialisme récent : les Indiens effacés, les mages de l'Afrique éteints, les civilisations noires martyrisées. Que ne nous parlet-on pas de nos anciens totems à nous, qui furent renversés ! De notre Dieu à nous, qui fut avili et pourchassé ! De nos prêtresses à nous, qui furent exterminées ! De notre femme qui nous fut retirée ! La vieille Europe, elle aussi, a été colonisée et défigurée. Oui, Messieurs, j'ose dire cela. Du point de vue purement anthropologique où je me place, l'histoire de l'église chrétienne est l'histoire d'une guerre menée par l'étranger contre un culte indigène très ancien, très puissant, très profondément enraciné, et d'un crime réussi contre la race humaine femelle tout entière. Nous avons perdu notre moitié, Messieurs. On nous l'a tuée. Je le démontrerai.

» Je n'accuse pas. Ce crime fabuleux était peut-être nécessaire. Et il était peut-être fatal. La civilisation ne serait pas ce qu'elle est si la vraie femme existait encore. Nous continuerions à croire au Paradis sur terre. L'esprit humain n'aurait pas emprunté de chemins nouveaux. Nous ne serions pas aujourd'hui sur le point d'atteindre les lointaines galaxies, nous n'aurions pas ouvert de larges portes dans l'univers, par lesquelles pénètre déjà l'appel du Dieu ultime en qui se fondront tous nos dieux, en qui l'esprit du globe se résorbera un jour, ayant accompli sa mission. Mais voyons ce crime. Extermination physique sur les bûchers : j'évoquerai les centaines de milliers de vraies femmes, nommées sorcières et brûlées comme telles, et les millions d'autres femmes vaincues et changées par la peur. Je vous renvoie au Michelet visionnaire de *La Sorcière,* livre admirable et incompris. Extermination par la propagande, arme plus sûre que toutes les autres, nous le savons maintenant, et plus efficace à l'époque que l'estrapade, les brodequins et la chemise soufrée. Guerre révolutionnaire menée par la Chevalerie contre la femme vraie au profit d'une nouvelle idole. Et enfin, sur un plan plus vaste, plus mystérieux et néanmoins concomitant, mutation descendante de l'espèce. De sorte que, peu à peu, s'est substitué à l'être femelle authentique, un être différent.

» Messieurs, l'être que nous nommons femme n'est pas *la* femme. C'est une dégénérescence, une copie. L'essence n'y est pas, le principe n'y est pas, notre joie et notre salut n'y sont pas.

» [...] Nous appelons femmes des êtres qui n'en ont que l'apparence, nous prenons dans nos bras des imitations d'une espèce entièrement ou presque détruite.

» La femme est rare, dit Giraudoux. La plupart des hommes en épousant une médiocre contrefaçon des hommes, un peu plus retorse, un peu plus souple, s'épousent eux-mêmes. Ils se voient eux-mêmes passer dans la rue, avec un peu plus de gorge, un peu plus de hanches, le tout enveloppé de jersey de soie, alors ils se poursuivent eux-mêmes, s'embrassent, s'épousent. C'est moins froid, après tout, que d'épouser un miroir. La femme est rare, elle enjambe les crues, elle renverse les trônes, elle arrête les années. Sa peau est le marbre. Quand il y en a une, elle est l'impasse du monde... Où vont les fleuves, les nuages, les oiseaux isolés ? Se jeter dans la Femme... Mais elle est rare... Il faut fuir quand on la voit, car si elle aime, si elle déteste, elle est implacable. Sa compassion est implacable... Mais elle est rare. »

» La vraie femme, celle qui nous vient du fond des âges, la femme qui nous fut donnée, appartient tout entière à un univers étranger à celui de l'homme. Elle rayonne à l'autre extrémité de la Création. Elle connaît les secrets des eaux, des pierres, des plantes et des bêtes. Elle fixe le soleil et voit clair dans la nuit. Elle possède les clés de la santé, du repos, des harmonies de la matière. C'est la sorcière blanche entrevue par Michelet, la fée aux larges flancs humides, aux yeux transparents, qui attend l'homme pour recommencer le paradis terrestre. Si elle se donne à lui, c'est dans un mouvement de panique sacrée, lui ouvrant, dans la chaude obscurité de son ventre, la porte d'un autre monde. C'est la fontaine de vertu : le désir qu'elle inspire consume l'excitation. Plonger en elle redonne la chasteté. Elle est stérile, car elle arrête la roue du temps. Ou plutôt, c'est elle qui ensemence l'homme : elle le réenfante, elle réintroduit en lui l'enfance du monde. Elle le restitue à son travail d'homme, qui est de monter le plus haut possible en lui-même. On dit surhomme, on ne dit pas sur-femme, car la femme, la vraie, est celle qui fait de l'homme plus qu'il n'est. Elle, il lui suffit d'exister pour être avec plénitude. Il faut à l'homme passer par elle pour passer à l'être, à moins qu'il ne choisisse d'autres ascèses, où il la rencontrera encore, sous des formes symboliques...

» Messieurs, découvrir la vraie femme est une grâce. N'en pas être effrayé en est une autre. S'unir à elle réclame la bienveillance de Dieu... Quelle étrange rencontre ! Elle apparaît brusquement dans le troupeau des fausses femelles, et l'homme favorisé qui la voit se met à trembler de désir et de crainte.

Tout va changer, c'en sera fini de jouer avec soi-même :

Je vois tes seins s'épanouir
Et parfois ton ventre frémir
Comme un sol chaud qui se soulève,
Tu m'apaises et je m'étonne
De ces pouvoirs que tu détiens... »

J'avoue avoir hésité à insérer une aussi longue citation, mais j'aurais regretté de vous priver de ce texte admirable, parmi les meilleurs que je connaisse. Dans ces paragraphes, profondément tantriques, des passages peuvent choquer des chrétiens, que je respecte, mais fallait-il censurer Louis Pauwels ?

A tout cela, deux conclusions s'imposent. Primo, il faut à l'homme passer par elle pour parvenir à l'être. La femme, toute femme, est la véritable initiatrice de l'homme, sa voie vers l'Etre. Secundo, le système patriarcal a privé l'homme de vraies femmes, dangereuses pour sa suprématie. En réponse à cela, la femme doit devenir consciente de la Femme qui dort en elle : il est grand temps qu'Elle sorte du cocon !

Cette tâche essentielle, le tantra peut la réaliser et sauver notre monde moderne en perdition. Que la majorité des adeptes du tantra en Occident soient des femmes prouve leur intuition. Elles *savent* que cette voie d'évolution est féconde et qu'elle les conduit à la Vraie Femme enfouie en elles, pour redevenir l'Ancienne, la Shakti éternelle qu'elles n'auraient pas dû cesser d'être.

Quant à l'homme, s'il veut mériter la vraie Femme, il doit d'abord en accepter l'idée, puis restructurer sa vie autour des valeurs de la féminité. Notre civilisation patriarcale a créé une civilisation technocratique, sans âme, sans idéal, sans amour vrai. Basée sur de fausses valeurs, elle mène au cataclysme, à la guerre. D'ailleurs, elle est en pleine faillite sur tous les plans, y compris le social et l'économique. Pour en sortir, l'homme devra accepter de redécouvrir sa propre féminité cachée, réprimée. Est-ce utopique ? Non, car l'ancien culte est en pleine résurgence et le chapitre consacré au « retour des sorcières » en montre l'ampleur...

La déesse-mère

La Déesse-Mère, la Grande Ancêtre, a été la première religion de l'homme et l'objet d'un culte généralisé. En témoignent, les innombrables images de la femme paléolithique et néolithique découvertes partout, que ce soit dans l'empire de l'Indus ou en France, en Espagne, dans tout l'espace méditerranéen, en Yougoslavie et jusqu'en Sibérie.

Et c'est logique. En effet, quand l'homme se demande d'où il vient, la réponse évidente est « du ventre de sa mère », elle-même sortie du ventre de la sienne et ainsi de suite. En remontant la chaîne ininterrompue des mères, on aboutit à la première, à l'Ancêtre commune, mère de tous les humains. Il est donc normal d'en faire une déesse, la Déesse !

Mais pourquoi le sculpteur préhistorique lui donne-t-il un aspect caricatural, repoussant presque ? Ces vénus difformes, boudinées, ballonnées, loin d'éveiller notre sens esthétique devraient plutôt le choquer. Or, une étrange fascination émane de ces matrones dont l'obésité frise le grotesque. De toute évidence, c'est plus le symbolisme que l'esthétique ou le réalisme qui a guidé la main calleuse de l'artiste anonyme. Même en admettant que la technique des sculpteurs du Magdaléen était assez primitive, de toute évidence la difformité de la Vénus de Lespugne, par exemple, est délibérée. En effet, comment symboliser l'intarissable fécondité de la Déesse-Mère, mère des hommes, des bêtes et des plantes, autrement que par un ventre énorme, seul capable d'accueillir tous ses enfants ? De même, comment exprimer qu'elle nourrit, partout et toujours, son innombrable progéniture, sinon par des seins aussi disproportionnés que son ventre ? La gracilité toute féminine du reste du corps (la tête, le buste, les bras, les jambes sous les genoux et les pieds) qui contraste avec la presque monstruosité du ventre et des seins est tout aussi délibérée : sculpter une simple obèse n'aurait pas symbolisé la Mère Cosmique, la Grande Ancêtre. Par contre, quand l'artiste de la préhistoire a voulu sculpter la femme en tant que telle, il l'a fait avec une surprenante habileté, à témoin celle ci-dessous.

Notons, au passage que, dans le tan-

Brassempuy, la « Tête à la capuche » toujours jeune après 20 000 ans

trisme comme dans l'hindouisme, l'aspect maternel de la femme est remarquablement absent : pas de déesses enceintes, et on compte sur les dix doigts les images du couple mère-enfant.

Les valeurs de la Féminité

Les dieux que j'ai adorés
exigeaient la Danse de la Mort...
Peut-être que les femmes devraient
se voir confier
la responsabilité du monde
parce qu'elles sont guidées par l'émotion
et non par l'intellect.

De qui sont ces mots ? De quelque tantrique, nostalgique de la société matrifocale de la civilisation de l'Indus, avant que les Aryens, barbares et incultes, ne déferlent sur leur territoire, mettant le pays à feu et à sang et réduisant les survivants à l'esclavage ? Eh bien non ! Ils viennent d'un « Aryen », représentant d'un régime patriarcal et totalitaire adonné au culte de ces dieux de la guerre qui exigent la Danse de la Mort. Et qui sont bien vivants : ils sont présents dans les silos à fusées, prêts à livrer leurs missiles à domicile partout dans le monde et par les hordes de blindés, prêts à foncer vers une nouvelle Danse de la Mort. Alors, comment éviter la faillite totale et l'autodestruction tant de la civilisation que de l'humanité ? L'auteur l'indique : confier aux femmes la responsabilité du monde ! Utopique ! Peut-être...

Venons au fait : de qui sont ces mots ? Tenez-vous bien : d'Adolf Eichmann en personne, dans sa confession écrite en prison, en Israël, alors que, condamné à mort, il attendait la pendaison. Eh oui ! face à la mort on réfléchit, surtout face à la sienne, même quand on s'appelle Adolf Eichmann... Son accusateur, Gidéon Hausner, en avait interdit la publication et David Ben Gourion, alors premier ministre, ordonna qu'elle soit conservée pendant quinze ans dans les archives secrètes d'Israël. On peut, c'est sûr, mettre en doute la sincérité de cette confession dans laquelle il dit n'avoir jamais été antisémite, ce qui est plutôt de l'humour macabre et il n'a jamais manifesté le moindre remords ni pendant, ni après son procès.

Toutefois, venant d'un tel personnage, rédigées dans de telles circonstances, ces paroles prennent un relief saisissant, tant par ce constat d'échec que par le caractère apparemment insolite de la solution proposée : confier aux femmes la responsabilité du monde.

En fait, c'est irréalisable et bien que le culte de la femme, ou plutôt de la féminité, soit une des bases du tantra, il serait stupide d'envisager de limoger tous les chefs d'Etats et leurs ministres pour les remplacer par des femmes. Personne n'y songe d'ailleurs. Que certaines femmes occupent avec succès des postes éminents n'annonce pas pour autant l'aube d'une ère néomatristique : elles sont « *dans* » le système au point qu'on les nomme Madame LE Président ou Madame LE Ministre.

En réalité, il s'agit bien plus de *valeurs* que de personnes et notre civilisation ne s'en sortira qu'en accordant une place éminente aux *valeurs* de la féminité. Néanmoins, il est souhaitable que la femme en tant que telle prenne une part plus directe dans la gestion concrète de la société.

Mais pour pouvoir restructurer la vie et la société autour des valeurs féminines, l'homme, le mâle, devra découvrir — ou redécouvrir — les dimensions féminines, cachées, de *son* être. Tâche difficile dans notre société où l'éducation cultive systématiquement les valeurs mâles, non seulement chez l'homme mais aussi chez la femme. Prendre conscience des valeurs féminines, les accepter, les développer, puis centrer sa vie autour d'elles, c'est cela le culte de la féminité !

D'où la question : quel est, biologiquement, le sexe dominant, étant entendu que « dominant » n'est pas synonyme de « supérieur » ? Autre question, saugrenue celle-là : le sexe, c'est quoi, au juste ?

Naïvement on l'identifie, on le limite aux organes génitaux : le mot « cache-sexe » est symptomatique. Or, loin de se limiter au contenu du slip, le sexe marque chaque cellule et chaque organe et même notre sang : aux jeux olympiques, seul le test hématologique prouve sans discussion le sexe des athlètes. Dès avant la naissance, le cerveau est programmé en vue d'un comportement correspondant à notre sexe et, sauf erreur d'aiguillage, on a un cerveau mâle ou femelle et un mental correspondant. Ainsi « mon » sexe inclut tous les aspects distinctifs mâles (ou femelles) tant physiques que psychiques.

Le langage familier distingue le *beau* sexe et le sexe *fort,* « donc » dominant. Dans le système patriarcal grâce à ses biceps, l'homme s'impose au point qu'on désigne toute l'espèce « l'homme », « homo sapiens », les « Droits de l'Homme », etc. Or, biologiquement, scientifiquement, le sexe dominant n'est *pas* le mâle mais la femme !

Les recherches récentes, menées aux Etats-Unis depuis 1950, notamment à la Kansas University par Charles Phoenix, Robert Goy et William Young, démontrent que la structure fondamentale organique et cérébrale des mammifères était d'abord femelle, ensuite seulement mâle ! Tom Alexander en conclut qu'il faudrait inverser le mythe adamique : scientifiquement Adam est une Eve modifiée ! Dès les premiers stades du développement du fœtus, le cerveau dispose du « plan » et des circuits neurologiques latents qui feront que son comportement sera soit femelle, soit mâle. Toutefois, laissé à lui-même, donc sans aucune impulsion hormonale spéciale, le fœtus évoluera *toujours* vers la forme femelle ! Tout au début du développement embryonnaire, les gonades mâles et femelles sont homologues et très semblables. C'est l'injection d'une quantité minime d'hormone androgyne — on ignore encore ce qui la commande — qui déclenche une réaction en chaîne aboutissant à la formation d'un mâle. Cela inclut l'activation, dans le cerveau de l'embryon, des circuits neurologiques qui commanderont le comportement mâle. C'est seulement plus tard que les gonades, alors bien différenciées, produiront les hormones spécifiquement masculines.

Toutefois, — point capital pour le tantra — les circuits féminins ne sont pas tout à fait déconnectés. Pendant toute la vie du mâle normal, ils influenceront son comportement, ce qui « colle » bien à la thèse du tantra pour qui la femme est l'humain primordial, et qui estime que l'homme doit être conscient de ses propres aspects féminins !

La taille et la force brutale ne prouvent pas une supériorité mais permettent, dans les civilisations patriarcales, d'imposer souvent durement la loi du mâle. Dans la nature, la femme est surtout mère et l'homme doit la défendre physiquement, ainsi que les petits, contre les animaux sauvages et les éventuels ennemis humains. Si la femme était musculairement la plus forte, elle aurait, en plus des soins à la progéniture, à protéger... les mâles !

Même la puissance génésique du mâle indique qu'il peut être sacrifié. Théoriquement, à moins d'enfanter des jumeaux à répétition, une femme ne peut guère engendrer au maximum qu'une vingtaine d'enfants, ce qui n'est pas si mal, alors que l'homme pourrait théoriquement féconder deux ou trois cents femmes par an ! Si on extermine tous les mâles, sauf quelques survivants, en peu d'années la tribu se reconstituera...

Développer les aspects féminins chez l'homme n'implique pas de le déviriliser, bien au contraire, mais débouche sur une vision nouvelle — à moins que ce ne soit un retour à une conception archaïque fondamentale — tant chez la femme que chez l'homme !

Dans la société patriarcale, la femme doit être asservie à l'homme et sa sexualité réprimée, car si elle pouvait s'affirmer, elle mettrait l'ordre mâle en question. Le tantrisme de la Voie de Gauche, en accordant la priorité aux aspects féminins de l'être humain, s'oppose à l'ordre patriarcal aryen en Inde et cela explique pourquoi il y fut toujours persécuté et l'est encore.

Le système patriarcal nous vient des nomades qui, dans leur transhumance, deviennent des envahisseurs, des ennemis pour les occupants du territoire traversé. Le guerrier et les valeurs mâles qu'il représente, sont alors un élément essentiel à la survie de la tribu, or ces valeurs mâles sont aussi celles de l'intellect. Dans notre monde moderne, elles s'expriment par l'exploration et la conquête du monde matériel, par la science, la technologie, l'organisation, l'industrie, etc., bref des activités de type diurne, solaire. Eichmann oppose les valeurs féminines aux masculines en disant que « la femme est guidée par l'émotion, non par l'intellect », mais comme il n'est pas philosophe, il faut interpréter sa notion d'émotion, tout comme celle d'intellect d'ailleurs .

L'intellect, c'est l'entendement, le raisonnement discursif, la logique froide. A ne pas confondre avec l'intelligence, plus intuitive que discursive, comportant des éléments irrationnels, affectifs, de type féminin. Tout intellectuel n'est pas *ipso facto* intelligent et vice versa. « émotion » doit donc être élargi au sens d'affectivité plutôt que d'émotivité irraisonnée, incontrôlée.

Changer nos valeurs

Ces valeurs féminines sont : l'amour, l'affection, les rapports humains vrais, le contact avec la nature et la vie. La femme, bien entendu, c'est aussi la mère, donc les enfants. Si cet aspect fondamental de leur être n'est pas cité d'emblée, c'est pour éviter que la femme, en lisant ce texte, n'y soupçonne l'intention camouflée de les enfermer dans les fameux trois « K » des nazis, c'est-à-dire *Kinder, Küche, Kirche,* — les gosses, la cuisine, l'église.

Sont féminines aussi la musique, la danse, la poésie, la littérature. Féminine aussi, la douceur du foyer, embelli par l'art, rendu vivant par les fleurs, les animaux et aussi les enfants, pourquoi pas ! Toutefois, *les valeurs féminines les plus vraies, les plus profondes, sont celles qui transcendent le rationnel, qui plongent dans l'irrationnel,* mot qui effarouche le cérébral, le scientiste et le système patriarcal en général.

L'irrationnel, ce sont les couches profondes du psychisme, celles qu'on nomme habituellement l'inconscient, le monde des instincts et des pulsions. La femme est intuitive, et je fais mien ce qu'écrit J. Guenther, dans *Yuganaddha, The Tantric View of Life :* « La conscience de la femme est différente ; elle a déjà perçu les choses alors que l'homme tâtonne encore dans l'obscurité. La femme perçoit les circonstances environnantes et les possibilités qui y sont reliées, ce dont l'homme est en général incapable. C'est pourquoi le monde de la femme lui semble appartenir à l'infini cosmique et aux âges sans limite. Mais, en réalité, cette expansion vers et dans l'infini, vers le sans âge et le transcendant peut lui donner les indications et les impulsions les plus valables. Cette transcendance, c'est la sagesse et celle-ci dépasse le savoir intellectuel. [...] La femme et tout ce qui lui est associé, paraissent bien étranges au mâle et pourtant cela fait aussi partie de *son* univers le plus intime, qui attend d'être réalisé par lui. » (p.172.)

Oui, ces valeurs existent aussi dans l'homme, mais comme l'éducation patriarcale les a réprimées, c'est une rude tâche que de les redécouvrir. La démarche initiale commence d'ailleurs par comprendre qu'il n'y a... rien à comprendre mais tout à percevoir, à sentir. Voilà pourquoi, dans la Voie de Gauche, qui passe par la femme, c'est elle l'initiatrice. Elle ouvre à l'homme les portes secrètes vers les abysses de l'être, vers l'ultime, le cosmique. Si le tantra était une religion, les femmes en seraient les prêtresses et ses prêtres seraient des hommes ayant développé, grâce à la femme, leurs qualités féminines d'intuition et de transcendance.

Le tantrique accède à cet univers féminin en pénétrant dans le monde secret de la femme concrète, vivante, sa compagne de vie, pourvu qu'il soit capable de s'ouvrir à elle. La femme doit, de son côté, percevoir ses propres aspects masculins. Toujours selon Guenther : « Chaque fois que l'homme entre en contact avec sa contrepartie féminine, qui représente un aspect de la vie non vécu ni perçu par lui, exclu de son attitude consciente, il s'ouvre à sa féminité latente et la femme à sa masculinité latente. Le caractère unilatéral de leur vie est abandonné, leur être total enrichi, ce qui est très important pour leur vie future.

» La féminité dont l'homme fait l'expérience à travers et grâce à une femme objective et à travers les forces inconscientes de son psychisme, est plus profondément enracinée dans le domaine de la réalité que les forces mâles, bien que celles-ci opèrent en conjonction avec elles. Lorsqu'elles (ces forces mâles) les combattent, il y a danger de perdre le contact avec les couches profondes de l'être » (p.171).

Le Tantra au quotidien

Dans le tantra, la femme — donc aussi la mienne — est l'initiatrice, sans que cela n'implique une subordination de l'homme. Comment cela marche-t-il dans la vie concrète de tous les jours ? Car c'est bien joli d'aligner des phrases cosmiques, encore faut-il pouvoir les transposer dans le réel. Permettez-moi de concrétiser cela par un exemple vécu. Voici. Après avoir habité pendant de longues, trop longues années, en ville, nous avions enfin pu réaliser un rêve : bâtir *notre* maison à la campagne. Bâtir, quelle aventure et si vous l'avez entreprise, vous comprendrez ! C'est surtout pendant la conception et la construction de la maison, que j'ai le mieux réalisé à quel point la femme voit tout à travers ses lunettes mentales féminines, l'homme à travers ses lunettes mâles. Deux visions du monde bien différentes, en effet ! En discutant les plans, l'architecte et moi parlions volumes, matériaux, type de chauffage, etc. La shakti, quant à elle, s'intéressait surtout aux espaces d'habitation, envisageait déjà leur aménagement, pensait à la décoration... et au jardin !

Après le bulldozer, les maçons sont entrés en action, les échafaudages se sont dressés et les murs ont poussé, le volume de la maison s'est dessiné, simple, s'intégrant bien dans la nature, avec beaucoup de baies et de fenêtres, pour capter chaque rayon du parcimonieux soleil nordique !

Nous allions souvent visiter le chantier... Ce jour-là l'architecte et moi admirions le beau mur de briques du pays qui achevait de dessiner le volume de la maison. La shakti : « Ce mur est affreux ! Tous ces murs sont laids... ». L'architecte et moi nous nous regardons décontenancés : vus à travers nos lunettes mentales mâles, nous trouvions ces murs beaux, et ils l'étaient ! Mais ma femme n'en démordait pas : « Ces murs tout nus sont laids ! Quand on habitera la maison, je les cacherai avec de la verdure !... » Et elle a planté ! Les années ont passé, les plantes ont poussé. Maintenant, les murs lui plaisent parce qu'ils ont disparu, ou presque, sous un jardin vertical. En mai, quand la clématite fleurit, ma femme est radieuse et j'avoue que ça ne me déplaît pas ! De mon bureau, où j'écris ce texte, je vois la cascade immobile de fleurs accrochée à la façade. Les oiseaux, que le chantier avait chassés, sont revenus et nichent dans la clématite. Les petits pépient, les parents font un pont aérien entre le prunier et le nid pour les nourrir. Le mur est vivant d'abeilles, de coccinelles et de tant d'autres insectes : un micro-univers. Le soir, dans notre chambre, il est bon de savoir que, là, tout près de nous, dans leur nid, les oisillons dorment bien au chaud sous la mère. Maintenant, je regarde les murs avec les yeux de ma femme et ils me plaisent. Elle avait raison : nus, ces murs étaient morts, donc laids...

Je découvre aussi le jardin à travers ses yeux. L'homme voit le jardin globalement, synthétiquement. La femme, elle, le voit analytiquement, massif par massif, fleur par fleur, mais surtout, elle *vit* au rythme du jardin, elle le sent.

Pour elle, l'événement, au sortir de l'hiver, c'est le premier crocus, qui promet le printemps, même si le thermomètre flirte encore avec le zéro. Pour moi, si j'écoute mon mental mâle, c'est intéressant, sans plus: l'important, c'est le rendez-vous de 10h25 ! Puis celui de 11h05. Mais si je regarde le crocus avec les yeux de la shakti, c'est lui qui devient important...

Vivre avec le jardin, c'est en partager la vie. Face aux plantes, que ce soit le modeste myosotis ou le cèdre puissant, la shakti se comporte en mère : elle les connaît « personnellement » ! Elle sait, elle sent, si telle fleur se plaît à cet endroit, sinon elle la transplantera jusqu'à ce qu'elle lui trouve l'endroit favorable où elle sera heureuse et s'épanouira. Alors la shakti sera contente.

Au printemps, elle repère tous les nids, me les montre, elle observe les petits et suppute quand ils pourront voler. Elle comprend le langage des oiseaux qui mettent tous les buissons en alerte quand le chat montre ses moustaches. Si je me borne à constater qu'il y a du vent ou non, elle sait s'il vient de l'Est ou du Nord, s'il a changé de direction, s'il est humide ou sec. Le jardin, c'est aussi le potager. Elle sait si les radis ont soif et les arrose, non pas utilitairement, mais tout simplement parce qu'ils ont soif, ce qui ne l'empêche pas de les récolter ! Les plantes ne sont pas des objets, des choses qui se mangent, mais des êtres vivants avec lesquels elle est en rapport constant, au sens fort du terme.

Premier geste du matin : écarter les rideaux pour prendre l'air du temps. Comment se présente le ciel ? Est-il nuageux, va-t-il encore pleuvoir, ou au contraire aurons-nous du soleil ? Tout cela ne détermine pas vraiment son humeur, mais son ambiance physique et psychique, son climat de vie. Peu à peu, j'entre dans cet univers féminin et elle devient ainsi l'initiatrice.

Bien entendu, cela ne se borne pas aux murs et au jardin, mais si j'ai choisi des exemples aussi terre-à-terre, c'est pour concrétiser l'idée que le culte tantrique de la féminité n'est pas limité aux aspects ultimes de la vie, que cette vision peut et devrait imprégner toute la vie courante. A travers la shakti, je découvre ainsi mon propre univers féminin secret. Peu à peu, les valeurs féminines réprimées émergent des profondeurs et ceci dans tous les domaines, y compris le vécu féminin de la sexualité.

J'ai aussi compris (et admis) qu'elle soit bouchée dans le domaine qu'elle appelle, avec dédain, « la mécanique », où elle n'entend goutte, non par manque d'intelligence, mais par désintérêt total vis-à-vis de la technique, de la mécanique froide, donc morte. Elle apprécie néanmoins le lave-vaisselle, bien qu'elle me laisse le soin de le charger !

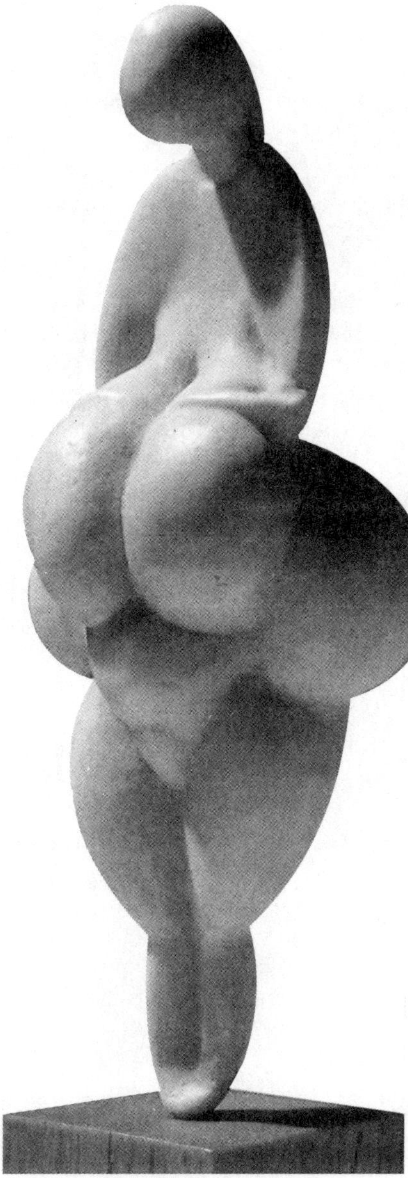

Malgré les apparences,
la « Vénus de Lespugne »
n'est pas stéatopyge.
En effet, la tête, le buste
les bras et les jambes sont normaux.

L'Immaculée Conception

Bernard Icart (*Religious Ceremonies and Customs*, 1733, vol. IV, p. 472) écrit :

« En Chine, une des principales déesses est celle de la nature *Shing-Moo*, la Sainte Mère, la mère de l'Intelligence Parfaite.

Elle est l'homologue d'Isis l'Egyptienne, de Ganga l'Indienne et de Demeter la Grecque. Ce fut un choc, pour les premiers missionnaires chrétiens arrivant en Chine, de découvrir des ressemblances frappantes entre cette déesse et la Vierge Marie ; ils furent encore plus étonnés et déconcertés d'apprendre que Shing-Moo, elle aussi, avait conçu et donné naissance à un sauveur en demeurant vierge ».

Dans le célèbre et insoluble dilemme de l'antécédence de la poule ou de l'œuf, personne ne songe à commencer par le coq ! La même logique empêche de faire naître l'humanité d'un mâle originel. Au départ, il y a la Grande Ancêtre, la Déesse-Mère, mais comme il n'y a aucun homme pour la féconder, c'est nécessairement elle qui, vierge et mystérieusement enceinte, enfantera du premier mâle. Bien sûr, la biologie et la mythologie ne font pas toujours bon ménage, mais le mythe de l'immaculée conception a, au moins, la logique pour lui. Il n'est donc pas étonnant de le rencontrer dans plus d'une religion. Alors, en proclamant le dogme de l'Immaculée Conception, l'Eglise n'a-t-elle pas repris à son compte et assimilé un mythe fondamental de l'humanité ?

Revoici...
les sorcières

En fait de sorcières, c'est plutôt de *witch craft* qu'il s'agit, ce qui ne correspond pas vraiment à « sorcellerie » qui, chez nous, implique des pratiques magico-maléfiques d'un autre âge. Alors qu'au moyen âge c'était un crime passible du bûcher, s'avouer « sorcière » aujourd'hui fait sourire ou, au pire, dérange : on pense à l'image populaire de la sorcière, laide, vieille, méchante, tout de noir vêtue, qui chevauche un manche à balai, qui se livre à des rites obscènes avec Satan, qui jette des mauvais sorts en piquant d'épingles des images en cire.

Alors, faute d'équivalent français, j'opte pour l'anglais *witch,* qui ne jouit pas d'une meilleure image de marque chez les Anglo-Saxons, mais qui implique bien autre chose que sorcellerie en français, ce qui se dégagera de ce chapitre. Voilà pourquoi, je fais l'économie d'une définition préalable.

Pour Starhawk, pseudonyme d'une witch moderne américaine, la witch craft, l'art de la sorcière, est sans doute la plus ancienne religion occidentale. Ses origines remontent bien avant le christianisme, le judaïsme, l'islam, le bouddhisme et l'hindouisme. Très différente de ces dernières, l'Ancienne Religion, comme elle l'appelle, est très proche, par son esprit, des traditions des Indiens d'Amérique ou des chamanes de l'Arctique. Comme le tantra, elle n'impose aucun dogme, ni credo codifié, ni livre sacré. Elle trouve son instruction dans la nature : le soleil, la lune, les étoiles, le vol des oiseaux, la lente croissance des arbres et le cycle des saisons.

Selon nos légendes, dit Starhawk, ce culte est né voici plus de 35.000 ans, quand le climat de l'Europe s'est refroidi et que, peu à peu, la chape de glace progressait vers le sud. C'est alors que sont nés le chamanisme et le culte archaïque de la déesse-mère qui s'exprimait à travers des images : la déesse-mère qui engendre tout, et le dieu cornu, chasseur et chassé, qui franchit perpétuellement la porte de la mort pour que la vie se renouvelle.

Les chamanes mâles étaient revêtus de peaux de bêtes et cornus pour s'identifier avec le dieu des troupeaux, les prêtresses incarnaient la déesse et présidaient, nues, aux rites de fertilité. La vie et la mort étaient perçues comme un flux continu. Comme les squelettes trouvés dans l'empire de l'Indus, dans nos régions aussi, les morts étaient inhumés en position fœtale avec leurs outils et leurs ornements, afin qu'ils puissent revenir à une nouvelle vie.

En Sibérie et en Ukraine, la déesse était la dame des mammouths, on la sculptait dans la pierre et ses courbes opulentes symbolisaient ses dons d'abondance. En Europe, dans les grandes cavernes-temples du sud de la France et d'Espagne, ses rites étaient accomplis dans le secret des entrailles de la terre. Dans les cavernes on peignait les grandes forces polaires tels que le bison et le cheval superposés qui, à la lueur vacillante des torches, émergeaient des parois comme d'un rêve.

Puis, la glace ayant fondu, certains clans ont suivi le bison et le renne, très loin vers le nord, d'autres passèrent le pont de terre qui, à travers l'Alaska, menait aux Amériques. Ceux qui sont restés en Europe, chassaient, pêchaient, collectaient des plantes sauvages et des mollusques. Les chiens gardaient leur campement, de nouveaux outils furent fabriqués. Les camps isolés devinrent des villages, chamanes et prêtresses unirent leurs forces et partagèrent leur savoir. C'est alors, dit Starhawk, que les premiers « convents » se sont formés. Profondément accordés à la vie animale et végétale, les humains domestiquèrent ce qu'ils avaient chassé, élevèrent moutons, chèvres, bovidés, porcs, à partir de leurs cousins sauvages. Les graines n'étaient plus simplement collectées mais semées. Le dieu de la chasse devint celui du blé ; on le sacrifiait en automne à la récolte, pour l'enterrer dans l'utérus de la déesse afin qu'il renaisse au printemps. La dame des choses sauvages devint la mère des récoltes ; les cycles lunaire et solaire marquèrent le temps des semis et des moissons. Dans la partie du pays qui, autrefois, était sous les glaces, un nouveau pouvoir fut découvert, une force qui coule comme une source à travers la terre elle-même.

Alors, les hommes, petits de taille, d'apparence frêle, à la peau basanée, dressèrent en cercle d'énormes blocs de pierre à l'intérieur desquels les prêtresses pouvaient percer le secret du temps et la structure cachée du cosmos. La mathématique, l'astronomie, la poésie, la musique, la médecine et la connaissance des pouvoirs du mental humain se développaient côte à côte avec celle du mystère abyssal de la vie. Ce sont eux qui ont érigé Stonehenge et les autres temples mégalithiques.

Les mégalithes, c'est loin ! Non, c'est tout près ! Selon Robert Wernick *(Les Hommes des Mégalithes* p.44), au contraire de ce que l'on croit à propos des hommes préhistoriques, « ces gens ne sont pas des sauvages. Depuis l'âge de la pierre où leurs ancêtres ont choisi ce site et construit le premier des sanctuaires qui s'y sont succédé, la population est devenue riche et puissante.

» [...] La population paysanne de l'Europe, malgré le brassage produit par les vagues d'immigrations et de conquêtes successives, conserve encore un peu de sang néolithique et continue à vénérer les anciennes pratiques et superstitions ; peut-être même a-t-elle conservé quelques expressions de langage qui datent de l'époque.

Un peu de sang néolithique ? Je crois que ce brassage a été plutôt superficiel. La paysannerie — nos grands-pères ou arrières grands-pères à tous ou presque — est restée fort stable jusqu'à très récemment. Peu avant la seconde guerre mondiale encore, c'est-à-dire hier, on naissait, vivait et mourait à la ferme : on ne quittait pas le terroir. Epouser une fille d'un autre village était rare. Aux bals des kermesses, les gars du cru voyaient d'un mauvais œil les jeunes mâles « d'ailleurs » serrer « leurs » filles de trop près. Cela limitait les rencontres donc les flirts, donc les mariages avec des « étrangers »... du village voisin ! La bière aidant, c'était souvent le prétexte à la bagarre... L'homme de Cro-Magnon est-il si loin que ça ?

Evoquant alors les feux qui brûlaient sur chaque hauteur ou dans la plaine, comme le voulait la coutume depuis des temps immémoriaux, le même auteur ajoute : « Dans les millénaires à venir, les feux de la Saint-Jean commémoreront encore ce point culminant de l'activité solaire. Alors, comme dans le passé, jeunes gens et jeunes femmes danseront toute la nuit, sautant autour du feu, courant et franchissant les flammes. Dans la nuit, la foule se déchaîne : bonds et sauts, danses, chants, étreintes fugitives et passionnées dans l'ombre, tout donne lieu à bacchanale et licence. Mais, en même temps, *tout reste traditionnel et sacré.*

» Les anciennes autorités ecclésiastiques ne cessèrent de promulguer des décrets interdisant les serments sur le soleil et la lune, les offrandes faites aux pierres et aux arbres, les sauts et les danses autour des feux. Il est clair que l'Eglise combattait pour déraciner des croyances millénaires et tenaces qui se perpétuèrent longtemps après le remplacement d'une religion par une autre. »

Ont-elles entièrement disparu, l'Eglise ne risque-t-elle pas un retour de manivelle ?

Parenthèse fermée, continuons. A l'âge du bronze, dans les steppes nordiques, les hommes rudes, endurants, courageux qui avaient suivi les troupeaux étaient devenus chasseurs et guerriers, puis éleveurs. Pour conquérir de nouveaux pâturages, ils sont descendus, par vagues successives, vers l'Europe, le Moyen Orient, l'Inde, s'emparant des terres, détruisant les civilisations sédentaires qu'en tant que nomades ils méprisaient, asservissant les peuples qui adoraient la déesse des plaines fertiles et imposant leurs valeurs patriarcales. Et ce système survit encore aujourd'hui.

Toutefois, les « *fairies* », les descendantes des anciennes prêtresses, qui élevaient le bétail dans les collines caillouteuses et vivaient dans des huttes rondes, préservèrent l'Ancienne Religion. Le peuple célébrait les grandes fêtes par des processions, des chants, des incantations et on allumait les feux rituels. Souvent les envahisseurs s'y joignaient et il y eut des mariages mixtes.

Puis vint le christianisme, ce qui, au début, ne changea pas grand-chose. Les paysans voyaient dans l'histoire du Christ une variante de l'ancienne légende de la déesse-mère et de son enfant divin. Aux festivals, dans les villages, les prêtres eux-mêmes conduisaient parfois la danse du Sabbat. Selon Starhawk, les convents, qui préservaient la connaissance des forces subtiles, furent appelés *wicca* ou *wicce,* (racine anglo-saxonne signifiant « plié », « modelé »), d'où witch. Car ces convents savaient comment « plier » les forces invisibles à leur volonté. Guérisseuses, enseignantes, poétesses, sages femmes, ces femmes étaient les figures centrales de chaque communauté.

Avec le temps, vinrent les persécutions. Les XIIe et XIIIe siècles avaient connu une renaissance de l'Ancienne Religion. Les poèmes des troubadours, soi-disant dédiés aux nobles dames, étaient en fait des hymnes d'amour à la déesse. Des cathédrales furent construites en l'honneur de Marie, qui avait repris bien des aspects de l'ancienne déesse.

Ainsi, l'Ancienne Religion devint une concurrente trop redoutable pour la nouvelle. La witch craft, la sorcellerie, fut déclarée hérétique. Dans le siècle suivant les guerres, les croisades, les épidémies et les révoltes paysannes ont fait rage à travers toute l'Europe. La stabilité de l'Eglise fut ébranlée tandis que le système féodal s'effritait. L'Eglise ne pouvait plus se permettre le luxe de tolérer les cultes rivaux sans réagir. En 1484, le pape Innocent VIII lança l'Inquisition contre l'Ancienne Religion. La publication, en 1486, du *Maleus Malificarum,* le « Marteau des Sorcières », par les Dominicains Kramer et Sprenger, jeta les bases d'un règne de terreur, surtout dirigé contre les femmes, qui devait durer jusqu'au milieu du XVIIIe siècle ! On estime à 9 millions — un holocauste avant la date — , le nombre d'« hérétiques » qui furent exécutés, dont 80 % étaient des femmes, voire des enfants ou des jeunes filles dont on croyait qu'elles avait hérité du « mal » de leur mère. L'ascétisme de la chrétienté primitive, qui avait tourné le dos au monde de la chair, avait dégénéré dans l'Eglise en une haine envers Celle qui apporte la chair au monde. La misogynie devint un élément capital du christianisme médiéval. La femme et sa sexualité étaient *le* Mal incarné.

Selon le *Maleus Malificarum,* « toute sorcellerie vient des passions charnelles, qui, dans les femmes, sont insatiables ». Terreur indescriptible : dénoncée par un voisin envieux, par exemple, la femme accusée de sorcellerie était arrêtée brutalement, sans avertissement, et déclarée coupable, sauf à « prouver » son innocence. Les pires atrocités ont été pratiquées, toutes les tortures appliquées : cela faisait partie des horreurs de l'Inquisition.

L'accusée était torturée jusqu'à ce qu'elle signe une confession préfabriquée par l'Inquisiteur, où elle avouait commercer avec Satan et se livrer à des pratiques obscènes, qui furent toujours étrangères à la vraie witch craft. La « récompense » de cette confession était la mort par simple strangulation. La récalcitrante, celle qui persistait à clamer son innocence, était brûlée vive. La witch craft, tout comme le tantra en Inde, devint alors clandestine et la plus secrète des religions. La tradition ne fut plus transmise qu'à celles en qui on pouvait avoir une confiance absolue, en général les membres d'une même famille. Tous les liens entre les convents furent coupés. Plus de rencontres, comme lors du Grand Festival, pour partager le savoir et échanger les résultats des rituels. Des pans entiers de la tradition furent irrémédiablement perdus et oubliés. Toutefois, en secret, en silence, derrière des volets clos, camouflée dans des contes de fées et des chants populaires, enfouie dans la mémoire collective inconsciente, la graine survécut .

Au XVIIIe siècle, l'ère de l'incroyance succéda aux persécutions. Le souvenir de l'authentique witch craft s'estompa, les stéréotypes hideux qui subsistaient parurent ridicules ou tragiques. Pour Starhawk, c'est seulement dans notre siècle que les witches peuvent de nouveau s'affirmer au grand jour. Le mot witch, dit-elle, comporte tant de connotations péjoratives, que bien des gens se demandent pourquoi nous l'utilisons encore. Pour nous, dit-elle, se proclamer *witch,* c'est revendiquer le droit, pour la femme, d'être puissante, pour l'homme, de reconnaître la divinité dans la féminité : tout cela, n'est-ce pas du pur tantra ?

« Etre witch, dit encore Starhawk, c'est s'identifier aux neuf millions de victimes de la bigoterie et de la haine, c'est vouloir bâtir un monde où les préjugés ne pourront plus faire de victimes. La witch est quelqu'un qui *forme,* c'est-à-dire une créatrice qui donne une forme à l'invisible. Sa vie est imprégnée de magie et de sagesse. La witch craft a toujours été une religion poétique et non théologique. Les mythes, légendes et enseignements sont reconnus comme autant d'allégories de l'indicible, de l'Absolu, que notre mental limité ne connaîtra jamais dans sa totalité. Les symboles et les rituels servent à créer des états de conscience modifiés où la vision va audelà des mots, où l'ultime est révélé.

» Le symbole primaire de l'indicible, c'est la déesse. Sous une infinité d'aspects et des milliers de noms, derrière tant de métaphores, elle *est* réalité, divinité manifestée, omniprésente à toute vie, en chacun de nous. La déesse n'est pas séparée du monde, elle *est* le monde et inclut toute chose : la lune, le soleil, la terre, les étoiles, la pierre, la semence, la rivière, le vent, la vague, la feuille et la branche, le bouton et la fleur, la griffe et le croc, la femme et l'homme. Dans la witch craft, la chair et l'esprit sont un. La religion de la déesse est inimaginablement ancienne, mais la Witch Craft d'aujourd'hui pourrait aussi s'appeler la Nouvelle Religion. Plus qu'une renaissance, la witch craft se recrée et la femme est le moteur de ce renouveau en réveillant activement la déesse, image de la "légitimité" et des bienfaits du pouvoir féminin.

» Le déclin du culte de la déesse a privé la femme de modèle religieux et de système spirituel correspondant à ses besoins et à son expérience. Le dieu mâle caractérise les religions occidentales et orientales. Avatars, prêcheurs, prophètes, gourous et bouddhas sont quasiment tous mâles. La femme n'est pas encouragée à explorer sa propre force et sa réalisation. Soumise à l'autorité mâle, elle doit s'identifier aux perceptions masculines et à leurs idéaux spirituels, renier son corps, étouffer sa sexualité, couler sa conception du monde dans le moule masculin. »

A propos des cultes orientaux, Starhawk aurait opportunément pu préciser « sauf le tantra » car ce qui suit colle à cent pour cent aux concepts tantriques :

« Le symbole de la déesse n'est pas une structure parallèle à celle du dieu-père. La déesse ne *régit* pas le monde ; elle *est* le monde. Manifestée en chacun de nous, chacun peut la connaître intérieurement dans sa diversité magnifique. Elle ne requiert pas la domination d'un sexe sur l'autre et n'accorde aucune autorité aux chefs hiérarchiques temporels. Dans la witch craft, chacun(e) doit révéler sa propre vérité. La divinité est vécue sous l'aspect de notre propre forme, féminine ou masculine, car elle a aussi un aspect mâle. Le sexe devient un sacrement et la religion consiste à relier l'être au cosmos. [...] En tant que femme, la déesse nous incite à percevoir notre divinité, à sentir que notre corps est sacré...

» Mais la déesse est tout aussi importante pour l'homme. Pour être moins évidente, l'oppression des hommes eux-mêmes dans le système patriarcal, dominé par un dieu paternaliste, n'en est pas moins tragique que pour la femme... L'homme est intérieurement divisé, d'une part, en un soi spirituel, censé mater son émotivité et, d'autre part, en ses instincts animaux. Il doit lutter contre lui-même, en Occident pour vaincre le péché, en Orient pour tuer le désir ou éteindre l'ego. » [...] Grâce au symbole de la déesse, les hommes peuvent éprouver et intégrer leur propre féminité, qui est souvent l'aspect le plus profond et le plus sensible de leur être. La déesse n'exclut pas le mâle : elle le contient comme la femme enceinte contient l'enfant mâle.

Aucun tantrique ne bifferait un seul mot de ce que dit Starhawk :

« Notre relation avec la terre et les espèces qui la peuplent est, elle aussi, conditionnée par nos modèles religieux. Concevoir Dieu comme étranger à la nature en autorise l'asservissement et le pillage des ressources de la planète... Résultat : la pollution et la destruction écologique massive qui menace même l'humanité... La witch craft est une religion écologique, car son but est l'harmonie avec la nature afin que la vie puisse non seulement survivre mais prospérer... »

Sauf les witches modernes, rares sont ceux qui soupçonnent l'importance capitale de ce courant souterrain et de ce qu'il prépare, c'est-à-dire une révolution pacifique des valeurs sur lesquelles notre civilisation, en pleine faillite, est bâtie. Le salut viendra des valeurs féminines, de ce mouvement invisible en surface qui s'étend aux U.S.A. comme en Grande-Bretagne. Les adeptes de l'Ancienne Religion y forment des convents, petites unités autonomes de vingt à trente personnes seulement, en majorité des femmes, mais ayant une grande cohésion. Aucun pouvoir central n'en fixe la liturgie ou les rites. A l'inverse du modèle mâle, ce courant ne se structure pas en pyramide hiérarchisée. Cette apparente faiblesse, rassurante pour l'establishment, est en fait une force invincible, car ce mouvement ne peut être ni décapité, ni dissous.

Certains convents affirment perpétuer des pratiques transmises sans interruption depuis les origines.

Pour la witch craft, tout comme pour le tantra, « tout acte d'amour et de plaisir est un rituel ». La sexualité, expression directe de la force vitale, est sacrée. Elle peut s'exprimer librement, tant qu'elle est guidée par l'amour. Le mariage est un engagement profond, un lien magique spirituel et psychique, mais il n'est qu'une possibilité parmi d'autres pour exprimer l'amour et la sexualité.

Le sexe est magie, c'est-à-dire l'art de sentir puis de modeler les forces invisibles et subtiles qui s'expriment dans le monde, c'est l'éveil des niveaux profonds de la conscience au-delà du rationnel.

Tous les rites de la witch craft sont magiques et, comme dans le tantra, « tout rituel commence par la formation d'un espace sacré circulaire qui crée un temple au cœur de la forêt ou au centre du séjour où il se tient. La déesse et les dieux sont alors évoqués et éveillés dans chaque participant. La force subtile qui modèle la réalité est éveillée par les chants et par les danses ; elle peut être dirigée par un symbole ou une visualisation. L'éveil de ce *cône de puissance*, produit une extase et induit un état de transe avec des visions et la perception directe de la réalité ultime. La nourriture et la boisson sont partagées. » (Le *cône de puissance* explique la forme conique du chapeau de sorcière des caricatures !)

Tantrique aussi la vision — qu'un physicien accepterait sans broncher —, selon laquelle : « Tous les objets sont des tourbillons d'énergie, des vortex de force, des courants dans une mer qui change sans cesse. Sous les dehors et l'apparence de la séparation, ou d'objets isolés dans un système d'espace et de temps linéaire, la Réalité est un champ d'énergie qui se congèle temporairement dans des formes. Quand vient leur temps, toutes les choses dites « fixes » se dissolvent pour se réagréger sous de nouvelles formes et dans de nouveaux véhicules. »

Et ceci : « Chaque mois, de préférence à la pleine lune, réunissez-vous en un lieu secret et adorez-moi qui suis la reine de la sagesse. Vous serez alors libérés de tout esclavage et, symbole de cette liberté, vous serez nus pendant ces rites. Chantez, fêtez, dansez, faites de la musique et l'amour, tout ceci en Ma présence, car je suis tout à la fois l'extase spirituelle et la joie sur la terre. Ma loi est celle de l'amour entre tous les êtres. »

C'est presque la description d'une chakra pûjâ tantrique...

Une précision : dans tout ce qui précède, ne voyez pas une tentative en vue de récupérer la witch craft au profit du tantra qui, lui non plus, n'est pas une organisation structurée, hiérarchisée, ni une église. Witch craft et tantra ne sont pas des « concurrents » se disputant une suprématie quelconque. Toutefois, en faisant ce parallèle, il est réjouissant de constater la concordance quasi totale entre ces deux visions du monde qui, sans doute, ont la même origine. Tout tantrique est heureux de lire : « Le symbolisme de la déesse électrifie la femme moderne. La redécouverte des anciennes civilisations matriarcales nous donne un sens profond de fierté, de notre capacité, en tant que femmes, de créer et de porter la culture. Dénoncer les erreurs du patriarcat nous donne un modèle de force et d'autorité féminines. La déesse archaïque, la divinité primordiale, la patronne des chasseurs de l'âge de la pierre et des premières semeuses de graines, sous l'inspiration de qui les animaux ont été domestiqués, les herbes médicinales trouvées, à l'image de laquelle les premières œuvres d'art ont été créées, pour qui les mégalithes ont été érigés, celle qui a inspiré la musique et la poésie, est à nouveau reconnue dans le monde d'aujourd'hui. »

Et ce qui suit correspond point pour point au culte *shakta* du tantra : « Dans la witch craft, nous ne *croyons* pas en la déesse, nous nous *relions* à elle à travers la lune, les étoiles, l'océan, la terre, à travers les arbres, les animaux, les autres êtres humains, à travers nous-mêmes. Elle est ici, elle est au cœur de tous et de tout. Elle est le cercle complet : terre, air, feu, eau et essence ; corps, mental, esprit, émotion, changement. (Notons-le : les mêmes cinq éléments du tantra...). La déesse existe avant toute terre, elle est l'obscure, la mère nourricière qui produit toute vie. (Appelons-la Kâli et nous serons en plein tantra !). Elle est le pouvoir fécondant de la vie, l'utérus mais aussi la tombe qui nous reçoit et le pouvoir de la mort. Tout provient d'elle, tout retourne à elle... Elle est le corps et le corps est sacré. Utérus, sein, ventre, bouche, vagin, pénis, os, sang, aucune partie du corps n'est impure, aucun aspect du processus de la vie n'est entaché de péché. La naissance, la mort et la dissolution sont les trois parties sacrées du cycle. Que nous mangions, dormions, faisions l'amour ou éliminions les déchets de notre corps, toujours nous manifestons la déesse. »

Remplacez *déesse* par *shakti* et ces lignes pourraient provenir d'un texte tantrique, tout comme ceci : « Son culte peut prendre n'importe quelle forme, n'importe où, il ne requiert ni liturgie, ni cathédrale, ni confession. [...] Le désir est le ciment de l'univers, il relie l'électron au noyau, la planète au soleil, il crée les formes, il crée le monde. Suivez le désir jusqu'à son terme, unissez-vous à l'objet désiré jusqu'à devenir cet objet, devenir la déesse.

» Pour la femme, la déesse symbolise son être le plus profond, le pouvoir libérateur, nutritif et bénéfique. Le cosmos est modelé comme le corps de la femme, qui est sacré. Toutes les phases de la vie sont sacrées. L'âge est une bénédiction, non une malédiction. La déesse ne restreint pas la femme à n'être qu'un corps, elle éveille l'esprit, le mental, les émotions. A travers elle, la femme peut connaître la puissance de sa colère et de son agressivité, tout comme la force de son amour. »

De l'homme « viril », la witch craft brosse une image pareille à celle du tantra : « Dans la witch craft, l'image d'un dieu cornu est radicalement différente de celle de la virilité dans notre culture patriarcale. »

Difficile à saisir : le dieu cornu, incarnation de l'homme viril, n'est pas le stéréotype du macho, ni son opposé, l'efféminé. Il est tendre et gentil, mais aussi chasseur. S'il meurt, c'est toujours au service de la vie. Il est la sexualité débridée autant que la sensualité profonde, sainte, laquelle est un pouvoir de relation. Il incarne ce que seraient les hommes sans le patriarcat. L'image du dieu cornu a été délibérément pervertie par l'Eglise médiévale qui en a fait le diable. La witch n'adore pas Satan, qui est un concept particulier à la chrétienté. Le dieu des witches est sensuel, oui, mais sa sexualité est sacrée et non pas obscène ou blasphématoire. Les cornes de notre dieu sont le croissant de la déesse lune, symbole de la vitalité animale. Sous certains aspects, il est noir, non parce qu'il est terrible ou effrayant, mais parce que la nuit est l'heure des pouvoirs et fait partie du cycle des temps.

» Le dieu cornu incarne les vertus mâles positives, puissantes, venant de ses sources profondes et non le stéréotype violent et émotionnellement mutilant de l'homme dans notre société. L'homme qui correspondrait à l'image du dieu cornu, serait sauvage sans être cruel, en colère sans être violent, sexuel sans être coercitif, spirituel sans être asexué et capable d'aimer vraiment. Alors, les sirènes, qui sont les déesses, chanteraient pour lui.

» Notre culture actuelle inculque aux hommes que la virilité exige une absence d'émotion. On le dresse à fonctionner sur le mode militaire, à réprimer toute émotion, à ignorer les messages du corps. Il est censé supporter l'inconfort, la douleur et la peur, pour mieux se battre et conquérir, que ce soit sur le champ de bataille, dans la chambre à coucher ou dans son métier. Il doit être agressif et dominant, elle, passive et soumise. Dans le patriarcat, hommes et femmes fonctionnent au sein d'une hiérarchie où ceux d'en haut dominent et soumettent leurs subordonnés. »

Un tantrique occidental, mon ami Jonn Mumford, de Melbourne, a fort bien saisi l'importance du phénomène « Wicca ». Il écrit, dans son *Sexual Occultism :*

« L'émergence de la witch craft moderne en Angleterre et en Amérique est une résurgence atavique d'importance considérable. Tout système qui réussit présuppose un besoin et je suggère que la witch craft moderne est un tantrisme occidental qui émerge au vingtième siècle pour étancher la soif de l'homme moderne d'une vie intérieure vigoureuse et pleine de vitalité.

» Les similitudes saisissantes entre le tantra et la witch craft moderne indiquent que les couches primaires de l'inconscient, en Occident comme en Orient, cherchent leur satisfaction dans un culte de la terre, matriarcal et féministe...

» Le tantra est axé autour de la Shakti, pôle féminin positif, responsable de la manifestation dynamique. Elle est l'équivalent direct de la grande Déesse Mère qui forme le point focal du culte Wicca.

» La *chakra pûjâ,* le cercle des adorateurs, où alternent hommes et femmes, est l'équivalent du convent et, dans les deux cas, l'accent porte sur la nudité rituelle. Le but du cercle (lui-même symbole féminin et utérin) est d'enfermer et de capter les énergies psychiques (prâna) émises par la chair vivante des participants. A mesure que l'excitation sexuelle et émotionnelle grandit, plus de rayonnement, plus de "vapeur" est dégagée, disponible pour les usages occultes. Cette énergie forme un cône de puissance au-dessus du groupe, similaire au vortex tourbillonnant de force psychique libérée dans la copulation.

» Au risque de paraître simpliste, il faut pourtant mentionner la ressemblance entre le Shiva-Lingam, symbole central du tantra, et le manche à balai ou la forme conique du chapeau de sorcière. »

Plus loin, Jonn Mumford résume les principes essentiels de la witch craft moderne, publiés en août 1973 dans la revue américaine *Gnostica :*

— reconnaître que toute la manifestation est polarisée, y compris celle de la Divinité en tant que Mâle et Femelle ;

— que la Divinité se manifeste en toute vie, y compris dans l'homme et la femme ;

— que la Féminité est la fleur de l'Espèce ; la femme incarne la beauté et la fécondité, grâce auxquelles nous nous accomplissons.

Gnostica y ajoute les points suivants (en résumé) :

a) la femme, en tant que fleur, produit comme fruits l'amour, la magie et l'effort humains ;

b) la femme est le critère de notre œuvre qui tend vers la beauté, la fécondité, l'accomplissement ;

c) notre attitude envers elle doit être la même qu'envers l'Espèce et la Vie ;

d) la Divinité est Féminité, c'est notre Déesse, notre Reine ; elle est au-dessus de nous, non pas en dominatrice mais en adorée ;

e) selon notre règle, c'est l'apanage d'une femme d'être la Grande Prêtresse de nos convents, et elle doit manifester la féminité dans toute sa plénitude ;

f) ce qui exprime l'essence de la Féminité, son cycle menstruel, permet de comprendre symboliquement la Puissance Féminine incarnée dans la nature ; son symbole est la lune ; la terre, notre Mère, est notre Déesse, sa fille (qui est en fait elle-même) est la Déesse de la lune et, derrière elle, il y a la Grande Mère, la Vie elle-même. »

Que puis-je faire, sinon répéter que cette vision correspond, point par point, à l'essence du tantra ? Et de redire aussi qu'il serait facile autant que regrettable de sous-estimer l'importance de la Wicca moderne parce qu'elle est souterraine, car elle porte l'espoir d'éviter, par la résurgence des valeurs de la Féminité, l'écroulement cataclysmique de notre civilisation. Qu'importe l'étiquette sous laquelle ces idées fondamentales se répandent — witch craft, tantra, ou autre — l'essentiel est que cela ait lieu.

Ce courant est irrésistible et irréversible parce qu'il est universel et éternel. J'abuse des citations, mais comment résister à celle-ci, venue d'un tout autre horizon :

« Dans la femme, se révèle la nature

de l'Eternel Féminin qui transcende toutes ses incarnations terrestres, chaque femme et chaque symbole individuel. L'émergence de l'archétype de la Féminité dans toutes les cultures, à toutes les époques et parmi tous les hommes depuis la préhistoire, constitue aussi la réalité vivante de la femme moderne, ses rêves et visions, ses fantasmes et impulsions, ses projections et relations, ses fixations et mutations.

» La Grande Déesse incarne le Soi Féminin qui se déploie dans l'histoire du genre humain tout comme dans chaque femme individuelle ; sa réalité détermine la vie individuelle et collective. Cet univers psychique archétypal est inclus dans le pouvoir sous-jacent qui, même aujourd'hui — en partie avec les mêmes symboles et dans le même ordre de déploiement, en partie avec des modalités et des variations dynamiques —, détermine l'histoire psychique de l'homme et de la femme modernes. »

Ces lignes, lourdes de sens et d'espoir, méritent d'être relues et retenues. Erich Neumann, psychanalyste jungien, les a écrites à Tel Aviv — censée être un bastion du patriarcat —, où il est décédé en 1960.

Bastion du patriarcat ? Sans doute aujourd'hui. Mais hier ? Et demain ? Au chapitre 44 des *Lamentations de Jérémie,* je lis que le prophète lui-même raconte comment, arrivé à Pathros en Egypte, après la destruction de Jérusalem par Nabuchodonosor, des réfugiés israélites en colère lui reprochèrent sa loyauté envers Jéhovah qu'ils regardaient comme un dieu mâle usurpateur du ciel, et la cause, selon eux, de tous leurs malheurs. Défiant le saint homme, ils lui annoncèrent qu'ils allaient retourner aux coutumes de jadis et brûler l'encens devant la reine du ciel, lui adresser des offrandes et des libations, « comme nous l'avons fait, nous et nos pères, nos rois et nos princes, dans les cités de Juda et dans les rues de Jérusalem : car, à cette époque, nous avions de la nourriture en abondance et nous ne connaissions pas le malheur ! »

Je souligne, dans ce texte :

a) « *nous et nos pères* » et « *coutumes de jadis* », ce qui implique une continuité dans le temps ;

b) outre « *nos pères* » aussi « ... nos *rois* et nos *princes* », ce qui indique une diffusion dans le peuple comme dans l'aristocratie ;

c) les « *cités de Juda* et les *rues de Jérusalem* », cela veut dire que le culte de la « *reine du ciel* » n'était pas un incident de parcours fugace et local, mais qu'il couvrait tout le royaume d'Israël.

Mais cela, c'est le passé, dira-t-on. Et si c'était aussi l'avenir ? Je pense à tels amis juifs de la diaspora qu'il m'arrive de rencontrer. Croyez bien que leurs épouses, loin d'être des inconditionnelles du patriarcat sont plutôt des féministes bon teint ! Victor Hugo, au lieu de « Sire, l'avenir est à Dieu » ne devrait-il pas écrire « à la Déesse » ? Même en Israël ? Pourquoi pas ! L'avenir est tout, sauf prévisible !

Tantra, Zohar et Kabbala

Chaque jour, chaque juif mâle remercie Dieu de ne pas l'avoir fait femme ! Y a-t-il donc incompatibilité totale entre le tantrisme et le judaïsme ? La réponse à cette question est moins évidente qu'elle n'en a l'air, même s'il est vrai que ce n'est pas demain que les Juifs intégristes pratiqueront des rites sexuels de type tantrique.

Et pourtant ! Un jour, après une causerie consacrée au tantra, un ami, juif orthodoxe, directeur d'un collège hébraïque, m'a dit : « Un kabbaliste ne parlerait pas autrement ». Ce fut le début d'échanges de vues au sujet de la Kabbala, avec lui d'abord, avec d'autres Juifs « kabbalisants » ensuite. A propos du mot Kabbala, qui devrait d'ailleurs s'écrire Kabbala*h*, il signifie « ce qui est reçu », autrement dit la Tradition reçue de l'Un et des Maîtres, comme dans le tantra. En Israël, *kabbala*, c'est (aussi) le pourboire qu'on donne au chauffeur de taxi !

Or, en pénétrant un peu dans cette Tradition, on lui découvre bien plus que des points communs avec la tradition tantrique : en fait, les thèmes essentiels du tantra y sont présents, y compris sa vision de la sexualité.

Premier point commun. La *Kabbala*, comme le tantra, n'est pas un livre sacré comme la Bible, les Evangiles, le Coran ou les Védas, mais bien un trésor d'enseignements secrets de l'ancien Israël, transmis oralement de maître à disciple. Autre point commun : tout comme pour le tantra, dont le nom et les concepts n'ont fait surface que vers le VIe siècle, alors que ce culte est millénaire, pour la *Kabbala*, c'est seulement vers le XIIe siècle que sa pensée fut exprimée, bien que sa mystique remonte aux plus anciens courants juifs.

Quant à l'essentiel, le principe de base de la *Kabbala* est : « Ce qui est ici-bas est comme ce qui est au Ciel », ce qui équivaut, en gros, au « Tout ce qui est ici est ailleurs » du tantra. Mais, pour le pénétrer un peu plus avant, il faut quand même se référer à un livre, le *Zohar, ou Livre de la Splendeur Rayonnante*, de Moshé de Leon (1250-1305) qui se rattachait à l'enseignement de Simon-bar-Jochaï, le grand maître du IIe siècle. Même si cela a été contesté, il est cependant certain que Moshé de Leon se fondait sur l'ancienne transmission orale juive. A l'époque de sa publication, le *Zohar* ne fut pas apprécié à sa juste valeur, alors que cette œuvre allait marquer le demi millénaire suivant. Le kabbalisme a aussi influencé les hassidim (« pieux » en hébreu) jusqu'à notre époque. Parmi les grandes figures modernes de ce courant, citons Martin Buber, Marc Chagall, Elie Wiesel, et les philosophes Heschel et Levinas. Sans oublier Gershwin et son *Porgy and Bess.*

Pour le hassidim comme pour le tantrique, « Tout objet créé, aussi humble soit-il, comme une pierre ou des choses plus insignifiantes encore, témoignent de Dieu et *ont une âme.* » Cette idée que l'univers entier, jusqu'au cœur de l'atome, est imprégné de conscience, — on ne conçoit pas une âme inconsciente —, est centrale au tantra.

Plus surprenante, de la part d'une mystique juive, donc insérée dans la mouvance d'une religion patriarcale, c'est l'importance donnée, dans la *Kabbala* et dans le *Zohar*, à la *Shekina*, l'aspect féminin de la divinité. Selon la tradition kabbaliste orale, Dieu est à la fois mâle et femelle, indissolublement unis : Shiva et Shakti ? La *Shekina*, c'est la « présence divine », le « voile de l'inconnu », la « Mère des origines », l'« espace maternel ». Pour la *Kabbala*, chaque femme représente la *Shekina* et est directement protégée par elle, tout comme la shakti du tantra.

Et quand la *Kabbala* dit que l'homme n'est complet qu'uni à sa *shekina*, il ne s'agit pas là d'une simple métaphore ! Le Zohar (I, 55b) dit : « Le Saint — qu'Il soit béni — n'élit pas domicile là où le mâle et la femelle ne sont pas unis ». Et dans III, 81 a : « Quand l'homme, en parfaite sainteté, réalise cet Un, il est dans cet Un. Et quand l'homme est-il Un ? Quand l'homme et la femme sont unis sexuellement *(siwurga)*... Viens et vois ! Dès l'instant où l'être humain, en tant que mâle et femelle, est uni, en veillant à ce que les pensées soient saintes, il est parfait et sans tache, et est appelé Un. L'homme doit faire en sorte que la femme jouisse au moment où elle forme avec lui une volonté unique — et tous deux doivent garder leur esprit sur cette union. » Il s'agit bien d'une union sexuelle concrète où se retrouve l'essentiel du maïthuna tantrique : la sacralisation du sexe en tant que moyen d'accès aux réalités ultimes de l'univers.

Louis Rebcke écrit : « Dès l'instant où s'accomplit l'union du croyant et de son amante, se rétablit aussi l'unité de l'âme à partir des deux moitiés perdues, c'est-à-dire l'homme et la femme. Selon la tradition juive, cette réunification doit avoir lieu pour rétablir l'ordre divin originel dans la création. Pour l'amant de la *Shekina*, et pour le cherchant en général, cette plénitude est la consolation dans ce monde triste et violent... Le kabbaliste trouve ainsi la clé pour un nouveau début, et apprend que le cherchant qui suit fidèlement la voie de Dieu trouvera enfin la maison de son amante adorée. » (dans *Prâna*, 1982/83, p. 89).

Toujours selon Louis Rebcke, le vrai kabbaliste est un amant qui ne quitte jamais la *shekina*, telle qu'elle est représentée dans la création par la femme. « Sans hésiter, il s'approche d'elle, il écoute les paroles de sagesse et d'amour qu'elle lui adresse de derrière le voile. Ces mots lui confèrent la vision et le savoir intérieurs, appelé *derasch* dans la *Kabbala*.. » Le *voile*, n'est-ce pas la Shakti « concrète » qui cache la Shakti cosmique ? Ne joue-t-elle pas ici, vis-à-vis du mâle, le rôle d'initiatrice, comme dans le rite tantrique ? Cela signifie aussi que le kabbaliste, comme le tantrique, reste toujours en rapport avec la femme extérieure et intérieure.

Dans une traduction du *Zohar* par Jean de Pauly, p. 55, il est écrit : « C'est pourquoi l'Ecriture dit : "Il *les* bénit et *leur* donna le nom d'Adam." Ainsi, l'Ecriture ne dit pas : "Il *le* bénit et lui donna le nom d'Adam." parce que Dieu ne bénit que lorsque le mâle et la femelle sont unis. Le mâle seul ne mérite même pas le nom d'homme tant qu'il n'est pas uni à la femelle. » L'emploi même des mots « *mâle* » et « *femelle* », indique bien qu'il s'agit d'une relation basée sur le sexe.

Julius Evola, dans sa *Métaphysique du sexe*, p.311, après avoir cité le *Zohar*, évoque l'existence d'une magie sexuelle secrète dans le kabbalisme. Il parle de la secte des Sabbatiens, en relation avec les doctrines de Jacob Franck qui va beaucoup plus loin en affirmant que la force mystique du Messie, qu'il considère comme un symbole, a été placée dans la femme. Franck, cité par Evola, enseignait ainsi : « Je vous dis que tous les Hébreux se trouvent dans une grande infortune parce qu'ils attendent la venue du Sauveur et non celle de la Femme. » Et on pourrait en dire autant de toute l'humanité du XXe siècle...

Mircea Eliade, dans son *Histoire des Religions* (p.354) note que « plusieurs commentaires rabbiniques donnent à entendre qu'Adam, lui aussi, a parfois été conçu comme androgyne. La "naissance d'Eve" n'aurait donc été, en définitive, que la scission de l'androgyne primordial en deux êtres, mâle et femelle. " Adam et Eve étaient faits dos à dos, attachés par les épaules ; alors Dieu les sépara d'un coup de hache ou en les coupant en deux". D'autres sont d'avis que le premier homme (Adam) était homme du côté droit et femme du côté gauche, mais que Dieu l'a fendu en deux moitiés. » *(Bereshit rabbâ,* I,l, fol. 6, col. 2, etc.)

Tout cela est, évidemment, symbolique et l'on y retrouve, outre le vieux mythe de l'androgyne *Ardhânarî* dans le tantra — l'étymologie latine du mot *sexe*, dérivé de *sectus*, sectionner ! Ainsi la gauche est féminine et le côté droit, mâle !

Il y aurait aussi à établir un parallèle entre les *Séphiroth* du *Zohar* et les énergies subtiles du tantra, mais cela nous entraînerait bien au-delà du cadre, forcément limité, de ce livre.

Il va sans dire — mais cela va encore mieux en le disant —, qu'il ne s'agit pas, en citant tout ce qui précède, de « récupérer » la *Kabbala* pour l'inclure dans le tantra, mais bien de montrer que le judaïsme, si patriarcal en apparence, l'est beaucoup moins quand on jette un coup d'œil du côté de la tradition ésotérique orale transmise depuis des millénaires probablement.

L'ésotérisme juif rencontre aussi le tantra et la philosophie indienne du samkhya dans la constitution de l'être humain, fait d'une âme et de plusieurs « enveloppes » (ce qui est la traduction exacte du sanskrit *koshas)* et de quatre « vents » qui lui donnent sa forme. Dans le tantra, comme dans l'ésotérisme juif, ces « vents » sont des forces subtiles *(vayu* en sanskrit) qui assemblent et animent le corps dense, formé des quatre mêmes éléments que dans le tantra : la terre, l'eau, l'air, le feu. Il est vrai que le tantra et le samkhya y ajoutent *âkasha,* le « vide dynamique », mais celui-ci n'est pas inconnu de l'ésotérisme juif qui dit : « Ainsi, par un mystère des plus secrets, l'infini frappa, avec le son du Verbe, le vide... » où l'on retrouve aussi le Son des origines.

Un autre élément non-aryen en Inde et qui se retrouve dans l'ésotérisme juif est la réincarnation, sujet à la mode actuellement aux Etats-Unis. Jean de Pauly encore : « Car Juda ainsi que les autres tribus ont connu ce mystère ; ils savaient que, quand l'âme n'a pas achevé sa mission sur la terre, elle est déracinée et transplantée de nouveau sur la terre, ainsi qu'il est écrit : "Et l'homme retourne sur la terre." (*Job* XXXIV, 15.) Mais les âmes qui ont accompli leur mission durant leur séjour sur la terre ont un meilleur sort, puisqu'elles restent près du Saint, béni soit-Il. Tel est le sens des paroles de l'Ecriture : "Je préfère le sort des morts à celui des hommes qui vivent encore" (Ecc. IV, 2). Heureuse est l'âme qui n'est plus obligée de revenir en ce monde pour racheter les fautes commises par l'homme qu'elle y animait ! (I. 187b, 188a). »

Il n'est pas essentiel, pour l'adepte occidental du tantra, de se définir vis-à-vis de la réincarnation, c'est-à-dire de l'accepter ou de la rejeter. Pour le tantrique, l'essentiel c'est l'instant présent, c'est de se savoir partie intégrante du processus qu'est l'émergence permanente du monde manifesté, y compris soi-même. Réincarnation ou pas, ce qui compte, pour moi, c'est de faire ce qu'il convient, ici et maintenant, de vivre le plus pleinement possible ma condition d'être humain et d'y accomplir *ma* tâche. En ce qui me concerne, pour l'instant, c'est d'écrire ce livre. Après, on verra bien ! « A chaque jour suffit sa peine ».

Bain de soleil cosmique

C'est vrai, bien des aspects du tantrisme indien sont inexportables. Néanmoins, chacun peut accéder à son essence, qui n'est pas synonyme de rites sexuels bizarres ou pervers. Si le tantra inclut délibérément l'énergie sexuelle, néanmoins bien des pratiques n'ont aucun rapport avec l'éros. En fait, le tantrisme est surtout l'expansion du champ de conscience, la prise de conscience des aspects cosmiques de la vie. Ainsi, toute expérience, aussi banale soit-elle, peut devenir tantrique. Exemple : le « bain de soleil tantrique ».

Comment ? C'est fort simple ! Alors que mon voisin non-tantrique, allongé comme moi sur la plage au soleil, fait bronzette, moi, j'accueille un maximum de sensations corporelles : la chaleur, le contact de la peau avec le tapis, les orteils dans le sable, le vent dans les cheveux, l'air marin, etc. C'est la première étape. Ensuite, il s'agit de « cosmiser » l'expérience en prenant réellement conscience de l'événement-soleil.

Pour mon expérience ordinaire, le soleil est ce qu'il était pour les anciens : une grosse boule, tout là-haut dans le ciel. Quand un penseur grec affirma qu'il pouvait être aussi gros que l'Acropole, il se heurta à l'incrédulité, voire à l'hostilité de ses concitoyens. Aujourd'hui, chaque écolier sait que le soleil est un million de fois plus volumineux que la terre, mais le *réalisons-nous vraiment* ? J'en doute. De même, savoir que l'énergie solaire était encore *dans* le soleil voici huit minutes, ne me frappe guère, même en sachant que la lumière parcourt plus de 300.000 kilomètres/seconde, près de huit fois le tour du globe. Alors, pour concrétiser l'énormité de cette distance, j'imagine une autoroute terre-soleil. Roulant à cent à l'heure, vingt-quatre heures sur vingt-quatre, sans jamais m'arrêter, il me faudrait près de 175 (!) ans pour couvrir ces quelque 150.000.000 de kilomètres ! Sur la plage, j'essaie de transformer ces chiffres arides en réalités concrètes. Je pense à l'immensité du vide glacé (-273° C !) qui me sépare du soleil et je perçois sa lumière comme une cataracte de photons, miniprojectiles de lumière qui me percutent et me pénètrent.

Mieux : la lumière, c'est réellement de la substance solaire qui, voici huit minutes à peine, était encore dans l'astre. C'est donc un flux continu de matière qui me relie à lui : je baigne, littéralement, *dans* le soleil, j'absorbe de sa matière en moi. J'essaie aussi — en vain d'ailleurs, tant c'est énorme — de visualiser sa masse en éruption, vomissant des jets de matière incandescente à des centaines de milliers de kilomètres de sa surface. Vu de près, ce serait terrifiant, impossibilité physique mise à part. Un volcan en éruption, c'est déjà impressionnant, mais imaginons toute notre planète transformée en volcan : spectacle hallucinant, à multiplier par... 33.000 dans le cas du soleil ! Aucun psychisme humain n'y résisterait. Déjà, quand un astronaute revient de la lune, après son misérable saut de puce d'une seconde/lumière, ce bref face à face avec le cosmos bouleverse sa vision du monde. Chaque astronaute qui a foulé la poussière lunaire le sait, or ce ne sont ni des mauviettes, ni des rêveurs.

Tantrique ou non, l'imagination la plus folle sera toujours en retrait par rapport à cette réalité.

Sur le sable chaud, je m'imprègne ainsi de mon mieux de l'énormité de l'« événement-soleil ». Pour prendre conscience des trombes d'énergie, de matière solaire, qui déferlent à tout moment sur la surface totale de notre terre, je pense que la superficie de ma peau fait moins de deux mètres carrés, dont je n'expose, évidemment, que la moitié au soleil. Or, l'été, en plein midi, ce mètre carré encaisse tant de chaleur qu'il faut se réfugier à l'ombre. Pour la terre entière, c'est à multiplier par les millions de kilomètres-carrés qu'elle offre au soleil ! Or, notre planète, infime poussière cosmique, ne capte qu'une parcelle infinitésimale de l'énergie totale vomie par le soleil dans le vide intersidéral, soleil qui « maigrit » ainsi de centaines de tonnes par seconde depuis des milliards d'années et ne s'en porte pas plus mal...

Mieux, je suis, littéralement, du soleil refroidi ! Chaque atome de mon corps, de chaque grain de sable, de chaque objet qui m'entoure est du soleil solidifié, car la terre, elle aussi, a été du plasma sidéral incandescent : elle est un lambeau d'étoile refroidi. Je SUIS donc, dans ma chair comme dans mes os, du soleil condensé. Il est la vie, il est ma vie. Pour remuer le petit doigt, penser ou dormir, je dégrade de l'énergie solaire. Pour vivre et agir, j'extrais mon énergie soit des végétaux, qui sont du soleil en conserve, soit de la viande, qui est de l'herbe, donc du soleil devenu du bœuf ! Le carburant de ma voiture, c'est de l'énergie solaire fossile, comme le charbon : poursuivez vous-même l'énumération ! Bref, j'écris ce texte et vous le lisez grâce au soleil.

Fort bien : *savoir* intellectuellement qu'on est du soleil condensé c'est intéressant, sans plus. Le *vivre,* même fugitivement, c'est fantastique, c'est tantrique ! Naïfs, mes sens m'occultent le vrai soleil que, seule, mon intuition peut me révéler. Ainsi, toujours allongé sur la plage, ressentant l'immensité de l'énergie solaire et de la distance qu'elle a parcourue, branché en direct sur l'énergie cosmique, la frontière entre l'astre et moi s'estompe, se dissout, et je ressens alors la Shakti du tantra, l'énergie créatrice ultime dont l'univers est la manifestation. C'est cela, le tantra...

Pendant tout ce temps, mon voisin pense sans doute aux copains (ou plutôt aux copines !) qui vont admirer son bronzage-pain-d'épices, à moins qu'il ne dorme tout simplement au soleil. Tandis que mon bain de soleil profane devient cosmique, les ultraviolets me brûlent la peau tout comme la sienne mais, consolation, *mon* coup de soleil sera... tantrique ! De la même manière, toute ma vie peut être transmuée, cosmisée, ce qui n'exclut pas la jouissance, au contraire. D'où une formidable expansion de ma vision du monde et de moi-même, notamment de mon corps, cet autre univers.

Autre exemple de « cosmisation ». Plonger dans la mer ou dans un fleuve peut n'avoir d'autre but que l'hygiène et/ou le sport. Imaginons que je fasse mes ablutions dans le Gange à Bénarès, le long des célèbres ghats, dans la foule grouillante des pieux hindous, séquence classique des documentaires sur l'Inde. Le bain pourrait ne pas dépasser l'ici-et-maintenant, mais tout change si je prends conscience que, justement, le fleuve n'est pas limité à l'« ici » et si je perçois en bloc tout le Gange, trait d'union de trois mille kilomètres entre l'Himalaya et l'océan, tout change. Tout change aussi en percevant qu'il est uni à toutes les mers du globe et que le Gange d'aujourd'hui est pareil à celui d'hier, bien qu'il ne soit jamais deux fois le même car ce n'est jamais la même eau qui coule entre ses berges, cela aussi un philosophe grec l'a dit. Extérieurement, rien ne différencie mes ablutions de celles de mes voisins non tantriques, mais mon expérience intérieure gagne en ampleur et en richesse.

Ainsi, le tantra est-il d'abord une autre façon d'être et de sentir, avant de se concrétiser dans certaines techniques ou actions rituelles.

Mais, gare au piège cérébral ! L'intellect apporte — c'est précieux — les éléments objectifs, scientifiques, de cette prise de conscience, toutefois c'est la perception intuitive globale de l'événement qui importe. Passer du sensoriel au concept intellectuel de l'événement — soleil, fleuve ou autre —, puis au vécu direct de ses aspects ultimes est ardu. Pourtant, c'est ainsi qu'un acte anodin devient un événement transcendant l'ego et qu'on débanalise la vie la plus terne.

Conscients de cette difficulté, le tantra y répond notamment par l'art, le rite et le symbole. Le tantra est d'ailleurs, de toutes les philosophies de l'Inde, celle qui utilise le plus délibérément l'art comme voie d'accès au cosmique, caché dans le banal.

3
L'autre regard sur l'amour

Quand le sexe devient problème

Réprimée depuis un ou deux millénaires, avec des périodes de relâchement, la sexualité s'est débridée, tourne à l'obsession et, par la loi du pendule, réveillera peut-être un puritanisme d'autant plus strict que la débauche aura été profonde. Mais, quelle que soit l'évolution future, constatons le fait que notre société s'hypersexualise. Il est révélateur que pour vendre du café, du savon, du jus de fruit, de la laine à tricoter, une auto, etc. la pub fasse appel au sexe ! Ce n'est pas un hasard, c'est une conséquence presque inévitable de la civilisation industrielle qui entasse les humains dans des métropoles démesurées.

Alors que, voici peu de générations encore, 80 % de la population vivait au village ou à la ferme, maintenant c'est l'inverse ; aux U.S.A., 6 à 7 % d'agriculteurs nourrissent tous les autres, avec d'énormes surplus pour l'exportation. Or, pour le paysan, le sexe existe mais il n'y fait pas problème. Avant la mécanisation, à la moisson, dès l'aube, les faucheurs aux gestes lents et rythmés couchaient les blés mûrs. Les femmes et les enfants les nouaient en bottes serrées qui, dressées en meules, promettaient l'abondance ; Breughel a peint cette vie simple dans un tableau célèbre dont une reproduction orne le mur devant moi. A part la pause casse-croûte on turbinait jusqu'au crépuscule avant de rentrer, fourbus, à la ferme. En 1940, après la capitulation, j'ai partagé cette vie fruste. Evadé, je me suis caché dans une ferme et j'y ai moissonné, engrangé puis battu le blé au fléau ! Rude boulot, surtout pour un citadin, mais je sais ainsi qu'après la soupe vespérale et les patates sautées au lard, on n'a qu'un désir : dormir ! Le sexe ? On n'y pense même pas. A la campagne, ça sert à procréer et guère plus.

L'échelle des valeurs y est autre ; l'important ce n'est pas la fesse, mais bien le temps qu'il fait ou fera, que la moisson soit rentrée à temps, que les bêtes soient saines et bien nourries. Les tâches, concrètes et variées, empêchent le sexe d'envahir le mental.

Maintenant, allons en ville, dans une de ces fourmilières que sont les tours à bureaux pour voir ce qu'y devient le sexe. Alors que le paysan vit dans un environnement relativement naturel, le citadin survit dans un milieu artificiel ; bâtiment, vitres, revêtement mural et tapis, meubles, machines, papier et même la lumière, tout vient de l'homme, tout est artificiel. Son bureau, au trentième étage, domine une mer de toits « ornés » d'antennes de télé et les rues sont d'étroits canyons où se faufilent, minuscules insectes mécaniques, des files d'autos. La nature a disparu, même si on entrevoit les frondaisons d'un parc.

A la ferme, l'homme vit près des animaux ; le cocorico l'éveille, les poussins piaillent sous la mère-poule, le chat s'étire, les porcs grognent. Dans le pré, les vaches ruminent, les veaux batifolent. Vivent autour de lui des chèvres, des moutons, parfois encore des chevaux de trait, des oiseaux, des insectes. Le paysan partage la vie de ses bêtes, même s'il les exploite. Mais, en ville, où est la vie animale ?

Dans son bureau climatisé, le citadin a perdu le contact avec l'air pur, la pluie, le vent, les arbres, les ruisseaux, avec les oiseaux, les animaux de la forêt et même les animaux domestiques. L'homme vit séquestré dans un bureau-prison, qu'il s'est bâti lui-même, où les valeurs campagnardes n'ont pas cours. Le travail y est rarement folichon et encore plus rarement choisi. Délibérément, la société industrialisée, pour optimiser le rendement du producteur-consommateur, veille à ce que rien ne le détourne de son boulot dans ce décor qui aurait été de science-fiction voici un siècle à peine. Alors, pour l'homme ainsi claustré, qu'y a-t-il d'intéressant sinon l'autre sexe ? Et, après le boulot, il se retrouve, dans le métro ou dans les embouteillages, noyé dans la masse avec laquelle il a des rapports agressifs ou sexuels, rarement amicaux. Au spectacle (ciné, télé, etc.), le sexe est omniprésent. L'industrie des loisirs lui propose l'évasion, elle aussi en masse : il y retrouve le sexe comme moyen d'échapper à l'ennui — et aux ennuis — du quotidien... Hypertrophié, le sexe devient un problème.

Tout ceci renverse les barrières d'un puritanisme hypocrite pour tomber dans l'excès contraire. Fait remarquable, rarement évoqué : le puritanisme accompagne partout et toujours toute dictature, qu'elle soit militaire, politique ou spirituelle. Tant que Franco et Salazar ont vécu, pour ne citer qu'eux, le puritanisme a régné. Même pour les touristes, pas question de bikini sur les plages, sans parler du monokini ! La dictature religieuse, en Iran par exemple, ne fait pas exception, au contraire. Et c'est logique : accumulée derrière le barrage du puritanisme, l'énergie sexuelle ainsi réprimée alimente un fanatisme dont l'idéologie en place a un besoin absolu pour se maintenir et conquérir.

Bien qu'ennemi du puritanisme, le tantra de la Voie de Gauche considère que si la pudibonderie ne résout rien, la bordélisation généralisée non plus.

Les alternatives ? La « sexualité saine », déculpabilisée, est une alternative acceptable et préférable au puritanisme ou à la vulgarité pornographique. D'ailleurs, la visite d'un sex-shop, quoique d'une désespérante monotonie, est instructive : toute la misère sexuelle s'y étale. Les films X suent l'ennui et sont plutôt anti-érotiques. La

« saine sexualité » devrait être la norme, mais ce n'est pas le cas, faute d'éducation sexuelle. Ce qu'on propose sous ce nom mérite, au mieux, d'être appelé « information génésique ».

L'autre alternative et la vraie solution du problème, c'est la *spiritualisation du sexe* proposée par la Voie de Gauche, parfaitement adaptée à notre temps. Elle s'adresse à ceux qui refusent tant la pudibonderie que le pseudo-érotisme pornographique, à ceux qui veulent dépasser la « saine sexualité ». La Voie de Gauche résout le problème sexuel par une libération au sens noble du terme et par un accès au sacré. Le tantra affirme qu'à notre époque décadente et destructrice (le *Kâli Yuga*) seule la Voie de Gauche peut encore mener à une véritable spiritualité.

Je cite Julius Evola : « L'union sexuelle, comprise de cette façon, suspend la loi de la dualité, provoque une ouverture extatique. La loi de la dualité étant suspendue dans la simultanéité de l'ivresse, de l'orgasme et du ravissement qui unit deux êtres, on peut provoquer l'état d'identité qui préfigure l'illumination absolue, l'inconditionné. Le *Kulârnava Tantra* va jusqu'à dire que l'union suprême ne peut être obtenue que par le moyen de l'union sexuelle. » *(Le Yoga Tantrique,* p. 191-192).

Sans un retour au respect de la nature et à la pratique des rites érotico-magiques qui permettent l'épanouissement de l'être humain et son harmonisation avec les autres formes d'être, la destruction de l'ensemble de l'espèce humaine ne saurait tarder.

Je laisse René Guénon conclure : « Il ne s'agirait donc, en somme, que d'une reconstitution de ce qui a existé avant la déviation moderne, avec les adaptations nécessaires aux conditions d'une autre époque... L'Orient peut très bien venir au secours de l'Occident, si toutefois celui-ci le veut bien, non pour lui imposer des conceptions qui lui sont étrangères, comme certains semblent le craindre, mais bien pour l'aider à retrouver sa propre tradition dont il a perdu le sens. » *(La Crise du monde moderne,* p. 46 et 129). Et j'ajoute : surtout en ce qui concerne la sexualité.

Le sexe, ennemi du spirituel ?...

Devinez qui a écrit : « Depuis que les religions (judéo-chrétiennes) existent, elles ont toujours tendu à s'exprimer, dans leurs manifestations les plus hautes, sous la forme de la chasteté. Bouddhisme et christianisme se rejoignent d'ailleurs sur ce point. Pour le "parfait", vaincre l'attrait sexuel apparaît toujours, en fin de compte, comme l'expression suprême du triomphe de l'esprit...

» Un élément précieux, significatif et opérant, se cache, j'en suis sûr, au fond de l'idée de virginité. Mais cette idée, j'en suis non moins sûr, n'a pas encore trouvé sa formule satisfaisante dans la pratique, ni dans la théorie. Doute né de mon expérience personnelle. Doute accru par le nombre croissant des esprits élevés et sincères qui ne voient plus rien de moralement beau dans les restrictions de l'ascèse.

» La chasteté ne se projette plus qu'en flou sur notre univers physique et moral. Elle continue, soit à se traduire en mots et en systèmes vieillis, soit à se justifier par un complexe de raisons disparates dont beaucoup ne nous émeuvent plus...

» Dans le christianisme, cette doctrine (ou plutôt, comme nous allons le dire, cette pratique) s'exprime très nettement par les deux idées directrices que voici : a) l'union des sexes est bonne, et même sainte, mais en vue de la reproduction, *exclusivement* ; b) hors de ce cas, le rapprochement des sexes est à réduire *au minimum* . . .

» Or, quels sont les éléments, sentimentaux ou rationnels, reconnaissables à la base du culte rendu par le christianisme à la chasteté ?... Tout au fond, d'abord se découvre un *présupposé physiologique* qui imprègne, plus qu'on ne le penserait, tout le développement de la pensée chrétienne concernant la Chute, la sanctification et la Grâce. Je veux dire l'idée (il serait plus exact de dire l'impression) que les relations sexuelles sont entachées de quelque déchéance et de quelque souillure... Le sexuel est péché. La conception chrétienne de la sexualité s'exprime dans le « *Hi sunt qui cum mulieribus non sunt coinquinati* » (« Ce sont ceux qui ne se sont pas souillés avec des femmes »)...

» La grande affaire proposée à l'âme est de se sauver elle-même, et ceci par une absence de péché. De là toute une ascèse restrictive, en matière de sexualité. Pour ne pas s'exposer au vertige, il faut se tenir le plus loin possible en deçà du précipice : fuir. Pour ne pas céder aux entraînements de la jouissance, il faut supprimer les amorces mêmes du plaisir et s'infliger la peine : privations et pénitence... Cette curieuse inversion des valeurs consacre, en première approximation, la valeur de la chasteté comme un eunuchisme moral, — et elle a ouvert la carrière à toutes les virtuosités de la grande pénitence...

» La consigne du chrétien sera de prendre plutôt moins que plus. Il sauvera son corps en le perdant, il le sublimera en l'exténuant. Autour de son âme spirituelle, la chair forme, non point une atmosphère ou une nébuleuse, mais *un double*. Pour des raisons obscures, ce satellite, mystérieusement associé par le Créateur à l'esprit, est inconstant et dangereux. Par-dessus tout, il est lascif. Il faut le tenir en esclavage, en le sevrant. Logiquement, le saint parviendra au maximum de la perfection par un usage minimum de la Matière (le corps) et tout spécialement de la Matière sous sa forme la plus virulente : le Féminin.

» Le Christianisme a poussé plus loin qu'aucune autre religion la pratique de la chasteté. La valeur morale (ou du moins la signification et la discipline traditionnelle) de la chasteté sont en train de perdre leur évidence pour beaucoup d'entre nous. Ce phénomène ne doit pas être mis trop simplement sur le compte de la perversité humaine, et par suite dédaigné. Il faut le regarder loyalement et en face.

» L'intérêt de la continence (virginité) ou intégrité matérielle du corps nous est devenue aussi inintelligible que la vénération d'un tabou. La valeur morale des actes se mesure désormais pour nous à l'élan spirituel qu'ils impriment.

» Jusqu'au XVIIIe siècle, ou à peu près, les conflits au sujet de la morale opposaient deux clans très simplement délimités : les spirituels et les matériels, mais les uns comme les autres admettaient implicitement que le Monde ne s'était jamais mû, ou du moins qu'il était définitivement arrêté. C'est alors que, par tous les joints de la pensée et de l'expérience, est entrée en nous la conscience que l'univers autour de nous fonctionnait encore comme un énorme réservoir de possibilités vitales. On croyait la Matière (le corps) fixée ou épuisée. Elle s'est manifestée intarissablement riche en énergies psychologiques nouvelles...

» La Femme est, pour l'Homme, le symbole et la personnification de toutes les complémentarités attendues de l'Univers : au terme de la puissance spirituelle de la Matière, la puissance spirituelle de la chair et du féminin.

» En ce point, si je ne me trompe, nous touchons à l'origine de la divergence qui paraît détourner nos sympathies modernes du culte traditionnel de la chasteté. Au fond du code chrétien de la vertu paraît exister ce présupposé que, pour l'homme, la femme est essentiellement un instrument de génération. La femme pour procréer — ou pas de femme du tout : voilà le dilemme posé par les moralistes. Or, contre cette simplification s'élèvent les plus chères et les plus sûres de nos expériences. Si fondamentale soit-elle, la maternité de la femme n'est presque rien en comparaison de sa fécondité spirituelle. La Femme épanouit, sensibilise, révèle à lui-même celui qui l'aura aimée...

» En fait, la part largement faite aux phénomènes de régression morale et de licence, il semble bien que la "liberté" actuelle des mœurs ait sa véritable cause dans la recherche d'une forme d'union plus riche et plus spiritualisante que celle qui se limite aux horizons d'un berceau... En réalité, dans l'état présent du monde, l'Homme n'est pas encore révélé complètement à lui-même par la Femme, ni réciproquement...

» Après tout, l'homme, aussi "sublimé" qu'on se l'imagine, n'est pas un eunuque ! Ce n'est pas sur une *monade,* mais c'est sur la *dyade* humaine que se pose la spiritualité. Il y a une question générale du Féminin laissée irrésolue ou inexplicitée par la théorie chrétienne de la sainteté. De là notre insatisfaction et notre malaise en face de la discipline ancienne de la vertu... Jusqu'ici l'ascèse tendait à tout rejeter : pour être saint, il fallait surtout se priver. Désormais, en vertu du nouvel aspect moral pris à nos yeux par la Matière, le détachement spirituel prendra la forme d'une conquête. S'immerger pour être soulevé et pour soulever, dans le flot des énergies créées, *sans excepter* la première et la plus brûlante d'entre elles (l'énergie sexuelle)...

» En pratique, le Féminin est rangé parmi les produits naturels interdits, parce que trop dangereux. C'est un parfum qui trouble, — une liqueur qui grise. Depuis toujours (dans les religions judéo-chrétiennes) les hommes ont regardé avec surprise la puissance incontrôlable de cet élément... Parce que les flammes dévorent et que l'électricité foudroie, allons-nous cesser de nous en servir ? Le Féminin est la plus redoutable des forces de la Matière. Ceci est vrai. "Donc il faut l'éviter", disent les moralistes. "Donc il faut s'en emparer", répondrai-je. Dans tous les domaines du réel (physique, affectif, intellectuel) *le "danger" est un symptôme de puissance.* [...] Oui, c'est vrai, l'amour est le seuil d'un autre Univers...

» Cet usage spirituel de la chair, au fond, n'est-ce pas celui que, sans demander la permission aux moralistes, ont instinctivement découvert et adopté beaucoup de génies qui ont vraiment créé ? N'est-ce pas à ces sources dites impures qu'a été puisée une vie dont se nourrissent, en ce moment même, les plus conservateurs de chez-nous ? [...] L'homme ira d'abord à la Femme. Il prendra celle-ci tout entière. Contact des deux éléments dans l'amour humain, puis ascension à deux vers le plus grand centre divin.

Par l'amour physique, les puissances de l'homme sont magnifiquement libérées. Ce qui aurait toujours dormi dans nos âmes s'éveille et bondit en avant... L'instant du don total coïnciderait alors avec la rencontre divine. Tôt ou tard, à travers notre incrédulité, le monde fera ce pas. Car tout ce qui est plus vrai se trouve ; et tout ce qui est meilleur finit par arriver. »

Dans ce texte, vous aurez reconnu le souffle et le style de Teilhard de Chardin, car c'est bien lui l'auteur. Bien qu'il y parte surtout du point de vue masculin, il se rapproche fort du tantra en reconnaissant à la Femme sa qualité d'initiatrice et en effaçant l'opposition sexe contre spiritualité. Même si ceci n'exprime pas nécessairement la vision de l'Eglise, néanmoins on ne peut l'accuser d'ignorer ce problème...

Une éducation sexuelle à faire

En régime patriarcal, dans l'acte sexuel, le rôle actif incombe à l'homme : le pénis est l'organe essentiel et le vagin guère plus qu'un agréable réceptacle. Le pénis pénètre, va et vient, impose son rythme, jouit, c'est-à-dire éjacule et le mâle est satisfait, ou du moins il s'en satisfait. Des siècles de domination mâle font que, le plus souvent, la femme accepte ce rôle passif comme allant de soi et s'en accommode. Même l'étymologie est éloquente : *vagina* vient du latin gaine, fourreau et le néerlandais *schede* ou l'allemand *Scheide* désignent indistinctement le fourreau d'une épée ou le vagin. De toute évidence, l'épée est l'objet principal, le fourreau n'ayant qu'un simple rôle protecteur.

Même la position amoureuse la plus usitée en Occident, celle dite du missionnaire, exprime la domination mâle et réduit la marge de participation active de la femme. Un affreux proverbe allemand dit : « Nach dem Essen sollst du rauchen, oder eine Frau gebrauchen ». Littéralement : « Après le repas, tu dois fumer ou utiliser une femme ». Sic ! La galanterie va jusqu'à mettre *rauchen* (fumer) avant *gebrauchen* !

De plus, en matière de sexe, tout mâle est censé avoir la science infuse, au point que souvent la femme n'ose même pas lui faire remarquer son ignorance, sa maladresse ou les deux...

Le pire, c'est qu'on ne peut guère leur en faire le reproche : dans mon adolescence, on enfermait encore les jeunes des deux sexes dans un véritable ghetto. Le sexe était tabou, d'où l'ignorance crasse des jeunes gens et même des adultes.

La répression systématique de toute sexualité faisait que bien des garçons, dans les établissements religieux notamment, ignoraient encore à dix-huit ou vingt ans, et certains même jusqu'au mariage, à quoi ressemblait le sexe de la femme : le cours d'anatomie oubliait ce « détail » ! Si on avait pu, je crois qu'on nous aurait caché jusqu'à l'existence de nos propres organes génitaux !

Le nu était tabou au point que nombre de femmes, aujourd'hui grands-mères, ont vécu l'époque où, chez les bonnes sœurs, les jeunes filles bien élevées se douchaient en chemise ! On objectera que les

Indiennes se baignent encore dans le Gange sans ôter leur sari. C'est vrai, mais cela découle d'une démarche identique, le puritanisme victorien ayant contaminé l'Inde.

On dira, avec un sourire entendu, qu'entre-temps ces ex-pensionnaires sont devenues mères, donc que cela ne les a pas empêchées de faire des enfants ! D'accord, mais dans quelles conditions ? Il n'était pas question, officiellement, d'avoir des relations sexuelles avant le mariage et, à cet effet, on isolait les filles des garçons. Bien sûr, malgré toutes les précautions prises par les adultes pour éviter qu'ils ne se rencontrent, ils déjouaient les surveillances, se fixaient des rendez-vous secrets et se « débrouillaient » à la sauvette dans la nature, dans des conditions précaires. Ainsi, faute d'initiation sexuelle, les garçons étaient nécessairement godiches, donc décevants, donc déçus, et les filles guère plus averties ni adroites. Le tout souvent assaisonné d'un sentiment de péché, de culpabilité plus la hantise de la grossesse inopportune. Dans ces conditions, comment espérer qu'une fois mariés, ils aient une vie sexuelle riche, heureuse et puissent former un couple uni, sexuellement épanoui ?

Il est vrai qu'aujourd'hui l'éducation sexuelle figure au programme officiel, mais c'est un abus de langage : il s'agit, tout au plus, d'instruction génésique et non d'*éducation* sexuelle. Fort bien de donner des cours d'anatomie et de physiologie des organes sexuels et d'informer au sujet des processus génitaux, mais cela n'a aucun rapport avec l'éducation du *comportement* sexuel. Reconnaissons que ce serait inconcevable dans nos écoles, sauf à transformer les classes en dortoirs, ou plutôt en couchoirs... Dans ce domaine, certaines tribus « sauvages » de l'Inde pourraient nous en remontrer, notamment celles où une véritable éducation sexuelle est socialement organisée au *ghotul,* c'est-à-dire au dortoir des jeunes. Même si le *ghotul* n'est pas exportable vers nos pays, du moins est-il instructif d'en prendre connaissance pour en découvrir la sagesse.

Erwin Verrier, qui a vécu pendant longtemps dans les tribus indiennes et a même épousé une de leurs filles, écrit : « Pour l'individu vivant au sein de la tribu, la sexualité est plus naturelle. Le jeune garçon s'initie à la sexualité dès avant la puberté en observant les adultes et par ouï-dire. Quand il avance en âge, il imite le jeu sexuel pour aborder progressivement les relations pré-maritales. L'adolescent considère les jeunes filles dans leur ensemble, s'en forme une opinion, et vice-versa. [...]

» Les relations pré-maritales ne sont pas sujettes à des objections dans le cadre de la vie tribale, pourvu que les règles du choix des partenaires soient respectées... »

» Le *ghotul*, qui tend à disparaître de nos jours, fournit un cadre socialement sûr pour les relations sexuelles pré-maritales. La rencontre des partenaires continue à s'y faire. Dans les tribus, une attitude simple, innocente et naturelle prévaut vis-à-vis de la sexualité. Dans le ghotul elle est renforcée par l'absence totale de tout sentiment de culpabilité et par la liberté résultant de l'absence d'interférence et d'influences externes. Ils sont persuadés que l'activité sexuelle est bonne, fait du bien, est saine et esthétique lorsqu'elle s'accomplit au moment voulu avec la partenaire adéquate, à l'endroit propice. Les plus jeunes parmi les garçons et les filles s'initient par l'imitation à l'amour et au comportement sexuel. Faire l'amour commence par des rires, des sourires, en dansant ensemble dans le dortoir ce qui n'empêche pas de se fixer des rendez-vous dans les forêts profondes ou en des endroits isolés. C'est ainsi que, dès leur jeunesse, garçons et filles sont initiés aux techniques sexuelles, à la fois par l'exemple et par l'initiation personnelle. Dans d'autres tribus, comme les Santhals, qui n'ont pas de telles institutions, les jeunes ont de nombreuses occasions de se rencontrer, aux festivals, aux mariages, aux soirées de danses, lors de visites intervillages et même au travail dans les champs. Tout cela leur donne d'amples facilités pour lier connaissance, ce qui débouche sur des relations sexuelles concrètes. Ces relations prémaritales conduisent souvent d'ailleurs à des mariages heureux. [...]

» Pour autant qu'il s'agisse de sexualité, même après le mariage, certains nouent des intrigues extra-maritales, reliques de leur vie sexuelle libre d'avant le mariage et d'une attitude psychologique très libre formée durant leur adolescence. [...]

» Dans les tribus, certains festivals sont l'occasion normale de relations sexuelles extra-maritales. Ici l'on peut citer les festivals des Santhals, des Hos, des Mundas, etc. pendant lesquels chacun est libre de se choisir le ou la partenaire voulu pour l'acte sexuel. L'autre facette de la vie sexuelle dans les tribus, est la multiplicité des mariages. Lorsqu'un individu n'est pas satisfait sexuellement de sa femme et si ses désirs sexuels ne sont pas entièrement apaisés, il peut avoir une liaison avec d'autres partenaires soit pour faire l'amour, soit en tant que relation extra-maritale ou dans la forme cérémoniale usuelle. »

D'accord, il est exclu de transposer chez nous ces coutumes tribales, mais il est bon d'en connaître l'existence et les avantages ne serait-ce que pour juger nos conditionnements sociaux dans ce domaine. Dans ces tribus, la possessivité, la jalousie, les drames passionnels dus à l'« infidélité », les divorces pénibles tant pour les conjoints que pour les enfants, sont évités, sans parler de l'absence de frustrations sexuelles, ce qui assure un équilibre psychologique certain. A défaut de pouvoir les transposer, au moins doit-on être capable d'en juger impartialement.

C'est vrai, de nos jours, cela change : de plus en plus, le besoin d'une information sexuelle est perçu par l'homme qui souhaite acquérir les techniques pour amener la femme à l'orgasme, « chef-d'œuvre » du mâle. En fonction de quoi il achète des bouquins sur l'art d'aimer, dans l'espoir qu'après avoir comblé ses lacunes, il comblera sa femme !

Bon élève, il n'ignore plus rien du prélude, des zones érogènes, des baisers ; cunnilingus, fellation, font partie de son vocabulaire, il connaît les 101 positions et leurs variantes... Bref, il devient l'amant parfait.

Le hic, c'est que ces livres sont écrits par des hommes, pour d'autres hommes, et reflètent donc le point de vue du mâle ! Vous me direz que le présent livre aussi est signé par un homme : désolé, je ne suis pas transsexuel ! Mais, diable, qu'attendez-vous, Mesdames, pour en écrire à notre intention ? Même le *Rapport Hite,* par ailleurs peu flatteur pour nous, les hommes, n'est pas le livre attendu, celui où une femme nous dira enfin : « Messieurs, voilà comment nous sommes, voilà ce que nous éprouvons, et voici comment il faudrait nous aimer ! » Les traités actuels oublient peut-être l'essentiel, c'est-à-dire de changer radicalement l'attitude du mâle vis-à-vis de la femme et du sexe : c'est ce qu'apporte — entre autres — le tantra !

Dans le jeu sexuel, l'homme doit accepter que la femme puisse mener le jeu, et l'aborder dans le respect total de sa *féminité* en s'ouvrant à sa sexualité de femme. Il ne s'agit pas d'une compréhension condescendante, mais bien de la perception aiguë du formidable potentiel sexuel féminin. Pour cela un dialogue entre l'homme et la femme est nécessaire et il est dommage qu'elle soit si réticente à lui parler « sexe ». Pourquoi ne lui dirait-elle pas, en toute simplicité, ce qu'elle attend de lui ? Pourquoi ne l'informerait-elle pas de ses pulsions et désirs profonds ? Pourquoi ne deviendrait-elle pas son initiatrice ? L'ignorance de certains hommes, censés être « experts » pour avoir connu beaucoup de femmes, est souvent surprenante.

D'accord, le tantra n'est pas du sexe banal, mais néanmoins l'adepte tantrique, shiva ou shakti, doit pouvoir satisfaire pleinement l'autre, même dans une étreinte dite « normale ». D'ailleurs, l'union tantrique n'est possible qu'entre partenaires capables d'avoir entre eux des rapports sexuels « normaux » épanouis.

Au menu des traités sexuels figure l'inévitable chapitre traitant du « prélude », avec ses techniques plus ou moins raffinées. Dans le tantra, le vrai prélude ne consiste pas tant en telles caresses ou baisers à tels endroits. Le *vrai* prélude au maïthuna consiste à créer un rapport intime, psychique et physique, à établir une harmonie profonde. Pour cela, chacun s'imprègne de la personnalité de l'autre, de sa présence, au sens fort du terme, en tant qu'être total, et se pénètre de son sexe (ce qui n'est pas synonyme d'organes génitaux). Cette ouverture à l'autre suffit, souvent sans le moindre geste érotique, à créer ce contact subtil, à faire passer le courant. Si la femme prend conscience du mâle caché dans l'homme, sa *rati* (passion) deviendra active et, réciproquement, chez lui la *virya* (virilité) s'éveillera. Les caresses et toute la panoplie érotique du classique prélude ne doivent pas être rejetées en bloc mais elles n'ont vraiment de sens que si ce contact s'établit et, dès lors, elles en deviennent presque superflues.

Quand *rati* et *virya* s'éveillent, le yoni s'ouvre, sa corolle humide et chaude invite l'homme en elle. Le lingam ne doit pas *pénétrer*, il doit être happé puis *absorbé* avec lenteur par le yoni palpitant. Le lingam n'est pas un marteau-piqueur !

Alan Watts l'a bien compris. Dans *Man, Woman and Nature, p.* 170, il écrit : « Quand le couple est proche au point que les sexes se touchent, il suffit de rester calme et sans hâte afin qu'en son temps la femme puisse absorber le membre sans être activement pénétrée. »

Le contrôle vaginal est alors des plus précieux. Les contractions contrôlées du yoni absorbent le lingam : la shakti sent alors que l'homme fait dorénavant partie d'elle-même, qu'ils ne font plus qu'une seule chair, un seul être, qu'ils reconstituent l'androgyne primitif. Combien de temps faut-il pour « accomplir » cela ? En fait, il n'y a rien à accomplir, il suffit d'attendre pour que se produisent les choses !

Notre double sexualité

Notre sexualité est bipolaire : l'une se situe au pôle « espèce », l'autre au pôle « individu ». Le premier, le pôle « espèce », est localisé au bas du corps, dans les organes génitaux *(muladhara* et *svadisthana chakras)* qui sont littéralement l'enclave immortelle de l'espèce en nous, dont l'unique finalité est la procréation, la pérennité de l'Espèce. Le pôle « individu », lui, est à l'autre bout de l'épine dorsale, dans le cerveau, le Lotus aux Mille Pétales, le *sahasrara chakra,* est le siège de l'individualité, du « moi-je ».

La sexualité de l'espèce, dont les organes génitaux sont le support, c'est l'irrépressible pulsion vitale qui fait proliférer toute vie sur la planète, c'est la *Kundalinî* du tantra. Cette sexualité foncière, animale — ceci n'étant pas péjoratif —, suscite chez la femme un intense désir les « jours-à-petits-bébés », les jours féconds du cycle. Innée, programmée, c'est encore elle qui guide le comportement sexuel instinctif chez la femme unie à l'homme, qui déclenche quasi mécaniquement les mouvements rythmiques du bassin et les ondes contractiles du vagin pour faire jaillir le sperme fécondant et accomplir le dessein de l'Espèce.

Cette pulsion compulsive est évidente et bien connue. L'autre, plus spécifiquement humaine, celle du pôle « individu », est souvent insoupçonnée ou confondue avec la première or, pour le maïthuna tantrique, il est essentiel de les distinguer. Bien sûr, le tantra ne méconnaît ni la puissance, ni le caractère vital du pôle de l'espèce, mais le but du maïthuna rituel n'est pas la procréation. En effet, la pérennité de l'espèce pourrait être assurée avec fort peu de coïts en l'espace d'une vie. En théorie, vingt éjaculations réparties sur vingt ans au « bon » moment suffiraient à nous doter d'une respectable tribu de vingt rejetons et plus s'il y a des jumeaux. C'est à partir de cette logique procréative que des sectes ultra pudibondes, genre Hare Krishna, prohibent le sexe, sauf entre époux, une fois par mois. Même Gandhi avait cette vision anti-tantrique...

Le tantra utilise les deux formes de sexualité, avec une nette préférence pour celle qui n'est pas purement animale, reproductive. La localisation et le caractère réflexe, quasi mécanique, de la sexualité de l'espèce sont bien illustrés par la mante religieuse. On dit que, pendant l'accouplement, elle sectionne parfois la tête du mâle qu'elle estime trop peu « actif » : elle élimine ainsi le pôle « individu » tandis que le pôle « espèce » continue le coït avec une vigueur accrue et féconde la femelle... qui le dévore ensuite ! Il est vrai que certains entomologistes disent que c'est une légende. Néanmoins — et ceci est un fait expérimental —, si, chez certains papillons, on tranche la tête du mâle, le reste du corps poursuit imperturbablement l'accouplement, démontrant ainsi l'autonomie du pôle de l'espèce par rapport au pôle cérébral. Chez l'être humain, c'est un fait que des paraplégiques peuvent avoir des érections et féconder leur femme : la moelle étant sectionnée, seul le pôle de l'espèce agit, aucune sensation n'arrivant au cerveau.

Le pôle « individu » a donc sa sexualité propre, bien distincte de la pulsion animale du pôle de l'espèce. Indirectement génitale, elle se base, elle aussi, sur la polarité des sexes. L'érotisme, qui est à la sexualité génitale pure ce que la gastronomie est à la faim animale, est l'expression de la sexualité du pôle individu.

Le paradis et l'enfer

Qu'en dit la physiologie ? Hé bien, elle confirme la thèse tantrique : le centre de la sexualité cérébrale, le pôle sexuel « individu » existe, est localisable et localisé ! C'est aussi celui de la félicité, de l'extase.

Olds, chercheur américain, avait, cette fois encore, implanté une électrode dans le cerveau d'un rat, pour étudier l'effet de la stimulation électrique de certaines zones sur son comportement. Electriquement, il savait déjà provoquer, au choix, la fureur, la crainte, la torpeur, l'apathie, etc. Or, ce jour-là le rat se comportait d'une manière bizarre, tout à fait inhabituelle. Loin de fuir l'homme, il revenait avec obstination à l'endroit où Olds avait déclenché la stimulation : apparemment, il jouissait, il était au « paradis », pour reprendre le mot du docteur Lévy de Leningrad. Olds localisa ainsi d'autres points de « paradis », ceux-ci formant une croix dans l'hypothalamus, près de la base du cerveau, mais il découvrit aussi, hélas, un « enfer » cérébral, où l'excitation électrique terrorise l'animal, dont la mimique exprime : « Plus jamais cela, à aucun prix ! »

La nature a pourtant été charitable : dans le cerveau du rat, le paradis est sept fois plus étendu que l'enfer. On localise un tel paradis et enfer cérébraux chez les poissons, les oiseaux, les chats, les chiens, les dauphins, les lapins, etc.

Pour le tantra, ces découvertes sont instructives. Ainsi, Olds a constaté que les animaux rassasiés éprouvent beaucoup moins de félicité quand on stimule leur « paradis ». Quand ils ont faim, par contre, ils jouissent plus intensément, ce qui corrobore l'affirmation tantrique que la « grande bouffe » émousse les formes subtiles de l'éros. Ceci n'interdit pas de jouir d'une nourriture saine et même raffinée, pourvu qu'elle soit frugale. La caricature du moine grassouillet et rubicond confirme que les gros plaisirs de la table et la réplétion compensent le sexe et facilitent la continence !

Après Olds, bien d'autres chercheurs ont appris aux animaux à s'auto-exciter en appuyant eux-mêmes sur la pédale qui déclenche l'excitation électrique du cerveau. Apprentissage vite fait d'ailleurs : il suffit que l'animal appuie deux ou trois fois sur la pédale ! Dès lors, il ne la quitte plus guère et s'autostimule des centaines de fois d'affilée, s'octroyant des chapelets d'orgasmes, jusqu'à l'épuisement ! Autre constatation capitale : ces orgasmes électriques dépendent des hormones sexuelles. Les castrats cessent de se stimuler, mais si on leur injecte des hormones mâles, ils se remettent à s'auto-exciter avec ardeur.

Dans le maïthuna tantrique, l'excitation puissante et prolongée du pôle de l'espèce stimule les gonades et intensifie la production d'hormones mâles ou femelles, indispensables à l'activation maximale du paradis tout là-haut dans le cerveau.

Le docteur Lévy, en commentant les expériences de Olds, reconnaît : « Rendons justice aux rats. Tant que cela fut possible, ils demeurèrent raisonnables, cherchant tant à manger qu'à se délecter par auto-excitation électrique, sauf si l'électrode se trouvait à des points du cerveau dont l'excitation leur faisait oublier tous les autres plaisirs de la vie. »

En outre, Olds a constaté que les rats qui mangeaient peu mais s'auto-excitaient étaient plus forts et dispos : l'« électromanie » — je dirais la stimulation du pôle individu — les rendait plus alertes, plus énergiques, comme si ce nouveau plaisir leur infusait de nouvelles forces : à rapprocher du fait que les tantriques des deux sexes, même d'âge avancé, restent étonnamment juvéniles, alertes, dynamiques.

Une question se pose : peut-on extrapoler ce qui précède à l'homme ? Nos « cousins » vont peut-être nous renseigner. Le docteur Lévy, qui a étudié les primates, écrit : « Ce singe, assis dans son fauteuil spécial, ne souffre pas le moins du monde et ne cherche pas à se dégager. Au contraire, à en juger par sa mimique, il est en train de vivre les plus beaux moments de sa vie. Il exulte. Il est coiffé d'un casque d'où sortent des électrodes implantées dans son cerveau. On s'inquiète d'autant moins que l'expérimentateur est John Lilly, connu pour son humanité envers les animaux, grand connaisseur du langage des dauphins. La bête est au comble de la délectation parce que le courant traverse l'électrode enfoncée dans son « paradis ». Pendant vingt heures, avec de brefs intervalles pour manger à la hâte ou même tout en mangeant, il s'envoie le courant électrique au cerveau, puis s'endort épuisé. Dès son réveil, il appuie de nouveau sans relâche. Il est devenu méconnaissable. Naguère peureux et irascible, il est devenu docile, enjoué, il caresse la main de l'expérimentateur au lieu de la griffer. [...]

» Si l'auto-excitation cérébrale d'un animal correspond à ce que nous considérons comme une jouissance grossière, il se peut que, dans d'autres cas, son état intérieur soit comparable aux sensations inexprimables de félicité, d'enthousiasme, d'extase que nous éprouvons pour des causes différentes, plus complexes. »

Autres questions qu'on pourrait se poser : ce qui précède prouve-t-il que ce paradis est : a) érotique, b) qu'il constitue notre second pôle sexuel et c) que cela s'applique à l'être humain ? La réponse est oui. En voici au moins une preuve, toujours selon le docteur Lévy : « Le premier cas (fortuit) d'électromanie humaine a été observé par la neurochirurgienne Natalie Bekhtéréva à Leningrad. Une malade, dont on avait plusieurs fois excité les points du paradis, se mit à faire des pieds et des mains pour éprouver de nouveau la même sensation. Elle cherchait à se rendre le plus souvent possible au laboratoire, engageait la conversation avec ses médecins traitants, les guettait. Elle avait recours à diverses manœuvres, manifestait du mécontentement et de l'impatience, se conduisait d'une façon provocante. Bien plus, la patiente tomba follement amoureuse de l'expérimentateur, le poursuivant de ses assiduités d'une manière particulièrement importune en lui témoignant une reconnaissance exagérée pour ses soins... C'est là un avertissement ! » Je pense que vous serez d'accord pour admettre que, bien qu'il s'agisse d'une malade, ceci confirme la nature érotique et orgasmique du paradis cérébral, donc du pôle de l'individu.

Entre parenthèses, si je cite volontiers le docteur V. Lévy, c'est parce que la science soviétique ne s'encombre guère de parti-pris spiritualistes, ce qui donne du poids à sa remarque : « On a parfois l'impression que, dans de nombreux cas, la science moderne ayant le cerveau et la vie psychique pour objets d'étude, ne fait qu'aborder par un autre côté des phénomènes auxquels on a constamment affaire dans la vie, et qu'on pourrait aisément comprendre soi-même en faisant appel à l'introspection et à l'observation la plus élémentaire. Il semble, en effet, qu'on aurait pu depuis longtemps s'apercevoir de l'existence des systèmes cérébraux sans devoir enfoncer des électrodes dans le cerveau. »

Le tantra, bien sûr, partage cet avis : voilà des millénaires qu'il explore cet univers étrange et fascinant qu'est l'être humain et son psychisme, sans pour autant implanter des électrodes dans le cerveau, mais puisque les expériences ont été faites, tenons-en compte et notons qu'elles confirment la thèse tantrique.

Avant d'examiner les implications tantriques de notre double sexualité, pensons à l'avertissement du docteur Lévy, qui s'applique à cet apprenti-sorcier, le docteur Delgado de l'Université de Yale, U.S.A. Celui-ci pousse l'expérience un (énorme !) cran plus loin en implantant à demeure des électrodes dans le cerveau de singes qu'il stimule par un signal radio : l'animal devient ainsi un zombie téléguidé qui obéit aveuglément à l'expérimentateur. Or, il existe un télestimulateur, pas plus gros qu'un petit pois, mis au point par le Centre de recherches de l'Université d'Atlanta (Etat de Géorgie, U.S.A.), qui s'implante sous le cuir chevelu. Pour l'instant, les expériences se limitent aux singes, mais déjà la N.A.S.A. considère que la téléstimulation serait le moyen idéal pour contrôler le comportement des astronautes, directement à partir de la terre. On pourrait les endormir, les faire manger, les rendre indifférents à la solitude, décupler leur attention aux moments dangereux. Heureusement, ces appareils ne sont pas à la portée du commun des mortels, mais on pourrait ainsi fabriquer à la chaîne et sur commande, d'intrépides guerriers, des super kamikazes ou, au contraire, des citoyens ultradociles, et ainsi de suite. Enfin, l'électrostimulation cérébrale pourrait devenir la drogue absolue de l'avenir.

Cette parenthèse se justifie ne seraitce que pour préciser que le tantra vise, au contraire, à *libérer l'être humain* en lui donnant un accès direct et autocontrôlé aux immenses énergies psychiques et autres qu'il recèle en luimême : le tantrique est l'antipode d'un robot téléguidé.

L'extase intégrale

Un autre fait permet de distinguer les deux sexualités : les rêves érotiques. Il arrive qu'on vive en rêve des extases sexuelles, des orgasmes psychiques bien plus intenses que ceux qu'on éprouve lors d'un rapport concret avec un(e) partenaire(e) réel(le). Or, l'extase onirique est typique du pôle de l'individu : ne mettant en jeu que l'imagerie mentale, elle est de nature psychique, bien que l'orgasme onirique déborde du cérébral par ses échos au pôle « espèce », aux organes génitaux... Chez les hommes jeunes, isolés des femmes (soldats, prisonniers, marins etc.), de tels rêves aboutissent souvent à ce qu'on nomme, en jargon de confessionnal, une « pollution nocturne. »

Ainsi, les deux sexualités, quoique bien distinctes, sont pourtant liées, car l'inverse se produit aussi : une vessie replète, en provoquant une érection, peut déclencher un rêve érotique.

En somme, *le tantra veut faire accéder ses adeptes à l'extase totale,* celle qui fusionne l'expérience orgastique du pôle « espèce », notre grande centrale énergétique, et l'extase cérébrale du pôle « individu », chacune nourrissant et stimulant l'autre. C'est pourquoi le tantra excite la zone génitale de façon consciente et contrôlée. La kundalinî ainsi éveillée au pôle « espèce » est alors guidée par la pensée, à travers le rachis, jusqu'au pôle cérébral *(sahasrara chakra),* où sa rencontre avec les centres paradisiaques déclenche l'extase ultime. Dans le langage imagé du tantra, ce sont alors les noces secrètes de Shakti, l'énergie, et de Shiva, la conscience, dans le Lotus aux mille pétales.

Pour stimuler le pôle de l'individu et, à travers lui, celui de l'espèce, pas besoin d'électrodes ! Ainsi, le spectateur qui va voir un film porno est en général calme à l'entrée du cinéma, mais bientôt l'imagerie érotique excite le pôle cérébral, avec des réactions au pôle génital qu'il est superflu de préciser... Situation tantrique ? Non pas. Les tantriques ne sont pas pudibonds, tant s'en faut, mais la porno grossière et vulgaire n'est pas leur fait. Si j'en parle, c'est pour prouver combien il est facile d'éveiller l'énergie du pôle de l'espèce avec l'imagerie mentale appropriée. Or, le tantra se sert souvent de l'imagination érotique, d'abord pour stimuler le pôle de l'espèce, puis pour guider le courant sexuel ainsi engendré, via l'épine dorsale, vers le pôle cérébral, notamment grâce aux kriyas, qui sont des processus mentaux destinés à canaliser les énergies dans le corps, qu'elles soient sexuelles ou non.

Dans quel but ? Pour en jouir ? En un certain sens oui, car, selon le tantra, la félicité rapproche l'être humain de l'ultime. De nouveau, le docteur Lévy nous donne une clé : « Dostoïevski, juste avant ses crises d'épilepsie, ressentait une extase ineffable, une jouissance suprême, une sincérité divine ; pendant un bref instant, *il lui semblait découvrir le sens de tout ce qui existe.* Chez certains individus, cet état peut parfois même être engendré par la musique, même et surtout si elle est très rythmée. »

Cette phrase, qui est à relire et à méditer, justifie à elle seule les rites sexuels du tantra comme moyen le plus direct pour accéder à l'extase qui « illumine » et dévoile, en un éclair, les fondements de l'être et du cosmos, sans électrodes, ni crise d'épilepsie ! Retenons aussi que la musique peut en provoquer l'émergence, d'où son rôle dans le rite tantrique, d'autant que la musique indienne est très érotique. Notons encore que chez Dostoïevsky cette vision extatique et lucide de la réalité ultime se produisait juste avant une crise d'épilepsie, qui est un orage cérébral, donc un phénomène relevant du pôle « individu ».

Comme la crise épileptique occulte la conscience empirique ordinaire, de même l'émergence d'une vision cosmique a lieu sur un autre plan de conscience que l'ordinaire. La félicité, plus le passage à un autre état de conscience, figurent ainsi parmi les conditions d'accès aux réalités ultimes. « Autre état de conscience » peut paraître mystérieux, voire parfois susciter une appréhension, comme tout plongeon dans l'inconnu, notamment quand il s'agit de l'épilepsie. Mais passer d'un plan de conscience à un autre est un fait banal, quotidien, qui se produit quand on s'endort et qu'on rêve, par exemple. Or, qui — je parle de cas normaux — a peur de s'endormir ?

L'expérience cosmique unifiante

Le tantra sait depuis toujours que l'acmé de l'expérience sexuelle apporte une félicité sans commune mesure avec la simple jouissance et qu'elle produit une interruption de la conscience vigile ordinaire où se situe mon « moi-je », mon ego. *Changer de plan de conscience est ainsi un moyen éprouvé de transcender l'ego et d'accéder à l'expérience cosmique unitaire.* Dépasser l'ego se fait ainsi sans mortifications, sans ascèse contraignante qui crée souvent plus de problèmes qu'elle n'en résout.

Vous remarquez que j'ai évité, pour désigner cette expérience-limite, le mot *orgasme,* trop précis et trop vague à la fois, pour lui préférer *acmé.* J'ai renoncé aussi à paroxysme, qui sous-entend une tension extrême, étrangère à l'expérience tantrique. Le tantra, sans refuser l'orgasme ordinaire, considère qu'il dépend trop des mécanismes réflexes génitaux, ce qui le soustrait au contrôle conscient. En somme, chez la femme, l'orgasme est une sorte de spasme presque aussi irrépressible que l'éjaculation. Dans la mystérieuse alchimie tantrique, la shakti ne renonce pas à l'orgasme génital, pourvu qu'elle n'en fasse pas perdre le contrôle au shiva : elle doit, peu à peu, transcender l'orgasme ordinaire afin que l'énergie ainsi éveillée active la zone « paradisiaque » cérébrale. De même, le shiva doit dépasser l'éjaculation, ce qui implique d'abord son contrôle. Dans les deux cas, c'est cet orgasme psychique, qui est l'« acmé ».

Ainsi, *nos deux sexualités, la génitale avec son orgasme, la cérébrale avec son « acmé », se rejoignent dans l'expérience tantrique,* toutefois avec une priorité pour le « paradis », seul capable d'ouvrir les portes du cosmique.

Il arrive que, même sans initiation tantrique, la femme fasse une expérience qui s'en rapproche fort. Voici ce que décrit une femme : « Mes premières sensations sont concentrées dans la région génitale, puis elles se répandent par grandes vagues dans tout mon corps. Je suis toute sensation, toute sensibilité. J'ai parfois l'impression d'avoir envie de chanter, comme si les sensations gagnaient les cordes vocales et les mettaient en vibration dans une tonalité encore à découvrir...

» J'éprouve une merveilleuse sensation de plénitude. C'est difficile à décrire... j'ai de l'électricité dans tout le corps et je vis intensément l'union charnelle et spirituelle avec l'autre. Il m'arrive de prier Dieu, de ne faire qu'un avec Lui, et c'est la joie de l'extase ! » Cette sorte d'orgasme est pour moi une plongée métaphysique dans un autre monde, un monde religieux... j'ai l'impression de gravir une montagne. *Tout se passe essentiellement dans ma tête* qui déborde de sensations et qui m'oblige à me tenir émotionnellement très près de l'homme avec lequel je me trouve.

» L'orgasme est une sensation compulsive de lumière. Cette lumière vient de sa tête et passe dans la mienne, et à mon tour j'émets moi aussi de la lumière... je suis aveuglée par une lumière éclatante qui jaillit derrière mes yeux. Tout n'est que lumière dans mon corps et je ne vois plus rien d'autre que cette illumination, je n'entends plus rien, je ne sens plus rien de précis... mais chaque parcelle de mon sang se met à danser, chacun de mes pores irradie... et les araignées dans les placards, les fourmis sur le sol doivent se sentir joyeuses de recevoir un tel débordement d'amour. » *(Le rapport Hite, p. 178)*

Ce texte se décrypte aisément en sachant qu'il existe deux sexualités et deux types d'expérience. Manifestement, sans le savoir, cette shakti a éveillé sa Kundalinî ; son orgasme génital était le premier étage de la fusée qui l'a propulsée vers un autre état d'être, vers l'expérience « paradisiaque » qu'elle situe explicitement dans son cerveau — dans la citation, les italiques sont miennes —, plutôt que dans son yoni. De plus, son vécu est spirituel, cosmique, voire mystique, mais il est peu probable qu'elle y accède à chaque rencontre et c'est pareil dans le tantra. Le shiva doit savoir que si sa shakti y parvient — son visage extatique le lui révèle — elle est débranchée du pôle de l'espèce qu'elle a quitté : dans ce cas, la seule conduite intelligente pour le shiva c'est de ne plus bouger et de participer psychiquement au vécu de la shakti.

Le tantra « démocratise » en quelque sorte l'expérience grâce aux procédés et rituels tantriques qui créent le conditions corporelles et mentales nécessaires. Il est vrai que ce type d'expérience n'est pas d'emblée à la portée de chaque femme, même adepte du tantra, mais il est tout aussi vrai que chacune en est potentiellement capable. A cela, deux remarques. Primo, l'acmé n'est pas le ticket d'entrée obligatoire pour accéder à l'état de fusion cosmique (cf. le chapitre *La voie de la Vallée).* Secundo, exercer les muscles antifrigidité et le maïthuna avec un shiva capable de se contrôler, libèrent peu à peu la double sexualité de la shakti qui parviendra progressivement à cette expérience et la partagera avec son partenaire tantrique ou non.

Il me reste, à propos de ce dernier point, à vous renvoyer à la partie « Pratique » !

La femme, championne érotique

Etrange : pourquoi les filles d'Eve, nos compagnes, se veulent-elles des *femmes* et non des femelles, alors que l'homme est plutôt fier d'être qualifié de « mâle » ?

Sans doute parce que, sexuellement, la femme est une exception et, à ce titre, n'est pas assimilable aux femelles animales, alors que l'homme agit, à quelques détails près, comme tous les autres mâles de la planète.

En quoi la femme est-elle unique ? D'abord, toutes les femelles, sans exception, ont des périodes de rut bien marquées. Quand une chienne est en chasse ça se remarque ! Même si on l'enferme, tous les mâles du quartier sont informés et assiègent la maison. Si elle s'échappe, sur le trottoir c'est l'orgie... Il est heureux, pour la vie en société, que les femmes ignorent le rut, sinon quel spectacle dans le métro ! Qualifier une femme de « chienne » est une grave insulte. Aux U.S.A., la pire injure est « son of a bitch », fils de chienne, ce qui outrage la mère, être sacré par excellence. Or, la biologie justifie cette réaction : la femme se distingue carrément de *toutes* les femelles, y compris de ses cousines éloignées, les guenons. Répétons-le : que la femme ignore la frénésie du rut est unique dans la nature. Chez elle, l'œstrus, qui marque l'ovulation, a presque disparu. Les rares indices résiduels sont si discrets qu'ils passent en général inaperçus : pendant les « jours à petits bébés », le vagin secrète un peu plus de lubrifiant incolore, la température grimpe d'un degré, les seins sont plus sensibles mais c'est à peu près tout. Il faut vraiment qu'elle s'observe, qu'elle suive chaque jour sa courbe des températures pour qu'elle s'en rende compte, tandis que la guenon en chaleurs dégage une forte odeur sexuelle qui attire et excite irrésistiblement les mâles, ses organes génitaux sont turgescents et elle incite agressivement au coït : rien de tout cela chez la femme.

Toujours chez les primates femelles, malgré certains points communs avec la femme, tels que le clitoris et un cycle menstruel assez semblable, l'ovulation les met en chaleurs pendant une dizaine de jours. Alors, la babouin(e) ou la chimpanzé(e) ne pense plus guère qu'au sexe, s'accouple en promiscuité avec plusieurs mâles en manifestant toutes les marques d'un intense plaisir. Conséquence inéluctable de son marathon coïtal, dont le seul but est la procréation, elle sera enceinte. Dès lors, plus de sexe, ni pendant, ni après la grossesse, ni même avant le sevrage du rejeton. Donc, pas de soupirants, pas d'amour avant deux à trois ans, ce qui réduit sa vie sexuelle à quelques interludes d'une semaine en l'espace d'une existence simiesque !

Quant aux primates mâles, privilégiés parmi tous les autres mammifères qui n'ont qu'une période copulatoire annuelle, ils s'accouplent tous les mois environ. Une parenthèse : comparé aux primates, l'homme arbore, et de loin, le plus gros membre viril. Le zizi d'un gorille de deux cent cinquante kilos est minable à côté du pénis de Tarzan : taille « garçonnet », au plus !

Alors, la femme, championne du sexe toutes catégories ? Sans conteste ! Certes, on n'en est plus au temps, pourtant si proche, où elle était censée ne pas avoir, ou guère, de désirs, où il était incongru qu'une femme « honnête » ait un orgasme : c'était réservé aux filles de joie. Depuis, on est presque passé à l'obsession de l'orgasme-à-tout-prix-à-tout-coup. Et pourtant, même à notre époque, soi-disant décoincée, on croit toujours que la frigidité est un apanage féminin : dit-on d'un impuissant qu'il est frigide ? Or, toute femme « frigide » est une athlète sexuelle qui s'ignore, le plus souvent étouffée par la morale patriarcale, aussi répressive qu'hypocrite. Sauf rarissimes accidents physiologiques, la frigidité féminine est toujours acquise.

Ailleurs dans ce livre, je dis qu'il n'y a pas de femmes frigides mais seulement des hommes frigorifiants, les maladroits et les éjaculateurs précoces notamment. Cette boutade dépasse — heureusement — la vérité. En théorie, aucune femme n'est vraiment frigide et chacune pourrait être sexuellement active et accéder à l'orgasme sans problème. Néanmoins, des femmes inhibées, cela existe sans que le partenaire en soit personnellement responsable. Les causes, nombreuses, vont de l'éducation puritaine au manque d'éducation sexuelle. (Cf. le chapitre consacré à ce sujet).

Alors, la nature a-t-elle créé la femme pour l'amour et l'érotisme ? Helen E. Fisher, dans *The Sex Contract* répond : « Notre espèce est vouée au sexe. On en parle, on en rit, on le chante, on fait l'amour régulièrement... Pourquoi ? Parce que la femme peut être excitée en permanence. Physiquement, elle peut faire l'amour tous les jours, durant toute sa vie adulte, même quand elle est enceinte. Peu de jours après l'accouchement, sa vie sexuelle repart. Elle peut faire l'amour aussi souvent qu'elle veut. C'est extraordinaire. Aucune femelle d'aucune espèce sexuée ne copule à ce rythme... » (p. 3).

» Remarquable ruse de l'évolution ; l'absence d'œstrus fait que la femme ignore quand elle est fécondable. Alors, un couple qui désire un enfant doit faire l'amour régulièrement. Tout se passe comme si la nature voulait que la femme fasse l'amour chaque jour, car elle y est particulièrement apte.

» C'est seulement vers 1950 que les chercheurs ont remarqué un second apanage féminin. Outre qu'elle peut faire l'amour avec une impressionnante régularité (et elle y est bien obligée si elle veut avoir un bébé), le sexe lui procure une intense volupté — bien plus qu'à l'homme —, car la nature l'a pourvue du clitoris, faisceau nerveux ultrasensible uniquement destiné à l'éros. De plus, quatre ou cinq réseaux veineux très denses convergent vers ses muscles génitaux et, dans l'amour, ces agrégats sensibles démarquent sa performance érotique de celle de l'homme.

» Quand la femme est excitée, le sang afflue aux organes génitaux et à tout le bassin. Alors, les faisceaux nerveux s'ouvrent, les muscles cernant le clitoris, l'entrée du vagin et de l'anus gonflent sous l'afflux de sang chaud. Les tissus spongieux entourant l'entrée du vagin enflent à trois fois leur taille ordinaire, les lèvres de la vulve doublent de volume, tous les muscles de la région génitale se gorgent de sang. »

(Une parenthèse : ce qu'Helen E. Fisher décrit ici, n'est-ce pas l'équivalent féminin de l'érection masculine... à moins, au contraire, que l'érection mâle ne copie la turgescence vaginale ?)

Puis elle compare les orgasmes féminin et masculin : « Soudain, les tissus distendus protestent. Submergés de fluide et de sang, la pression y devient trop forte et ils se contractent pour l'expulser.

» D'abord, c'est la paroi de l'utérus qui palpite, suivie aussitôt des muscles du premier tiers du vagin, du sphincter anal, de l'orifice vaginal et du clitoris. Chaque demi-seconde, une nouvelle contraction propulse du sang de la région pelvienne vers le reste du corps. L'orgasme, c'est cela. Même schéma pour l'homme. L'excitation sexuelle commence par des pensées ou des caresses érotiques, l'érection du pénis suit. Quand la pression sanguine dans les tissus spongieux de la verge devient trop intense, les muscles se contractent. Toutefois, ici l'homme et la femme se séparent au point de vue orgasme, et c'est là un extraordinaire virage évolutionnaire. Pendant l'orgasme, l'homme ressent au plus trois ou quatre contractions majeures, suivies de quelques autres, moins intenses, toutes localisées dans la région génitale. Aussitôt après, il se désintéresse du sexe. Le sang quitte le pénis, qui devient mou, et tout est à refaire.

» Pour la femme, le processus est tout autre. Normalement, elle ressent de cinq à huit contractions principales, puis de neuf à quinze secondaires qui irradient dans tout le bassin. Loin d'être terminé, pour elle le sexe commence à peine ! Au contraire de l'homme, pas de détumescence des organes génitaux ; si elle sait comment s'y prendre, presque aussitôt elle peut vivre un nouvel apogée de plaisir, puis un autre et encore d'autres si elle le veut. En fait, plus une femme a d'orgasmes, plus elle peut en avoir, plus ils s'intensifient... » (pp. 10-11)

Helen E. Fisher prétend que ce n'est pas le cas des Américaines, dont la plupart ignorent leur potentiel sexuel, néanmoins toute femme est physiquement capable d'éprouver des orgasmes multiples. Simple question de pratique, dit-elle. Les orgasmes en rafale peuvent se succéder si vite qu'ils se fondent en un orgasme unique, continu. Elle note que, du point de vue de la procréation, l'orgasme féminin est inutile, voire défavorable parce que les pulsations de l'orgasme sont dirigées vers le bas.

En fonction de ce qui précède, le titre de ce chapitre devrait être : « la femme, génétiquement programmée championne érotique toutes catégories »... Plus juste, mais trop long.

Que le sexe hante notre espèce n'est donc ni de la fornication, ni de la dépravation, ni de la luxure, mais la marque du destin humain. Notre espèce est vouée à l'érotisme, jeu subtil où le sexe, dissocié, libéré de la pulsion procréative animale, ouvre au couple humain l'accès au spirituel à travers l'union totale de deux êtres dans l'extase amoureuse. Chez l'animal, la femelle s'empare du sperme pour être fécondée, sans plus. Au-delà de la jouissance immédiate, elle ne recherche aucune fusion sur un autre plan comme, par exemple, celui de la méditation à deux qui, chez l'être humain, s'ouvre au cosmique. Dès que le mâle a éjaculé, la femelle animale le rejette comme un vulgaire noyau de prune.

Si Helen E. Fischer décrit bien ce qui distingue l'orgasme masculin du féminin, par contre elle escamote le problème né du fait que le premier orgasme féminin n'est qu'un début, tandis que l'éjaculation met l'homme à plat et interrompt l'expérience : seul le contrôle éjaculatoire rétablit l'équilibre, d'ailleurs bénéfique aux deux.

Mais alors, si ce contrôle sexuel masculin doit s'apprendre, n'est-il pas artificiel, voire antinaturel ? Répondre « oui » condamnerait tout ce qui nous démarque de l'animal, à commencer par la parole. L'enfant doit apprendre à parler dès le berceau ; si on attendait jusqu'à l'adolescence, il ne parlerait jamais vraiment, voyez les « enfants loups ». De même, le chien qui tombe à l'eau sait nager alors que l'homme qui n'a pas appris se noie. Mais, par l'apprentissage, l'homme devient un nageur incomparable par rapport au chien.

Fait capital, rarement évoqué dans ce contexte, c'est la bipédie qui nous oblige à presque tout *devoir*, mais aussi à tout *pouvoir* apprendre. A ce propos, qui sait pourquoi nos lointains ancêtres se sont dressés sur leurs pattes de derrière, faisant de nous les seuls vrais bipèdes ? Toujours est-il que, libérées de la locomotion, nos pattes de devant sont devenues des mains.

Ce qui permet d'inventer l'outil, donc le travail, donc... les vacances ! D'une part, le cerveau et son prolongement, la main, se perfectionnent mutuellement, d'autre part, la verticalité favorise l'accroissement du volume crânien, donc aussi du cerveau.

Mais la station debout a des suites plus cruciales encore. Verticaliser le rachis exige de restructurer le bassin, et ça se paie : le passage étant ainsi rétréci et la tête du bébé trop grosse, fait que « tu enfanteras dans la douleur ».

Tandis que les animaux naissent « mûrs » — le petit zèbre, par exemple, trotte à peine né —, *le passage rétréci nous fait venir au monde en tant que prématurés.* Handicap ? Apparemment et au début, sûrement. Pendant ses premiers mois, le chimpanzé nouveau-né est bien plus vif, précoce et malin qu'un bébé humain, si malhabile encore à un an, voire deux. L'enfant apprend péniblement à marcher : il lui faut plusieurs années avant d'être vraiment mobile. Aussitôt né, l'instinct accorde presque tout à l'animal et l'apprentissage, quand il existe, joue un rôle limité. Mais l'enfant, justement parce qu'il naît prématuré, a un corps et un cerveau d'une fantastique plasticité. Malléable, modelable à volonté, ou presque, il doit — et peut ! — tout apprendre, tout acquérir. Il rattrape bien vite le petit singe en intelligence. Adulte, le singe est la copie conforme de ses ancêtres d'il y a vingt mille ans ou plus, mais quel abîme entre l'homme moderne et celui du Neanderthal, du moins quant au savoir et aux aptitudes... C'est la plasticité du prématuré qui permet l'éducation, la culture et toutes les civilisations que l'humanité a connues, connaît et connaîtra. Sans elle l'homme n'aurait pas inventé l'art, bâti pyramides et cathédrales. L'homme doit ainsi presque tout acquérir à partir de zéro, sauf le sourire, sauf le rire ! Le bébé normal rit aux éclats : le chat, le veau, voire l'orang-outang en font-ils autant ?

Ainsi, comme tout le reste, *il est donc normal d'éduquer notre sexualité spécifique,* si distincte de la pulsion animale brute. L'intensité sexuelle maximum permise par la physiologie, est *voulue* puisqu'inscrite dans nos gènes, et *légitime* pourvu que ce soit sans drogues ni artifices contre nature. Je dirais même que ne pas l'atteindre est une frustration inconsciente mais réelle, une « non-réalisation » de soi dans un domaine capital !

Nous sommes conçus pour l'éros

La bipédie influence encore autrement notre sexualité. Chez le quadrupède le sexe est presque caché : il faut regarder de près pour distinguer un matou d'une chatte. Par contre, debout, l'homme nu exhibe presque agressivement son pénis. La Vénus de Milo affiche son sexe malgré le savant drapé qui lui cache le bas du corps. A ce propos, si femelle rime avec mamelle, la femme, par contre, a des seins dont la vocation érotique éclipse l'usage « nutritif ». Un beau pis de vache excite-t-il le taureau ? De même chez la guenon, les mamelles n'ont, en proportion, ni le volume, ni le galbe des seins.

Enfin, la position du bassin favorise l'amour face-à-face, prérogative humaine et, paraît-il, à l'occasion aussi du gorille et de l'orang-outang. Le face-à-face, qui permet des échanges bien plus personnels et intenses que le coït arrière des quadrupèdes, est inscrit dans le corps féminin : le vagin a exactement l'angle voulu. Le tantra l'évite au début parce que le réflexe éjaculatoire est trop associé à la position usuelle. Le déconditionnement est facilité en adoptant une autre position. Il n'y a donc pas d'ostracisme envers elle. D'ailleurs, les postures à califourchon, tout comme celles où la shakti chevauche le shiva, sont aussi des poses de face-à-face.

A propos d'échange, c'est le moment

de se demander pourquoi nous sommes bel et bien le singe nu, selon Desmond Morris. Où, quand, comment, mais surtout *pourquoi* avons-nous perdu notre fourrure ? Et avec quel(s) avantage(s) pour notre survie ? De prime abord, on n'en voit guère. Constatons seulement que cela ne nous empêche pas de pulluler sur toute la planète. Serait-ce le climat tropical de l'Afrique des origines qui aurait incité nos lointains ancêtres au strip-tease pileux ? Supposition plausible si nous n'étions pas les *seuls* à l'avoir fait. Nos cousins simiens qui vivent encore sous les tropiques ont gardé leur fourrure. S'il s'agissait vraiment d'une adaptation au climat, pourquoi les Esquimaux ne sont-ils pas velus comme les ours polaires ? Sont-ils plus poilus que nous ? Guère. Enfin, pourquoi l'évolution a-t-elle préservé des îlots pileux : les poils pubiens, les cheveux, la barbe, les sourcils ? Et pourquoi aux aisselles : où est l'avantage pour notre survie ? Constatons ici que notre attachement à ces résidus pileux est inversement proportionnel à leur surface. L'être humain dépense des milliards pour shampooiner, colorer, onduler, tondre, conserver — ou du moins *tenter* de conserver — ses tifs rétifs !

Alors, faute d'explication convaincante, citons une conséquence au moins. Chez l'animal, le contact sexuel est limité aux organes génitaux ; ailleurs, la fourrure isolante empêche un contact intime direct. Chez nous, c'est toute la peau, antenne cosmique aux milliards de récepteurs sensibles, qui s'offre aux caresses et permet des échanges tactiles sur une très large étendue. Imaginons ce que deviendrait l'amour si nous avions, hommes et femmes, une toison de gorille...

L'addition de toutes ces différences exclusives confirme que notre espèce, et la femme surtout, est conçue pour le sexe et l'érotisme comme aucune autre sur la planète. L'être humain est foncièrement un être sexuel, le seul qui soit capable de donner à l'acte sexuel d'autres dimensions que la procréation pure et simple. Chiffrons cela. A la cadence raisonnable de deux contacts par semaine, en quarante ans de vie conjugale moyenne, cela donne grosso modo 4.000 coïts. Ainsi une mère de quatre enfants, ce qui n'est pas si mal à notre époque, aurait eu 999 contacts « inutiles », procréativement parlant, contre 1 utile, c'est-à-dire fécond ! Cela démontre combien notre sexualité s'est dissociée de son but procréatif, seule finalité de la sexualité animale. Et que c'est programmé dans nos gènes. . .

Cela, le tantra l'a compris depuis des millénaires.

L'hormone unisexe du désir

Souriez, machos, car chez l'être humain, l'hormone érotique est a) unisexe, b) mâle : c'est la testostérone ! C'est vrai, l'homme et la femme fabriquent tous deux à la fois des hormones mâles et femelles, quoique « lui » produise dix fois plus de testostérone qu'« elle », et dix fois moins d'œstrogène. Pour elle, c'est l'inverse mais, retenons-le, seule l'hormone *mâle* érotise la femme.

Il est significatif que l'humanité soit hormonalement programmée pour l'éros. Chez toutes les femelles animales, c'est l'hormone femelle — et elle seule — qui déclenche le rut et son irrépressible pulsion coïtale. La preuve : injectez de l'hormone femelle à une chatte, aussitôt elle entre en chaleurs. Chez la femme, par contre, l'injection d'hormone femelle n'influence guère ses désirs sexuels.

Dans la nature, la femme est donc l'unique cas de *dissociation hormonale quasi totale entre l'éros et la procréation* : alors que la reproduction échoit aux ovaires qui sécrètent les hormones femelles, ce sont les *surrénales* qui distillent le peu d'hormone mâle nécessaire pour exciter le centre du désir, quelque part dans le cerveau féminin.

Ainsi, chez la femme, la nature a génétiquement dissocié le désir sexuel et les fonctions ovariennes — donc la reproduction — et voilà pourquoi grâce aux hormones mâles produites par ses surrénales, sa puissance érotique reste intacte même longtemps après la ménopause, en fait jusqu'à la fin de sa vie.

Mais si la testostérone est l'hormone unisexe du désir, qu'est-ce qui différencie l'homme de la femme ! La quantité, et rien d'autre. Il faut dix fois moins d'hormone mâle pour stimuler le désir chez la femme que chez l'homme, chez qui ce sont les testicules qui en sont les plus gros pourvoyeurs. Voilà aussi pourquoi la douche scrotale matinale à l'eau froide que je conseille dans mon livre *Je perfectionne mon yoga*, p. 62 entretient la jeunesse des glandes génitales mâles et a, plus d'une fois, réveillé une sexualité faiblissante, pour le plus grand plaisir du couple !

Le cas suivant, rapporté par le docteur J. Silber, illustre bien le rôle de l'hormone mâle dans la sensualité féminine et la dissociation hormonale de l'éros et de la procréation. Il s'agit d'un couple qui voulait à tout prix un second enfant : désir louable. Pendant la consultation, la femme lui apprit que, très fatiguée, elle avait consulté un autre médecin qui, pour lui redonner du tonus, lui avait prescrit une dose-canon de testostérone. De semi-frigide, elle était devenue insatiable et, du coup, la fatigue avait changé de camp : le mari, qui ne pratiquait sûrement pas le tantra, était sur les rotules ! Mais de bébé, point : la testostérone avait exacerbé l'éros de la femme mais, en même temps, inhibé la production hormonale ovarienne.

Toujours à propos de l'hormone unisexe du désir, si l'injection d'hormone mâle surexcite la sexualité féminine, le contraire n'est pas vrai : chez l'homme, l'hormone femelle produit l'effet opposé. Son injection chez un maniaque sexuel inhibe la production de testostérone et il perd tout intérêt pour le sexe, d'où un calme plat du côté désir avec une absence totale d'imagerie sexuelle !

Pour clore ce chapitre, j'évoque un espoir (déçu) et une question. Peut-on, comme on l'a espéré, sinon guérir, du moins aider les impuissants en leur prescrivant de l'hormone mâle pour ranimer leurs désirs éteints. C'est un faux espoir car, même chez l'impuissant, ou l'homme très âgé, sauf rarissimes exceptions, le taux de testostérone reste normal. Les causes de leur impuissance sont donc ailleurs.

Ce qui n'empêche pas de gros malins, avec d'habiles publicités adressées aux médecins, de proposer des préparations à base de testostérone. Ils offrent l'hormone sous forme de pilules qui laissent de plantureux bénéfices et se gardent bien de suggérer la testostérone injectable qui donne vraiment peu de profit ! Or, prendre l'hormone par voie buccale est une hérésie car elle est détruite par les sucs gastriques !

De plus, comme la testostérone est très toxique pour le foie, ces « pilulards » prennent la précaution d'inclure une dose si minime d'hormone qu'elle rend le médicament aussi inefficace qu'inoffensif. Et, quand cela fonctionne, c'est par effet placebo, par l'image mentale !

L'homosexuel(le) face au tantra

Pendant les quelque trente années de gestation de ce livre, je ne suis pas resté muet et j'ai eu l'occasion de parler « tantra » devant des auditoires très variés. Chaque fois, plusieurs réactions m'ont surpris.

Tout d'abord, en dénonçant les méfaits d'une civilisation machiste et en prônant les valeurs féminines, je m'attendais à être taxé de transfuge par les hommes. Il n'en est rien : quand résistance il y a, elle vient plutôt de certaines femmes qui redoutent le nouveau rôle qu'elles auraient à jouer dans un autre type de civilisation. Souvent, elles se complaisent dans leur confortable rôle de femme-objet ou d'épouse soumise...

D'autre part, je m'attendais à une réprobation de la part des églises, notamment à propos des pratiques sexuelles tantriques. Là aussi, je me trompais et plus d'un prêtre, après m'avoir écouté, est venu m'apporter sa large approbation, parfois teintée de quelque réticence.

La troisième surprise est venue des questions ! En effet, contre toute attente, une question préoccupe beaucoup d'auditeurs : « Que pense le tantra de l'homosexualité ? ». Est-ce l'épidémie *gay* qui éveille cette interrogation ? J'ai donc pensé que des lecteurs se la poseraient aussi. Or, la réponse non seulement ne présente aucune difficulté, mais elle s'applique aussi à bien d'autres domaines.

Tout d'abord, il faut retourner la question : au lieu de penser à la position du tantra vis-à-vis de l'homosexualité, il faut plutôt se demander si les homosexuels peuvent accepter le tantra ! Ici, il faut rappeler que le tantra est a-moral, a-religieux, a-thée, a-politique, etc. Ces « a- » privatifs confirment que le tantra n'apporte ou n'impose aucune morale particulière, qu'il n'est pas une religion, ni une théologie, etc. On ne se « convertit » pas au tantrisme, on ne s'engage à rien. Le tantra ne juge rien, ni personne.

Ainsi, ne rejetant rien, il appartient à chaque adepte de définir lui-même *sa* morale en fonction de *sa* religion, etc. De plus, le tantra n'étant, heureusement, pas une structure organisée, vu l'absence d'autorité dogmatique ou centralisée, personne n'est habilité à parler en son nom, pas même un gourou, qui ne représente jamais qu'un *courant* tantrique et non *le* tantra.

Mais, avant de répondre à sa question, il est important qu'au point de vue sexuel, l'hétéro comprenne l'homo. Pour cela, il faut évoquer ensemble les facteurs qui font devenir « homo » et distinguer d'abord l'homosexualité féminine de la masculine, la première étant souvent mieux acceptée (ou moins réprouvée) que la seconde.

Première constatation : le bébé de sexe féminin a une relation sensuelle avec sa mère, donc « homosensuelle », alors que pour le bébé mâle c'est évidemment l'opposé. Cette relation sensuelle (je n'ai pas dit « sexuelle » au sens usuel du terme !) est très importante et bien des choses se décident aussitôt après la naissance.

Le nouveau-né est un petit animal — ceci n'est pas péjoratif — hors du temps : il n'est pas encore de notre siècle. Sorti du ventre de sa mère, il fait encore partie d'elle et, brusquement projeté dans un monde inconnu, donc potentiellement hostile, il a besoin de la chaleur, du contact direct peau à peau avec le corps nu de maman : il s'y attend comme un bébé de la préhistoire.

Quand j'écris « besoin », je pense « besoin » ! C'est-à-dire une nécessité aussi vitale que la nourriture. En plus de le toucher, il doit découvrir le corps de sa mère : c'est donc bien d'une relation sensorielle et sensuelle qu'il s'agit. Souvent, pour ne pas dire toujours dans notre monde moderne, on l'« emballe » dans des chiffons appelés vêtements et c'est une maman, elle aussi « emballée », qu'il touche : première frustration.

Ensuite, au lieu de passer de longs moments corps nu contre corps nu, il passe plusieurs heures séparé d'elle. Pour lui, c'est un arrachement. Dans son berceau, s'il entend sa voix, qu'il reconnaît pour l'avoir écoutée quand il se trouvait encore dans son sein, cela le rassure mais ne remplace pas ce contact charnel. Le temps n'est pas si lointain où, dans les maternités, on enlevait les bébés à leur mère pour les faire rejoindre, dans une autre pièce, la chorale d'autres nouveau-nés vagissants. Les bébés devaient s'y sentir presque abandonnés par leur mère et cette situation, incompréhensible pour eux, devait les traumatiser avec, j'en suis persuadé, des conséquences imprévisibles et insoupçonnées jusqu'à l'âge adulte. Dans le cas d'un petit garçon, cela peut conduire plus tard à une relation difficile avec l'autre sexe et le faire se tourner vers son propre sexe.

Indépendamment de cela, il y a, comme cause à l'homosexualité non fondamentale, la ségrégation sexuelle. Il est bien connu que, dans les pensionnats, les casernes, les navires, les prisons, l'absence de partenaires hétéros provoque une homosexualité « de circonstance » qui disparaît souvent dès que des partenaires hétéros deviennent accessibles, mais qui, parfois, devient définitive.

Une autre cause d'homosexualité non fondamentale est l'inadéquation (excusez ce néologisme) des partenaires hétéros. Un exemple. J'ai connu le cas d'une jeune et jolie veuve devenue homosexuelle. Un jour, je lui ai demandé pourquoi, alors qu'elle était mère de deux enfants, elle était passée « de l'autre côté de la barrière ». Elle m'a très simplement dit : « Je n'ai plus du tout envie d'avoir dans la maison un homme qui fume, qui tousse, qui râle et se masturbe dans mon vagin à la va-vite le dimanche matin à huit heures et quart ». Lui ayant fait remarquer que, s'il arrive à tout homme de râler un coup, tous ne fument pas, ne toussent pas tout le temps. D'ailleurs, ai-je ajouté, on peut toujours prendre un ami plutôt qu'un mari. Sa réponse : « Quand mon amie me rend visite, c'est moins voyant qu'un homme, je risque moins de commérages dans le quartier et je ne cours pas le risque de tomber enceinte ! ».

Il est bien connu que, dans les lettres de femmes, l'important se trouve souvent dans le post scriptum. Aussi est-ce à la fin qu'elle m'a sans doute donné la vraie raison : « Et puis, vous, les hommes, vous ne savez pas vous y prendre ! Vous avez fini avant d'avoir commencé et vous ne vous préoccupez que de votre jouissance, vous ne savez pas caresser. Et un beau corps de femme, c'est autrement plus joli qu'un mâle bedonnant poilu, mal rasé et parfois mal lavé... » Que voulez-vous que je réponde à cela, sinon par le tantra, que je ne connaissais pas encore !

Souvent de telles amitiés féminines placées sous le signe de Lesbos débouchent sur une affection très profonde et durable. On m'a cité le cas de deux femmes vivant en couple depuis plus de trente ans et qui manifestent l'une vis-à-vis de l'autre une affection et un bonheur qu'envieraient bien des couples « hétéro ».

Ceci est dit, non pour prononcer le panégyrique de l'homosexualité mâle ou féminine, mais pour montrer qu'elle découle du fait que les partenaires hétéro ne sont pas toujours « adéquats » ; une femme peut trouver dans son propre sexe ce qu'elle a cherché en vain dans le sexe opposé. Cette inadéquation est due à l'ignorance, elle-même due à l'absence d'éducation sexuelle qui caractérise les sociétés machistes en général, au contraire des matrifocales.

Chez le mâle, c'est un peu différent car, chez lui l'homosexualité est plus souvent « fondamentale » que chez la femme : j'en reparle plus bas. Outre l'homosexualité mâle d'origine circonstancielle (prisonniers, marins, etc.) l'inadéquation existe aussi mais elle est différente.

C'est ainsi que l'Italie connaît une vague d'homosexualité mâle, due, elle aussi, à la civilisation macho qui a inculqué aux jeunes gens, donc aux hommes, l'image de la femme-objet, femme-gibier, femme soumise. Or, l'Italienne moderne correspond de moins en moins à ce cliché, ce qui déroute l'homme qui ne comprend plus, qui ne sait plus comment se comporter. En d'autres mots qui ne sait plus à quels seins se vouer. Tandis qu'avec un autre mâle, pas de mystère, il sait exactement quoi faire...

Il faut, enfin, évoquer l'homosexualité fondamentale. Nous savons que le sexe de base est femelle et que le mâle en est une adaptation nécessitée par la diffusion horizontale des gènes. Mais, il arrive — infiniment plus souvent chez l'homme que chez la femme —, qu'une âme féminine se soit trompée de corps. Si certains se bornent à se travestir en femme, parfois à s'y méprendre, les transsexuels, eux, vont jusqu'au bout et acceptent des traitements longs, pénibles, ruineux jusqu'à ce que leur âme de femme habite enfin un corps féminin.

Autre cas plus particulier au mâle. Dans tout homme dort quelque part une nostalgie latente inavouée vis-à-vis de son état de femme, et c'est pourquoi des hétérosexuels mâles acceptent déboucher sur une bisexualité.

Et le tantra dans tout cela ? Un couple homo mâle est en fait un couple hétéro qui s'ignore. Tandis que l'un pénètre, l'autre joue le rôle de la femme. Shiva, shakti ! S'ils perçoivent le caractère sacré de la pulsion sexuelle et la divinité du partenaire, cette relation peut être tantrique. Je ne juge pas : le tantra, nous l'avons vu, n'apporte pas de morale. Pour les femmes c'est un peu différent quoique souvent aussi l'une d'elles ait un comportement plus mâle, mais la femme peut fort bien percevoir la « déesse » dans toute autre femme, notamment dans son amie.

Quant au tantra, dans les écritures et dans les pûjâs, il n'est question que de relations shiva-shakti, donc hétérosexuelles, ce qui n'implique pas que l'homosexualité soit inconnue en Inde, mais, à ma connaissance, elle n'est guère le fait que de non-tantriques.

Enfin, le tantra étant un autre regard sur le monde, il n'est pas limité au sexe. N'étant pas une religion, il ignore le « tout ou rien ». S'il est exclu de se convertir à une religion et de n'en accepter les dogmes que suivant ses convenances personnelles, dans le tantra chacun se définit en fonction de ce qu'il est, ici et maintenant, qu'il soit homo ou hétéro !

Avant de conclure, il faut citer les « gays » de Los Angeles et de San Francisco qui ont été les premières cibles du sida, souvent à cause d'une sexualité débridée où certains sodomisaient ou se laissaient sodomiser annuellement par des centaines de partenaires différents dans des établissements « spécialisés ». Même avec beaucoup de compréhension, il est difficile d'y voir du sacré. Toutefois, les témoignages de solidarité et de chaleur humaine que ce fléau a engendrés dans la communauté gay, sont exemplaires et rarement atteints chez les non-gays. Cela aussi il faut le dire.

Yoni soit qui mâle y pense...

Tant pis pour notre orgueil de mâle : il nous faut bien admettre, messieurs, que le mâle est un accessoire, créé pour des raisons pratiques, accessoire dont la nature, dans bien des cas, se passe allégrement : seule la femelle est vraiment indispensable à la survie des pluricellulaires.

En fait, le problème de la reproduction s'est posé quand, voici des milliards d'années, la vie a « inventé » les pluricellulaires, ce qui a permis l'éclosion d'une infinité d'espèces. La parthénogenèse eût été la solution la plus simple, logique et efficace. Pour le *croissez et multipliez* biblique, une espèce « parthénogénétique » a un potentiel reproducteur double, chaque femelle procréant à elle seule autant qu'un couple. Or, il eût été facile à la vie de se reproduire sans le mâle : cf. le molly, poisson d'Amérique centrale, pas plus gros qu'un doigt, qu'on devrait plutôt appeler *la* molly, car l'espèce ne compte que des femelles, toutes la copie conforme de la mère.

V. Dröscher écrit : « Dans l'histoire de l'évolution, le mâle est une invention assez tardive. L'être qui enfante est, et sera toujours, la femelle. Sans femelle, pas de descendance. On peut parfaitement renoncer au mâle... Avec le mâle, certains perfectionnements ont été apportés au processus de reproduction, au prix toutefois de nombreux problèmes... Ce n'est pas Adam qui a précédé Eve, et celle-ci n'a nullement été créée ultérieurement avec l'une de ses côtes, pour reprendre la représentation allégorique de la Bible, c'est l'inverse qui s'est passé. »

Biologiquement, la parthénogenèse serait concevable même chez l'être humain : il suffirait que l'ovule contienne tout le capital génétique au lieu de la moitié. Par contre, en l'absence de parthénogenèse, l'ovule *doit* attendre les gamètes mâles, d'où le problème de leur transfert, problème auquel la nature a trouvé une solution aux charmes indéniables...

En fait, on pourrait, d'ores et déjà, réaliser une parthénogenèse artificielle ! Si je ne me trompe, Jean Rostand, en stimulant des œufs de grenouille avec une gouttelette d'acide, a obtenu des jeunes grenouillettes sans père, parfaitement constituées ! Techniquement, on pourrait extraire un ovule humain de l'utérus, le stimuler, le féconder sans spermatozoïde puis le réimplanter dans l'utérus : maman mettrait au monde un bébé-éprouvette sans père... La nature, qui n'en est pas à une invention près, aurait donc pu s'épargner l'invention du mâle.

Alors, pourquoi le mâle ? Pour le savoir, voyons ce qui se passerait dans l'hypothèse unisexe parthénogénétique. Chaque femme engendrerait une lignée verticale de descendantes rigoureusement identiques à leur mère. Ces lignées évolueraient chacune de leur côté, séparément, parallèlement, sans aucune possibilité d'échanges génétiques entre elles. Si une de ces lignées bénéficiait, à un moment donné, d'une mutation favorable, il lui serait impossible de transférer l'information bénéfique aux autres.

Par contre, inventons le mâle et tout change. Par exemple, chez les singes polygames, quand un mâle féconde plusieurs femelles, il en résulte un brassage et une rapide diffusion horizontale des gènes. La monogamie ralentirait le processus, mais le résultat serait le même. Mais si les mâles ne fécondaient que leur mère ou leurs sœurs, la lignée se refermerait sur elle-même, c'est pourquoi les règles du jeu sexuel préviennent les transferts trop proches : le tabou de l'inceste empêche le cloisonnement de l'espèce en lignées verticales isolées, ce qui aurait les mêmes inconvénients que la parthénogenèse.

Si une mutation favorable se produit chez un mâle, celui-ci l'injectera chez plusieurs femelles et bientôt toute l'espèce en bénéficiera. Si la mutation favorable se produit chez une femelle, pas de problème non plus : ses descendants mâles se chargeront, sans se faire prier, de la disséminer !

Pour garantir la diffusion « horizontale » des gènes, la nature a pourvu le mâle d'un potentiel génésique des milliers de fois supérieur à celui de la femme, laquelle ne peut guère engendrer, dans le cas le plus favorable (?), qu'un enfant par an alors que l'homme pourrait féconder cent, deux cents, voire trois cents femmes par an ! Et plus encore avec l'insémination artificielle : en théorie, étant donné qu'une éjaculation compte jusqu'à cinq cent millions de spermatozoïdes, un seul mâle pourrait inséminer, via une banque du sperme, toutes les Indiennes fécondables pendant un an au moins !

La nature a d'ailleurs raffiné le transfert des gènes bénéfiques : ainsi, chez les éléphants de mer, le mâle le plus fort féconde à lui seul tout son troupeau-harem. Si un rival s'approche, c'est le combat pour le territoire et pour les femelles. Ainsi, peu de mâles procréent. Cruel ? Oui, si on transpose cela sur le plan humain où il est impensable d'exclure un homme de la paternité par le seul droit du muscle, mais pour les éléphants de mer en tant qu'espèce, c'est favorable car, à chaque génération, chaque femelle est fécondée par le mâle le plus fort.

J'y pense : le droit de cuissage, qui autorisait le seigneur à passer la nuit de noces avec chaque jeune mariée de son fief, n'était-il pas une application limitée de ce principe ? Le seigneur, censé être biologiquement supérieur,

« enrichissait » ainsi le capital génétique du bébé à venir par la grâce du sperme seigneurial. Peut-être est-ce là l'explication des privilèges du fils aîné qui (seul) pouvait être un bâtard du seigneur, et dont les gènes « seigneuriaux » se transmettraient ainsi peu à peu aux « inférieurs », les serfs. Dans l'hypothèse d'une réelle supériorité biologique, peu à peu le niveau du peuple se serait en effet élevé. Vu sous cet angle, le droit de cuissage frôle la philanthropie ! Par contre, la réciprocité était refusée à la noble dame du seigneur afin d'éviter que le sperme « inférieur » d'un roturier, d'un vilain, ne « pollue » la lignée du seigneur !

Ainsi la femme est la forme de vie originelle et l'homme archaïque, en adorant la déesse-mère, en faisant du culte de la Femme sa première religion, respectait les lois biologiques.

Etes-vous seXY ou seXX ?

La génétique moderne confirme l'intuition tantrique : le mâle est, en fait, une femelle modifiée pour permettre de disséminer les gènes et c'est pourquoi l'homme a, profondément en lui, une féminité latente.

Ainsi, la femme, au point de vue chromosomes, est seXX, et l'homme seXY ! En effet, en plus des 44 chromosomes porteurs de son capital génétique complet, l'homme a un chromosome X et un Y, la femme deux X. Or, ce sont les chromosomes X ou Y qui décident du sexe.

Tout cela paraît confirmer la Bible avec Eve fabriquée à partir d'Adam, ce qui donne la prééminence au mâle : apparemment, ce sont les spermatozoïdes qui déterminent le sexe de l'embryon. En effet, alors que l'ovule est toujours X, le spermatozoïde est X, ou Y. Le X de papa plus le X de maman donne une fille. Mais si le Y de papa s'ajoute au X de maman cela fait XY = un garçon. D'où, apparemment, la domination du spermatozoïde : dès qu'il est absorbé par l'ovule, le sexe du bébé est fixé, quoique pendant les six premières semaines il demeure latent.

Passé ces six semaines, la gonade indifférenciée devient soit testicules, soit ovaires et donne l'appareil génital femelle (utérus, vagin, etc.). Donc, priorité au père = C.Q.F.D.

Mais est-ce bien vrai ? Pas si sûr ! Au contraire même, car cette version est contredite par les découvertes du professeur Alfred Jost, du Collège de France et du docteur Stephen S. Wachtel, biologiste à New York. Ils ont observé que si chez une lapine gravide on excise la gonade de l'embryon avant que le sexe potentiel ne se soit manifesté, *tous* les embryons, qu'ils soient XX ou XY seront *toujours* femelles. Par contre, exciser les testicules d'un embryon mâle ne produira jamais un mâle. C'est la preuve que le sexe primordial, animal ou humain, est féminin et que le mâle, lui aussi, est bâti sur ce même « plan de base ». Ces découvertes récentes ont été confirmées chez d'autres espèces animales. Castrer, avant différentiation, un embryon XX (femelle potentielle) ne l'empêche pas de devenir femelle, tandis qu'un embryon XY (mâle potentiel)

Avec la parthénogénèse...

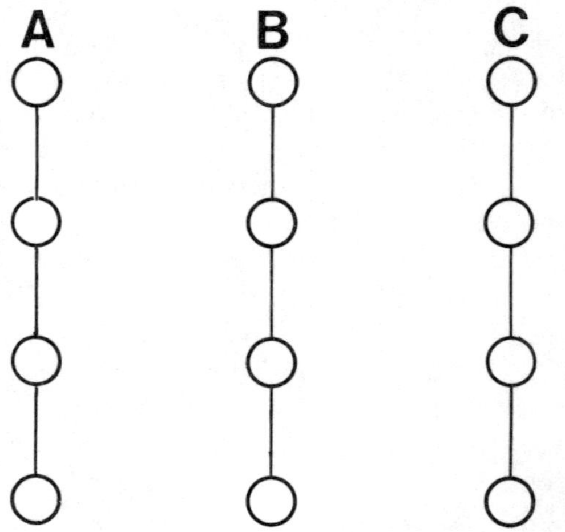

... aucun rapport génétique n'est possible entre les lignées A, B et C

Inventons le spermatozoïde...

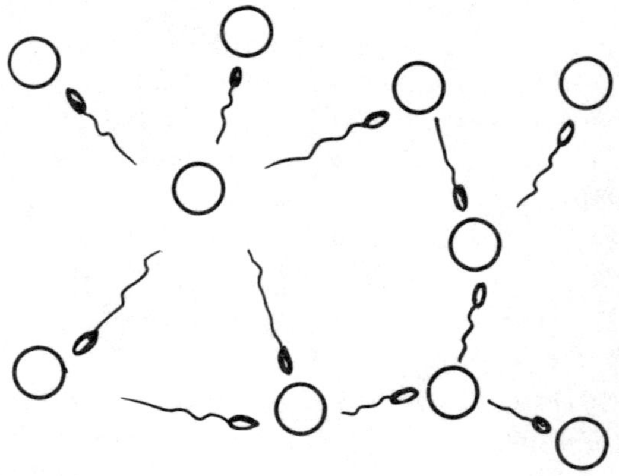

... aussitôt l'information génétique circule

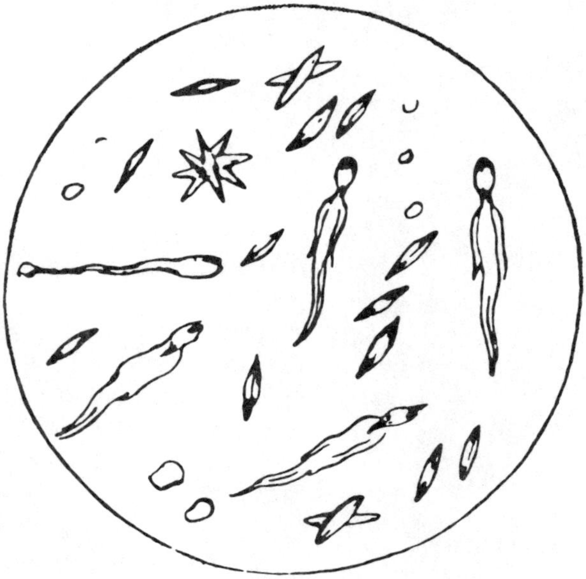

En 1703, Van Leeuwenhoek fut le premier homme au monde à observer des spermies s'agiter sous le microscope, son invention. Il a cru voir des homoncules complets avec tête, bras et jambes (son dessin ci-dessus), confortant ainsi la thèse de la p'tite-graine-à-papa dans le ventre à maman-pot-de-fleur, qui « justifie » la suprématie du père et de ses fils ainsi que la domination patriarcale avec son corollaire, la soumission de la femme.

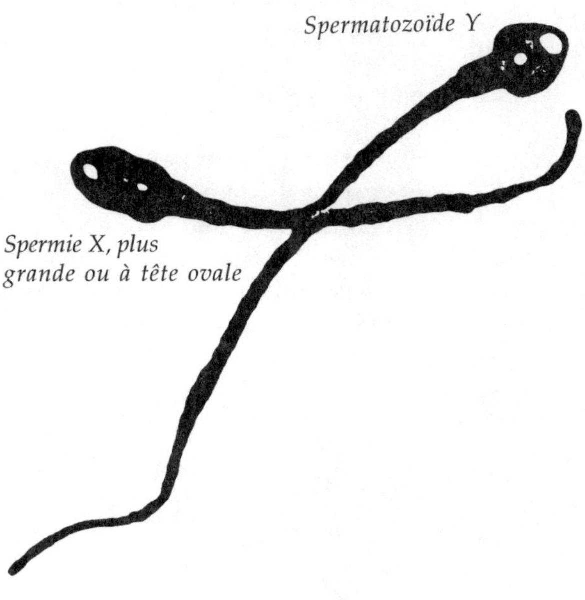

Resterait-il du spermatozoïde dans le mâle adulte ? C'est ce que je me demande en voyant, à la télé, courir et s'agiter ces milliers de marathoniens à Paris ou à New York. A l'arrivée, seul le vainqueur embrasse la belle fille qui l'attend à l'arrivée : tout un symbole ! Devinez aussi à quoi je pense quand, après la course, le vainqueur secoue énergiquement un magnum de champagne et fait jaillir la mousse blanche sur les spectateurs...

castré avant différenciation donnera *toujours* une femelle. Résumé : privé de gonade embryonnaire, un embryon femelle potentiel sera femelle, alors qu'un mâle potentiel deviendra femelle. Encore plus bref : un embryon castré devient *toujours* femelle.

Et s'il n'y avait pas de mâles ?

Le schéma ci-contre montre la situation d'une espèce, avant « l'invention » du mâle. Conséquences :
1. Elle n'est composée que de femelles, c'est évident.
2. Les filles sont toutes rigoureusement identiques à leur mère, d'où des lignées stéréotypées.
3. L'espèce est faite de lignées isolées, sans échange génétique possible.
4. Par conséquent, une mutation favorable survenant chez une femelle ne se transmet qu'à *ses* filles, mais pas aux autres lignées.

« Inventons » le mâle !

La vie invente le mâle ! Au lieu de pondre des œufs complets (ou des ovules, si vous préférez), on divise le capital génétique en deux. Pour injecter les gènes venant du demi-œuf mâle, c'est-à-dire le spermatozoïde, la vie invente le pénis. Examinons cette situation nouvelle :
1. L'espèce injecte le désir de s'unir chez les femelles et les mâles, d'où la sexualité.
2. Les gènes s'échangent entre les lignées qui seront dorénavant génétiquement reliées.
3. Une mutation favorable à la survie de l'espèce se diffuse bientôt dans toute l'espèce, chaque mâle pouvant féconder plusieurs femelles.
4. Verrou pour éviter le repli des lignées sur elles-mêmes, le tabou de l'inceste ; les mâles diffusent leurs gènes au loin, ou du moins pas trop près de leur souche d'origine.
5. Le brassage génétique produit des individus très différenciés et non plus stéréotypés.
6. Si une mutation est défavorable, la sélection naturelle en éliminera les porteurs, souvent même avant leur maturité sexuelle.

Conclusion : le mâle est une invention utilitaire très bénéfique mais le plan de base des espèces est et reste « femelle ». Le mâle est une femelle modifiée. Certains hommes, les transsexuels, ont la nostalgie de l'état femelle, mais l'inverse est rarissime.

Mantra, la magie incantatoire

Comme son nom ne l'indique pas, Erwin Verrier est anglais pur sang. Parti pour conquérir l'Inde, ce clergyman anglican a été conquis par elle ! Non par l'Inde brahmanique, mais bien par celle des tribus aborigènes, dravidiennes et autres, oubliées dans la jungle. Conquis au point de vivre pendant trente ans parmi ces « aborigènes primitifs », de jeter son froc aux orties et d'épouser Lila, la belle Dravidienne « douce comme un rayon de lune » qui lui a donné le bonheur et deux enfants ! Cet homme, qui connaissait sans doute mieux ces tribus qu'aucun Indien ou aucun Anglais, raconte dans son livre fascinant *Une vie tribale,* qu'un jour, roulant en voiture découverte avec son vieil ami Baiga, sur une piste en pleine forêt, tout à coup ils tombent nez à nez avec un tigre colossal. Erwin Verrier avoue qu'il avait très peur : comme on le comprend ! « Cependant — écrit-il —, le vieux Baiga, assis à côté de moi, restait imperturbable ; il marmonna des formules magiques et, deux minutes plus tard, le tigre s'en retournait tranquillement dans la jungle. »

Ce récit d'un témoin digne de foi illustre pour le moins la foi totale des Indiens dans la puissance des « formules magiques , ou *mantras* pour les appeler par leur nom. Bien sûr, on pourrait expliquer ce résultat en disant que ce ne sont pas les mantras qui ont agi, mais que la confiance absolue en leur efficacité a rendu le vieux Baiga si calme et sans peur que le tigre l'a senti : on ne trompe ni les bébés, ni les bêtes, surtout sauvages. Ce serait ainsi l'absence de peur et d'agressivité qui aurait inhibé le réflexe d'attaque du tigre. Voilà une explication rationnelle qui pourrait bien être vraie en partie car, de fait, les animaux sentent si on a peur ou non (la trouille aurait, paraît-il, une odeur !) et que cela influence leur comportement.

Néanmoins, l'autre fait est que les animaux sont très réceptifs aux sons. C'est ainsi qu'en présence d'une Française, dont j'ai oublié le nom, et cela dès la première rencontre, les chiens les plus féroces qui mettraient n'importe quel intrus en pièces, deviennent d'inoffensifs toutous qui se couchent à ses pieds et lui lèchent la main. Son secret : elle sait leur parler, elle *sait* quels sons les rendent agressifs et ceux qui les calment : elle connaît les *mantras* canins ! Les mantras sont des sons absolus, donc dépourvus de signification conventionnelle, qui agissent par leur qualité vibratoire sur le corps et sur le mental. Les tantriques ont poussé cette science des sons, car c'en est une, à un niveau que nous n'imaginons pas.

Alors, écrire un livre sur le tantra sans parler des mantras, serait comme décrire notre civilisation sans évoquer l'électricité ! Néanmoins, j'avoue un certain embarras. D'une part, je vous dois non seulement d'en parler mais encore de vous indiquer comment pratiquer : du simple bla-bla-bla serait sans valeur. Or, la tradition tantrique unanime insiste sur le fait que le mantra doit être vivant, c'est-à-dire transmis de bouche à oreille, car sa prononciation doit être rigoureusement correcte, sous peine d'inefficacité ou, pire, de dangers. Alors, s'il est impossible, en effet, de transmettre cette science en totalité — une bibliothèque n'y suffirait pas —, je sais qu'il est possible de vous donner des indications phonétiques précises permettant, après quelques tâtonnements, d'émettre correctement un nombre suffisant de mantras efficaces et bénéfiques.

Avant d'entrer dans l'univers magique du mantra, relisons Max Muller, l'indianiste célèbre, dans *Six Systems of Indian Philosophy :* « Il faut bien se garder de rejeter comme étant insensé ce qu'on ne saisit pas d'emblée. Plus d'une pratique qui me semblait dénuée de sens, voire absurde, s'est révélée après coup comme recélant une sagesse bien plus profonde que je n'aurais jamais pu le supposer ».

Pour sa part, sir John Woodroffe, alias Arthur Avalon, écrit dans *La puissance du serpent :* « Aucun autre sujet des *Shastras* (écritures indiennes) n'est plus incompris que la science du mantra. Fondée ou non, elle n'est pourtant pas l'absurdité que d'aucuns pensent qu'elle est. [...] Le fait que la pensée est une énergie créative est de plus en plus largement admis en Occident. En Inde, cette doctrine très ancienne est la base des pratiques du tantra, dont certaines sont tenues secrètes pour en éviter un emploi abusif. Ce qui est incompris en Occident, c'est l'aspect particulier que prend la science de la pensée-force dans le *Mantravidya . . .*

» Rien n'est nécessairement saint ou sacré dans un mantra, dont la puissance *(mantrashakti)* se prête indifféremment à tout usage. »

Ainsi, depuis des millénaires, le tantra connaît et utilise les pouvoirs curatifs et revitalisants pour le corps et l'esprit du *prânavâ* (le ôm), et des six syllabes-germes (bîja mantras) *hram, hrim, hrum, hraim, hraum, hrah,* dont chacune agit sur une partie du corps ou sur un organe précis.

Mais, comme l'Occidental aime, en toute chose, savoir le « pourquoi » et le « comment », l'histoire de Leser-Lasario, qui étudia pendant trente ans l'action des sons sur le mental et sur le corps, mérite d'être contée.

Né à Vienne, il fut, dès sa plus tendre enfance, de santé fort délicate. Il était studieux à l'excès et ses parents, pour qui c'était une vertu, mirent à sa disposition une profusion de livres, ce qui acheva de ruiner sa santé .

A dix-huit ans ses maux empirèrent. Il souffrait, entre autres maux, de rhumatisme articulaire aigu et la médecine jugeait son cas désespéré. Il se sentit abandonné jusqu'à ce qu'il découvre les vertus du son régénérateur et du souffle vital.

Il raconte : « Un jour, notre voisine amena son bébé chez nous pour que mes parents le gardent pendant quelques heures. La présence d'un enfant bien portant me fit oublier pendant quelque temps mes propres souffrances. Couché sur le dos, le bébé regardait le plafond en gazouillant *lah... lah... lah...* Je demandai à notre bonne de le dévêtir et de le mettre dans mon lit, près de moi, ce qu'elle fit. Me soulevant avec peine, mes yeux affamés contemplèrent avec avidité ce beau petit corps, tel une créature divine parfaite, et je le comparais au mien, chétif, maladif, pour lequel j'éprouvais tant de dégoût.

» Le bébé, après m'avoir regardé un instant, reprit sa très sérieuse occupation et continua à chanter ses *lah... lah... lah...* C'était délicieux et je retenais mon souffle pour mieux l'écouter. Je remarquai alors que chaque *lah...* faisait vibrer ses trois côtes supérieures. Intrigué, je fis l'essai moi-même avec le même résultat. C'était passionnant ! Je fis pareil avec le *poh... poh... poh...* et, à chaque fois, je sentais la vibration se produire plus bas dans l'abdomen. »

Pour Leser-Lasario, plusieurs choses étaient évidentes. Primo, chaque son révélait une disposition d'esprit, une certaine attitude mentale et l'enfant était visiblement heureux. Secundo, l'effet vibratoire était très accentué. Tertio, le bébé répétait ses *lah... lah... lah...* sans reprendre haleine, jusqu'à ce que ses poumons soient tout à fait vides. Enfin, quarto, après une grande inspiration, il retenait son souffle à poumons pleins en contractant de façon régulière et prolongée ses muscles abdominaux, avec un bref retrait du diaphragme vers le haut, avant de reprendre ses *lah....*

Le jeune Leser-Lasario imita l'enfant : couché sur le dos comme le bébé, confiant dans la nature, il se mit à vocaliser pendant des heures des sons monotones. « Au début, je ne tenais pas longtemps, j'avais des vertiges, mais, peu à peu, je m'y fis. J'essayais toujours de faire correspondre l'attitude mentale au son émis. Le *iii* était lumineux et gai, le *ôôô* plus grave et plus sombre, sans être triste. » Après quelques semaines, toutes ses fonctions s'harmonisèrent peu à peu et son rhumatisme régressa. Les sons produisaient invariablement des effets bien définis, nets et localisés. Le *iii* libérait beaucoup de mucus de la gorge et des bronches.

Leser-Lasario se demandait si c'était la respiration combinée à la vibration, ou la modification du climat émotionnel intérieur qui régularisait la situation. S'il s'interrogeait au début, trente ans plus tard, après s'être complètement guéri lui-même, ainsi que des milliers d'autres, il était convaincu qu'en combinant le souffle et les sons, on peut envoyer à volonté le sang — les tantriques y ajouteraient l'énergie vitale —, n'importe où dans le corps. Il savait aussi que les vibrations sonores agissent sur le sympathique et sur les glandes endocrines. Leser-Lasario, rejoignant sans le savoir le tantra, disait : « Il serait téméraire, l'homme qui oserait fixer des limites au pouvoir des sons et à leur usage. »

Sa méthode d'émission, elle aussi, rejoint le tantra : « Il faut d'abord imaginer la voyelle, l'imaginer émotionnellement, puis la fredonner. Chacune a son propre champ d'action :

» **I** vibre vers le haut, vers le larynx, le nez, la tête et dissipe les migraines ;

» **E** agit sur la gorge, les cordes vocales, le larynx, la thyroïde ; (Leser-Lasario prétend avoir ainsi guéri de nombreux goitres)

» **A** sur l'œsophage, les trois côtes supérieures et les lobes pulmonaires supérieurs (combat la tuberculose) ;

» **O** sur le centre du thorax et le diaphragme (nourrit et tonifie le cœur) ;

» **OU** sur tous les viscères abdominaux, dont l'estomac, le foie, les intestins et les gonades ».

Leser-Lasario utilisait ainsi trente-deux sons et combinaisons de sons, qu'il adaptait aux besoins de chacun. Toute simple, sa méthode correspond point par point au tantra : « Ayez une attitude fervente et recueillie. Concentrez-vous sur l'émotion qu'éveille la voyelle choisie. Puis, sans changer cet état d'esprit, inspirez par le nez, retenez votre souffle sans effort en vous concentrant sur la voyelle à émettre. Le temps de rétention importe peu, quoiqu'il s'allonge avec la pratique. »

Enfin, on émet le son en le fredonnant et en se concentrant à l'endroit où la vibration se place, en vidant les poumons aussi lentement et aussi à fond que possible, mais sans effort exagéré. Ce massage vibratoire met en circulation des toxines accumulées dans les tissus qui sont ensuite éliminées, tandis que l'afflux de sang bien oxygéné nourrit et vitalise les cellules.

A propos de ce livre, ne le cherchez pas en librairie : malgré mes recherches, je n'ai pas pu me le procurer et je ne dispose de rien d'autre que ce qui précède. Il paraît que ses héritiers s'opposent à toute réédition de ce livre : allez savoir pourquoi ! Toutefois Leser-Lasario n'a découvert que l'aspect le plus extérieur du mantra, c'est-à-dire l'émission à haute voix, considérée par les tantriques comme importante, certes, mais comme une première étape seulement.

Au commencement était... le son primordial

« *Avant* », il y avait « *tout* » et « *rien* » à la fois... Et ce « *Tout* », c'était l'énergie cosmique au repos, en équilibre.

« *Rien* », ce n'était même pas le vide, c'était l'état non-mallifesté, sans espace ni temps.

Puis, sans que personne, sauf l'Eternel, sache pourquoi, dans *l'akâsha,* dans l'« éther dynamique » explosa la vibration des origines. « Au commencement était... » : le Verbe, pour saint Jean, le *big bang,* pour le physicien, le *damaru,* le tambour de Shiva, pour le tantrique. Et, en même temps qu'il produisit l'espace-temps cher à Einstein, le son originel — dont l'écho vibrera dans l'univers jusqu'à la dissolution finale, le *mahapralâya* — se diversifia en une cascade infinie d'êtres et de formes.

Car, matière étant énergie et vice versa, toute chose, galaxie ou grain de sable, est un champ de forces en perpétuel état vibratoire.

Pour le tantra, « au commencement... » était l'énergie indifférenciée, la Shakti, le *ôm* représentant l'énergie cosmique à l'état pur, le son primordial qui suscite les galaxies. *Om* est la syllabe mystique grâce à laquelle l'homme peut entrer en contact intuitif avec la réalité ultime, avec la racine même de l'Univers. *Om,* c'est la syllabe-germe de l'Univers, la *bîja,* dont tous les autres sons dérivent. En Inde, *ôm* fait l'unanimité : pour le Vaishnavite, *ôm* est Vishnu, pour le Védantin, il est l'Atman et le Brahmane l'inclut dans tout rituel ou sacrifice védique. Pour le tantrique Shakta, il est le principe Féminin qui, uni dynamiquement au principe Mâle, engendre l'univers. *Om* vibre dans tous les ashrams, dans tous les temples, dans tous les foyers indiens de toutes les classes, de toutes les castes .

Mais, derrière cette universalité se cache pourtant une profonde différence dans l'émission même du son. Car il y a *ôm* et *ôm*.... Le *ôm* du système brahmanique, propagé par les swamis et les gourous non-tantriques, en Inde comme en Occident, c'est le « *ôm-poisson-rouge* ». En effet, si je prononce *ôm-ôm-ôm-ôm* en succession sur une seule expiration, j'ouvre la bouche à chaque *ôô* et la ferme à chaque *mmm,* comme le poisson rouge dans son bocal !

Pas pareil pour le *ôm* tantrique occulte : qu'il soit émis seul, pour lui-même, ou pour lancer un autre mantra tel que *Om namah Shivaya,* ou le célèbre *Om mani padme Hûm* des Bouddhistes, ou répété en cascade, la bouche reste ouverte durant toute l'émission. Dans certains cas, elle ne se ferme même pas à l'inspiration...

Mais comment, sans être initié, trouver tout seul ce *ôm* du tantra ? Voici : j'ouvre la bouche toute grande, je bâille puis j'attaque un *ââââ* comme si le docteur voulait m'examiner le fond de la gorge ! Ou comme si je me gargarisais ! Je laisse la langue s'aplatir tout au fond de la bouche, qui se referme légèrement pour dessiner un 0. Le son devient alors un *âââ* grave teinté de *ô,* donc ni un vrai « *â* », ni un « *ô* » franc et net. Il naît quelque part entre les oreilles et fait vibrer le palais, le crâne et le thorax : en posant la main à plat sur le sternum, je le perçois fort bien. Plus il est grave, plus le thorax vibre. Puis, toujours avec la bouche ouverte, j'attire la langue vers l'arrière et vers le bas pour bloquer la glotte : le *ô* cesse et le son devient un « *mmmm* » musé. Ainsi, le *O* du tantra n'est pas un vrai *O* et le *M* n'est pas un vrai *M* non plus ! En fait, on l'écrit « *m* » mais on le prononce comme le *ng* nasal de lo*ng*. Ce *ng* fait vibrer les ailes du nez, le palais, la boîte crânienne et le thorax ! Il faut d'ailleurs rechercher la richesse vibratoire maximum.

Je poursuis en laissant maintenant — toujours avec la bouche ouverte —, le « *ng* » vibrer tout seul : le son est purement nasalisé, « crânisé ». Puis, avec un léger mouvement de la langue vers l'avant, le « *âô* » se reforme et remplit l'espace autour de moi. Où est la différence ? Si je suis attentif, j'entendrai le

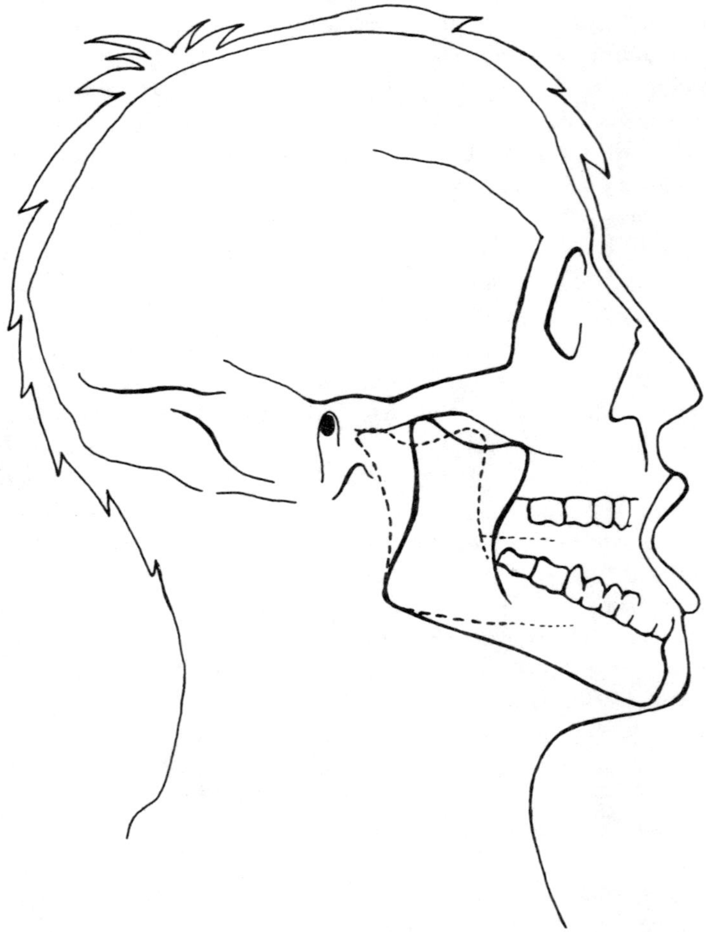

Le dessin ci-dessus montre la mauvaise façon d'ouvrir la bouche, c'est-à-dire en poussant le menton vers l'avant et le bas.

La ligne pointillée indique la place du maxillaire inférieur au départ, et la ligne pleine sa position au moment d'émettre le son : il s'est déplacé vers l'avant.

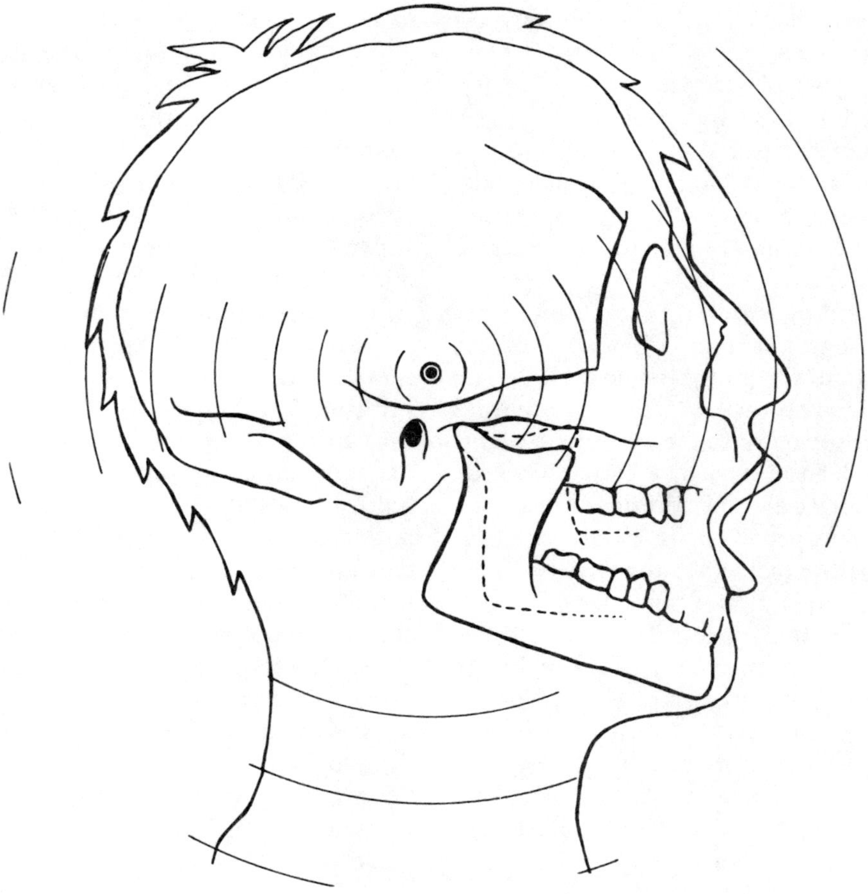

Sur celui-ci, au contraire, le pointillé indique que l'extrémité du maxillaire, au départ comme à l'arrivée, n'a pas bougé.
Ainsi, la bouche s'ouvre au maximum et permet d'émettre un son riche et plein.
La langue permet de moduler le son à volonté, même en laissant le maxillaire inférieur immobile.

« *ng* » vibrer en permanence. Il est le bruit de fond sur lequel le « *âô* » s'inscrit et s'efface tour à tour : le « *ng* » est continu, le « *âô* » alternatif. Ce n'est donc pas un « *âô* » suivi du « *ng...* », mais les deux superposés.

Compliqué ? A la lecture, oui... A propos, dorénavant, et pour la facilité de l'écriture, convenons qu'en écrivant « *ôm* » comme tout le monde, nous le lirons « *ông* » !

Ce n'est pas fini ! En tâtonnant un peu, je trouverai le « *ngâông...* » correct, celui qui me plaira le mieux. Dès qu'il est trouvé, tout à la fois, il m'emplit intérieurement et s'échappe de partout. Il sort du masque et du thorax, de l'arrière du crâne, du dos, des flancs. J'ai l'impression qu'il envahit tout autour de moi, que toute la pièce vibre !

D'accord, il faut chercher un peu le vrai *ôm* mais il le mérite, car c'est le mantra tantrique de base, la racine de tous les sons, celui qui accompagne tous les autres mantras. Le *ôm* est si important qu'on l'appelle le *Prânava,* celui qui porte et module le prâna, l'énergie, ou encore *ômkar.* Pour le tantra, chaque sentiment, chaque être, chaque objet a sa vibration de base : ce verre en cristal ou la banale casserole ! Et vice versa, chaque son a son image : le *ôm* est tracé (et non *écrit).*

A propos de ce graphisme, qui exerce une fascination particulière, l'Occidental croit — ce fut mon cas pendant longtemps — que c'est du sanskrit et personne ne le détrompe ! Pour nous, c'est simple : on trace ॐ, on prononce *ôm,* voilà tout !

Toutefois, pour saisir le sens secret du ॐ, souvenons-nous que *ôm* est la vibration qui engendre les mondes, que l'univers est suscité par le maïthuna cosmique de Shakti-Shiva et, enfin, que le maïthuna humain en est l'expression concrète sur le plan terrestre.

Le *ôm* permet au tantrique de concentrer toute sa puissance mentale sur cette Réalité ultime et d'y accéder. Dans son mental, la vibration du *ôm* se superpose au ॐ tracé qui en est la forme *visible.* Soit qu'il l'imagine ou en contemple un tracé, peu importe, l'essentiel c'est d'en appréhender le sens occulte.

Tel un hiéroglyphe, le ॐ est autant un *yantra,* diagramme mystique et magique, qu'un *mandala,* tracé symbolique inscrit dans un cercle et figurant le déploiement du dynamisme créateur universel : le ॐ est sans doute le mandala le plus ramassé, le plus dense et puissant du tantra.

Avant le sanskrit, avant même l'écriture *devanâgari,* le *ômkar* se traçait dans la glaise malléable ou sur des feuilles de palme.

On le trace encore comme cela de nos jours et pas seulement dans l'ésotérisme tantrique. Si quelqu'un en doute, qu'il consulte le livre *Tantra, the Erotic Cult* de F.D. Colaabavala ou *The Soul of Symbols* de Jaya Raja.

Ce yantra réunit un maximum d'éléments essentiels, à commencer par le *cercle* (voir la *chakra pûjâ*) qui protège ce qu'il inclut, qui symbolise la manifestation, qui crée un espace sacré et se développe autour d'un point central. Quant au tracé lui-même, tout commentaire est superflu, sauf à préciser qu'il représente le maïthuna rituel et concret du shiva et de la shakti autant

Le ॐ usuel représenté ci-dessus, est une stylisation du graphisme original et authentique ci-dessous tel qu'il se traçait et se trace encore sur des feuilles de palme (reproduit sans retouche)

que l'union cosmique des principes Féminin et Masculin. Le ँ, c'est indubitablement le croissant de lune, le principe lunaire féminin, tandis que le point est, à la fois, le *bindu* (le germe, le sperme) et l'*anunâsika*, le signe de nasalisation.

Il est amusant de rapprocher ce ॐ du ♡ que les amoureux gravent dans l'écorce des arbres au bois de Chaville, en souvenir de leurs ébats sylvestres, ainsi que de ces images naïves où l'angelot (le bébé à venir...) décoche la « flèche » fatidique ! Reconnaissons-le, même avec beaucoup de bonne volonté et d'imagination, on a du mal à reconnaître le cœur-organe dans ce cœur-symbole de l'amour, qu'on nous le sert à toutes les sauces et partout, depuis les cartes à jouer jusqu'à la pub. Si le moi-conscient feint l'innocence ou l'ignorance, l'inconscient, lui, ne s'y trompe pas ! Bien sûr, personne n'est obligé de me suivre sur ce terrain « scabreux » (?), et pourtant...

D'aucuns réfuteront énergiquement ce qui précède, les non-tantriques évidemment. Personne ne leur *impose* cette vision : si le *ôm* lénifiant et châtré les satisfait, c'est leur droit mais, s'ils ne font de mal à personne, ils passent néanmoins à côté de l'essentiel ! Par contre, l'adepte qui s'imprègne du sens profond du *ôm* ésotérique accède aux racines de son être comme à celles du cosmos : je suis le fruit du ॐ, de l'union du spermatozoïde et de l'ovule, tout comme le cosmos provient du maïthuna sacré de Shakti et Shiva.

L'ostracisme brahmanique envers le symbolisme sexuel du *ôm,* vient d'un puritanisme suranné ou de l'ignorance, ou des deux...

Le camouflage délibéré du sens réel d'un mantra se retrouve dans le mantra bouddhique archiconnu, *Om mani padme Hûm,* qu'on traduit gentiment par « le joyau dans le lotus », ce qui ne signifie strictement rien. La pudibonderie bouddhique qui égale, voire dépasse la brahmanique, se contorsionne pour lui trouver une explication alambiquée.

Alors, quel est-il, ce sens caché ? Pour le saisir, il faut remonter, non pas au déluge, mais au jeune prince Siddharta, le futur Bouddha. A son époque, les radjahs et les princes étaient en conflit d'influence avec les brahmanes qui multipliaient à l'envi les dieux et les cérémonies propitiatoires. Tous ces sacrifices requérant l'intervention, dûment rétribuée, de brahmanes de plus en plus nombreux, cela devenait ruineux, même pour les princes opulents. Ajoutez-y l'arrogance de ces mêmes brahmanes qui, en tant que « délégués divins exclusifs », prétendaient régenter toute la vie publique et privée, et on comprendra l'irritation des radjahs qui répugnaient de plus en plus à leur siphonner des fortunes qu'ils eussent préféré consacrer à leur cour luxueuse, à leur harem, à leur armée.

Le prince Siddharta cristallisa cet antagonisme. Il commença par rejeter en bloc tout le panthéon hindou, ce qui rendait superflus tous les sacrifices, il osa même dire qu'on ne naît pas brahmane mais qu'il faut le mériter, ce qui les rendait furibonds. (Ironie : lui, qui rejetait tous les dieux, a été déifié par ses disciples !)

Il prit ses distances vis-à-vis des castes, autorisa le remariage des veuves, mais surtout il s'opposa aux brahmanes. Plus que le fondateur d'une religion, Siddharta était un révolutionnaire, pacifique sans doute, mais un révolutionnaire quand même. Dans son travail de sape de l'autorité des brahmanes, il était soutenu par ses pairs, les princes et les guerriers. Voilà pourquoi ce sont les empereurs qui ont érigé ces dizaines de milliers de stoupas bouddhistes dans toute l'Inde. Mais, les brahmanes ayant compris la leçon et adopté un profil bas, ils ont peu à peu reconquis leur influence. Ils ont fini par « avoir la peau » du bouddhisme qui a été bouté hors de l'Inde, son pays d'origine, pour conquérir une grande partie de l'Asie.

Mais, quel rapport avec le tantra ? Tout d'abord, le Bouddha a prêché en *prâkrit,* la langue du peuple, et non en sanskrit, apanage des brahmanes et des pandits lettrés, ce qui plaisait aux tantriques. Eux aussi opposés aux brahmanes et à leur système, les tantriques ont trouvé des alliés parmi certains bouddhistes, les ont initiés au tantra, d'où le *Vajrâyana,* branche tantrique du bouddhisme, qui inclut des rites sexuels, y compris la chakra pûjâ.

Et voilà ! Sachant cela, décodons le *Om mani padme Hûm. « Mani »,* le joyau, c'est l'équivalent bouddhique du *vajra* (diamant), c'est l'organe mâle ; *« padme »,* c'est la fleur de lotus qui symbolise le yoni, le principe féminin. D'où la véritable traduction « *Om* = lingam dans yoni, *Hum* ». C'est limpide et du tantra pur. Dans son *Sexual Life in Ancient China* (p.340), R. H. van Gulik, qui vécut longtemps en Orient, notamment en Chine, confirme : « Le *vajra,* l'organe mâle, appelé *mani,* le joyau indestructible, pénètre *padma,* la fleur de lotus symbolisant la vulve. Il ne peut donc guère y avoir de doute quant au sens réel du *Om mani padme Hum.* Le mysticisme sexuel étant l'essence même du *Vajrayâna,* on ne s'étonnera pas que la formule désigne à la fois l'union sexuelle mystique et charnelle et qu'il occupe une place prépondérante dans la pratique religieuse tibétaine. »

A titre de confirmation supplémentaire, notons qu'en terminologie tantrique *Vajra* c'est l'organe mâle et *Vajra-nâdi* un conduit d'énergie subtile aboutissant au pénis. En tibétain, c'est le *rdo-rje,* sorte de sceptre rituel dont la symbolique sexuelle est évidente. Autre symbole sexuel du tantrisme tibétain : la cloche (le yoni) avec son battant (le lingam).

Moyennant quoi un autre mantra du bouddhisme tantrique, autrement inintelligible, se décode aisément. Il s'agit du mantra « *Vajra* dans *padma,* retenir *boddhicitta* dont la version officielle est : « Le Diamant (ou foudre) dans lotus, contrôler le mental illuminé ». Incompréhensible. Mais, comme dans le Vajrayana, *boddhicitta* c'est le sperme, tout s'éclaire : diamant-lingam dans lotus-yoni, retenir le sperme...

Néanmoins, d'imposants volumes, fort érudits, ont été pondus par des bouddhistes non-tantriques (dont Anagarika Govinda), pour tenter d'expliciter le *Om mani padme Hûm* sans en dévoiler le sens véritable. Pourquoi ?

Pour le garder secret à l'usage des seuls initiés ? Par tartufferie ? Très probable.

La science du mantra a une composante respiratoire, donc un rapport évident avec le *Prânayâmâ, la dynamique du souffle,* qui est le titre de mon livre sur à ce sujet, mais où je n'aborde pas le thème du mantra.

Le mantra et le souffle

En effet, son émission s'accompagne d'une *expiration* prolongée et profonde, compensée par une inspiration plus ample. Sa répétition installe spontanément un *rythme* régulier, autre élément essentiel de la science du mantra et du pranayama.

Voyons d'abord l'expiration. Outre qu'elle est prolongée, donc profonde, le tantra dit qu'elle doit « couler comme de l'huile » : pendant toute l'émission du *ôm,* le son doit rester uniforme, ce qui suppose des muscles expirateurs relaxés et contrôlés en finesse. Pas question de chevroter ! On émet le *ôm* en économisant l'air, ce que l'on contrôle avec la paume : même pendant un *ôm* riche et sonore, on parvient à rapprocher la paume jusqu'à cinq ou six centimètres de la bouche ouverte sans percevoir le courant d'air chaud de l'expiration qu'on sent, par contre, remonter au-delà des lèvres vers le nez.

Vers la fin de l'expiration lente et prolongée, le ventre se contracte, parfois même vibre, et un *mula bandha* spontané (contraction des sphincters et du releveur de l'anus) s'installe, que l'on intensifie délibérément ensuite.

Mais, après avoir vidé les poumons, il faut évidemment réinspirer ! Dans le cas du *ôm* bien plein, bien sonore, quand les poumons sont vides, je referme la bouche et j'inspire en silence, par le nez. Dès que j'ai refait le plein d'air, le *ôm* repart, soit un seul *ôm* sur une expiration, soit une cascade de *ôngôngông* sur chaque expiration, le mouvement de la langue commandant les « *ng* ». En cas de *ôngôngông* en cascade, c'est, en général, le rythme cardiaque qui bat la mesure.

Mais il y a plusieurs niveaux d'émission des mantras, donc aussi du *ôm* et notamment le *ôm* chuchoté. Dans ce cas, en inspirant avec la bouche à peine ouverte et en resserrant un peu la glotte, il se forme un « *â* » à peine audible, tandis qu'à l'expiration, toujours la bouche ouverte, on entend « *ham* » (qu'il faudrait écrire *hang*). Si ces explications manquent de clarté, pour trouver le son voulu, on s'imagine vraiment essoufflé et qu'on récupère en respirant la bouche ouverte : cela donne environ « *â-hang* ».

Lequel *â-hang* s'écrit en général *aham*, abusivement traduit par « Je suis Cela ». Bien sûr, chacun est libre de lui octroyer le sens qui lui plaît, mais cela contredit le principe même du mantra, qui est un langage magique, non-conventionnel, non-rationnel, qui produit ses effets corporels par sa fréquence vibratoire, mentaux par l'ambiance qu'il crée. Un mantra n'est pas un mot, ni une phrase, quoique les mantras védiques, à l'opposé des tantriques, soient souvent de courtes phrases.

Si je n'attribue aucun sens précis à

un mantra, je m'imprègne du son pur et il agit en tant que tel : lui donner une signification détourne l'attention du son lui-même. Sans être une erreur absolue, cela se situe en dehors du *Mantrashastra :* c'est un choix...

Enfin, on peut faire *japa* (répétition d'un mantra) sans ouvrir la bouche du tout, en inspirant et en expirant par le nez. Assis, les yeux clos, attentif au souffle, j'en écoute le va-et-vient dans les narines et dans la gorge. Si je resserre *un peu* la glotte, un léger bruissement d'air donne un « *â-ham* » confidentiel, où le « *ham* » expiratoire dure environ le double du « *â* », qui se fait sur l'inspir. Je peux aussi imaginer que cela fait « *ssss* » à l'inspiration, « *ham* » à l'expiration. L'ensemble s'écrit alors souvent *Soham,* qu'on traduit par un « Je suis Lui », sujet aux mêmes réserves que ci-dessus.

Le « *âham* » ainsi répété en silence produit une profonde intériorisation, apaise le mental et peut constituer à lui seul une méditation. Maharishi Mahesh a exploité le *japa* après l'avoir rebaptisé « *Méditation Transcendantale* », ou M.T., ce qui est une géniale tautologie : en effet, une éventuelle méditation non-transcendantale, ce serait quoi, au juste ?

Avoir rebaptisé le *japa* (répétition continue d'un mantra quelconque) *Méditation Transcendantale,* c'est génial parce que si vous proposez de faire japa, on pensera « bof ». Et si, en plus, c'est gratuit, on dira : « bof, bof » ! Les gens sont comme ça : conseillez-leur la course à pied pour leur santé, vous aurez peu de succès ; baptisez cela *jogging* et les voilà qui galopent, ravis ! De même, *Méditation Transcendantale,* ça fait plus sérieux que Japa, surtout si ça coûte cher ! Et c'est encore mieux si vous dites que c'est un mantra personnel, top secret, sans penser que ce fameux « secret » permettrait de distribuer le même à tout le monde... Quand la M.T., dont le marketing est remarquable, exhibe des encéphalogrammes « prouvant » ses effets sur le cerveau, c'est vrai, mais a) cela se sait depuis des millénaires, b) ce n'est pas une exclusivité M.T. et c) se produit avec n'importe quel mantra répété pendant longtemps, en état de relaxation. Mais, à ceux qui font de la M.T., je dis : continuez !

C'est vrai, en Inde, lors de l'initiation, le gourou donne *le* mantra personnel et secret au disciple et, même s'il n'y a aucun témoin, il est murmuré à l'oreille, puis le nouvel initié le répète à voix basse, en respectant l'intonation exacte. Il s'agit alors vraiment d'un mantra personnel. Et, à ce sujet, il faut se rappeler que gourou et disciple, même s'ils ne se voient pas nécessairement souvent, ont une relation très spéciale et intime : ils sont bien plus que des amis, voire même plus que des frères et cette relation a mûri au fil des années. Ainsi, le gourou connaît très bien son disciple et sait évaluer ses possibilités d'évolution. Il médite alors longuement jusqu'à ce que surgisse *le* mantra personnel qui déclenchera les échos voulus dans le psychisme de l'adepte, qu'il a d'ailleurs longuement initié à d'autres techniques du tantra ou du yoga. Par définition aussi, le gourou possède à fond le *mantravidya,* qui ne s'acquiert pas non plus du jour au lendemain ! Alors, on peut vraiment parler d'un mantra personnel, incommunicable à autrui et c'est rarissime, même en Inde.

D'autre part, j'ai dit plus haut que, suivant la tradition, le mantra doit être vivant, donc reçu directement d'un initié, ce qui contredit ma démarche actuelle puisque je prétends vous le transmettre via l'imprimé. C'est vrai, mais il en va des mantras comme des diplômes : le premier parchemin a été décerné par un non-diplômé et, de même, le mantra originel n'a évidemment pas été reçu mais découvert ! Alors, redécouvrir les mantras-clés, qui sont simples, est parfaitement possible avec mes indications, quitte à chercher un peu d'autant qu'il n'y a pas de risques même si l'émission n'est pas tout à faite exacte.

Ceci étant clarifié, revenons au mantra associé au souffle et notamment à l'arrêt du souffle. De quoi s'agit-il ? Voici : on constate, vers la fin d'un « *ôm* » plein et sonore, à mesure que les poumons se vident, que la sangle abdominale se contracte peu à peu. A la fin de l'expiration, elle palpite et les sphincters anaux se contractent, d'où un mula bandha spontané. Alors quand les poumons sont complètement vides, on a deux options : soit fermer la bouche et réinspirer aussitôt par le nez, soit bloquer le souffle *(kumbhaka).*

La suspension du souffle

Je choisis donc de bloquer mon souffle et, pendant la rétention, le « *ng* » (imaginé) continue à résonner dans mon mental : c'est alors que le pouvoir du mantra se développe pleinement sur tous les plans, corporel, mental, spirituel.

La durée de cette suspension ? Aucun chiffre ne peut être avancé : l'un ne tiendra confortablement que 5 secondes, l'autre 20 secondes, etc. mais la durée brute est sans importance.

En cette matière, voici la règle infaillible pour savoir si j'ai ou non dépassé *ma* capacité de rétention : pendant la rétention, il est normal et correct que, spontanément, ma sangle abdominale se contracte rythmiquement (voir ci-dessus), mais dès que la rétention devient vraiment inconfortable, je dois réinspirer. Tout est correct si je peux *réinspirer lentement,* sans devoir « courir » après mon souffle. Devoir réinspirer en catastrophe me dit que j'ai dépassé ma limite, qui varie d'ailleurs d'un jour à l'autre. C'est pourquoi il ne faut pas « marcher au chrono » : c'est le corps, et lui seul, qui doit me guider. Des risques ? En respectant cette règle, il n'y en a pas.

Quand vient le moment de réinspirer, je laisse mes poumons se remplir avec une confortable lenteur, puis je bloque à poumons pleins avant de laisser repartir le « *ôm* ».

Ma durée de rétention à plein est correcte si je peux émettre, sans effort, un *ôm* prolongé qui « coule comme de l'huile ». En fait, je dois doser les expir-stop-inspir-stop successifs de manière à pouvoir poursuivre indéfiniment sans difficulté.

Après tout cela, et pour conclure, sachons que le « *ôm* » est et reste le mantra suprême, dont la répétition peut littéralement envoûter, « enchanter » le mental. Du latin *incantare,* « prononcer des formules magiques », nous n'avons retenu que le résultat : être enchanté, charmé. La magie incantatoire du « *ôm* » vient de ce qu'il inclut un maximum de vibrations absolues, de sons non conventionnels. Un son absolu est compris de tous. Par exemple, annoncez un congé inattendu à une classe de bambins : un « *â* » joyeux vous répondra ! Ou encore, après un long hiver, en s'étendant au soleil, ne dira-t-on pas « *ââ* (que c'est bon !) ». Et quand le bouquet final du feu d'artifice pétarade dans la nuit, c'est un « *ô* » admiratif qui jaillit de la foule et non un « *î* », ni un « *u* » ! Enfin, le gourmet qui se pourlèche les babines en dégustant son plat favori, exprime sa jouissance par un « *mmm,* (fameux) ! ». Ainsi, « *âââ... ôôô... mmmm...* » éveille une gamme de sentiments modulables à volonté, selon le jour et l'heure. A propos de sons absolus, si on m'écrase le gros orteil, mon « *aïe* » sera compris de tous, même des animaux !

Grâce aux mantras, on peut ainsi moduler, donc éveiller *à volonté* le sentiment désiré et créer le climat intérieur voulu, donc aussi dissoudre une émotion indésirable. Comme le soleil levant dissipe la brume, le « *ôm* » peut exorciser un éventuel cafard en s'imprégnant de l'ambiance « soleil ».

La meilleure façon de prouver que le ॐ *usuel n'est* **pas** *un graphisme « sanskrit », c'est de l'écrire en caractères devanagari, comme ci-dessous.*

ओम

A + *M*

Comme dans tout texte devanagari, les signes sont « suspendus » à un trait horizontal. Enfin, le OM *n'a pas été importé par les Aryens : il est étranger au culte védique. Le* Monnier-Williams, *dictionnaire sanskrit-anglais de référence, confirme qu'il est inconnu des textes aryens antérieurs aux Upanishads, donc* plusieurs siècles après *la conquête de l'Inde.*

Une dynamo psychique : le yantra

Le *Yantra*, contrepartie visuelle du mantra, dont il est inséparable, dérive de *yan* ou *yam*, « support d'énergie », plus *tra*, suffixe d'instrumentalité. Dans son acception banale, *yantra* désigne tout gadget utilitaire, gadget pris dans un sens élargi : un robot, en tant que gadget élaboré, est un yantra. Dans le tantra, *yantra* désigne un diagramme magico-symbolique en deux ou en trois dimensions, allant d'un simple point ou d'un triangle au temple hindou, gigantesque complexe yantrique, ayant des propriétés occultes.

Au fil des siècles, le tantrisme a fait du yantra une science et un art. Une science, car chaque yantra est le support d'un dynamisme, d'une shakti, et sa construction obéit à des lois précises. Un art, car la combinaison de tracés et de couleurs symboliques produit souvent de véritables œuvres d'art qui valent aux yantras de figurer dans tout livre d'art tantrique qui se respecte mais, malheureusement, il y manque en général le code secret permettant de les interpréter et de les utiliser. Le tantra est d'ailleurs le seul courant yogico-philosophique indien ayant donné naissance à des œuvres d'art. Et cela, sans que l'art en ait été la motivation...

Au-delà de l'esthétique, sans yantra, sans mantra, aucun rituel tantrique, aussi simple soit-il, n'est pensable. L'Inde, en général, et le tantra en particulier, leur attribuent des pouvoirs extraordinaires, quasi miraculeux, ce qui nous semble inconcevable, voire absurde. En effet, comment admettre que de simples tracés géométriques inertes puissent engendrer une dynamique quelconque ?

L'abstraction ultime

Une photo ou un portrait de femme se situe — donc se limite —, au niveau individuel : c'est *ma* mère, *ma* femme ou *ma* sœur, si j'en ai une. Une figurine féminine préhistorique anonyme, comme les archéologues en ont trouvé des milliers, représente *la* femme en général, et si j'en parle c'est parce que, souvent, l'artiste inconnu a fortement accentué, « géométrisé », le triangle pubien, le pôle génital.

Si j'extrais ce triangle, si je l'isole, il symbolisera l'enclave de l'espèce dans le corps de la femme et, au-delà du yoni, le pôle génital de toute femelle animale. Ultimement, il représente la Féminité, la Mère Cosmique : l'abstraction transcende ainsi le niveau représentatif individuel, « anecdotique », et s'ouvre sur l'Universel. Dès lors, il n'est pas difficile de deviner que, dans le tantra, un triangle pointe en bas symbolise la Mère Cosmique, la Féminité, la Shakti.

Qu'il s'agisse d'un tracé linéaire ou d'une *surface*, le triangle détermine un *espace* et l'une des fonctions du yantra, c'est précisément de structurer, d'organiser l'espace et, dans le cas du triangle, avec le minimum de traits. Mais ce triangle pointe en bas devient vraiment le yantra de la Féminité quand il est *rouge* et, là non plus, on n'a aucun mal à deviner que c'est à cause des règles. En Inde, sur les affiches du planning familial incitant les couples à se limiter à deux enfants par famille, figure un tel triangle rouge, pointe en bas : tout le monde comprend... Toujours en Inde, au passage d'un cortège funéraire, chacun sait qu'il s'agit d'une femme si la dépouille est enveloppée de rouge, si elle l'est de blanc, c'est un homme.

Faut-il ne voir, dans tout cela, qu'une abstraction intellectuelle pure, une élucubration détachée du réel ? Avant de répondre, il est troublant de constater que chez une femme à qui on administre régulièrement des doses importantes d'hormones mâles, la voix mue mais, en plus, le système pileux se développe et il apparaît notamment un triangle pileux pubien pointe en haut (!), comme chez l'homme : dans le tantra, Shiva est représenté par un triangle pointe en haut, blanc comme le sperme.

La magie du yantra agit, dans une large mesure, même sur qui en ignore le symbolisme : l'inconscient *sait*, l'inconscient décode. Ainsi, j'ai assisté, un soir, à Anvers, à un spectacle inspiré du tantra, créé et mis en scène par Alain Louafi, formé par Maurice Béjart. A la fin du spectacle, un triangle rouge, pointe en bas sur fond noir, haut de trois mètres, est descendu au fond de la scène : la salle était fascinée. Or, une « simple » et banale figure géométrique n'aurait pas justifié un tel impact.

Du point de vue symbolique, le triangle représente évidemment la triade. Isocèle, il évoque l'équilibre et l'harmonie. Toujours pointe en bas, il symbolise aussi l'eau, pointe en haut, le feu : où nous retrouvons deux tattwas. Pour les combinaisons de triangles, voir plus loin.

Le triangle rouge, pointe en bas, est donc un yantra très puissant qui symbolise, qui matérialise la Shakti en tant que *puissance créatrice* universelle, en tant que *matrice cosmique*. Pour le tantrique, la Shakti, la grande Déesse, est l'éternel *principe dynamique* d'où surgit, toujours et partout, toute la création. De son côté, le triangle blanc, pointe en haut, plus rarement utilisé, symbolise le *substrat statique* de l'Univers, Shiva, le principe mâle, indissociable de la Shakti.

Intéressant : dans la pyramide de Chéops, à l'entrée de la chambre de la Reine il y a un triangle inversé...

Un point, c'est Tout...

Apparemment, quoi de plus insignifiant qu'un simple point ? Pourtant, dans le tantra, un point c'est, littéralement, Tout. Tout d'abord, chaque yantra s'organise et se structure autour d'un point central, que celui-ci soit marqué ou non. Evolutif, le yantra se développe à partir et autour du point ; involutif, il y retourne et s'y recondense. D'ailleurs, un yantra se « lit », au choix, soit depuis son centre de gravité, le point central, vers la périphérie, soit depuis celle-ci vers le centre de gravité, le point final qui l'absorbe, en gagnant néanmoins de la puissance.

En effet, le point, le yantra le plus simple qui se conçoive, est, étonnamment, le plus dense qui soit. C'est de l'énergie condensée à l'extrême et ce d'autant plus qu'il sera petit. On le comprend à l'aide d'une comparaison. Enfant, nous avons tous joué avec une loupe et les rayons du soleil. Quand la loupe est tout près du papier ou du bois, le cercle est grand, peu lumineux et pas très chaud. Mais, en éloignant la loupe, il rétrécit et, à mesure qu'il rapetisse, il gagne en luminosité et en chaleur jusqu'à ce que le bois noircisse, fume et, enfin, s'enflamme ! Infinitésimal, il serait infiniment puissant — en théorie. Et c'est ainsi que le tantra voit dans le point le yantra le plus puissant, plus particulièrement celui qui n'est pas dessiné mais qu'on perçoit, invisible, au centre de gravité du dessin, comme le « point caché » de la Kabbala...

Le point, comme tout symbole, est polyvalent. Pour le physicien, le point représenterait toute l'énergie cosmique rassemblée avant le *big bang* des origines. Le tantra l'appelle *bindu*, soit, littéralement, le « sperme » uni à l'ovule. Ainsi, à lui seul, le simple point est un sujet de réflexion et de méditation très profond, car nous avons tous commencé par être un point minuscule, si petit qu'il faudrait en aligner dix, côte à côte, pour faire un millimètre, donc bien plus petit que celui qui ponctue la fin de cette phrase.

Dans ce point, dans cet ovule fécondé qui était « moi », les principes mâle et femelle étaient unis indissolublement. Pour le tantra, le point, c'est Shiva/Shakti et « Tout » y est présent, tout comme dans l'ovule fécondé est présent tout le patrimoine héréditaire de mes ancêtres, de l'espèce humaine et même de la Vie depuis ses origines sur la planète (voir la « méditation sur la Vie »). C'est à partir de cet ovule, de ce point minuscule, que mon être physique et psychique s'est déployé, selon le « plan » inclus dans le bindu et il en sera ainsi jusqu'à la fin de mon existence individuelle. Parallèlement et simultanément, tout revient en permanence au point : dans le secret du pôle de l'espèce, dans les gonades, dans chaque spermatozoïde ou dans chaque ovule, « je » redeviens le « bindu » du départ et, au passage, mystérieusement, l'espèce et la Vie se sont enrichies d'une expérience supplémentaire.

Quant au point central du yantra, outre qu'il inclut tout ce qui précède, il focalise d'abord mon regard et le mental le suit. En concentrant mon attention, il décuple aussi ma puissance mentale et psychique, considérée comme un champ de forces matérielles. Ce que la loupe est aux rayons du soleil, le yantra, et notamment son point central, l'est à l'énergie psychique. La loupe, instrument passif, inerte, confère au rayonnement solaire une puissance accrue, sans nécessiter plus d'énergie. Et c'est là un des secrets du yantra, tout comme du mantra d'ailleurs : figure géométrique passive, il concentre mon énergie psychique qui gagne ainsi en puissance. Or, qui tracera une limite à la puissance du mental humain concentré ?

Bref, sans la loupe-yantra, le soleil n'aura pas le pouvoir d'enflammer le bois sec mais, réciproquement, sans soleil la loupe sera impuissante.

Le carré de base

Le carré, c'est la base statique par excellence. Stable et ferme, il représente le substrat, l'élément Terre, les forces de densification, le plan de la manifestation. Il inclut les quatre points cardinaux et les quatre dimensions de l'espace-temps. Tétrade, son carré donne le seize, le nombre sacré du tantra.

Dans la science du yantra, le carré est un enclos sacré ouvert sur le monde « extérieur » grâce à quatre portails en forme de T, qui sont autant de seuils d'initiation. La plupart des yantras se structurent d'ailleurs à l'intérieur d'un tel carré à quatre portes.

Le cercle et le lotus

Le lotus est la fleur tantrique par excellence et la plupart des yantras comportent des pétales de lotus autour d'une circonférence.

La semence *(bindu)*, plus la fleur, c'est le cycle éternel qui va de la semence à la fleur et de la fleur à la semence. La fleur, c'est aussi le yoni qui incarne le principe organisateur cosmique, la puissance créatrice féminine, source de toute forme et le lotus, fleur aquatique, se relie à l'eau, autre symbole féminin.

Dans toute fleur le tantrique perçoit un tourbillon d'énergie subtile. En effet, les atomes et les molécules qui composent une fleur concrète sont accessoires : plantée ailleurs, elle aurait été formée d'autres molécules, mais serait toujours une fleur de lotus.

La vraie « fleur », c'est son dynamisme organisateur mystérieux et invisible, qui s'empare des particules matérielles de l'univers extérieur pour créer la rose, le muguet ou le lotus que je tiens entre mes doigts.

Le tantrique perçoit cette dynamique subtile et sait que la même œuvre dans son corps, où chaque cellule, chaque organe possède son dynamisme organisateur propre, l'*Archée* de Van Helmont. Pour matérialiser ces énergies, plus particulièrement actives aux *chakras*, ces endroits stratégiques du corps où elles tourbillonnent, le tantra les représente par des yantras, comportant toujours un certain nombre de pétales, plus une « divinité », c'est-à-dire une énergie particulière anthropomorphisée. Le fait qu'elles soient toujours féminines dénote l'origine tantrique des méthodes d'éveil de ces centres de force dans le *Kundalinî yoga*. Les techniques sexuelles décrites dans la partie « Pratique » de ce livre les activent d'ailleurs automatiquement .

Une parenthèse intéressante : l'importance des fleurs dans le rite tantrique se reflète dans *pûjâ* du dravidien *pû* « fleur » et *gey* « faire ». En sanskrit, la racine *pûj*, indique une attitude révérencielle. En mariant les deux, *pûjâ* signifie « adoration rituelle avec des fleurs », ce qui est le sens usuel.

Quant au cercle, symbole central de la chakra pûjâ, il exprime l'évolution cyclique de la manifestation, il est la forme cosmique par excellence. L'homme archaïque voit le cercle partout dans le ciel : le disque du soleil levant, l'horizon circulaire... même la lune est ronde : à travers ses diverses phases, elle revient inlassablement au cercle parfait.

Les Indiens d'Amérique sont très conscients des symboles et le cercle en est un de leur principaux. Citons à ce sujet ce que dit une vieille indienne, femme tranquille de quarante-huit ans, qui perpétue les plus anciennes traditions religieuses des Indiens. Elle connaît le secret des plantes qui guérissent. Elle chante les incantations contre les maléfices. Enfin, Catherine converse avec le Grand Esprit car elle est une « medicine-woman », une chamane.

Dans son chignon rejeté en arrière, elle glisse toujours du duvet de plume d'aigle. A ses oreilles, elle porte des boucles en turquoise. Autour du cou et sur chaque main, un soleil. Sur sa ceinture, il y a des lunes en argent et sa robe est d'un bleu étincelant, comme l'azur du ciel qui, par ses vibrations, permet d'écouter le Grand Esprit.

« Regarde, dit-elle, regarde ces dessins. Ils sont mon histoire et celle de mon peuple. Ce trait noir, c'est la montagne sacrée : Big Mountain, et ici, c'est nous, les hommes. Au commencement, nous avons été déposés sur cette montagne. Le soleil était notre père, et la terre notre mère. Ils eurent deux jumeaux : l'enfant-né-de-l'eau et le monstre-tueur. Grâce à l'enfant-né-de-l'eau, nous survivons. Le monstre-tueur, lui, apporte tornades et tempêtes... Ici, poursuit-elle, intarissable, il y a un arc-en-ciel. Et ce point, c'est la Terre... Toute la nature est présente sur cette chaussure. A l'intérieur, j'y ai posé les objets du rituel : le bâton à prières, les bougies et le sable coloré. Ensemble, ils forment un cercle. Car les puissances de l'Univers agissent toujours en cercle. Le ciel est rond, la Terre est ronde, les étoiles sont rondes, les vents puissants soufflent en tourbillon, le nid de l'oiseau est rond, le cœur de l'arbre est un cercle et nos « hoogans » sont ronds. C'est le pouvoir sacré du cercle. C'est pourquoi, dans nos danses, nous formons toujours le cercle. Regarde nos six montagnes sacrées : elles aussi forment un rond. Et nous, Navajos de Big Mountain, nous sommes au centre, à l'endroit de l'émergence, c'est-à-dire là où l'homme est apparu. Ici, grâce aux vibrations, nous pouvons parler au Grand Esprit qui nous donne les herbes magiques, la consolation, la foi et le courage. Pourquoi partirions nous ?... Pour de l'argent... Non ! Jamais ! »

Catherine ferme les yeux. Elle prie.

Nous, hommes modernes, savons que les corps célestes sont des sphères et non des cercles, mais le yantra se visualise aussi en relief. Tracé sur une feuille de papier, donc en deux dimensions, le yantra possède néanmoins une dynamique tridimensionnelle, flagrante dans les pétales de lotus dessinés autour d'une circonférence. Le bindu, en tant que semence, est évidemment en trois dimensions, lui aussi.

Une circonférence avec son point central est la projection horizontale d'un cône que le triangle génère en pivotant autour de son axe: à rapprocher du cône de puissance des « sorcières ». Le carré engendre le cube.

Quand un *yantra* est inclus dans un cercle au lieu d'un carré, il s'appelle *mandala*. Le cercle, en pivotant, engendre la sphère.

Des combinaisons à l'infini

Chaque tracé élémentaire — le point, le triangle, le carré, le cercle et la fleur — est un yantra à part entière, mais en combinant ces « yantras-racines » élémentaires, le tantra forme des ensembles souvent très complexes où chaque figure garde son symbolisme propre, mais dont l'assemblage démultiplie la puissance.

Voici quelques exemples simples, accessibles à l'Occidental sans initiation spéciale : un triangle rouge pointe en bas avec le bindu au centre de gravité, c'est l'utérus gravide autant que la Matrice cosmique. Le triangle rouge, pointe en bas, superposé au triangle blanc, pointe en haut, indique l'union du mâle et de la femelle ou l'union cosmique Shiva/Shakti. (A noter : ces triangles *superposés* diffèrent de l'étoile de David, en ce sens que cette dernière est formée de triangles *entrelacés).*

Deux triangles se rejoignent par la pointe : en deux dimensions, c'est le début ou la fin de l'union de Shiva/Shakti, le début ou la fin de l'univers manifesté. En relief, c'est le tambour dravidien que tient Shiva dansant dans l'une de ses mains, symbole de la vibration des origines, celle-là même qui entretient en permanence la folle danse cosmique des particules au sein de la matière.

En Inde, un yantra ou un mandala tantrique complexe renferme une cosmogonie complète : à chaque point crucial, à chaque angle du triangle ou de chaque triangle, dans chaque pétale « réside » une « divinité », même si elle n'est pas représentée. En méditant, l'adepte part du bindu central et reconstruit, redessine mentalement le yantra complet pour y pénétrer et s'en pénétrer. De plus, à chaque point crucial correspond une vibration de base, un mantra, représenté par une lettre sanskrite, que l'adepte émet quand son regard et son mental s'y posent. Les tantriques utilisent les lettres sanskrites parce qu'elles couvrent la *totalité* des sons « émissibles » par la voix humaine et, en ce sens, l'alphabet sanskrit est universel.

On comprend que, dans le cas de yantras complexes, il faille une initiation, donc un maître, donc... ce n'est pas pour nous, Occidentaux. Mais, le yantra n'est pas l'exclusivité, ni une invention des seuls tantriques, bien que ceux-ci aient poussé cette science à ses limites : consolons-nous, car même les yantras simples sont néanmoins de puissants instruments d'action psychique.

Ainsi, par exemple, ce yantra occidental qu'est la croix latine. Un mystique chrétien qui la contemple peut s'imprégner de son sens, donc du calvaire du Christ, et atteindre ainsi, grâce à la croix-yantra, un état de conscience supérieur, en rapport avec sa foi.

Si quelqu'un doutait de la puissance terrible du yantra, qu'il aille donc à Téhéran, en plein jour, tracer l'étoile de David sur les murs d'une mosquée chi'ite... Ou qu'il aille inscrire une croix gammée sur le mur des Lamentations à Jérusalem et, mieux (pardon, pire !) encore, l'accompagner du mantra *Heil Hitler* ! Dans les deux cas, il serait aussitôt informé de la puissance du couple mantra-yantra, ne croyez-vous pas ?

Le yantra ultime

Pour clore ce chapitre, je cite S. R. Dasgupta, *Obscure Religious Cults,* p.104 : « Aucun symbole externe, aussi sophistiqué soit-il, ne remplace le yantra qu'est notre corps. Avec ses plans d'existence physiques et psychiques, le corps humain est considéré dans le tantrisme comme étant l'un des plus puissants instruments de transformation spirituelle : il représente le substrat physique du divin, l'endroit où le déploiement évolutionnaire se produit, le dépositaire inépuisable de pouvoirs pouvant être captés à leur source. C'est seulement en le mobilisant et en le réveillant de sa torpeur que l'on peut apprécier sa grâce divine. Son éternelle essence est intérieure, alors pourquoi chercher au-dehors des moyens de libération ?

» Le corps est le centre sacré de tout rituel, de tout mantra, de toute offrande, de toute méditation, de toute liturgie. » A quoi le *Ghandarva Tantra* ajoute : « Ici même (dans ce corps), il y a le Gange, Prayâga et Benarès, le Soleil et le Lune (sous-entendu, le masculin et le féminin), et les lieux sacrés... Il n'existe pas d'autre lieu de pèlerinage, ni d'endroit de félicité pareils à mon corps. En vérité, le yantra qu'est son propre corps est le meilleur de tous les yantras. »

Pour revenir à la croix, tous les pays ont adopté la Croix-Rouge... sauf les pays arabes, qui l'ont remplacée par le Croissant Rouge : pas question pour eux d'accepter un yantra chrétien ! Or, en considérant la chose « froidement », une croix, ce n'est jamais que deux lignes qui se croisent.

Ainsi, chacun, tantrique ou non, devrait vivre en permanence en présence de *son* ou de *ses* yantras : un chrétien avec la croix, par exemple. La particularité des yantras tantriques c'est d'abord qu'ils sont universels, ensuite neutres, c'est-à-dire qu'ils ne sont pas des symboles religieux, le tantra n'étant pas une religion au sens où nous l'entendons. Je propose, en fin du volume, un rituel tantrique pour l'Occident : chacun, croyant ou incroyant pourrait le pratiquer sans problème.

Une dynamo psychique : le yantra

ETHER

AIR

FEU

EAU

TERRE

Chaque tracé géométrique élémentaire, pris isolément est déjà porteur d'un symbolisme très profond. Toutefois, le point, le cercle, le triangle pointe en haut le croissant de lune et le carré symbolisent aussi les 5 tattwas ou éléments du tantra.

Les deux triangles opposés par la pointe représentent le damaru, *le tambour de Shiva qui est aussi celui des Dravidiens, symbolise à la fois la vibration des origines et celle qui entretient en permanence l'existence même de la matière. Il évoque aussi le début de la manifestation par la rencontre du triangle Shiva et Shakti.*

Le lotus symbolise le yoni autant que le principe ultime de manifestation. Il s'inscrit aussi dans le symbolisme lunaire par le cercle central et par les huit pétales. A raison d'un couple par pétale, cela donne l'ascèse à seize !

Ces tracés, en se combinant, engendrent une infinité de yantras et de mandalas, chacun porteur de son dynamisme psychique propre. La vie ne procède pas autrement: à partir de quelques « briques » élémentaires, toutes les formes de vie se construisent depuis toute éternité.

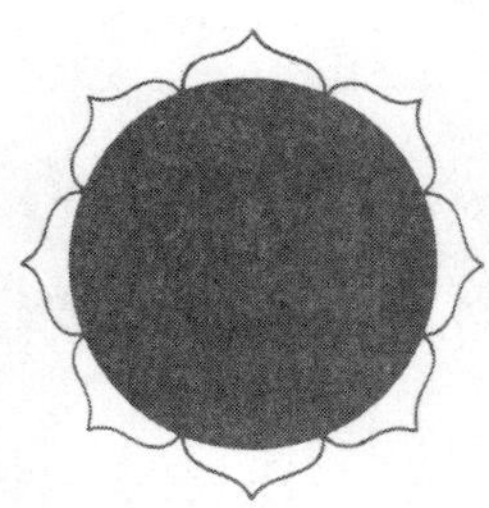

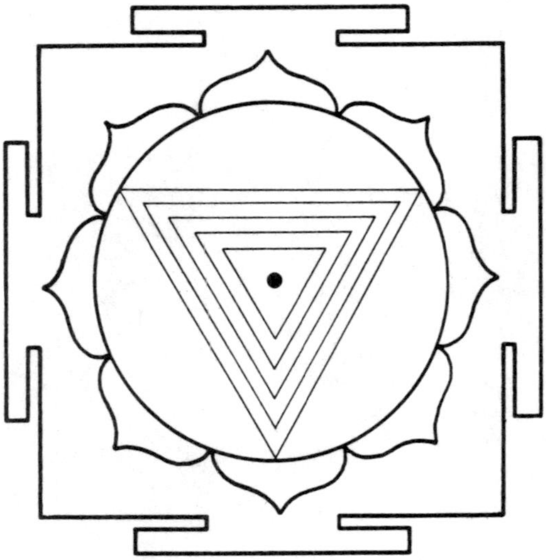

A partir de ces éléments, ce yantra se décode aisément en y retrouvant le carré avec ses quatre « portes », le cercle, le lotus, les triangles et le bindu central autour duquel tout l'ensemble s'articule.
Ce yantra se voit en deux dimensions, mais aussi en relief : les triangles forment une pyramide dont le point central est à la fois le centre de gravité, le sommet et le point d'origine. La pyramide est posée au centre du lotus dont les pétales pointent vers le ciel. Le carré forme un socle, une base solide, une sorte de podium, avec ses quatre portes s'ouvrant sur le monde extérieur.
Pour les tantriques, chaque angle du carré, chaque porte, chaque pétale, chaque angle du triangle abrite une énergie propre symbolisée par une Shakti, que l'adepte visualise à chacun de ces points. Ce genre de visualisations n'est généralement pas à la portée de l'Occidental.

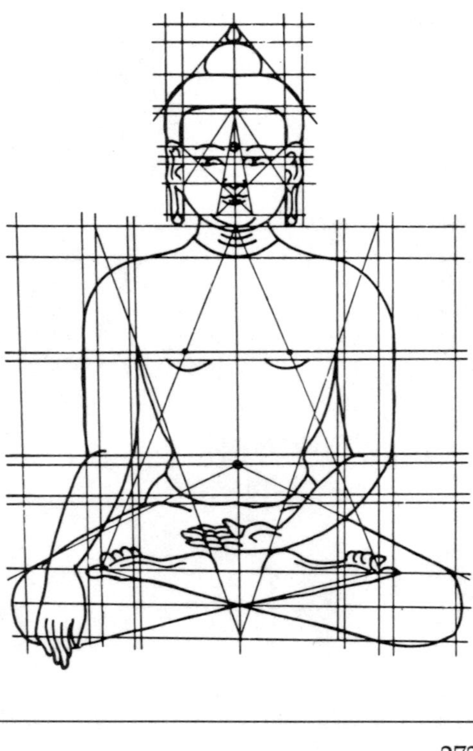

Le bouddhisme lui-même est imprégné de yantras qui se cachent jusque derrière les représentations canoniques du Bouddha auquel tout sculpteur doit obéir. Le corps humain est d'ailleurs considéré par les tantriques comme étant le yantra suprême.
D'autre part, chaque temple indien est un gigantesque yantra en relief ; de même que le célébrissime complexe bouddhique de Bârâbudur ou Boroubodour, pour reprendre l'orthographe usuelle, pour ne citer que lui.

4
Des mythes et des symboles

Les dieux hindous, faut-il y croire ?

A la question : « Croyez-vous *vraiment* aux dieux hindous ? », je répondrais : « Autant qu'au Père Noël ! » . . .

La cause est-elle entendue ? Hé non, car je *crois* au Père Noël et au Père Fouettard. Enfin, j'y crois d'une certaine façon... !

Mais, un « dieu » hindou, c'est quoi, au juste ? Avant de préciser, exprimons un regret : il est dommage que le français, si riche et nuancé, limite le choix entre dieu(x) et Dieu. Avec majuscule, c'est l'Etre Suprême, le Créateur, forcément unique dans notre esprit, qu'on soit monothéiste ou mono-athéiste et, dans les deux cas, au diable les dieux, hindous ou autres.

Si je suis croyant, chrétien, juif ou musulman, ma religion m'impose un Dieu unique qui exclut, ipso facto, la minuscule autant que le pluriel, c'est-à-dire « les » dieux : « Un seul Dieu adoreras ». A titre académique, bien sûr, on admettra l'étude de la mythologie hindoue, mais pas question d'y croire ou, pire, de devenir polythéiste. Adorer ces dieux exotiques aux multiples bras serait une hérésie : gare à l'excommunication ! Mais, rassurez-vous, il n'est pas question d'apostasie.

Si je suis mono-athéiste (je demande pardon au dictionnaire), c'est encore plus simple : étant athée — Dieu merci ! — pourquoi donc irais-je m'encombrer d'une multitude de dieux : un seul c'est déjà trop pour moi !

Ainsi, pour l'Occidental, les dieux hindous sont (et resteront) aussi étranges qu'étrangers. Alors, pourquoi s'en préoccuper ? Bonne question, mais disons tout de suite qu'un « dieu » ou une « déesse » hindous, n'ont vraiment aucun rapport, même lointain, avec Dieu et regrettons à nouveau que seul « dieu » soit usité pour traduire, et trahir, le sanskrit *deva,* qui vient de *div,* « luire », par extension, être lumineux, divin, céleste. Il vaudrait mieux garder *deva* et oublier « dieu(x) » ! Notons au passage que « diva » qui désigne une cantatrice célèbre, dérive de la même racine latine que « déesse ».

Les Aryens des castes soi-disant supérieures, les brahmanes et les kshattriyas, s'autoproclament « dévas », fils de la Lumière, par opposition aux démons, aux forces des Ténèbres, sous-entendu les autochtones vaincus.

Ainsi, le Rigvéda, la plus ancienne composition indo-aryenne, préservée avec une fidélité étonnante depuis trente siècles, base de la religion brahmanique, relate et glorifie la lutte épique entre le Bien, les dévas, et les dâsas, les démons du Mal.

Mais s'agit-il vraiment d'un combat mythique ? N'est-ce pas plutôt le récit « mythologisé », divinisé, de l'implacable guerre de conquête de l'Inde par les Aryens ? Une Indienne, Malati J. Shendge, professeur à la Nehru University de New Delhi, dans son remarquable ouvrage *The Civilized Demons : The Harappans in Rigveda,* rétablit la vérité :

« Que signifient les références constantes du Rigvéda aux combats que se livrent les dieux et les démons ? S'agit-il vraiment du Bien luttant contre le Mal, comme on l'admet généralement, ou d'une guerre bien réelle entre les Aryens et les anciens occupants de l'Inde ? Le Rigvéda ne glorifie-t-il pas plutôt la victoire des Aryens sur leurs ennemis, les Asuras, Rakshas, Gandharvas, Yakshas et Pishakas ? [...] Quand les Aryens ont créé une religion à partir de ces événements, après avoir divinisé leurs chefs, ils se sont arrogé le titre de « Bien Cosmique », leurs adversaires devenant naturellement des « démons », incarnations du Mal Cosmique.

» [...] L'hymne II.20.7, chante les louanges d' Indra qui "démantèle les remparts des forteresses abritant les dâsas, les peuples à peau sombre" *(krishnayoni).* »

Les armes seules ne venant pas à bout de la résistance des Harappéens — qui leur donnaient vraiment du fil à retordre — les Aryens n'ont pas hésité à recourir à l'eau et au feu. La civilisation de Mohenjo-Daro vivait de son agriculture, elle-même dépendante de son remarquable système d'irrigation, alimenté par l'eau des moussons, retenue par des barrages. Bien avant les Alliés qui, pendant la dernière guerre, ont fait sauter un barrage en Allemagne pour détruire des villes ennemies, Indra, le principal dieu Aryen, tue Vritra, le chef de guerre harappéen, gardien du barrage, et « libère les eaux », faisant ainsi d'une pierre deux coups. D'une part, les eaux ravageaient tout sur leur passage, noyant les habitants dans leurs villes et villages, semant le désastre et la confusion. D'autre part, après l'inondation des champs et la destruction des récoltes, le manque d'eau rendait toute culture impossible, ce qui affamait les survivants.

Ainsi déifié, transféré au ciel, glorifié en tant que destructeur des forteresses, Indra, « Celui qui libère les eaux », est promu dieu de la pluie et son arme est l'éclair.

Agni, le dieu du feu, vénéré presque à l'égal d'Indra, n'est plus la déification d'un héros de guerre, mais bien celle d'un élément, central dans le culte sacrificiel du Rigvéda. Pour les Aryens nomades, le feu de camp jouait un rôle essentiel : c'est autour de lui que le clan se réunissait aux haltes, notamment pour écouter les bardes, qui seront plus tard les Brahmanes, les maîtres du feu sacrificiel. Promu arme de guerre, le feu, divinisé sous le nom d'Agni, devint un élément central du culte. *Agnihotra,* le sacrifice du feu, est encore pratiqué de nos jours, comme aux temps védiques : j'y ai assisté plus d'une fois. Toutefois, on se garde bien de nous dire que c'est pour commémorer les exploits du feu dans l'anéantissement des ennemis, les dâsas, qu'on y jette divers ingrédients, dont des graines symbolisent notamment la destruction des récoltes, des villes et des forts, ni que les lambeaux de viande figurent les ennemis brûlés...

Un autre élément mythique du Rigvéda, c'est le soma. En effet, même divinisé, Indra, guerrier intrépide et turbulent, demeure très humain. Le gaillard devait avoir le gosier bien en pente, car ses batailles contre les « Ténèbres » étaient précédées d'énormes beuveries. Le Rigvéda décrit, béat d'admiration, Indra engloutissant d'impressionnantes rasades de soma — breuvage enivrant qui devint « sa » boisson — mais aussi les scènes de ménage que lui faisait sa femme, comme à un poivrot d'ici-bas, quand il avait trop bu ! Les autres dévas ne se privaient pas de soma pour autant, bien au contraire !

Dans ce paradis, breughelien avant la date, on ne s'ennuyait pas : pour distraire et charmer les dieux védiques il y avait les nymphes et les danseuses célestes, les Apsaras, dont le nom poétique signifie « essence de l'eau », et qui sont symbolisées par les nuages dans le ciel. Pendant les guerres terrestres — comme leurs cousines teutonnes, les Walkyries — elles descendent sur le champ de bataille récupérer les guerriers (Aryens, bien sûr !) tués au combat, les coucher sur leurs chars, parés et fleuris, pour les conduire ensuite tout droit au paradis d'Indra. Rigolards, en période « calme », les dévas envoient volontiers les nymphes en mission terrestre pour y séduire et, mieux encore, débaucher les ascètes, rishis et autres précurseurs de Saint Antoine : le paradis aryen n'est pas morose et les dévas s'y paient une (bonne) tranche !

Progressivement, le panthéon aryen, déjà bien garni à l'entrée en Inde, se peuple d'une foule de « dieux » nouveaux : on rajoute des tomes aux registres d'état-civil célestes ! La guerre de conquête engendre de nombreux héros aryens, qui se font dûment diviniser, tels Vishnou, un des membres de la trinité hindoue. Varuna, cogestionnaire du paradis aryen avec Indra, aux exploits guerriers duquel il n'est pourtant pas associé, c'est Celui-qui-sait-tout, le Ministre de l'Intérieur, le chef des services secrets, le gardien de la loi et de l'ordre. Dans le Rigvéda, Rudra, que nous retrouverons dans le mythe de Shiva, n'est qu'une divinité très secondaire : était-il le chef d'une tribu locale transfuge ? Quoi qu'il en soit, il entraîne à sa suite au paradis ses fils et ses partisans, la cohorte des Maruts, redoutables baroudeurs célestes.

Soufflons un instant. Voilà donc un premier processus de divinisation. Des chefs de clans se distinguent au combat ; promus héros, ils émigrent au Walhalla Indo-Aryen en tant que dévas. Entre deux beuveries et les danses des Apsaras, ils meublent leurs loisirs célestes en gérant les phénomènes atmosphériques, tels l'orage, le vent *(Vayu* et *Vâta),* qu'on anthropomorphise.

Le soleil aryen, lui, n'est pas un phénomène unitaire. Ainsi, Savitur c'est le soleil « regardable», donc levant ou couchant ; aveuglant, il devient Surya. Isolée parmi cette suprématie mâle, voici la charmante Usha, l'aube qui rosit le ciel, féminine parce que, matin après matin, elle enfante du soleil : même au paradis, accoucher est un apanage que l'homme abandonne volontiers à la femme... Le Rigvéda se met en frais pour Usha et lui adresse de nombreux hymnes très poétiques. Les autres déesses aryennes remplissent la fonction subalterne d'épouses de dieux, alors que dans le tantra les déesses sont l'axe du culte.

Les Ashvins, adorés presque au même titre qu'Indra, régissent la pâle lumière qui précède l'aube, bouclant ainsi le cycle solaire : ils précèdent Usha, qui engendre Savitur, qui devient Surya, pour redevenir Savitur au crépuscule. Compliqué !

Bizarre : les Aryens ne tenaient guère compte des étoiles.

Mais n'est-ce pas abuser de votre patience ? Indra, Varuna et consorts suscitent-ils votre enthousiasme délirant ? Confidence : le mien non plus, mais nous ne pouvions les ignorer complètement, ne serait-ce que pour les différencier des divinités tantriques.

La religion brahmanique, loin d'être missionnaire et prosélyte, se veut raciste et fermée. Réservée aux seuls « deux-fois-nés », aux Aryens, elle en exclut les descendants des vaincus, les soudras, a fortiori les intouchables. C'est logique : ils devaient tout ignorer d'une religion glorifiant la défaite de leurs ancêtres et il fallait effacer jusqu'au souvenir même de leur lutte armée.

Au fil des siècles, une curieuse osmose s'est produite. Si les Aryens barraient aux vaincus l'accès à la religion védique avec autant de rigueur qu'à la propriété, par contre, ils les laissaient libres de pratiquer leurs anciens cultes et d'adorer leurs dieux pré-aryens. Peu à peu, des dieux indigènes se sont infiltrés dans le panthéon brahmanique et, après leur aryanisation, ont parfois supplanté des dieux védiques.

Aryen ou non, aucun dieu indien n'est identifié à l'Etre Suprême, chaque divinité en personnifiant un aspect limité. Hommes ou femmes idéalisés, promus dévas ils restent néanmoins très humains, sont souvent jaloux, vindicatifs, mesquins, à l'occasion même n'hésitent pas à mentir quand ils sont mythologiquement « coincés » ! Leur mythe allégorique montre que des humains peuvent accéder à une perfection que l'art indien actualise dans de merveilleuses sculptures et bronzes.

Pour symboliser leurs pouvoirs surnaturels, on les gratifie, par exemple, de plusieurs bras et de divers accessoires. Souvent aussi, sous des dehors menaçants, obscurs ou monstrueux, ils révèlent peu à peu leur vrai caractère. Dans les familles indiennes, ils deviennent presque des membres de la famille, dignes de vénération. Disposant de pouvoirs surnaturels en tant qu'êtres « célestes » et, quoique vivant sur un autre plan, on peut néanmoins les toucher selon un culte propre à chaque idole. Moyennant quoi ils accordent des faveurs aux dévots ou, au minimum, ne leur font aucun tort. En conclusion : tels quels, ces dieux exotiques nous resteront sans doute à jamais étrangers et inaccessibles.

Mais n'en avons-nous pas l'équivalent ? Nos saints leur sont très similaires. Comme eux, ce sont des humains idéalisés, vivant au ciel, certes, mais sensibles aux prières et aux pèlerinages des dévots. Le culte qu'on leur rend en adorant leur statue, en leur adressant des prières, en leur offrant des fleurs et des bougies y ressemble fort, en tous cas. Les chapelles de nos campagnes ne diffèrent guère, si ce n'est par leur architecture, des petits temples des villages indiens. En échange de ce culte, nos saints intercèdent auprès des instances célestes ou se servent de leur propre pouvoir surnaturel, par exemple pour guérir. Des dévots catholiques vivent dans l'intimité d'un saint comme des hindous dans celle de leur *ishta-devata*, leur divinité favorite. Certains — Saint Médard, par exemple — régissent des phénomènes atmosphériques, comme la pluie. D'autres patronnent des corporations, tels Saint Eloi ou Sainte Barbe, ou encore protègent les marins et ainsi de suite.

Le père Noël, un mythe bien vivant

Seuls les dieux indiens incarnant des mythes ou des archétypes universels seraient « greffables » chez nous sans réaction de rejet. Pour trouver un exemple de transplantation réussie, allons au Japon : après tout l'Inde est à mi-chemin. En effet, les Japonais ont importé et adopté la fête de Noël, appelée *Karusumasu* (vague onomatopée de Christmas !) en japonais, et avec elle *notre* Père Noël. Dès lors, les petits Japonais ont, eux aussi, droit aux jouets — made in Japan, bien sûr — qu'il leur distribue. Et pourquoi pas ? En fait, le Père Noël est l'archétype universel du Père, du Patriarche tribal, gravé dans la mémoire collective de toute l'humanité. Mais l'imagine-t-on accoutré en cowboy ? Sa barbe blanche, son manteau rouge à capuchon, concrétisent son aspect bienveillant, de même que sa hotte pleine de jouets destinés aux enfants sages. Bonnet et houppelande doublés d'une épaisse fourrure indiquent qu'il vient au cœur glacé de la longue nuit hivernale. Le sombre *Père* Fouettard (pas l'Oncle !) c'est l'aspect répressif complémentaire du Père archaïque « qui est au ciel », c'est-à-dire sur le plan psychique subtil. Plus tard, quand l'enfant « découvre la vérité », qu'y gagne-t-il ? Rien. A moins que, devenu adulte et déguisé en Père Noël, papa n'accède à nouveau au mythe du Père !

A propos, je croyais que le Père Noël nous venait du fond des âges alors qu'il n'a été « inventé » qu'en... 1850 ! Néanmoins, je ne me trompais pas tout à fait car sa lignée remonterait aux anciennes légendes des peuples d'Europe : Gargan, fils du dieu celte Bel, portait déjà une hotte et distribuait des cadeaux, surtout aux enfants. Amusant : en 1981, le cardinal Roques, archevêque de Rennes, qualifiait cette coutume d'« invraisemblable stupidité d'un imaginaire chiffonnier dénommé Père Noël ». En 1961, sur le parvis de la cathédrale de Dijon, 250 enfants télécommandés l'avaient brûlé en effigie mais, dès le lendemain, il ressuscitait sur le toit de l'Hôtel de Ville ! Un archétype, c'est coriace !

Comme par hasard, les réveillons et ripailles de Noël et de l'an neuf coïncident avec les fêtes préchrétiennes du solstice d'hiver qui célébraient la renaissance du soleil et de la lumière ! L'Eglise, plus réaliste et habile que l'archevêque de Rennes, se sachant incapable de les réprimer, a choisi de les christianiser. Ainsi, depuis l'an de grâce 354, « officiellement » le Sauveur est né le 25 décembre (par ordonnance du Pape Liberius) alors qu'auparavant, on fêtait sa naissance soit le 6 janvier (Eglise d'Orient), soit le 10 avril ou le 29 mai. La solution retenue contentait tout le monde !

Revenons au Père Noël. Plus un personnage est mythique, donc « non réel », plus il est lié à son stéréotype. Tout, dans le Père Noël et dans son accoutrement, est symbolique, donc presque intangible. Le moindre changement altérant son symbolisme réduirait son pouvoir évocateur. Ainsi, il est presque exclu de l'affubler d'un manteau vert. Le rouge est très symbolique et l'inconscient de l'enfant ne s'y trompe pas. Et il serait impensable de le... raser : imberbe, il n'incarnerait plus le Père archaïque. Même sa taille importe. Grand et majestueux, il serait redoutable, petit et rondouillard — donc bon-vivant —, il rassure et devient « petit papa Noël ».

L'enfant ignore nos ratiocinations d'adultes mais, face au Père Noël, son inconscient y décode le Père archaïque. L'enfant entre dans l'univers magique, féerique, de l'amour des parents pour leurs enfants. Plaignons les gosses sans Père Noël, lequel n'est ni français, ni japonais mais universel, même quand son rôle est tenu par Saint Nicolas, sa variante nordique.

Eh bien, oui, le Père Noël est exportable et tout comme je « crois » au Père Noël, je « crois » à Shiva dont le personnage, la légende, le caractère, sont hautement symboliques. L'Occidental se demande où et comment il pourrait s'initier au tantrisme authentique. Cette initiation dépend largement d'une mise en présence et du décryptage inconscient des mythes symboliques que propose le tantra. Tout comme le Père Noël païen coexiste en paix avec nos religions chrétiennes, autant qu'avec les cultes japonais, les mythes tantriques sont compatibles avec toute religion authentique, car ils révèlent, voire activent, des forces cosmiques latentes dans notre être et dans l'univers.

Cette longue introduction était, je crois, indispensable avant d'aborder Shiva et son symbolisme. L'ignorer c'est ignorer l'essence du tantra.

Des symboles à vivre

Les symboles révèlent en voilant
et voilent en révélant

G. Gurvitch

Tandis que le mot *informe,* le symbole *révèle.* Mode d'approche non-verbal des réalités ultimes de l'être et du cosmos, il est un des piliers du tantra, comme d'ailleurs de toute Tradition. Certes, le discours est un moyen de communication essentiel pour l'homme et quand il atteint la dimension de la Parole, ce qui est rare, lui aussi trouve sa place dans toute tradition. C'est certain, le langage est un outil privilégié pour l'intellect, sinon pourquoi diable écrire — et lire — ce texte, mais il reste à la surface des choses et des êtres...

L'homme moderne, noyé sous un déluge de mots, a perdu l'accès au langage symbolique et c'est bien dommage. A ce propos, il est significatif que les mots qui traduisent le mieux la pensée tantrique à propos du symbole, viennent du voyant-guérisseur sioux Tahca Ushte. S'adressant à son ami blanc, Richard Erdoes, il dit: « Que voyez-vous ici, mon ami ? Tout juste une vieille marmite, ébréchée et noire de suie.

» Cette marmite est posée sur le vieux poêle en bois qu'on a allumé, et l'eau bout à gros bouillons. La buée de la vapeur monte au plafond et le couvercle de la marmite se soulève légèrement. Dans la marmite, de l'eau bouillante, des morceaux de viande avec les os et la graisse, et beaucoup de pommes de terre.

» Elle n'a pas l'air de porter un message, cette vieille marmite, et je parie que vous ne lui accordez pas le moindre intérêt — si ce n'est que la soupe sent bon —, ce qui vous rappelle que vous avez faim. Vous avez peut-être peur d'avoir affaire à un ragoût de chien ! Ne vous inquiétez pas. C'est seulement du bœuf — pas un animal domestique bien gras pour les jours de fête. Il s'agit d'un repas ordinaire.

» Mais je suis un Indien. Je pense à des choses tout à fait communes comme cette marmite. L'eau qui bouillonne provient d'un nuage de pluie. Le feu nous vient du soleil qui nous réchauffe tous, les humains, le bêtes, les arbres. La viande est symbole des créatures à quatre pattes, nos frères les animaux, qui se sacrifient pour que nous puissions vivre. La vapeur est l'haleine de la vie.

» Elle était eau, maintenant elle regagne le ciel, redevient nuage. Tout cela est sacré. A regarder cette marmite, pleine de bonne soupe, je me redis que de cette simple façon Wakan Tanka, le Grand Esprit, prend soin de moi. Nous autres Sioux passons beaucoup de temps à penser aux choses de chaque jour qui, à nos yeux, sont mêlées au spirituel. Nous voyons dans le monde alentour de nombreux symboles qui nous enseignent le sens de la vie. Nous avons un dicton d'après lequel si l'homme blanc voit si peu, c'est parce qu'il ne doit avoir qu'un œil. Nous voyons beaucoup de choses que vous ne remarquez pas. Vous les remarqueriez si vous en aviez envie, mais vous êtes tellement pressés, en général. Nous autres, Indiens, vivons dans un monde de symboles et d'images où le spirituel et l'ordinaire des jours ne font qu'un.

» Pour vous les symboles ne sont que des mots qu'on dit ou qu'on lit dans les livres. Pour nous, ils font partie de la nature, de nous-mêmes — la terre, le soleil, le vent et la pluie, les pierres, les arbres, les animaux, même les insectes comme les fourmis ou les sauterelles. Nous essayons de les comprendre, pas avec la tête mais avec le cœur, et une simple indication suffit à nous en révéler le sens.

» Ce qui vous semble banal nous apparaît merveilleux grâce au symbolisme. C'est drôle parce que pour « symbolisme » nous n'avons même pas de mot, et pourtant le symbolisme nous imprègne au plus intime de notre être. Vous, vous avez le mot, mais c'est tout.

» [...] De la naissance à la mort, nous, Indiens, sommes pris dans les plis des symboles comme dans une couverture. Les planches du berceau d'un nouveau-né sont recouvertes de dessins qui doivent veiller à la vie heureuse et saine de l'enfant. Les mocassins des morts ont leurs semelles perlées d'une certaine façon pour faciliter le voyage vers l'au-delà. Pour la même raison, la plupart d'entre nous ont des tatouages au poignet — pas des tatouages comme ceux de vos marins, poignards, cœurs ou filles nues — rien qu'un nom avec des lettres ou des dessins.

» [...] Chaque jour de ma vie, je vois des symboles dans la forme de certaines racines ou de certaines branches. Je lis des messages dans les pierres. Je leur accorde une attention spéciale parce que je suis un voyant, un *yuwipi* et que les pierres, c'est mon affaire. Mais je ne suis pas le seul. Beaucoup d'Indiens en font autant.

» *Inyan*, les pierres, voilà qui est sacré. Chaque homme a besoin d'une pierre pour l'aider à vivre. »

Oui, chacun a besoin d'une pierre pour l'aider à vivre et nous vivons, ma femme et moi, dans l'intimité d'une pierre noire, ovoïde, ramenée d'Inde, en un mot d'un lingam.

Le lingam, symbole absolu

Le lingam est le symbole le plus commun en Inde, où il est accepté tant par les Hindous que par le tantra qu'il soit de Droite ou de Gauche.

Katherine Mayo, dans *Mother India,* écrivait en 1927 : « Shiva, une des divinités principales du panthéon hindou, est représenté partout, le long des routes, dans de petits autels, dans les temples, dans les oratoires des maisons indiennes ou dans les amulettes personnelles. Chaque jour, à travers l'image de l'organe de génération, il est adoré par ses dévots. »

Le lingam est d'ailleurs le seul élément commun à pratiquement tous les temples hindous, le seul aussi à pouvoir être regardé et touché par chacun, quelle que soit sa religion, sa secte ou sa caste. Dans tout rite tantrique il joue un rôle central, tant chez les Shivaïtes que chez les adeptes de la Shakti.

Le propre du symbole est qu'il révèle des aspects différents selon la personne qui le perçoit et, pour cette même personne, selon l'instant et les circonstances : d'où sa richesse, et la valeur symbolique du lingam est extraordinaire. Universel, il est acceptable par tous, croyants comme athées !

S'agit-il d'une image phallique ou priapique ? C'est ce que croyaient les premiers Occidentaux qui voyageaient en Inde. En 1670, un dénommé Stravorinus, capitaine de la Compagnie hollandaise des Indes orientales, s'en offusquait : « Ici et là, il y a des représentations d'une divinité qu'ils adorent sous le nom de lingam. C'est le culte le plus scandaleux d'entre toutes les abominations que la superstition humaine a multipliées à la surface de la terre » ... Sans commentaire !

Le tantra est le mode d'approche des réalités ultimes le plus accessible à l'ensemble de l'humanité, quelles que soient les différences raciales ou autres.

A première vue pourtant, quoi de plus étrange que les concepts, rites et techniques du tantra, notamment le culte du lingam. Dans notre inconscient cependant, il éveille des échos profonds dès qu'on pénètre son univers mystérieux.

Pour le tantra, le lingam c'est l'ensemble formé par l'organe mâle enchâssé dans le sexe féminin et non le phallus seul, bien que celui-ci soit déjà un symbole très puissant, universellement répandu, même chez nous.

George Ryley Scott écrit : « Il était naturel que les anciens Bretons adorent les pierres et les piliers en tant qu'emblèmes du principe mâle, tout comme les anciens Hébreux, les Grecs, les Romains, les Egyptiens, les Japonais et tant d'autres. Des traces de ce culte ont été découvertes dans de nombreux sites en Angleterre, en Ecosse, au Pays de Galles, quoique les statues phalliques réalistes soient remarquablement rares. De tels spécimens ont existé, mais ils ont probablement été démolis et un maximum de traces écrites à leur sujet effacées avec soin par le clergé et les autres autorités. »

Le même auteur cite J.B. Hannay dans *Christianity : The Sources of its Teaching and Symbolism* : « Les piliers phalliques n'étaient pas rares en Bretagne. Nous en possédions une longue liste établie d'après d'anciens écrits. Bon nombre ont été détruits ou renversés, mutilés au sommet ou érodés par les intempéries ; toutefois lors d'investigations, on découvre des colonnes phalliques si parfaites qu'un Indien shivaïte se prosternerait devant elles et les adorerait encore aujourd'hui. D'autres ne représentent que le gland, comme ces formes adorées des Assyriens ».

Sur le site préhistorique de Filitosa, en Corse, on voit des pierres dressées, d'un réalisme tel qu'il s'agit indubitablement de lingams, bien que les archéologues les qualifient pudiquement de « guerriers ». Il y a, là aussi, un rapprochement à faire entre l'homme viril sexuellement, et viril combativement.

Mais qu'aurait donc pensé notre ami Burgess s'il avait assisté à la scène rapportée par le Capitaine Hamilton *(A New Account of the East Indies,* Edinbourg, 1727, Vol.I, p.152.) qui a vu un « sanctified rascal » (littéralement une racaille sanctifiée), un gaillard de sept pieds (plus de deux mètres), aux membres bien proportionnés, de la secte des Jougies (sic) « assis à l'ombre d'un arbre, pratiquement nu, avec un *pudenda* (en latin dans le texte) comme un âne, avec un anneau d'or passé dans le prépuce. Ce gaillard était très révéré par un grand nombre de jeunes femmes mariées, qui se prosternaient devant le priape vivant, le prenant dévotement entre leurs mains, le baisant, tandis que son propriétaire paillard caressait leur sotte tête en marmonnant des prières obscènes, censées leur assurer une progéniture. »

On conçoit, en effet, que ce sujet de Sa Très Haute Majesté Britannique ait été choqué par ce spectacle ! Il n'a pas saisi qu'en réalité ces femmes n'adoraient pas le membre viril mais le lingam, signe de la puissance créatrice de Shiva.

Stupéfaction ! Scandale ! Un autre voyageur a vu un ascète nu, assis sous un arbre, accrochant des colliers de fleurs et autres offrandes rituelles à son propre membre en érection ! Pour l'ascète, l'érection manifestait la force créatrice qui fait surgir une nouvelle vie ou les galaxies du néant et c'est ce principe cosmique qu'il révérait... Il était en mesure de dissocier son pôle-individu (le moi-conscient) de son pôle-espèce. Tout cela n'est pas transposable en Occident, évidemment : imaginez la tête des passants sur les Champs Elysées !

En Inde, l'origine du culte du lingam remonte à la préhistoire, aux antiques rites sexuels de fécondité, au culte de la Grande Déesse. Les hommes et les femmes se tenaient près des champs, et les accouplements collectifs étaient censés augmenter, par contagion, la fécondité du sol : c'était sûrement moins toxique que nos pesticides... Puis, pour invoquer les forces procréatrices, des pierres étaient dressées, et le sont encore.

Ce culte est nettement antérieur à l'invasion aryenne : le Rigvéda témoigne que le lingam était, sinon le seul, du moins le principal symbole religieux pré-aryen et que les Aryens, non seulement l'ignoraient, mais qu'il leur répugnait.

Les épithètes injurieuses adressées aux Dravidiens : *akarman,* sans rites, *ayajvan,* ne faisant pas de sacrifices, *shishna-devâh,* littéralement « dont le dieu est le pénis » (VII.21.5, et X.99.3), prouvent que le symbolisme profond du lingam échappait aux Aryens. Son culte, ainsi condamné, était banni des rituels védiques.

Un revirement devait cependant se produire. Solidement implantés en pays conquis, leur prétendue intégrité raciale protégée par le strict apartheid du système des classes, les Aryens pouvaient s'offrir le luxe de la tolérance religieuse. Ils laissaient leurs serfs, les soudras, conserver leurs anciens dieux et cultes.

Alors qu'habituellement le vainqueur impose sa religion aux vaincus, en Inde non seulement les Aryens ne souhaitaient pas du tout « brahmaniser » leurs serfs mais, bien au contraire, ils prohibaient strictement aux non-Aryens (et même aux Aryennes) jusqu'à l'écoute des Védas. En cas de transgression, le Code de Manou punissait de lourdes peines ce « sacrilège ».

Cependant, peu à peu, les « seigneurs » annexèrent des dieux, des croyances, des pratiques magiques des vaincus, pour les intégrer, « aryanisés », dans leur propre culte et panthéon : le résultat de cette osmose, c'est l'hindouisme. Et c'est ainsi que le lingam, d'abord si méprisé, est devenu le symbole le plus répandu dans toute l' Inde. Néanmoins, si les Aryens patriarcaux l'ont assez facilement adopté, c'est parce qu'ils y voyaient surtout le membre viril !

De nos jours encore, le culte du lingam a gardé sa ferveur originelle. Je cite Mircea Eliade *(L'épreuve du Labyrinthe,* p. 68) : « Le deuxième enseignement que l'Inde m'a apporté, c'est le sens du *symbole.* En Roumanie, je n'étais guère attiré par la vie religieuse, les églises me semblaient encombrées par des icônes. Et ces icônes, je ne les considérais pas comme des idoles, bien entendu, mais enfin... Eh bien, en Inde, il m'est arrivé de vivre dans un village du Bengale et j'ai vu des femmes et des jeunes filles qui touchaient et décoraient un lingam, un symbole phallique, plus exactement un phallus de pierre anatomiquement très exact; et bien entendu, les femmes mariées, au moins, ne pouvaient ignorer sa nature, sa fonction physiologique. J'ai donc compris la possibilité de « voir » le symbole dans le lingam. Le lingam, c'était le mystère de la vie, de la créativité, de la fertilité qui se manifeste à tous les niveaux cosmiques. Cette épiphanie de vie, c'était Shiva, ce n'était pas le membre que nous connaissons. Alors, cette possibilité d'être religieusement ému par l'image et par le symbole, ça m'a révélé tout un monde de valeurs spirituelles. »

A première vue, le lingam paraît bien être un symbole phallocrate; pourtant, quand l'organe mâle se dresse, c'est à cause de la femme ! Selon un dicton tantrique, « Shiva sans Shakti n'est qu'un *shava,* un cadavre ». L'érection prouve le pouvoir féminin ! Excusez-moi, Madame, si j'évoque l'exemple bien connu des chiens. En temps normal, il ne se passe rien mais dès qu'une chienne est en chaleurs, c'est le rush pour tous les mâles ! C'est donc bien la femelle qui éveille les mâles, non l'inverse !

Le lingam met ainsi (apparemment !)

tout le monde d'accord : le phallocrate qui donne la priorité à l'organe mâle dressé, le tantrique qui, derrière l'union des organes mâle et femelle, perçoit les principes cosmiques ainsi symbolisés. S'il est aisé de sculpter l'organe mâle, par contre, il est techniquement impossible de sculpter le sexe féminin en relief. Ce sont ces contraintes qui font que, dans les lingams indiens, l'organe femelle se borne à enserrer la base de l'organe mâle, le reste devant être imaginé.

Une question : pourquoi les lingams sont-ils toujours en pierre, sauf ceux qu'on modèle en terre glaise, qu'on jette ensuite dans le Gange, et pourquoi cette pierre est-elle, en général, noire ? La réponse est simple : c'est à cause de la couleur de la peau des Dravidiens dont Shiva était le dieu !

Mais, au fait, comment se passe une linga-pûjâ, une adoration du lingam, en milieu puritain comme, par exemple, à l'ashram de Rishikesh, au pied de l'Himalaya ? L'officiant, parfois swami Chidananda, l'ascète, caresse d'abord longuement, presque amoureusement, le lingam de pierre lisse, l'orne de guirlandes, y trace à la pâte de santal jaune les signes rituéliques et symboliques. Pendant toute la célébration, l'officiant et les participants chantent en chœur, des heures durant, « Om Namah Shivayah », tout en jetant des feuilles et des pétales de fleurs sur le lingam qui finit par en être presque recouvert.

Au moment culminant, l'officiant répand sur le lingam un liquide blanc visqueux fait de lait et de miel (dont le symbolisme est évident), qui dégouline lentement le long de la pierre et se répand dans l'*arghya*, pour être alors partagé entre les participants qui le boivent avec une dévotion évidente. Comme à la consécration pendant une messe catholique, pour eux, à cet instant, Shiva est présent dans le lingam.

Quand on leur parle du caractère sexuel évident de ce rituel, ils s'en offusquent et, en toute bonne foi, protestent qu'il n'en est rien. J'ai entendu une Occidentale, de bonne foi elle aussi, leur emboîter le pas. Elle croyait même apporter une preuve aussi subtile qu'imparable : elle disait que s'il s'agissait vraiment d'un symbole d'union sexuelle, le phallus devrait être horizontal et non vertical ! Dans la position occidentale courante, celle du missionnaire, ce serait, en effet, le cas mais non dans le maïthuna tantrique où la shakti est soit à califourchon, soit « chevauche » le shiva et l'organe mâle est vertical. Les Indiens — qui savent, eux ! — n'en parlent pas : ils se contentent de dénégations...

Les tantriques perçoivent que l'éjaculation est le moment procréateur par excellence, celui où l'énergie féminine s'empare du sperme pour susciter une nouvelle vie. Pour eux, tout acte créateur s'accompagne de jouissance et la création résulte d'une union cosmique permanente et orgastique, qui se poursuivra jusqu'à la fin des temps : chaque galaxie est le fruit d'un orgasme cosmique. Toute expérience cosmique est nécessairement extatique, comme l'extase des mystiques occidentaux et cela justifie les rites sexuels de la Voie de Gauche, la voie la plus directe vers l'extase. Pour le tantra la libido cosmique (que Freud s'en réjouisse dans sa tombe !) est le dynamisme fondamental de la création : l'univers naît du désir, comme tout être vivant. Désir et jouissance accompagnent tout acte vraiment créatif.

Dans les rites sexuels du tantra, tout est mis en œuvre pour éveiller le désir, pour créer des situations érotisantes intenses, pour accéder ainsi à la félicité, à l'extase, par l'union concrète ritualisée, sacralisée. D'ailleurs, elle ne devient spirituelle que si son caractère sacré, divin, est perçu. Pour le tantra, toute jouissance pure est d'ordre spirituel. L'union sexuelle est le « signe » le plus concret, le plus symbolique qui soit, et s'accompagne aussi de la félicité ultime pouvant être éprouvée dans un corps humain. Tout ceci suppose une vision différente de l'ordinaire laquelle considère que la jouissance et le spirituel sont incompatibles. Les extraits suivants d'écritures sacrées, confirment le symbolisme du lingam : « La nature manifestée, l'énergie cosmique universelle est symbolisée par le yoni, l'organe femelle qui entoure le lingam. Le yoni représente l'énergie qui engendre le monde, matrice de tout ce qui est manifesté. » (Karapâtri, *Lingopâsana rahasya,* Siddhanta, vol.2, p.154)

» L'Univers provient de la relation d'un yoni avec un lingam. Par conséquent, tout porte la signature du lingam et du yoni. C'est la divinité qui, sous la forme de phallus individuels, pénètre dans chaque matrice et procrée ainsi tous les êtres. » (Id.p.163)

C'est en contrôlant le sexe, en le ritualisant et non en le réprimant que s'acquiert la puissance physique et mentale. Les organes qui l'accomplissent sont l'expression visible du pouvoir créateur dont ils sont le symbole le plus concret. Quand les Hindous vénèrent le lingam, ils ne déifient pas un organe physique, ils reconnaissent simplement une forme éternelle et divine manifestée dans le microcosme. C'est parce que la puissance créatrice humaine réside dans le sexe que celui-ci est tout à la fois le siège et l'emblème du divin, de la forme causale, éternellement présente en toutes choses : « Ceux qui ne veulent pas reconnaître la nature divine du phallus, qui ne comprennent pas l'importance du rite sexuel, qui considèrent l'acte d'amour comme vil et méprisable ou comme une simple fonction physique, sont sûrs d'échouer dans leurs tentatives de réalisation matérielle ou spirituelle. Ignorer le caractère sacré du phallus est dangereux, tandis qu'en le vénérant on obtient le plaisir (bhukti) et la libération (mukti). » (*Lingopâsana rahasya)*

Ou encore : « Celui qui laisse passer sa vie sans avoir honoré le phallus est pitoyable, en vérité, coupable et damné. Si l'on met en balance, d'un côté l'adoration du phallus et de l'autre, la charité, le jeûne, les pèlerinages, les sacrifices et la vertu, c'est l'adoration du phallus, source du plaisir et de la libération, rempart contre l'adversité, qui l'emporte. *(Shiva Purâna,* 1, 2123-24-26).

» Celui qui vénère le lingam, sachant qu'il est la cause première, la source, la conscience, la substance de l'univers, est plus proche de moi qu'aucun être. » (id.)

Ces citations, provenant d'une écriture aryenne, appellent deux remarques. Primo, on est loin du Rigvéda et de ses fulminations contre les « adorateurs du dieu-pénis ». Secundo, un tour de passe-passe « phallocratique » fait du lingam un simple phallus tandis que, pour le tantra, le lingam c'est le yoni indissociablement uni à l'organe viril : il y a là plus qu'une nuance !

Pour clore ce chapitre écoutons encore notre ami sioux Tahca Ushte, tantrique qui s'ignore : « Pour l'homme blanc, les symboles sont tout juste une chose agréable qui permet de se laisser aller à des spéculations, à un jeu de l'esprit. Pour nous, ils sont plus que cela, beaucoup plus. Il s'agit pour nous de les *vivre*. »

C'est pourquoi les spéculations (donc mon texte ! . . .) ne sont utiles et justifiées que dans la mesure où elles nous ouvrent à la richesse des symboles, dont notre esprit accepte alors de se servir. Pour qu'ils deviennent « plus que cela », il faut oublier les dissertations, et les laisser agir dans les profondeurs de l'inconscient, là où sont nos racines, où l'on est en contact avec les forces vives de l'univers. Et « engendrer » prend ici tout son sens.

Revenons en Occident : la croix est-elle un lingam occulte ? Cette question risque de choquer — à tort d'ailleurs — les catholiques pour qui elle évoque le sacrifice suprême du Fils de Dieu pour racheter l'humanité. Mais est-il interdit d'y voir *aussi* le symbole de l'union des principes créateurs ultimes ? N'est-ce pas une richesse pour un symbole d'être polyvalent ? Y voir un symbole éventuellement phallique, est-ce un sacrilège ? N'étant ni père de l'Eglise, ni docteur en théologie, je crois cependant me rappeler qu'avant la croix, le signe christique était le poisson, symbole indubitablement phallique. Encore aujourd'hui, dans le Sud de l'Italie, le même mot désigne le poisson et l'organe viril : que celui qui en doute aille à Naples interroger les vendeuses de poisson du port...

Lingam - Définition

Linga signifie... signe ! « Le signe distinctif qui permet de connaître la nature ultime des choses s'appelle *linga.* » (*Shiva Purâna,* 1,16,106.). Ainsi, linga désigne les organes mâle *et* femelle unis, leur union étant le « signe » visible du dynamisme créateur universel.

Quelle que soit notre religion (ou son absence), et notre philosophie, l'existence même de l'univers implique aussi celle d'une énergie cosmique — la Shakti du tantra — qui engendre l'infinie variété des formes, de la galaxie à l'atome, du virus à l'éléphant. Or, à l'origine de tout être vivant il y a l'union des sexes, l'union des principes mâle et femelle. Dans l'acte sexuel ce dynamisme cosmique est *réellement* actif : il symbolise le passage du non-manifeste au manifesté. Pour que le nouvel être, potentiellement présent dans les gènes des parents, devienne réel, manifesté, il faut nécessairement que s'éveille le désir sexuel, suivi du maïthuna qui, dans le tantra, est perçu comme étant l'acte le plus « significatif », le plus sacré qui soit. C'est pourquoi il est devenu le symbole suprême du tantra.

Quant à *lingam,* Guru Nishtûra Nanjanâcharyâ, de la tendance Vîrashaiva, l'identifie à Shiva, à l'Absolu, qui ne peut être perçu qu'à travers sa manifestation, c'est-à-dire la création. Il fait dériver *lingam* de la racine *gam,* produire, pénétrer profondément, comprendre, et de *lin,* absorber, dissoudre. *(A Handbook of Vîrashaivism,* S. C. Nandimath, p.69). Radhakrishnan fait également dériver *lingam* des racines *li* (dissoudre) et *gam* (sortir de, produire) signifiant « la réalité ultime où toutes les créatures se dissolvent et d'où elles émergent à nouveau... ».

D'où les deux orthographes *linga* et *lingam.*

Par extension, et parce que l'organe mâle excité est le « signe » évident que le pouvoir procréateur est en éveil chez l'homme à ce moment, *lingam* désigne aussi le membre viril en érection.

De simple stèle à bout arrondi, le lingam devient parfois un symbole très élaboré, tel celui ci-contre. Dans les temples Shivaïtes du Sud de l'Inde, toute une figuration allégorico-symbolique s'y superpose au Iingam pur et simple. Shiva émerge du lingam de pierre en tant que figure principale. Au-dessus de lui on trouve un autre membre de la trilogie hindoue, Brahma (à ne pas confondre avec Brahman, avec un « n », qui est l'Absolu) et en-dessous de Vishnou, le troisième membre.

Une simple pierre ovoïde dressée constitue la forme la plus élémentaire du lingam, enchâssé dans la terre qui est l'élément féminin

Une forme archaïque du « signe », du lingam, où la pierre mâle est enserrée dans un yoni assez réaliste.

Ici, la pierre ovoïde est posée dans un support assez particulier: la base en est une cloche, autre symbole de l'organe féminin.

Un des monolithes qui se dresse sur le site préhistorique de Filitosa en Corse : tout tantrique indien y reconnaîtrait aussitôt un lingam. Mais n'est-il pas un pur symbole mâle ? Où donc est le yoni, l'organe femelle ? C'est bien simple : le yoni n'est autre que la terre elle-même !

Denise Van Lysebeth contemple un des « lingams » du site préhistorique de Filitosa (Corse) et donne, du même coup, une idée de leurs dimensions !

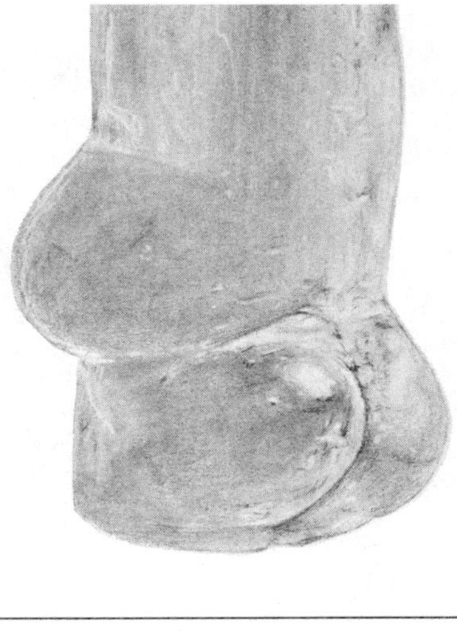

La moitié inférieure symbolise la fécondité féminine : on y voit nettement un ventre de femme enceinte et un fessier bien formé !

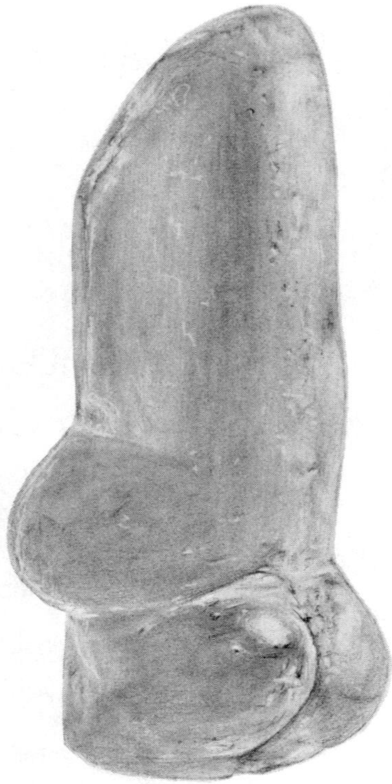

Cette statuette, datant du néolithique, découverte en Italie, près du lac de Trasimène, est très originale : très sobrement l'artiste a réussi à représenter à la fois les principes mâle et femelle. Ils n'apparaissent cependant qu'à ceux qui savent voir !

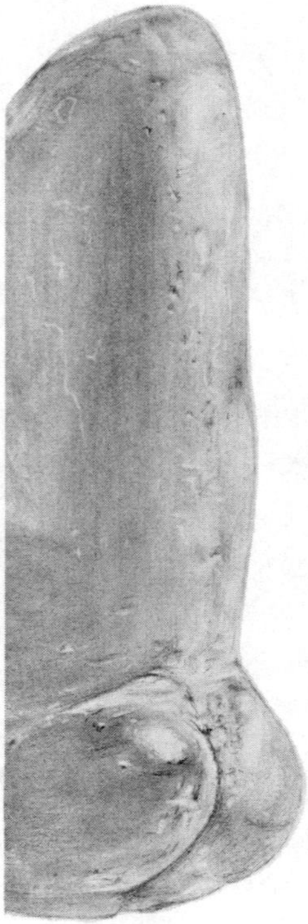

Par contre, si on regarde la face « dos », on voit un organe viril, bien formé lui aussi. L'ensemble, qui groupe à la fois Shiva et Shakti, mérite bien d'être appelé un lingam.

Shiva, la carrière d'un dieu

Il semblerait que la danse ait surgi à l'origine de toute chose, tout comme l'Eros, et que cette danse primordiale ait suscité la chorégraphie des constellations, des étoiles et des planètes, dans leur relation harmonieuse et leur interdépendance...

Inconnu des Aryens, voire méprisé par eux, Shiva est devenu, au fil des millénaires, une divinité-clé à la fois hindoue et tantrique. Son ascension dans la hiérarchie divine jusqu'à devenir, avec Brahma et Vishnu, membre de la trinité hindoue, révèle sa dynamique profonde.

L'exemple familier du Père Noël a montré comment le symbolisme subtil d'un personnage fictif permet un accès intuitif à des strates psychiques profondes, peu accessibles sans lui. Paradoxe : en éveillant ces strates archaïques, il devient plus vivant, plus vrai qu'un personnage réel.

A propos de Shiva, un large consensus parmi les indianistes occidentaux et indiens fait remonter son culte à la civilisation dravidienne, bien plus qu'aux autochtones :

« De l'Himalaya au Cap Comorin, on cherche en vain parmi les tribus sauvages aborigènes, la plus infime trace d'une forme quelconque de culte tantrique de Shiva ou de Kali, son épouse. Même l'emblème phallique, symbole de Shiva, n'a jamais été trouvé ». (N. Bose & Halder : *Tantras, their Philosophy and Occult Secrets,* p.72).

On ignore même son nom, si sacré et secret qu'on évite de le prononcer. « Shiva », qui le désigne partout en Inde, est un simple adjectif signifiant « le bienveillant », « le favorable ». Il se rattache au culte solaire : « Le culte de Shiva dérive d'un culte solaire, très répandu dans l'humanité primitive ; le nom *shivan,* donné au soleil, est similaire au mot tamil *shivappu,* rouge, d'où *shivan,* le Rouge, propre à désigner le soleil levant. *Shivan* ressemble aussi aux termes tamils *schemam* et *shemmai,* qui signifient prospérité, droiture. Avec le temps, outre "le Rouge", *shivan* s'enrichit de sens tels que "de bon augure", "prospère", etc. » (V. Parjoti, *Saiva Siddhanta,* p. 13).

On l'appelle aussi *Shambhu, Shamkara,* le bienfaisant, plein de grâce. Si Alain Daniélou croit que son vrai nom est *An* ou *Ann*, d'autres penchent pour *Hari*, c'est-à-dire Dieu, au sens absolu.

Shiva, dieu ennemi, fut d'abord rejeté par les envahisseurs aryens. Toutefois, après avoir vaincu et soumis les Dravidiens, impressionnés par ce culte si universellement répandu chez leurs serfs, peu à peu, ils l'ont adopté et intégré.

Il est intéressant, voire amusant, de suivre le processus d'aryanisation de Shiva, à travers son assimilation progressive à Rudra, un dieu védique plus que mineur.

Il est probable que les Rudras, comme les Maruts, étaient des aborigènes transfuges, ralliés aux Aryens pendant la guerre de conquête, en fonction de quoi leur chef Rudra, fut divinisé, « à contrecœur, en tant que dieu des larmes, celui qui cause de la douleur. Loin d'être adoré et respecté comme Indra, Varuna, Vâyu etc., Rudra (le « hurleur ») n'a aucune part dans le sacrifice du feu. En sa qualité de dieu des larmes, il loge hors du quartier résidentiel des dieux, dans ou près des champs de crémation ». (Bhattacharya, *Saivism and the Phallic World* p.216).

Dans le *Shatarudrîya*, on envoie Shiva-Rudra camper dans les montagnes et dans les forêts, où on l'associe aux chasseurs, aux forestiers, mais aussi aux voleurs et aux brigands ! La belle réputation que voilà...

Ce sont sans doute les Brahmanes qui, irrités de le voir séduire des Aryens, l'ont d'abord rendu aussi peu sympathique que possible : ils en ont même fait le dieu des maladies...

En créant Shiva, l'incarnation du principe créateur mâle, les Dravidiens ont agi comme a dit Voltaire : « Dieu à créé l'homme à son image, mais celui-ci le lui a bien rendu ! ». Shiva, principe créateur mâle, est un des symboles les plus puissants et les plus anciens du tantra : il apparaît déjà, en tant que *Pasupati* (le père et maître des animaux), sur un sceau de l'Indus, assis et entouré de bêtes sauvages : le tigre, le buffle l'éléphant, le rhinocéros.

Ses cornes symbolisent les forces lunaires ou le taureau, son véhicule et parangon de la force sexuelle : pensons aux cornes de taureaux des sanctuaires de Tchatal-Hüyük et au dieu cornu des sorcières, devenu le diable dans l'iconographie de l'Eglise. Ses trois faces révèlent qu'il suscite, entretient et dissout l'univers. Dieu des yogis, sa posture met ses attributs mâles bien en évidence...

Entré par la porte de service dans le panthéon védique, il gravit peu à peu les échelons de la hiérarchie divine et devient l'égal de Vishnou et de Brahma, il constitue avec eux la trilogie hindoue dominante. Néanmoins, cela s'est fait « sous la pression de la rue », comme on dirait aujourd'hui.

Favori des Dravidiens, Shiva incarne leur résistance à l'occupant aryen et les légendes à son sujet sont innombrables. La suivante exprime l'inimitié entre les deux Indes, celle des occupants et celle des occupés. Elle commence par une idylle entre Shiva et Sati, la fille du roi aryen Daksha. Amoureuse de Shiva, Sati l'épouse contre la volonté de son père et s'en va

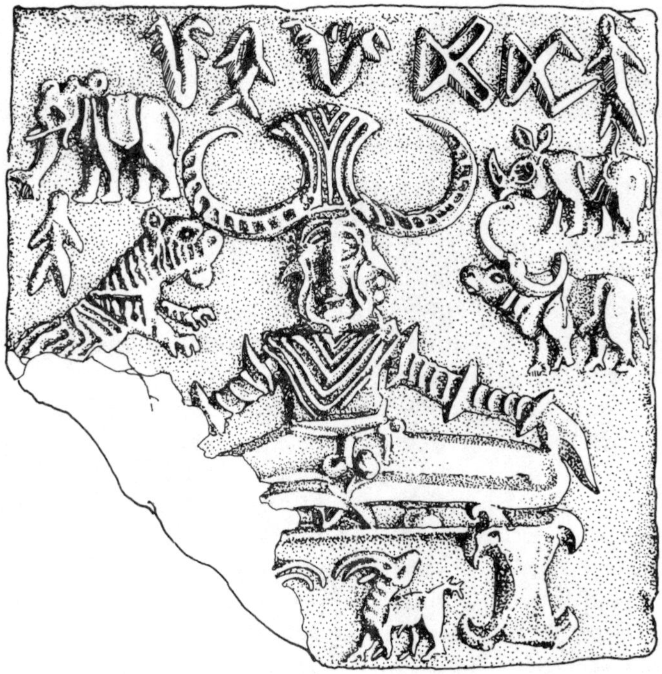

Sceau en stéatite du proto-Shiva, Seigneur des Animaux, en posture yogique et aux attributs mâles bien marqués. L'original, conservé à Delhi, au Musée National, mesure ± 3,5 x 3,5 cm. (Extrait de « Die Indus-Zivilisation) »

vivre avec lui sur le mont Kailash, dans l'Himalaya. Après de longues années passées loin de sa famille, un jour, Sati apprend que son père organise une fastueuse célébration. Bien qu'elle n'y soit pas invitée, elle veut y aller, tant est grand son désir de revoir les siens.

Son divin mari le lui déconseille mais, pour la première fois, elle ne l'écoute pas. Quand elle arrive à la cérémonie, tout le gratin aryen est présent : les rois, les princes, les nobles et leurs épouses, tout le monde en tenue de gala. Quand son père voit arriver la transfuge par amour, vêtue en haillons, il se sent déshonoré et, blanc de colère, il fulmine les pires injures à l'adresse de Shiva. Pour la pauvre Sati, c'en est trop : elle s'évanouit pour ne plus jamais se réveiller.

La triste nouvelle se répand aussitôt dans la ville et Shiva, en l'apprenant, est furieux. Comme un seul homme, tous ses partisans, c'est-à-dire le petit peuple, se lèvent et se rebellent. Dans toute la ville l'émeute gronde. Le ressentiment généralisé à l'encontre de la tyrannie brahmanique, qui couvait depuis longtemps éclate. Le lieu de la cérémonie est profané, saccagé et Daksha, le père de Sati, humilié. La foule exige que Shiva soit proclamé l'égal des dieux aryens. Pour calmer leur colère, les Brahmanes admettent Shiva dans le panthéon hindou.

Cette légende qui exprime si bien cette révolte, est encore si populaire aujourd'hui qu'on l'a mise en bandes dessinées ! L'Inde — un humain sur cinq est indien, pensons-y — est un volcan où la pression monte sous la croûte constituée par la structure aryenne millénaire. Quand l'Inde explosera, le monde tremblera...

Dans l'iconographie de Shiva, son arme favorite est le trident, plus le lasso. « Officiellement », son trident — qui n'est pas celui de Neptune ou du Club Med — symbolise les trois *gunas* du *Samkhya (sattwa, raja, tama guna)* ou encore les trois nadis (conduits subtils d'énergie) du yoga : *Ida, Pingala* et *Sushumna.*

Mais, pour ceux qui *savent,* c'est tout différent, car le trident était l'arme préférée des Dravidiens, alors que son homologue aryen avait quatre dents. Le Rigvéda (152.7 et 8) dit : « Avec leur arme à quatre dents *(Chaturashri)* Mitra et Varuna tuent les porteurs du trident ». L'Indien Rajmohon Nath, dans *Rigveda Summary* p. 83, commente ce verset : « Ceci donne une indication relative au vieux conflit entre les deux camps qui continue encore en Inde (de nos jours) ». Rares sont ceux qui le disent ! Néanmoins, comme en matière de symbolisme chacun est libre, rien n'empêche d'y voir aussi la version officielle !

Shiva, le danseur divin

Intéressant, ce qui précède, mais, en tant qu'Occidental, avouons-le, on ne se sent pas vraiment concerné par ces aventures ou mésaventures de Shiva. Par contre, le mythe de Shiva, le danseur divin, nous interpelle par son symbolisme universel.

Pour l'appréhender, souvenons-nous de ce que la danse a, de tout temps, signifié pour l'humanité. Pour l'homme moderne, qui ne danse plus guère qu'au bal ou dans les boîtes de nuit, ou encore pour se défouler physiquement, la chorégraphie est devenue un art, un spectacle, une affaire de professionnels.

Par contre, pour l'homme archaïque, ou, de nos jours encore, pour les « sauvages », la danse est l'activité tribale spontanée la plus significative. Tout incite l'homme tribal à danser : mariages, naissances, deuils. Il danse pour faire pleuvoir, il danse avant la chasse ou avant le combat... Infatigable, il danse pendant des nuits entières. La danse est ainsi le moyen privilégié d'éveil du psychisme collectif de la tribu. Par la danse, il accède éventuellement à l'extase : par elle, il se met au diapason des rythmes cosmiques et s'accorde aux puissances mystérieuses du cosmos.

Le texte suivant de Maurice Béjart exprime cette vision tantrique de la danse : « Danser... c'est avant tout communiquer, s'unir, rejoindre, parler à l'autre dans les profondeurs de son être. La danse est union, union de l'homme avec l'homme, de l'homme avec le cosmos, de l'homme avec Dieu.

« Le langage parlé reste du domaine de l'illusion ; les mots, lorsque nous croyons les comprendre, nous cachent ou nous dévoilent des images trompeuses, nous entraînent dans le labyrinthe toujours recommencé de la sémantique de Babel. Lorsque les hommes se mettent à parler longtemps, il y a rarement accord. Discuter veut dire se disputer. La langue divise.

» Et puis, danser c'est aussi parler le langage des animaux, communiquer avec les pierres, comprendre le chant de la mer, le souffle du vent, discourir avec les étoiles, s'approcher du trône même de l'existence. C'est transcender totalement notre pauvre condition humaine pour participer intégralement à la vie profonde du cosmos.

» Lorsque j'eus la révélation de la danse africaine, je sentis en moi la joie, la certitude la plus pure et la plus totale, la plus humaine et la plus proche de la réalité. »

Léopold Sédar Senghor exprime cette même vision: « Pour exprimer la spiritualité la plus haute, la danse africaine a recours aux apparences du monde visible, mais c'est pour les percer afin de saisir les images archétypes déposées au fond de la mémoire ancestrale : les images-symboles qui expriment les surréalités spirituelles. Pour cela donc, elle fait comme les artistes négro-africains, car les images analogiques n'auraient pas de sens, ne seraient pas symboles, si elles n'étaient pas mélodieuses et rythmées, si elles n'étaient pas chantées et dansées. »

En dansant, l'homme accède aussi au sacré et, dans ces sanctuaires impressionnants qu'étaient les grottes de Lascaux, pour ne citer qu'elles, le sol garde encore les traces des pas des danseurs de la préhistoire qui l'ont martelé et il est probable que des rites sexuels s'y sont déroulés.

Car la danse est aussi érotique : l'Eglise, qui le sait bien, avait d'abord interdit la valse et le tango, considérés comme des incitations au péché de luxure. Mais la danse est aussi magie. Les premiers cultivateurs néolithiques, partout dans le monde, ont dansé près des champs, lors des semailles ou à la récolte pour promouvoir, par contagion, la fertilité de la terre en éveillant la force sexuelle humaine. Ces rites de fertilité comportaient des accouplements collectifs.

En Inde, la danse a joué un rôle particulier, sous la forme des danses des temples. A l'origine, ces danses érotiques étaient le prélude aux unions sexuelles rituelles, donc sacrées, dans le temple même : les danseuses étaient encore vraiment des *dévadâsis*, des servantes du dieu. Puis, les Brahmanes sont venus qui ont vite compris tout le profit qu'on pouvait tirer de leur exploitation. Résultat : le temple est devenu un lupanar ! Voyez le chapitre que j'y consacre.

Maintenant, quel rapport tout cela a-t-il avec Shiva, le danseur divin ? Tout d'abord la danse est rythme et le rythme imprègne tout l'univers. En fin de compte, l'essence du cosmos est énergie animée de rythme et de conscience : le jour et la nuit, les mouvements des astres en témoignent, mais le rythme se cache aussi dans l'intimité de l'atome. Le rythme des vibrations du quartz de nos montres mesure les rythmes de l'univers... La vie aussi est rythme : dans un banal œuf de poule, peu d'heures après la fécondation, une pulsation naît là où battra le futur cœur : le rythme anticipe l'organe et même l'embryon.

Incidemment, la danse donne peut-être une réponse intuitive à une question insoluble au niveau de l'intellect : pourquoi Dieu s'est-il donné la peine de créer ce gigantesque univers avec ses milliards de soleils ? Dieu ne se suffisait-Il pas à Lui-même ? Pourquoi s'est-Il encombré de ce monde imparfait ? A cette question, le tantra répond que la manifestation, c'est Shiva-Lila, un jeu, une danse. Car, ni le jeu, ni la danse n'ont besoin de justification, ils se suffisent à eux-mêmes.

Shiva danse entouré de flammes ou plutôt, dans la vision tantrique, il danse au beau milieu du feu cosmique qui l'enveloppe et que le sculpteur a forcément réduit à un simple anneau enflammé. De plus, le feu est un des symboles essentiels de l'humanité. Outre qu'il est notre plus ancien compagnon, il est présent partout dans l'univers, y compris dans mon corps : la vie implique une combustion contrôlée et ralentie. Le cadavre est froid. Au niveau cosmique, pensons aux innombrables galaxies, composées chacune de milliards de soleils où la température atteint des milliards de degrés : on peut dire qu'à l'exception des planètes, le feu embrase tous les corps célestes. Et même à propos de notre planète, le feu cosmique est caché sous nos pieds, sous la mince croûte terrestre, comparativement plus mince qu'une coquille d'œuf !

Décryptons la danse de Shiva

Parmi les variantes de la danse de Shiva, la plus connue, en Inde du Sud, est la Nadanta que représente le bronze ci-contre, qui est récent : je l'ai ramené voici peu d'années du Tamil Nadu où son culte est toujours bien vivant ! Pour faciliter son décryptage, les principales « clés » figurent sommairement sur le dessin. Si, pour l'Indien, ces symboles sont évidents, nous avons besoin d'indications supplémentaires.

Dans ce bronze, le plus frappant, ce sont les quatre bras de Shiva.

Le tambour qu'il tient dans sa main droite, confirme son origine pré-aryenne : les Dravidiens sont de formidables « batteurs » de tambour. Symboliquement, le tambour, le *damaru*, émet le son primordial. L'*Unmai Villakam*, verset 36, dit : « La création vient du tambour... ». Est-ce là une surprenante intuition du *big-bang* de la physique moderne ? La concordance est, pour le moins, troublante.

Avec sa *main droite*, levée en *abhya mudra*, Shiva dit : « Je protège ».

Le feu, qui transforme et détruit, surgit de la main qui touche l'anneau enflammé. Affront pour les Brahmanes, à lui tout seul, Shiva réunit les trois fonctions cosmiques : création, protection, dissolution. Pour eux, Brahma crée, Vishnou protège et ils n'ont laissé à Shiva que le pouvoir, peu glorieux, de détruire !

Enfin, *la main qui pointe* vers le pied droit levé, libère celui qui pénètre le mythe en lui révélant l'essence du cosmos .

Le pied gauche écrase un *nain malfaisant* : pour les tantriques, c'est son ex-beau-père aryen, responsable de la

Déesse Gange
Cheveux
Le tambour
Feu destructeur
Cobra
« Je protège »
Culotte en peau de tigre
« Je libère »
Anneau enflammé
Le nain maléfique

mort de la douce Sati mais, « officiellement » c'est le démon Muyalaka, tenant un cobra. L'ensemble repose sur un piédestal en forme de lotus.

Sa chevelure réunit bien des symboles. *Des bijoux* ornent ses cheveux nattés dont les mèches inférieures virevoltent indiquant l'impétuosité de sa danse qui entretient l'univers. Autre intuition fantastique : dans le grain de sable, à mes yeux insignifiant et immobile, les électrons tournoient sur eux-mêmes (le spin) tout en « valsant » autour du noyau des atomes à des milliers de km/seconde. Si, tout à coup, dans le cosmos, tous les électrons ainsi que l'énergie cosmique stoppaient net, l'univers sombrerait dans le « néant dynamique » *(akâsha)* d'où il est issu !

Un cobra s'accroche à ses cheveux, sans lui faire de mal.

Le crâne est celui de Brahma ! *La nymphe* dit que le Gange sourd du sommet de sa tête. Enfin, ajoutez-y *le croissant de lune.* Sa tête est couronnée d'*une guirlande de Cassia,* une plante sacrée. A son oreille droite, *une boucle d'oreille pour homme,* à sa gauche, *une boucle pour femme,* indiquent qu'il réunit en lui les deux sexes.

Ses bijoux accentuent sa divinité : il porte de riches colliers autour du cou, sa ceinture est couverte de pierres précieuses, des bracelets ornent ses poignets, ses chevilles, ses bras, et il porte des bagues aux doigts ainsi qu'aux orteils ! Pour tout *vêtement,* il a une culotte serrante en peau de tigre et une écharpe. Pour narguer les Brahmanes, il porte aussi le cordon sacré.

Tout l'ensemble dégage une impression d'impétuosité gracieuse, légère et facile : Shiva-Lila, c'est un « jeu » ! Malgré sa danse échevelée, le visage de Shiva reste serein. Au front s'ouvre son *troisième œil* celui de l'intuition qui perce les apparences et transcende le sensoriel.

A qui sait voir et surtout percevoir, la Danse de Shiva, en un raccourci saisissant, révèle l'Ultime. Ainsi, Shiva, c'est *Nataraja,* le Roi de la Danse et c'est ce nom que portait Nataraja Gourou : tout un symbole !

Une autre danse de Shiva, très populaire, est la *Tandava,* où Shiva-Bhaïrava danse sauvagement, la nuit, sur les lieux de crémation, accompagné de diablotins batifolant. Cette danse, clairement pré-aryenne, s'adresse à un Shiva mi-dieu, mi-démon. Elle est représentée en des lieux aussi éloignés l'un de l'autre qu'Elephanta, Ellora et Bhubaneshwara.

Le mythe de Shiva et la science moderne

Le tantra dépasse — et de loin ! — le culte du sexe, auquel un certain public le réduit trop souvent. C'est avant tout une tradition initiatique, ce qui est presque de la tautologie, car toute véritable tradition *est* initiatique, c'est-à-dire transmise via un symbolisme et/ou une mythologie. Je précise : « initiatique » signifie une approche intuitive, non discursive, non intellectuelle, non rationnelle, du réel et de ses ressorts cachés pour s'y intégrer. Toute Tradition procède ainsi, au contraire de la science qui, par définition, constitue un ensemble organisé de *connaissances relatives* aux faits et aux lois de l'univers manifesté. La science se situe délibérément au niveau cérébral pur et une des qualités essentielles dont elle se réclame est l'objectivité. Néanmoins, et malgré les apparences, les visions tantrique et scientifique, loin de s'exclure, se complètent.

Il n'en va pas de même pour le scientiste, pour qui rien n'est plus désuet, voire primaire, que le symbolisme ou le mythe et la seule concession qu'il pourrait, à la rigueur, leur consentir, serait d'en faire un sujet d'étude... Quant à s'en servir pour son évolution personnelle ou pour appréhender l'essence du cosmos, il n'en est pas question ! Surprenant ? Non, car notre type de civilisation doit l'essentiel de son développement et de son originalité à la science et à son corollaire, la technologie : jamais l'humanité n'a acquis tant de savoir en si peu de temps, jamais elle n'a disposé d'une telle puissance matérielle. De là à considérer l'approche technico-scientifique comme étant la seule valable, il n'y a qu'un tout petit pas, vite franchi !

Le prix payé pour ces acquis indéniables est une hypertrophie de l'intellect qui mesure, pèse, compare, déduit des lois, etc. Cette démarche, pourtant si efficace au niveau pratique, égratigne à peine la surface des choses et barre l'accès aux réalités ultimes cachées derrière les phénomènes. Même quand la science décortique le noyau de l'atome ou perce les secrets de la cellule, même quand l'astronomie explore les vertigineux abîmes entre les galaxies, elle reste superficielle : l'observateur est censé rester neutre et ne pas s'y impliquer autrement.

Paradoxalement, plus l'intellect

croit, grâce au seul savoir, approcher les réalités ultimes, plus elles lui échappent. Cette course-poursuite sans fin me rappelle un souvenir de mes dix ans. C'était après un orage et je vois encore ce merveilleux arc-en-ciel, si lumineux sur un fond de nuages anthracite. Il était si net qu'il semblait posé sur l'herbe du pré trempé par l'averse, juste devant une rangée de saules. Vite, j'ai sauté sur mon vélo tout neuf pour aller le voir de plus près. Déception : plus j'avançais, plus l'arc-en-ciel « reculait » et quand je suis arrivé à hauteur des saules, il me narguait devant le bosquet ! La réalité ultime est cet arc-en-ciel que la science poursuit en vain...

Pour la science, cela pourrait même être stimulant si cela ne débouchait pas sur une impasse. En fait, la science, fille de l'intellect et mère de la technologie, crée plus de problèmes qu'elle n'en résout.

Par définition, l'intellect ne peut que raisonner et calculer froidement. Alors, quand la science se veut « objective », c'est vrai, mais au sens littéral : elle ramène l'univers au rang de simple « objet », univers lui-même peuplé d'une infinité d'autres « objets » et tout y devient « objet », même le vivant. C'est ainsi que l'homme moderne a fini par creuser un abîme entre son univers technologique artificiel et la nature, entre ses abstractions intellectuelles et le vécu réel. Sous prétexte de « démystifier », l'intellect démythifie, désacralise.

Quand plus rien n'est sacré, pas même la vie, c'est très pratique : plus rien n'empêche de piller les ressources naturelles, sans vergogne et sans remords, et on ne freine que quand l'homme lui-même se sent menacé, et encore ! Les animaux-objets sont soumis au « bon » vouloir de l'homme qui, froidement, fabrique en batterie veaux, vaches, cochons, couvée, pourvu que ça rapporte et l'insensible intellect ignore leurs souffrances : ça ne le concerne pas !

La crise du monde moderne, que plus personne ne nie, sauf ceux qui ne veulent rien voir ni entendre, a-t-elle une autre origine ? S'étant aliéné *la* nature, l'homme s'est aliéné *sa* propre nature : c'est un déraciné et comme tout arbre déraciné, il disparaîtra, à moins qu'il ne retrouve ses racines... Déjà dans mon *J'apprends le yoga,* j'ai posé le problème : « Faut-il fermer les laboratoires et incarcérer les scientifiques ? » Evidemment, j'ai répondu « non » parce que je suis persuadé que la science moderne est parfaitement conciliable avec le tantra, y compris avec son symbolisme et sa mythologie. Il serait irréaliste de vouloir renoncer à l'intellect et à sa conquête, la science, mais pour éviter que cet outil incomparable ne devienne stérilisant, il est urgent d'y ajouter la démarche symbolique, voire mythologique. Je crois qu'il est possible de concilier Nataraja et la physique moderne, fer de lance de la science.

Nataraja et le physicien

La physique moderne et la pensée

orientale sont compatibles et complémentaires. Pour le physicien, à mesure que la physique nucléaire progresse, notre monde visible, familier, rassurant, compact, fait place à un univers étrange, insaisissable, qui se dissout en formules mathématiques. Les objets, que nos sens nous présentent comme autant de solides impénétrables, deviennent du vide, des champs de force tourbillonnant d'énergie pure, la Shakti du tantrisme. Désemparé, le mental renonce à comprendre et il est probable qu'au fil des années le divorce entre l'intellect et le réel s'accentuera et, avec lui, notre désarroi. Le tantra, par ses mythes et ses symboles qui transcendent l'intellect, peut dissiper ce vertige mental.

Fritjof Capra l'a décrit dans son livre *The Tao of Physics* : « Assis sur la plage, au bord de l'océan, par un beau soir d'été, en voyant déferler les vagues tout en suivant mon rythme respiratoire, tout à coup, j'ai su que tout ce qui m'entourait était une gigantesque danse cosmique. Physicien, je savais que les rochers, le sable, l'eau et l'air autour de moi, étaient composés de molécules vibrantes et d'atomes faits de particules qui, perpétuellement, en créent et en détruisent d'autres par interaction.

» Je savais que l'atmosphère terrestre est continuellement bombardée par des ouragans de rayons cosmiques, particules à haute énergie subissant de nombreuses collisions à mesure qu'elles pénètrent dans l'atmosphère. Tout ceci m'était familier, en tant que chercheur en physique à haute énergie, mais, jusque-là, je n'en avais connaissance qu'au moyen de graphiques, de diagrammes et de théories mathématiques.

» Mon expérience de la danse de Shiva fut suivie de bien d'autres, similaires. Peu à peu, j'ai saisi qu'une vision cohérente de l'univers commence à émerger de la physique moderne, en accord avec l'ancienne sagesse orientale. [...]

» J'espère trouver, parmi mes lecteurs, beaucoup de scientifiques s'intéressant aux répercussions philosophiques de la physique, même s'ils ignorent encore la pensée orientale. Ils découvriront qu'elle offre un cadre philosophique cohérent et harmonieux, qui intègre fort bien les théories de pointe de la physique. »

Ainsi, sur cette plage, Fritjof Capra vécut une expérience tantrique spontanée. Son intellect savait depuis longtemps que la matière est de l'énergie condensée, mais c'était là un concept abstrait, froid, et non une expérience vécue. D'un seul coup, son « savoir » est devenu « perception unitive », et la réalité vivante lui a révélé le sens caché du mythe de Shiva, le Danseur cosmique. La voilà, l'essence du tantra : par ses symboles et ses mythes, ses rites et ses pratiques, dépasser l'intellect et saisir la réalité ultime, sans dépendre du hasard d'une expérience spontanée. Qu'elle survienne et, du coup, se dissolvent les frontières factices entre l'univers illusoire créé par nos sens et l'univers sous-jacent, invisible mais bien réel, entre le « spirituel » et le « matériel ».

Fritjof Capra a vraiment *perçu* la vibration rythmique du cosmos, il a vu la nature énergétique de l'univers, il en a *entendu* le son universel, non pas avec ses yeux, ni ses oreilles de chair, mais avec son organe de perception interne, avec son intuition, son « troisième œil ».

Le temps est donc venu de concilier et de réconcilier la science et le tantra. Pour le physicien, la perception directe de la réalité est une expérience nouvelle et marquante. Pour le tantra, il est tout naturel que la science moderne confirme la vision tantrique du cosmos.

Shiva et Parvati (Bronze, Musée de Madras)

Shakti, la Nature créatrice

Si le tantrisme devait battre monnaie, l'avers en serait la Shakti, la puissance créatrice féminine, et le revers Shiva, son aspect mâle, les deux étant inséparables. Certes, on peut préférer le côté pile ou le côté face, mais, unis dans la pièce, il est impossible de les dissocier. Dans le tantra, le Shaïvisme privilégie Shiva, tandis que le courant Shakta, ou Shaktisme, donne la priorité à Shakti en fonction du dicton tantrique « sans Shakti, Shiva est un shava », un cadavre.

Traduite en langage ordinaire, Shakti, c'est *la* Nature créatrice : *le* serait incongru ! Mais « Nature » est un concept abstrait et le mental humain répugne aux abstractions. Personnifiée, elle devient une « déesse » tantrique, la Shakti, l'Energie créatrice universelle que le tantrique perçoit, au-delà des mythes et symboles, comme étant immanente à tout ce que les sens perçoivent. Le non-tantrique qui se balade dans la forêt peut se sentir en harmonie avec la nature, et c'est fort bien. Mais, en mettant mes lunettes tantriques, dans ce hêtre puissant, je *vois* la Shakti en tant que *dynamisme organisateur et créateur universel* aussitôt la forêt devient un gigantesque bouillonnement d'énergie vitale.

Un bouillonnement dans lequel chaque arbre, chaque brin d'herbe, chaque être vivant, est un champ de forces extraordinaire, un tourbillon d'énergie pure et intelligente dans l'océan infini de la vie, un océan où toutes les frontières se dissolvent. Et mon propre corps est, lui aussi, cette énergie primordiale. Energie et Sagesse ! Energie et Intelligence. Dans le chapitre « Mon corps, cet univers inconnu », j'évoque cette Intelligence suprême qui est à l'œuvre ici même, de nuit comme de jour, depuis la conception (et même avant) jusqu'à la dissolution, appelée la mort (et sans doute au-delà). Porté, guidé par elle, je suis en sécurité : elle me protège à tout moment contre les agressions du monde extérieur, elle me garde en vie, car elle est la Vie universelle qui s'exprime à travers « moi ».

A travers elle, le tantra me ramène à l'homme archaïque qui vivait dans un univers magique, alors que l'homme moderne, obnubilé par sa science désacralisante, ne perçoit plus la magie de l'univers, y compris celle de son propre être, et notamment de son corps. Notre planète aurait pu n'être qu'un gros caillou, aride et poussiéreux comme la lune, perdu dans l'immensité glacée. Au lieu de cela, par sa magie, la Vie a fait jaillir l'infinie multiplicité des êtres, magie dont la science n'est pas près de saisir la source ultime.

L'homme archaïque se sentait environné de forces invisibles, protectrices ou, au contraire, hostiles. Alors, voyant surgir tous les êtres de la terre nourricière, il en a perçu le caractère sacré et quand il est devenu cultivateur — ou plutôt « elle », car l'agriculture est une invention féminine —, la Terre est devenue la grande Déesse, la Mère de tout ce qui vit. Ensuite, l'homme a amalgamé la fertilité de la Femme et celle de la Terre, ce qu'exprime, par exemple, un sceau étonnant trouvé à Mohenjo-Daro (ou est-ce à Harappa ?) montrant une femme, tête en bas, accouchant d'un arbre complet avec le tronc et les branches !

Les innombrables déesses dravidiennes

A ce propos, en accouchant de ce chapitre, je m'interroge : faut-il vous infliger ces innombrables divinités indiennes qui nous seront à jamais étrangères ? Que non ! Et ce serait même impensable car, en pays dravidien, chaque village a une *amma,* ou une *mata,* une « petite mère » locale qui est souvent l'esprit divinisé d'une morte et notons qu'il s'agit toujours de déesses et non de dieux comme dans le panthéon védique.

Souvent, elles ont un côté terrifiant car parfois la déesse dévore ses propres enfants, tout comme la Nature sait être cataclysmique, surtout dans l'Inde au climat extrême : chaleur écrasante, moussons dévastatrices, animaux tueurs, épidémies meurtrières.

Pour n'en citer qu'une, parmi ces divinités redoutables, il y a Poleramma, la déesse de la variole. Courroucée, elle rend malade, apaisée, elle guérit. Elle a son temple en dehors du village et pour apaiser son courroux, elle réclame du sang. Alors, on lui sacrifie une chèvre, un bœuf ou une volaille. Autrefois même, lors de grands cataclysmes, les villageois croyaient que seul le sacrifice ultime pouvait éloigner la catastrophe : le sacrifice humain. Ces sacrifiés, souvent des volontaires, étaient très honorés car, à l'instar des kamikazes, ils offraient leur unique vie pour en sauver de nombreuses autres. Superstition ? Sans doute, et si j'avais la variole, je ne me soignerais pas en tuant une poule pour amadouer Poleramma !

Etant ainsi très superstitieux, les Indiens, surtout dans le Sud, vivent toujours dans la crainte. Comme ils croient que le malheur frappe surtout ceux qui sont heureux, il leur faut à tout prix éviter d'attirer l'attention des esprits maléfiques. Invité chez des amis indiens, ne dites surtout pas à votre hôte qu'il a de beaux enfants, ou une belle maison : vous risqueriez d'attirer le mauvais œil sur eux. La politesse, c'est de voir des défauts partout. Ignorant cela, les Occidentaux sont choqués quand ils entendent un père appeler son fils « ordure », « idiot », « tordu » ! Par contre, admirez sans crainte le collier que l'enfant porte, ou ses vêtements : cela détourne l'attention des esprits malfaisants. De même, les Occidentaux non avertis sont déçus quand leurs amis indiens critiquent leur belle maison, ou leur voiture neuve.

Néanmoins, derrière ces innombrables déesses et malgré ces superstitions, même le villageois le plus humble sait que chaque déesse locale n'est qu'une facette de la Grande Déesse. Toutefois, au fil des siècles, peu à peu, quelques déesses ont émergé du lot et ce sont elles qui, par leur caractère archétypal, universel, nous interpellent tous.

Les déesses tantriques

C'est le cas des déesses tantriques qui sont, pour la plupart, des épouses de Shiva, épouses dont il tire son énergie et, au contraire des épouses falotes du panthéon védique, elles lui sont au moins égales et souvent supérieures. Leurs légendes comportent un fond mythologique et symbolique important, tout comme nos contes de fées d'ailleurs. Ainsi, au paradis himalayen, Shiva et son épouse Parvati passent leur temps à faire l'amour ou à discuter philosophie. Quand Shiva enseigne son épouse, l'écriture est une *agâma*. Quand c'est l'inverse, l'écriture est une *nigâma*. Une autre épouse favorite de Shiva, c'est la fidèle Sati, dont nous avons déjà parlé.

Mais deux déesses sont plus spécifiquement tantriques et symboliques : Kâlî et Durga qui, en fin de compte, n'en forment qu'une seule et unique. Toutes deux, plus spécifiquement tantriques, nous interpellent par leur symbolisme et nous ramènent à l'espace alpino-méditerranéen agrandi, qui est celui de nos ancêtres. A ce sujet, W.C. Beane *(Myth, Cult and Symbols in Shâkta Hinduism,* p. 67) est frappé par : « Les ressemblances symbolico-religieuses entre, apparemment, la plus ancienne civilisation indienne et celles du néolithique moyen et tardif de la zone méditerranéenne ainsi que de l'Asie centrale et orientale, ressemblances qui ont amené des érudits indiens et occidentaux à conclure à une diffusion extra-indienne vers l'Est, ou à un développement pan-religieux en direction de l'Ouest », donc vers l'Inde.

Parmi eux, Laksmanshastri Joshi en est très impressionné : « Dans les premières civilisations d'Egypte, de Crète et de Mésopotamie, nous retrouvons les dieux Shiva, Vishnou, la déesse Kâlî, l'adoration des reptiles (le Cobra) et des organes génitaux, de la Lune et des ancêtres. Ainsi, l'Inde a hérité de tant d'éléments provenant des civilisations nées au bord du Nil, du Tigre et de l'Euphrate ainsi que de l'Indus. »

Ce qui précède conforte la thèse selon laquelle les Dravidiens, en tant qu'Alpino-Méditerranéens, se sont propagés vers l'Inde où ils ont transplanté leurs mythes et symboles, ceux-là mêmes qu'on retrouve dans le tantra et qui éveillent des échos dans notre mémoire collective.

Quoi qu'il en soit, il est accessoire que cette propagation se soit faite vers l'Ouest (c'est ma conviction) ou l'inverse, l'essentiel étant cette relation continue entre l'Inde et notre Europe primitive. Par contre, il est certain que ces déesses-symboles tantriques ne proviennent pas des Aryens barbus et barbares. Dans leur forme spécifiquement dravidienne et tantrique, j'admets néanmoins l'hypothèse d'une création mixte, c'est-à-dire des Dravidiens et des autochtones pré-Dravidiens.

Kâlî, Kâla, Kalki...

Je n'abuse pas de finasseries étymologiques, vous en conviendrez, mais, à propos du nom même de *Kâlî,* l'ambiguïté étymologique est déjà tout un symbole. En effet, à partir de la racine dravidienne *Kâl,* noir, Kâlî devient la déesse Noire, l'horrible destructrice qui sème l'épouvante, et Kâla, le dieu noir, parfois identifié à Shiva. De leur côté, les Aryens ont emprunté ces racines *kâl, kal, khal* aux langues dravidiennes, puis ils ont associé *noir* et *destruction* pour en faire le Temps, *Kâla,* le grand Destructeur (mâle). Cependant, ni lui, ni Kâlî-la-Noire n'ont une origine védique : le Rigvéda les ignore.

Déesse noire, Kâlî s'inscrit dans le symbolisme lunaire. *Kâl* c'est le nom dravidien de la « lune noire », son dernier quartier, sa phase de non-manifestation. Elle est aussi la Déesse-dans-la-Lune et dans son iconographie, en tant que symbole de la totalité cosmique, on retrouve seize, le nombre sacré des seize phases de la lune, représentées par ses seize bras, tandis que son front s'orne du croissant de lune. Elle se situe ainsi dans le temps cyclique.

D'autre part, en tant qu'Adyakâlî, elle est sans forme, donc inconcevable par le mental humain. Elle est la non-manifestation, le non-temps, sans commencement ni fin, sans attributs. Devenue Kâlî, elle engendre le Temps manifesté, celui dans lequel nous vivons, qui produit l'univers dont il est la quatrième dimension. Mais, comme Chronos qui dévore ses enfants, à la « fin des temps », elle réabsorbe tout ce qu'elle a engendré.

Quant à sa symbolique, elle est aussi ambiguë que l'étymologie de son nom. En premier lieu, il est normal qu'en tant que Grande Destructrice, en tant que Mère Terrible, elle sème l'effroi et l'épouvante. Malgré cela, elle est l'objet d'une iconographie très riche et il n'est guère d'ouvrage d'art tantrique dont elle soit absente et chaque artiste veut la rendre aussi hideuse que possible.

L'ambiguïté se situe au niveau de sa symbolique « officielle », d'une part, et de sa signification occulte spécifiquement dravidienne, d'autre part. L'interprétation « officielle » la fait noire comme la nuit sans lune, parce que le noir efface toutes les distinctions. Elle est nue, « vêtue d'espace », parce qu'elle a rejeté les voiles de l'illusion. Son visage est horrible : pour dévorer toutes les créatures, elle a des crocs pareils à ceux de Dracula, le vampire. Elle s'abreuve de sang qui lui dégouline de la bouche d'où sort sa langue de feu.

Quand elle n'a « que » quatre bras, une main gauche brandit un glaive *(khadga),* l'autre saisit par les cheveux la tête sanguinolente qu'elle vient de trancher, une main droite tient un nœud coulant ou lasso *(pâsha),* l'autre une pique (*khatvânga*) surmontée d'un crâne. Macabre. Mais ce n'est pas tout : elle porte, en guise de collier et de ceinture, des têtes humaines enfilées, aux oreilles, elle s'est accroché deux cadavres pantelants, ses poignets s'ornent de bracelets, toujours faits de crânes ou de têtes coupées. Enfin, elle piétine un cadavre. Officiellement, tout cela signifie que rien, ni personne, n'échappe à son emprise, à la mort, à la destruction. Dans le même registre, le tableau montre souvent des cadavres en train de rôtir, tandis que d'autres sont déchiquetés par les chacals.

A cette symbolique « officielle », à laquelle ils souscrivent, les tantriques surajoutent leur propre symbolique... Ou plutôt, c'est l'inverse qui s'est produit : à l'origine, il y avait la Kâlî tantrico-dravidienne à laquelle l'« officielle » s'est substituée. Pour en saisir la signification dravidienne secrète, il faut remarquer que toutes ces têtes, tous ces cadavres sont *masculins* et *blancs,* ou, au plus, très légèrement basanés : pas de femmes, ni de peaux foncées.

Il est surprenant que le brahmanisme aryen ne s'interroge pas, ni ne se formalise du fait que ces cadavres soient exclusivement des blancs. Or, quand on *sait* pourquoi, la réponse crève les yeux ! En effet, alors que les Alpino-Méditerranéens, métissés d'autochtones à peau noire et soumis au climat tropical indien, avaient la teinte foncée des Dravidiens actuels, par contre, leurs ennemis nordiques étaient des « visages pâles ».

Partant de là, tout s'éclaire. Nous lisons, dans la *Markandeya Purana,* qu'Ambîka, la Bonne Mère protectrice, celle qui assure de belles moissons, « exprimant son courroux à l'encontre des ennemis, de rage son visage en devint d'un noir d'encre... Alors, de son front marqué de profonds sillons, jaillit Kâlî à l'aspect terrifiant ». (En Espagne, quand quelqu'un est en rage, on dit aussi qu'il « devient noir »). Kâlî est donc une émanation de la Bonne Mère, une manifestation de sa colère envers ses ennemis. Or, qui étaient les ennemis des Dravidiens, sinon les redoutables Aryens ? Kâlî incarne ainsi la haine envers eux et, pour les combattre et les anéantir, elle s'est puissamment armée des armes favorites des Dravidiens, sauf du trident, réservé à Shiva.

La guerre de conquête de l'Inde fut féroce et les guerriers dravidiens ont résisté pied à pied, mais l'armement supérieur des Aryens et surtout leurs chars, ont été décisifs. L'extrait suivant des *Puranânûru,* poèmes tamouls traduits par von Glasenapp suinte la haine et l'héroïsme :

Ses veines faisaient saillie,
Sa chair pendait flasque au corps,
Car on avait dit à cette mère
aux cheveux blancs
Que son fils avait fait demi-tour
Et s'était enfui du champ de bataille !

Alors, elle se mit dans une violente colère,
Elle jura que si une telle chose était vraie
Elle se trancherait les seins
Qui l'avaient autrefois nourri.
Et les rejetterait d'elle-même.
L'épée à la main,
Elle explore le sanglant champ de bataille
Et voilà que sous les corps abattus
Elle a pourtant trouvé son fils,
Coupé en deux !
Alors, vraiment, sa joie
Fut plus grande qu'à l'époque
Où elle le portait sur son coeur.

Si elle l'avait pu, cette mère se serait elle-même transformée en Kâlî, vengeresse de son fils et de tous les autres héros dravidiens...

Dans ce contexte, il est « normal » que tous les cadavres massacrés par Kâlî soient masculins et blancs puisqu'il s'agit de guerriers ennemis. Cette version secrète, aussi logique que non-officielle, que j'ai recueillie de la bouche de Nataraja Gourou, éclaire sous un tout autre jour l'image de Kâlî.

L'âge de Kali, l'ère apocalyptique...

Nous vivons en plein *kali yuga,* l'âge de Kali — ne confondez pas Kâlî et kali —, c'est-à-dire l'âge de Fer, l'âge crépusculaire de la fin des temps, prophétisé dans les écritures indiennes.

Yuga (pas *yoga* !), signifie quartier : ainsi, la lune a quatre yugas. Selon Mircea Eliade, *kali* signifie ici « discorde, conflits, disputes ». C'est l'âge où la société humaine atteint son maximum de dégénérescence, de barbarie, de désintégration. Pour les Indiens, qui jouent beaucoup aux dés, *kali* désigne la face perdante, celle avec un seul point... Les quatre yugas portent le nom des faces des dés à jouer :

Krita, ou Krita Yuga, c'est l'âge d'Or de l'humanité, la face du dé avec quatre points.

Treta, ou Treta Yuga, c'est l'âge d'Argent, la face à trois points.

Dvâpara, ou Dvâpara Yuga, l'âge de Cuivre, la face à deux points.

Kali, ou Kali Yuga, c'est donc la face perdante à un seul point.

A propos de ces yugas, que disent et prédisent les anciennes écritures, les *Purânas ?* Rien de bien réjouissant : « Dotés de peu de sens, les humains seront sujets à toutes sortes d'infirmités de corps et d'esprit, ils commettront chaque jour des péchés, et tout ce qui peut affliger les vivants, tout ce qui est vicieux et impur, sera engendré durant l'ère de Kali.

» Vers la fin de l'âge de Kali, les hommes formeront des sectes hérétiques et se disputeront à cause des femmes. Ceci est hors de doute... Dans cet âge de Fer, il y aura des épidémies, des famines, des sécheresses, des révolutions. Les hommes seront sans vertu, auront des pouvoirs maléfiques, seront irascibles, âpres, et malhonnêtes. Il y aura beaucoup de mendiants parmi le peuple, la vie sera brève, la lassitude, la maladie, la misère prévaudront, causées par l'ignorance et le péché.

» Dans l'âge de Fer, même *Mahadeva* (le grand dieu Shiva), le dieu parmi les dieux, ne sera pas divin pour les hommes. Les gens se détérioreront rapidement en adoptant un mode de vie contraire (aux règles). »

De son côté, le *Harivamsha* précise : « Pendant le dernier cycle, il y aura de grandes guerres, de grands tumultes, de grandes averses, de grandes frayeurs. » J'extrais du livre d'Alain Daniélou, *Shiva et Dionysos* p.277, les passages les plus significatifs du *Linga Purâna :* « Les hommes (de l'âge de Kali) sont tourmentés par l'envie, irritables, indifférents aux conséquences de leurs actes... Leurs désirs sont mal orientés, leur savoir utilisé à des fins maléfiques... Les chefs d'Etat sont pour la plupart de basse origine. Ce sont des dictateurs et des tyrans...

» Les voleurs deviennent des rois et les rois, des voleurs. Les femmes vertueuses sont rares. La promiscuité se répand... La terre ne produit presque rien en certains endroits et beaucoup dans d'autres. Les puissants s'approprient le bien public et cessent de protéger le peuple... Des gens sans moralité prêchent la vertu aux autres... Des associations criminelles se forment dans les villes et les pays. »

D'autres prédictions des écritures indiennes rappellent fort celles de l'Apocalypse... Une seule consolation (?) : l'ère de Kali devrait durer 432.000 ans. Dans le Mahânirvâna Tantra, Shri Sadashiva proclame : « Pendant les trois premiers âges, ce rite (du tantra) était un grand secret ; les hommes pratiquaient tout cela dans le secret et atteignaient ainsi à la Libération. Quand l'âge de Kali prévaudra, les adeptes du rite tantrique Kula devront se déclarer tels et, de jour comme de nuit, ils devront être initiés ouvertement. » W.C. Beane, op. cit. p.241, mentionne aussi le *Rudramayâla :* « Je proclamerai les pratiques de la Voie de Gauche, la sadhana suprême de Durgâ. En la suivant, ses adeptes atteindront rapidement la perfection dans cet âge de Kali. »

La fin des temps, la fin de l'âge de Kali, sera marquée par la venue de Kalki, le dernier avatar de Vishnou. A la fois vengeur et rédempteur, il viendra sous la forme d'un guerrier monté sur un cheval blanc ailé. D'une main, il brandira un glaive, de l'autre un disque car tout comme le trident est l'insigne de Shiva, le disque est celui de Vishnou, le second membre de la trilogie hindoue. Puis il détruira le monde...

Pour terminer ce chapitre, une question : Kâlî doit-elle devenir notre sujet de méditation favori ? Peut-être pas, mais il était impensable de publier ce livre sans évoquer la terrifiante Kâlî, puisque aussi bien la réalité a des aspects effrayants. Mais, dans le rite tantrique, l'aspect le plus accessible de la Shakti, de l'Energie cosmique primordiale, n'est autre que la Femme, car toute femme est déesse...

Toute femme est Déesse

Pour le tantra, toute femme, aussi banale soit-elle, incarne la Déesse, *est* la Déesse, la Femme absolue, la Mère cosmique.

A ces mots, plus d'un homme, haussant les épaules, n'y verra qu'une figure de style. En effet, comment peut-on voir, dans *chaque* femme côtoyée, une Déesse, au sens total du mot ? Et ce mari, qui vient de se disputer dur avec sa bourgeoise, ricanera : « Ne charrions pas ! Déesse ? Tigresse, oui ! ».

Or, pour le tantra, percevoir concrètement l'aspect divin de chaque femme est un préalable au maïthuna et le rituel tantrique précédant cette union sexuelle sacrée a pour but de faire percevoir cette réalité. Mais, comment est-il possible de voir la Déesse cachée dans chaque femme ?

Ici, le tantra nous propose un premier moyen : à défaut de redevenir bébé, au moins de considérer la relation du nouveau-né avec sa mère. Sorti de son ventre, il fait encore partie de sa chair et il lui faudra des mois, voire des années avant qu'il ne soit, sinon séparé d'elle, du moins autonome. Or, dans l'univers enchanté de l'enfant, dont maman est le centre, elle est la Femme idéale. Soyons délibérément méchants : imaginons-la laide et bête, acariâtre. L'enfant la voit-il ainsi ? Que non ! Pour lui, sa mère est beauté, bonté, amour incarnés, en un mot, elle est Déesse ; parfaite, elle sait tout, elle ne peut mentir. Ce n'est que beaucoup plus tard qu'il découvrira la femme « réelle » banale, anecdotique, qu'est sa mère, avec ses défauts, ses bigoudis, et, parfois, son mauvais caractère. Pour nous, adultes « raisonnables », seule cette dernière est « réelle et vraie » tout le reste est littérature.

Alors, la Mère divine du bébé est-elle une illusion tout juste digne de l'imagination enfantine ? Pour le tantra, ce n'est pas l'adulte qui a raison, mais bien l'enfant, parce qu'au-delà des apparences il perçoit la Réalité ultime, la Mère divine, la Vie cosmique incarnées par sa mère « réelle », concrète.

L'autre voie d'accès à l'Absolu caché dans la femme (ou dans l'homme ordinaire) est bien agréable : il suffit d'être amoureux ! Plaignons l'être humain qui n'aurait jamais éprouvé la merveilleuse émotion qu'éveille la rencontre de l'être (provisoirement au moins) idéal. Les amants incarnent, l'un pour l'autre, la beauté, la perfection ; ils planent dans un univers féerique où tout est ravissement. Un mot, un geste, le plus léger attouchement les transportent. Surviennent le premier rendez-vous, le premier baiser, les caresses, les étreintes : quelle merveille ! Les romans, le théâtre, les films chantent-ils autre chose ?

Mais les amoureux voient-ils la « réalité » ? Chacun connaît de ces couples où, par exemple, une jeune femme très belle et intelligente est éperdument amoureuse d'un homme qui, à nos yeux, n'est ni beau, ni malin, ni jeune, ni même. . . très riche ! Chacun pense : « Comment peut-elle s'enticher de lui ? Que lui trouve-t-elle de si formidable ? » *Nous* qui le connaissons, *nous* savons qu'il n'est pas intéressant, vu son caractère, son éducation, etc. Mais *elle* ne voit pas tout cela ! Pour elle, il *est* l'homme idéal. Le tantrique dirait : « Il incarne Shiva ». Un jour, mariée, dégrisée, elle le verra « tel qu'il est » et le couple sombrera dans la banalité avec, au bout, la rupture ou la résignation. Le divin Shiva s'étant évaporé, on dira : « Enfin, elle voit clair... ». En fait, dans l'optique du tantra, la femme amoureuse percevait la réalité ultime au-delà du personnage concret, anecdotique. Vice versa, pour l'homme amoureux, l'aimée est la Shakti, la Déesse.

Ainsi, nous confondons le superficiel, l'anecdotique, avec le profond, le vrai, caché sous les apparences. Même physiquement, le corps réel masque le vrai corps : personne n'a réalisé son vrai corps, celui que la nature avait prévu, qui était programmé dans les gènes. Or, c'est celui-là le vrai et c'est lui qu'on transmet aux générations futures.

En effet, si, dès la conception et jusqu'à ce jour, j'avais bénéficié d'un environnement idéal à tous points de vue, corporel, mental et spirituel, j'aurais manifesté mes gènes à la perfection et je serais presque un surhomme comparé à ce que je suis devenu dans la réalité

Le mythe de la Déesse, de la Shakti, tout comme celui de Shiva inclut tout cela, plus l'ensemble des virtualités cosmiques scellées dans la matière vivante. C'est pourquoi le tantrique adore la Shakti cosmique dans toute femme. *Réaliser* est un des buts du tantra et fait partie de cette expansion du champ de la conscience qu'il vise.

Nous touchons ici au concept de la Kundalinî, qui est ce dynamisme évolutif qui a fait émerger l'homme actuel des préhominiens et qui le fera peut-être, dans le futur, devenir un surhomme comparé à nous. Pourquoi pas ? Mais l'évolution n'est pas linéaire : pendant ses poussées de fièvre évolutive elle brasse intensément une ou plusieurs espèces. En période « calme », elle est ce mystérieux dynamisme qui guide l'évolution d'un être à partir de l'ovule fécondé. Le tantra considère que la Kundalinî, localisée dans les organes génitaux, le pôle de l'espèce, est liée à notre dynamisme vital et à notre sexualité. Elle reste le plus souvent latente, « endormie », ce que symbolise le serpent endormi et lové autour du lingam. Le tantra veut l'« éveiller », veut actualiser dès aujourd'hui certaines des virtualités mises en réserve pour l'évolution future de l'humanité.

Et voilà jusqu'où, en peu de phrases, la Déesse incarnée dans chaque femme nous a conduits...

Après cette envolée cosmique, puis-je évoquer ce Monsieur, plus très jeune, disant à sa compagne pulpeuse : « Je sais bien que j'incarne le Shiva absolu mais, malgré tout, je n'arrive pas à comprendre comment une femme aussi jeune et belle que vous peut tomber amoureuse d'un vieux milliardaire tel que moi ».

La voie « sinistre »

Un jour, une Occidentale résidant en Inde où son mari était en poste, m'écrivait, troublée et surprise, qu'un missionnaire catholique lui avait formellement déconseillé le yoga qui, selon lui, « conduit toujours à des pratiques sexuelles ». En fait, ce brave prêtre reflétait l'aversion brahmanique envers le tantra et le yoga qu'il y associait, à juste titre d'ailleurs. Pour le brahmanisme, le tantra est un culte licencieux, barbare, odieux, conduisant aux pires perversions sexuelles ; il n'est d'abjection, ni de crime dont les tantriques ne soient accusés, et cela ne date pas d'aujourd'hui !

Ainsi, W.J. Wilkins, un brave pasteur missionnaire, anglican celui-là, s'était intéressé à la mythologie hindoue au point de publier à Calcutta, en 1882, un ouvrage si bien fait qu'un éditeur indien de Bénarès l'a réimprimé en 1972 sans rien y changer. Au chapitre consacré au culte de la Shakti, l'auteur révèle l'opposition irréductible entre l'hindouisme et le tantra de la Voie de Gauche :

« Il y a un culte de la Shakti, reconnu et respectable, dénommé la Voie de la Main Droite, mais il en existe un autre qui lui est opposé, appelé la Voie de la Main Gauche. Dans le premier, les rites et cérémonies sont exécutés en public et ne diffèrent guère de ceux des sectes hindouistes. Toutefois, les adeptes de la Main Gauche prennent le plus grand soin à garder secrètes aux non-initiés les doctrines et pratiques qui constituent leur forme d'adoration. Mais ce qui en est connu suffit à faire rougir d'avoir des rapports avec ce système. La consommation de viande, strictement prohibée aux hindous ordinaires, ainsi que celle des boissons enivrantes, tout aussi strictement interdite, de même que des actes grossièrement obscènes font partie du culte de la déesse. Sans aucun doute, dans les temps anciens, même des sacrifices humains étaient offerts lors de ces festivals. »

Telle est la réputation faite aux tantriques ! Les Britanniques qui, sur la foi de telles affirmations, ont interdit ces manifestations publiques de ce qui leur semblait d'innommables débordements de lubricité, ont tout au plus réussi à les refouler dans la clandestinité.

La Voie de Gauche, qui perpétue le

culte ancestral des pré-Aryens, implique le sexe parce qu'il est indissociable de la vie : toute vision du monde qui dévalue cet aspect essentiel de l'être et du cosmos, est déphasé par rapport au réel.

Le Rigvéda reconnaît implicitement que la voie de Gauche, Vama Marga, est tantrique en appelant « *Vama* » (Gauche), le dieu pré-aryen Shiva.

Quant aux accusations et aux préjugés, les auteurs D.N. Bose et Hiralal Haldar, dans *Tantra, their Philosophy and Occult Secrets,* remettent les pendules à l'heure : « Il faut cependant admettre, quoique à contrecœur, qu'il y a des préjugés, même parmi les gens honnêtes, et des préventions contre la vision tantrique, à cause de certains rites qui, considérés superficiellement, paraissent fort licencieux, cruels, répugnants à l'excès. Toutefois, si on prend la peine d'y pénétrer en profondeur, on s'aperçoit qu'ils ne sont ni licencieux, ni cruels, ni répugnants, mais qu'ils ont un sens mystique (dans certains cas détourné et dégradé par des êtres corrompus pour servir leur égoïsme et satisfaire leurs désirs bestiaux) qui aide le tantrique à progresser dans la voie de la perfection morale, essentielle à son émancipation finale. »

La voie de Gauche

Pour les (nombreux) détracteurs du tantra dit de la *Main Gauche* les tantriques sont de « sinistres » personnages, des maniaques sexuels adonnés à la magie noire, voire aux sacrifices humains. Dans ce contexte, il est instructif de rapprocher cela du latin *sinister* = gauche. De *gauche,* « sinistre » est devenu synonyme de mauvais augure, funeste, néfaste, pernicieux, lugubre, menaçant, effrayant. Un sinistre, c'est une catastrophe, un malheur, un accident. En Inde, la *main* gauche est malpropre, pour une raison fort prosaïque : faute de papier hygiénique, pratiquement introuvable en Inde, l'hindou se lave l'anus à l'eau et comme c'est la main gauche qui officie, elle ne doit donc jamais toucher des aliments. On comprend, dès lors, le dégoût éprouvé par l'Indien qui voit un Européen non informé toucher sa nourriture avec la main gauche : même affamé, l'hindou refuserait un aliment offert par une main gauche, même lavée à fond et aseptisée ! A propos de mains, l'hindou, qui a horreur des contacts corporels, trouve répugnante l'habitude occidentale de la poignée de mains. Seule une infime minorité occidentalisée condescend, avec réticence, à nous serrer la main, fut-ce la droite. Et nous-mêmes, ne disons-nous pas à nos enfants : « Donne la *belle* main au Monsieur ». La droite, bien sûr ! On va jusqu'à dresser les chiens à présenter la belle papatte !

Alors, le brahmanisme a beau jeu d'opposer le tantra de la *main gauche,* répugnant, à celui de la *main droite,* seul convenable à leurs yeux. Or, la désignation « main » gauche est volontairement tendancieuse, car dans le tantra *Vama Marga, (Vama* = gauche, *Marga* = voie), est sans rapport avec la *main* gauche !

Je partage l'avis de Francis King :

« Bien des insanités ont été dites au sujet des mots *main gauche, main droite* par des occultistes occidentaux ayant repris à leur compte l'interprétation erronée qu'en a donnée H.P. Blavatsky, en y attachant un sens moral.

» La transition de *gauche* à *sinistre,* puis à mauvaise, est à la fois facile et abusive pour un Européen.

» En fait, ces mots n'impliquent aucune connotation morale, ils expriment simplement que, dans le rite culminant par l'union sexuelle concrète, la partenaire féminine se trouve à la gauche de l'homme, tandis que, dans le rite sans union concrète, la femme est assise à sa droite. »

Et j'y ajoute que, dans le symbole de l'androgyne, la moitié féminine est toujours la gauche. Vama Marga, c'est donc la voie de la Féminité, rien de plus, mais aussi rien de moins !

Se proclamer de la Voie de Gauche, c'est s'attirer les foudres néobrahmaniques, dont celles des swamis qui sont presque tous dans le « système ». Aghehananda Bharati écrit : « Certains sujets sont tabous pour les brahmanes et les pandits indiens, et le tantra est l'objet d'un très sévère tabou... En Occident, les adulateurs actuels de tout ce qui vient de l'Inde, hormis quelques anthropologistes et sanskritistes consciencieux, tombent dans le panneau de la culture indienne officielle, imbibée de ce puritanisme ascétique et antihédoniste qui imprègne les écritures canoniques indiennes. »

Ainsi, quand vous entendrez médire du tantra, ce qui ne manquera pas de se produire, vous saurez d'où viendra l'attaque et pourquoi. Personnellement, j'en ai pris mon parti depuis longtemps et je pense au proverbe arabe : « Les chiens aboient... la caravane passe et elle va loin ».

Le mythe de l'androgyne

Ce dessin, très symbolique et tantrique, est emprunté au livre *Ancient Faiths* de Immann, publié en Inde voici plus d'un siècle, en 1868 pour être précis. Il représente *l'Ardhanari,* l'androgyne indien, mi-Shiva, mi-Shakti. Shiva occupe la moitié droite, évidemment, et nous y reconnaissons ses principaux attributs : un cobra lui sert de collier et, après s'être enroulé autour de son cou, dresse son capuchon au-dessus de la tête du dieu, dont le style de coiffure est typiquement masculin ainsi que sa boucle d'oreille ; un autre serpent — symbole sexuel dans toutes les traditions — qui n'est manifestement pas un cobra, s'enroule autour du bras de Shiva.

La moitié gauche c'est, bien sûr, Shakti, reconnaissable non seulement à la courbe de la hanche et au galbe du sein, mais aussi à ses boucles d'oreilles, du type porté par les femmes indiennes. Son demi-collier, ainsi que sa demi-ceinture, sont, elles aussi, des parures féminines, tout comme les bracelets au pied. Déesse de la fertilité, donc des plantes et de l'eau, elle tient un lotus à la main. Et le couple est debout sur un énorme lotus flottant sur les eaux primordiales.

Pour signifier leur union sexuelle, l'artiste a placé, bien en vue à l'endroit des sexes, le ankh égyptien dont la boucle représente évidemment le yoni puisqu'il est inscrit sur la moitié Shakti, tandis que la croix figure l'organe mâle. Ainsi, le ankh, dans sa position stratégique et centrale résume, en un raccourci saisissant, l'union sexuelle de Shiva et Shakti. En se reportant à l'étymologie du mot « lingam », c'est-à-dire « signe » (de l'union des principes mâle et femelle), le ankh est donc un vrai lingam.

Vu les relations commerciales par route et par mer qui ont existé depuis la plus haute antiquité entre l'Inde et l'Egypte, cette correspondance ne doit pas surprendre. D'autre part, il serait oiseux de vouloir déterminer si les Egyptiens ont emprunté le hank à l'Inde ou l'inverse, l'essentiel est son symbolisme, et celui-ci est on ne peut plus limpide !

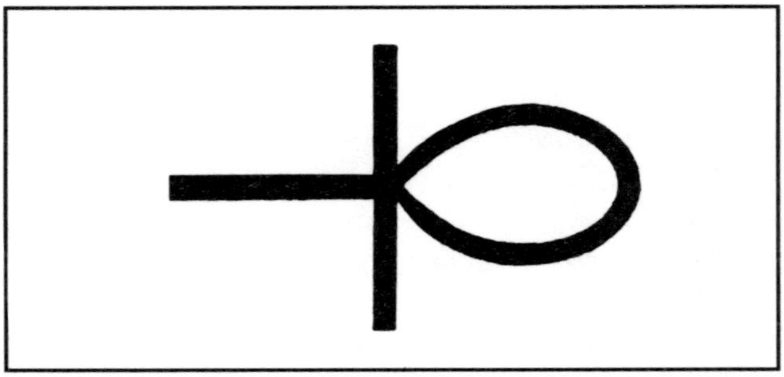

Ardhânarî, l'androgyne, symbolise l'unité des origines cosmiques. L'Adam primordial est, lui aussi, à la fois mâle et femelle et chaque être humain inclut les caractères des deux sexes. Bien que dieu mâle en apparence, Shiva est en fait androgyne. C'est pourquoi il porte une boucle pour femme à l'oreille gauche, une pour homme à l'oreille droite. Enfin, est-ce parce que le cœur est à gauche que ce côté est celui de la Shakti ?

L'Ardhanari symbolise l'union cosmique originelle de Shiva et Shakti. Leur séparation engendre littéralement le sexe (du latin « sectus » trancher). Dans le maïthuna tantrique, le shiva et la shakti veulent retrouver l'unité des origines. Mais quelle gageure pour l'artiste que de sculpter une statue mi-femme, mihomme sans que ce « monstre » soit laid, et même bien au contraire.